W0348655

Astrid Utpatel-Hartwig

GUDRUN ALTHAUSEN

Engagiert für eine geschwisterliche Kirche

Astrid Utpatel-Hartwig

GUDRUN ALTHAUSEN

Engagiert für eine geschwisterliche Kirche

Herausgegeben von Dagmar Althausen

Wichern-Verlag

ASTRID UTPATEL-HARTWIG,
geb. 1967, studierte wissenschaftliches Bibliothekswesen, arbeitete für das Evangelische Frauenwerk in Mecklenburg-Vorpommern und ist seit 2010 freiberuflich tätig als Chronistin und Biografin.

© Wichern-Verlag GmbH, Berlin 2021
Umschlag, Schriften und Satz: Friedrich Althausen
Druck und Verarbeitung: CPI books GmbH, Leck
ISBN 978-3-88981-456-2

INHALT

VORWORT

Üblicherweise hielt mein Vater die Festrede bei unseren Familienfeiern. Ich erinnere mich daher noch gut, wie erstaunt ich war, als meine Mutter darauf bestand, die Tischrede anlässlich meiner Ordination 1987 zu halten. Mir wurde klar, wie wichtig dieser Moment in ihrem Leben war. Nicht nur, dass sie stolz auf ihre Tochter war, die es so weit gebracht hatte. Mir war möglich, was ihr verwehrt geblieben war und wofür sie sich ihr Leben lang einsetzte. Plötzlich war das Thema „die Rechte der Frauen" auch für mich nicht mehr abstrakt. Die Mutter meiner Mutter musste noch darum kämpfen, Lehrerin, wenigstens für Nadelarbeit, werden zu dürfen. Meine Mutter hätte ihr Theologiestudium sofort abbrechen müssen, wenn sie geheiratet hätte. An eine Ordination von Frauen hatte sie damals selbst noch nicht geglaubt. Seither ist es mir ein persönliches Anliegen, mich für die Frauen in der Kirche einzusetzen. Und dazu beizutragen, dass der Kampf um Gleichberechtigung in der Kirche in lebendiger Erinnerung bleibt. Dazu gehört auch dieses Buch über das Leben meiner Mutter Gudrun Althausen.

„Wir haben den Weltgebetstag ja erst in die neuen Bundesländer gebracht." Das bekam ich zu hören, als ich, damals Leitende Pfarrerin der Evangelischen Frauenhilfe in Deutschland, im Jahr 2004 das württembergische Frauenwerk besuchte. Wie konnte in Vergessenheit geraten sein, dass es im internationalen Weltgebetstagskomitee auch eine Vertreterin aus der DDR gab? Ich habe das Bild noch deutlich vor Augen, wie wir am Grenzübergang Friedrichstraße darauf warteten, dass meine Mutter durch die Tür aus dem Westen wieder zurückkam. Sie war im Zusammenhang mit dem Weltgebetstag in Sambia gewesen.

Gudrun Althausen lag viel daran, dieses Fenster in die Welt für die Menschen in der DDR zu öffnen. Sie stellte das Material für die Frauengruppen her, mit dem sie sich über das Land, aus dem der Weltgebetstag kam, informieren konnten. Als Schülerin habe ich 1976 die Texte über Mexiko mit der Schreibmaschine auf Matrizen getippt, damit sie dann vervielfältigt werden konnten. Überhaupt spielte sich viel in unserer Wohnung ab. Ich erinnere mich gut daran, wie die Frauen um unseren großen Wohnzimmertisch herumliefen und die Blätter des Materials für den Weltgebetstag zusammenlegten. „Informiert Beten – betend Handeln", unter diesem Motto feierten wir auch in der DDR den Weltgebetstag.

Es soll nicht in Vergessenheit geraten, was Frauen in der Kirche in der DDR gedacht und geleistet haben. Gudrun Althausen war eine der „Mütter" der Kirche in der DDR. Die feministisch-theologischen Werkstätten, die sie zusammen mit Annemarie Schönherr und Elisabeth Adler in den 1980er Jahren in Hirschluch/Storkow initiierte, haben dazu beigetragen, dass in der DDR feministisch-theologisch gedacht und gearbeitet wurde. Durch sie wurde mein theologisches Denken und das vieler anderer Frauen in eine neue Richtung gelenkt. Mit diesem Buch danke ich am Beispiel meiner Mutter unseren Vormüttern und ehre ihre Lebensleistung. Es macht einen Teil der Geschichte der Frauen in der Kirche der DDR sichtbar.

Gudrun Althausen starb im Jahr 2007. Als ich ihren Nachlass durchsah, entstand in mir sehr bald die Idee, ein Buch über sie und ihr Lebenswerk herauszugeben. Ich bin sehr dankbar, dass Astrid Utpatel-Hartwig sich dieser Idee angenommen hat. Obwohl sie meine Mutter nicht persönlich kannte, hat sie sie sehr treffend beschrieben.
Meinem Neffen Friedrich Althausen danke ich, dass er einfallsreich und mit Empathie die Gestaltung übernommen hat.
Nicht zuletzt danke ich der Evangelischen Kirche in Deutschland (EKD), der Evangelischen Kirche Berlin-Brandenburg-schlesische Oberlausitz (EKBO), den Evangelischen Frauen in Deutschland (EFiD), den Frauen in der EKBO und dem Kirchenkreis Berlin-Nord-Ost für die finanzielle Unterstützung dieses Projekts.
Möge, liebe Leserinnen und Leser, das Buch Sie gut unterhalten, Erinnerungen wecken und neue Erkenntnisse vermitteln.

Dagmar Althausen
Herbst 2020

LEGENDE

Texte der Autorin
Texte von Gudrun Althausen
Texte Dritter

1. BIOGRAFISCHE ERZÄHLUNGEN

Gudrun Althausen hat sich schon sehr früh in ihrem Leben zu ihren Zukunftsplänen geäußert. In einem Schulaufsatz zu Grundschulzeiten entwirft sie eine Vision von sich als Lehrerin oder Ärztin, was ein Studium voraussetzt, und als Ehefrau und Mutter. Für diese Idee von einer Verbindung von Berufstätigkeit und Mutterschaft gab es in den 30er Jahren des 20. Jahrhunderts wenige Vorbilder, und ob sie überhaupt eine Frau gekannt hat, die studiert, in einem Beruf gearbeitet hat und gleichzeitig verheiratet und Mutter war, wissen wir nicht.
In einem Aufsatz, den sie mit fast 70 Jahren schrieb, bezeichnete sie diese Pläne als „hochfliegende Wünsche".
In diesem Kapitel soll ein Blick auf ihr Leben aus familiärer Perspektive geworfen werden. Dabei vermischen sich allerdings „privat" und „Dienst" sehr bald und eine strikte Trennung ist nicht möglich.
Die vielen Gebiete, in denen Gudrun Althausen später gearbeitet hat, werden in diesem ersten Kapitel schon anklingen, um in den folgenden ausführlicher behandelt zu werden.

Gertrud, Gudrun und Fritz Költzsch 1939

1.1 WENN ICH EINMAL GROSS BIN
Kindheit und Jugend

Gudrun Althausen stellt sich in einem ihrer ersten Schulaufsätze selbst vor.

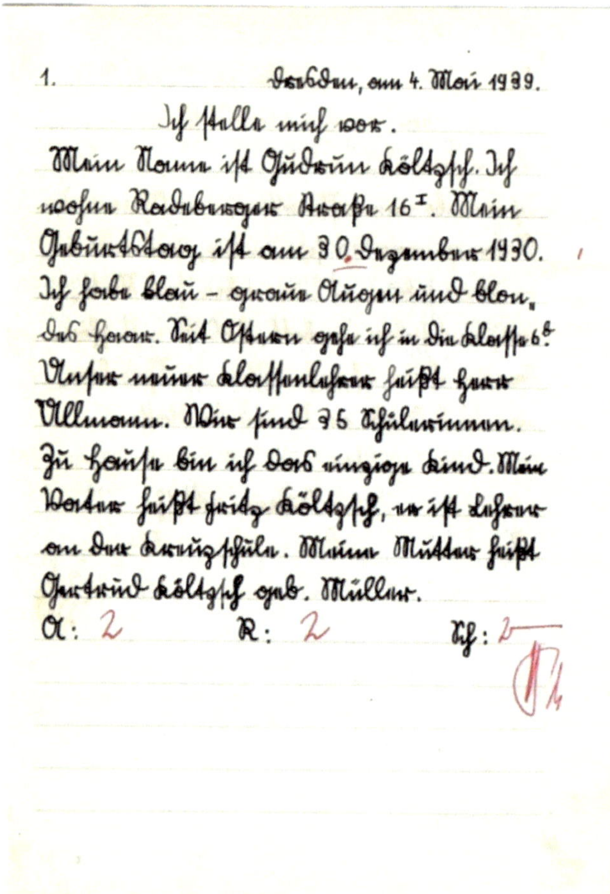
1. Dresden, am 4. Mai 1939.

Ich stelle mich vor.

Mein Name ist Gudrun Költzsch. Ich wohne Radeberger Straße 16I. Mein Geburtstag ist am 30. Dezember 1930. Ich habe blau-graue Augen und blondes Haar. Seit Ostern gehe ich in die Klasse 6b. Unser neuer Klassenlehrer heißt Herr Ullmann. Wir sind 25 Schülerinnen. Zu Hause bin ich das einzige Kind. Mein Vater heißt Fritz Költzsch, er ist Lehrer an der Kreuzschule. Meine Mutter heißt Gertrud Költzsch geb. Müller.

A: 2 R: 2 Sch: 2

Dresden, am 4. Mai 1939 – Ich stelle mich vor – Mein Name ist Gudrun Költzsch. Ich wohne Radeberger Str. 16I. Mein Geburtstag ist am 30. Dezember 1930. Ich habe blau-graue Augen und blonde Haare. Seit Ostern gehe ich in die Klasse 6b. Unser Klassenlehrer heißt Herr Ullmann. Wir sind 25 Schülerinnen. Zu Hause bin ich das einzige Kind. Mein Vater heißt Fritz Költzsch, er ist Lehrer an der Kreuzschule. Meine Mutter heißt Gertrud Költzsch geb. Müller.

Sehr auffallend ist schon hier ihre saubere und ausdrucksstarke Handschrift, die sie nie verloren hat. Bis zu ihrem Tod schrieb sie viel mit der Hand – und alles können wir heute noch sehr gut lesen.

Doch hier nun der Aufsatz mit den „hochfliegenden Wünschen":

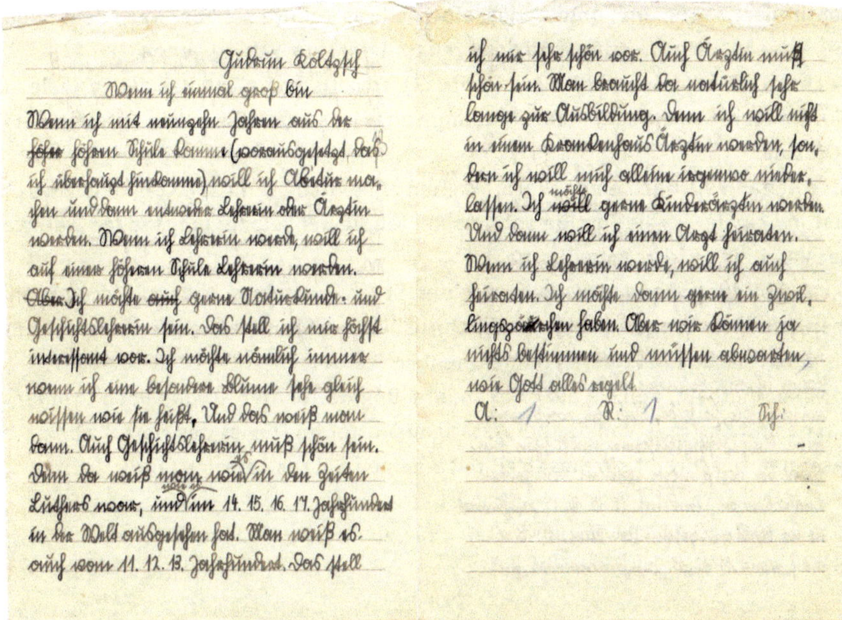

Gudrun Költzsch

Wenn ich einmal groß bin

Wenn ich mit neunzehn Jahren aus der höheren Schule komme (vorausgesetzt, daß ich überhaupt hinkomme) will ich Abitur machen und dann entweder Lehrerin oder Ärztin werden. Wenn ich Lehrerin werde, will ich auf einer höheren Schule Lehrerin werden. Ich möchte gerne Naturkunde- und Geschichtslehrerin sein. Das stell ich mir höchst interessant vor. Ich möchte nämlich immer wenn ich eine besondere Blume sehe gleich wissen wie sie heißt. Und das weiß man dann. Auch Geschichtslehrerin muß schön sein. Denn da weiß man wie in den Zeiten Luthers war, und wie es im 14. 15. 16. 17. Jahrhundert in der Welt ausgesehen hat. Man weiß es auch vom 11. 12. 13. Jahrhundert. Das stell ich mir sehr schön vor. Auch Ärztin muß schön sein. Man braucht da natürlich sehr lange zur Ausbildung. Denn ich will nicht in einem Krankenhaus Ärztin werden, sondern ich will mich alleine irgendwo niederlassen. Ich möchte gerne Kinderärztin werden. Und dann will ich einen Arzt heiraten. Wenn ich Lehrerin werde, will ich auch heiraten. Ich möchte dann gerne ein Zwillingspärchen haben. Aber wir können ja nicht bestimmen und müssen abwarten, wie Gott alles regelt.

A: 1 R: 1 Sch:

Gudrun Költzsch
Wenn ich einmal groß bin
Wenn ich mit neunzehn Jahren aus der höheren Schule komme (vorausgesetzt, daß ich überhaupt hinkomme) will ich Abitur machen und dann entweder Lehrerin oder Ärztin werden. Wenn ich Lehrerin werde, will ich auf einer höheren Schule Lehrerin werden. Ich möchte gerne Naturkunde- und Geschichtslehrerin sein. Das stell ich mir höchst interessant vor. Ich möchte nämlich immer wenn ich eine besondere Blume sehe gleich wissen wie sie heißt. Und das weiß man dann. Auch Geschichtslehrerin muß schön sein. Denn da weiß man, wie es in den Zeiten Luthers war, und wie es im 14. 15. 16. 17. Jahrhundert in der Welt ausgesehen hat. Man weiß es auch vom 11. 12. 13. Jahrhundert. Das stell ich mir sehr schön vor. Auch Ärztin muß schön sein. Man braucht da natürlich sehr lange zur Ausbildung. Denn ich will nicht in einem Krankenhaus Ärztin werden, sondern ich will mich alleine irgendwo niederlassen. Ich möchte gerne Kinderärztin werden. Und dann will ich einen Arzt heiraten. Ich möchte dann gerne ein Zwillingspärchen haben. Aber wir können ja nicht bestimmen und müssen abwarten, wie Gott alles regelt.

Zumindest einer der Zukunftswünsche ging in Erfüllung. Gudrun Althausen konnte 1945 auf die „Oberschule für Mädchen Dresden-Nord" gehen und dort 1949 ein ausgezeichnetes Abitur ablegen. In ihren Schuljahren während des Krieges und den Wirren des Jahres 1945 war nicht abzusehen, ob es dazu kom-

men würde. Nach der Bombardierung Dresdens am 13. Februar 1945 schickten ihre Eltern sie zu einer Freundin der Mutter nach Bürgel bei Jena, wo sie auch konfirmiert wurde. Im Sommer desselben Jahres konnte sie aber nach dem Ende des Krieges nach Dresden zurückkehren und dort zur Schule gehen.
Doch nach Erlangung des Abiturs holte die sozialistische Realität der DDR sie ein. Sie wurde nicht zum Medizinstudium zugelassen, weil sie kein Mitglied der FDJ[1] war.
Also begann sie nach einem Vorpraktikum eine Ausbildung zur Krankenschwester in Leipzig, da die Familie 1949 nach Plaußig bei Leipzig umgezogen war, wo der Vater eine Pfarrstelle übernahm.
Die Ausbildung stand unter keinem guten Stern. Zum einen bekam Gudrun Diphtherie und war lange Zeit während der Ausbildung krank, zum anderen wuchs in ihr der Wunsch zu studieren immer mehr.
In einem Aufsatz, den sie als Brief an ihre jüngste Tochter für das Buch „Kinder, Kirche und Karriere. Von der berufstätigen Mutter im Dienst des Herrn“ abgefasst hat, beschreibt sie diese Zeit mit wenigen Sätzen sehr treffend:

Als ich dann nach dem Abitur, das ich zwar als Beste der Klasse bestanden hatte, nicht zum Medizinstudium zugelassen wurde, weil ich nicht Mitglied der FDJ war, mußte ich mich zum ersten Mal den „Realitäten" beugen. Ich denke, daß mir diese Erfahrung gutgetan hat. Ich begann – sicher mit großem Gewinn – eine Krankenschwesternausbildung. Dort habe ich ähnliche Erfahrungen gemacht wie Dein ältester Bruder beim Armeedienst: Es sollte mir deutlich gemacht werden, daß ein Abitur gar nichts ist, daß ich absolut nichts könnte, was für das Leben wichtig und notwendig sei. Diese Zeit war hart für mich, hat mich aber vor allem uneingeschränkte Hochachtung vor dem Können und der menschlichen Hingabe alter, „weiser" Schwestern gelehrt. Leider habe ich diese Ausbildung nicht durchgehalten. Ich bedauerte das später, denn jede abgebrochene Ausbildung ist das Eingeständnis einer Schwäche. Ich wollte eben viel lieber studieren.[2]

1 Freie Deutsche Jugend, einzige vom Staat legitimierte Jugendorganisation in der DDR. Wer nicht Mitglied war, musste mit Nachteilen in seiner beruflichen Entwicklung rechnen.

2 Gudrun Althausen, Meine liebe Tochter, in: Kinder, Kirche und Karriere. Von der berufstätigen Mutter im Dienst des Herrn. Erfahrungsberichte, Berlin 2000, S. 7–8.

1.2 ICH WOLLTE EBEN VIEL LIEBER STUDIEREN
Studium

Und so bewarb ich mich erneut, diesmal um ein Theologiestudium (im Blick auf Albert Schweitzer dachte ich: dann eben anders herum)[3]. *Zu dieser Bewerbung mußten wir eine Begründung schreiben. Ich tat das unter der Überschrift: „Die Frau in der Kirche". Darin habe ich (1950) ganz bescheiden darauf verwiesen, daß es nützlich sein könnte, Frauen auch in wissenschaftlicher Theologie auszubilden, damit sie den vielen Frauen, die unter den Kanzeln sitzen, ebenso kompetent wie die gut ausgebildeten Männer Rede und Antwort stehen könnten.*
So habe ich von Herbst 1950 bis Dezember 1954 in Leipzig Theologie studiert. Wir waren damals fünf Frauen unter 50 Studierenden. Einige Professoren sahen uns gar nicht und begannen ihre Vorlesungen konsequent mit: „Meine Herren ...". An die Übernahme eines Pfarramtes nach dem Studium war natürlich in keinem Fall zu denken – jedenfalls nicht für eine verheiratete Frau. Denn eine Frau, die Geschlechtsverkehr hatte, so lehrte uns einer der Professoren, sei „unrein und darum ungeeignet für den Dienst am Altar". Wir haben – erstaunlicherweise – nur mäßig rebelliert. Wir studierten, um in eine Lehrtätigkeit, in Frauen- oder Krankenseelsorge zu gehen.[4]

Gudrun Althausen als Studentin mit Kommilitonen

3 Albert Schweitzer (1875–1965) studierte zuerst Theologie und Philosophie, bevor er mit 30 Jahren ein Medizinstudium begann.

4 Ebd., S. 8.

Die Begründung für die Bewerbung zum Theologiestudium Gudrun Althausens lesen wir hier:

Frau und Kirche

Obwohl es schon seit Jahrzehnten auch in der theologischen Fakultät eine ständig wachsende Zahl von Studentinnen gibt, erscheint es auch heute noch vielen, besonders solchen, die entweder dem Leben der Kirche oder dem der Universität ferner stehen, als etwas Ungewöhnliches, um nicht zu sagen, Unnatürliches, ja Naturwidriges, wenn eine Frau sich diesem Studium zuwenden will.

Und hat dieses Gefühl nicht Recht? Besteht doch das ganze „Personal" der Kirche, vom Bischof bis zum Küster, fast ausschließlich aus Männern, auch in der evangelischen Kirche! (Da ich selbst der evangelisch-lutherischen Kirche angehöre, beschränke ich die Betrachtung auf die evangelischen Landeskirchen Deutschlands.) In den letzten Jahrzehnten haben sich fast alle Männerberufe (Hand- und „Kopf"-Berufe) unter dem Druck des gesellschaftlichen Fortschritts den Frauen öffnen müssen. Aber nur ganz vereinzelt ist es diesen gelungen, in den Beruf des Pfarrers und in das Amt der Kanzel einzudringen.

Eine Untersuchung darüber, ob die Kirche mit dieser konservativen Haltung richtig handelt, wäre ein Thema für sich, dessen Erörterung ich mich, offen gestanden, nicht gewachsen fühle. Die Hemmungen, die gerade an diesem Punkte die sonst überall anerkannte Gleichstellung von Mann und Frau aufhalten, liegen offenbar nicht an der Oberfläche. Gewiß ist es nicht nur der eine Satz des Paulus (I. Korintherbrief 14,34), der im Wege steht. Wie gesagt, ich nehme jetzt nicht Stellung, sondern ich stelle nur fest, was ist und womit jede Frau, die sich dem theologischen Studium zuwendet, zu rechnen hat: Noch heute und vermutlich auch noch in der nächsten Zeit wird das kirchliche Leben überwiegend von Männern geleitet. Wie kann dann aber das theologische Studium die Frauen locken?!

Nun: wenn wir zuerst davon Kenntnis nahmen, daß das „Personal" der Kirche überwiegend männlich ist, so haben wir nunmehr die Tatsache ins Auge zu fassen, daß, um auch dafür einen unsachgemäßen Ausdruck zu verwenden, daß das „Publikum" der Kirche überwiegend weiblich ist. Die von der Kanzel ausgeschlossene Frau hat unter der Kanzel die unbestrittene Mehrheit. Dafür wird wohl niemand einen statistischen Beweis verlangen. Dieses Mißverhältnis des Männer- und Frauen-Anteils am Kirchgang ist gewiß in den letzten hundert Jahren erst so krass geworden, wie es heute ist. In irgendeinem Maß aber hat es auch schon früher bestanden, bis in die ersten Jahrhunderte der christlichen Kirche läßt es sich zurückverfolgen.

Auch dafür liegen die Gründe nicht an der Oberfläche, etwa in der stärkeren Be-

anspruchung des Mannes durch den Beruf. Vielfach hätte gerade am Sonntag der Mann mehr Zeit als die Hausfrau und Mutter für den Kirchgang. Offenbar sitzt das „Bedürfnis" nach Gottesdienst bei der Frau tiefer in den Wurzeln des Wesens als beim Mann, so daß es bei ihr auch den entkirchlichenden Wirkungen des modernen Lebens zäher widerstanden hat als beim durchschnittlichen Mann. Es wird darum vielfach auch von den Männern so angesehen, daß wie die Pflege der Häuslichkeit und die Erziehung der Kinder so auch die Vertretung des Hauses im Gottesdienst Pflicht und Aufgabe der Frau ist.
Wenn nun in wachsendem Maß Frauen sich zum theologischen Studium drängen: sollte da nicht stärker noch als der Gedanke an die verschiedenen praktischen Berufsmöglichkeiten das Motiv wirksam sein, daß die Frau aus der passiven Stellung unter der Kanzel, aus einem in der Innigkeit aber auch Dumpfheit des Gefühls befangenen Verhältnis zum Glauben heraustreten möchte in die Freiheit eigener Erkenntnis? Die Frau möchte nicht immer nur zuhören, sie möchte auch einmal selbst mitreden. Sie möchte wissenschaftlich Klarheit gewinnen darüber, was das eigentlich ist, wovon sie als Frau praktisch so sehr viel stärker bewegt wird als, mindestens scheinbar, der Mann.
Ich kann schließlich nur für mich selbst sprechen. Ich jedenfalls empfinde es so. Es zieht mich zunächst gerade zur wissenschaftlichen Seite der Theologie. Schon nach dem, was ich mir aus der Ferne davon vorstelle, meine ich zu wissen, daß Theologie eine besonders interessante Wissenschaft ist. Nicht nur daß die wissenschaftlichen Vertreter des Christentums heute auf allen Gebieten des geistigen Lebens ein wenig Bescheid wissen möchten, also z. B. in Weltgeschichte und Gesellschaftswissenschaft, in Psychologie und Seelenheilkunde, in den Problemen der naturwissenschaftlichen Weltanschauung: auch zur Theologie als „Fach" gehören ja die verschiedenartigsten Disziplinen: Sprachwissenschaft und Geschichte, Kunstwissenschaft und Literaturwissenschaft, vor allem aber Ethik und Philosophie.
In dem Spezifisch-Theologischen aber, im wissenschaftlich geschulten Hinhören auf das eigentliche Wort der Heiligen Schrift, aber handelt es sich um das tiefste Schicksal des Menschen überhaupt und um das einschneidendste Ereignis der Menschheitsgeschichte.
Es ist, kurz gesagt, der universale und der zentrale Charakter dieser Wissenschaft, der mich anzieht. Wer dafür kein Organ hat, der sollte allerdings, ob Mann oder Frau, dem theologischen Studium lieber fernbleiben. Wem aber einmal die theologische Sache wichtig geworden ist, der sieht dann auch mit offenem Auge die praktischen Berufsmöglichkeiten für die Frau innerhalb der Kirche, die auch heute schon bestehen.
Unbedingt notwendig ist die theologisch gebildete Frau zunächst in aller kirchlichen Arbeit, die sich speziell nur an Frauen wendet. In der weiblichen Jugendarbeit ist die Frau unentbehrlich, und immer mehr wird erkannt, daß die Kirche auch Frauen als spezielle Frauenseelsorgerinnen braucht.
Vor allem aber tun sich zwei große Arbeitsgebiete der Kirche, heute mehr denn je, für die Frau auf: Diakonie und Religionsunterricht. Nachdem der Staat den Re-

ligionsunterricht (Christenlehre) der Kirche übertragen bzw. überlassen hat, ist die Kirche dabei, sich einen Katechetenstand zu schaffen, der zahlenmäßig den Pfarrerstand wohl bald übertreffen wird. In diesem Stand aber steht die Frau von Anfang an gleichberechtigt neben dem Mann. Im Allgemeinen wird man wohl die Mädchenklassen in die Hand von Katechetinnen geben. Für die Jüngsten aber, die ersten, zweiten, dritten Klassen der Grundschule etwa, hat die Frau vermöge ihrer natürlichen Mütterlichkeit wohl auch für die Jungen durchschnittlicherweise eine größere Begabung als der Mann.

Aber auch die Diakonie hat in unserem Zeitalter der Massennot und des wachgewordenen sozialen Gewissens eine immer größere kirchliche Bedeutung gewonnen, und dieses Arbeitsgebiet hat der Mann von Anfang an kampflos der Frau überlassen, zu deren Begabung nun einmal das Helfen und Heilen, das Bemuttern und Pflegen, das praktische Wirtschaften gehört.
Gewiß, in diesen Ämtern ist zunächst nicht theologische Wissenschaft erfordert, am meisten vielleicht noch im Unterricht, am wenigsten in der Diakonie, der Inneren-Missions-Arbeit. Überall aber ist es doch nach meiner Meinung sehr wichtig, daß das Arbeitsfeld durchsetzt ist mit wissenschaftlich gebildeten Theologinnen, damit die Arbeit nicht im bloßen mechanischen Betrieb versandet, damit sie immer neu am Sinn der Kirche sich ausrichtet, damit sie ihre eigentliche Bedeutung nicht verliere.
Nicht hinwegzudenken ist auch schon heute die Frau aus der Bildungsarbeit der Kirche, aus ihrer Auseinandersetzung mit den geistigen Strömungen des Zeitalters, wie sie sich vor allem in der sogenannten Schönen Literatur abzeichnen. Die Frau „liest" mehr als der Mann, wenigstens die Literatur, die mit einem sehr unzureichenden Ausdruck die „unterhaltende" genannt wird, und sie vermag sich wohl intensiver einzufühlen in das, worum es dem Dichter gegangen ist. Der Name Christine Bourbeck zeigt, woran ich denke.
Bis jetzt bin ich im Bereich dessen geblieben, was bereits heute, mindestens in kräftigen und deutlichen Anfängen, Wirklichkeit ist. Zuletzt aber möchte ich von einem kirchlichen Beruf der Frau reden, den es sichtbar noch nicht gibt, und den ich doch „sehe".
Dafür daß Berufe völlig neu entstehen und dann sehr schnell eine große Bedeutung gewinnen können, berufe ich mich auf das Beispiel des Krankenschwesterberufes. In der vorchristlichen Welt hat es davon wohl so gut wie nichts gegeben. Aber auch im christlichen Europa hat sich der Beruf nur langsam entwickelt. In der katholischen Kirche waren es die Nonnen, die diese spezifisch-weibliche Aufgabe und Pflicht zuerst entdeckten. Die evangelische Kirche folgte erst im 19. Jahrhundert nach: 1831 ging Amalie Sieveking in die Cholerabaracken in Hamburg, bald danach entstand in Kaiserswerth das erste Diakonissenmutterhaus. Heute gibt es nicht nur Diakonissen in der ganzen evangelischen Welt, sondern nun auch schon seit langem ein zahlenmäßig weit stärkeres weltliches Krankenschwesternwesen, das sich des christlichen Ursprungs kaum noch bewußt ist. Wenige Jahr-

zehnte genügten für diese Entwicklung.
Wäre es nicht denkbar, daß das jetzt beginnende neue Zeitalter uns noch einmal mit der Neubildung eines kirchlichen Berufes überrascht? Es ist ja offenkundig, daß die Verkündigung von der Kanzel aus an Wirkung ungeheuer verloren hat. Bedarf etwa die Kanzel einer Unterstützung, die von dem Raum unter der Kanzel ausgeht? Und wenn dort, wovon ich ausging, die Frau dominiert, müßte dann nicht die Frau, nun aber die theologisch gebildete Frau, die Trägerin dieser „unterstützenden" Arbeit sein?
Es ist schwer, ja unmöglich, diesem noch nicht vorhandenen Beruf schon heute einen richtigen Namen zu geben. Aber es ist meine Überzeugung, daß die Entwicklung der Kirche noch nicht abgeschlossen ist. Die Kirche muß die Botschaft des Evangeliums an die Menschen heranbringen, und wenn die alten Formen dazu nicht mehr ausreichen, wird sie sich neue Organe bilden müssen. Es gilt, die große und allgemeine Botschaft und Forderung ganz persönlich, ganz praktisch in die Häuser, in die Herzen, ins „Leben" hinein zu sprechen, eine lebendige Verbindung herzustellen zwischen dem Kirchenraum mit Kanzel und Altar und dem Haus, in dem die Menschen, zumeist als Familien, wohnen und in dem sie zumeist heute auch ihr Schicksal abmachen.

„Frau und Kirche", das Thema ist also nie abgeschlossen. Die Antwort kann immer nur eine vorläufige, und sie kann vor allem nur eine persönliche sein. Die in dem Thema liegende Frage kann immer nur praktisch „gelöst" und beantwortet werden, dadurch, daß die Frau, die einzelne Frau, in die Kirche „geht", praktisch-kirchlich als Mutter und Hausfrau, und im einzelnen Fall auch im Ernst des wissenschaftlichen Studiums.[5]

Im Text fällt der Name Christine Bourbeck[6]. Diese Theologin und Pädagogin war Gudrun Althausen 1950 offensichtlich durch ihre Schriften bekannt. Eventuell haben auch der Ausbildungsverlauf und die Vorstellungen Bourbecks von „Frauen in der Kirche" das Bild Gudrun Althausens von einem „noch nicht zu benennenden, neuen Beruf" für Frauen in der Kirche beeinflusst. Christine Bourbeck, 1894 geboren, arbeitete zunächst als ausgebildete Volks- und Mittelschullehrerin, bevor sie mit 33 Jahren begann, Theologie zu studieren. Sie schloss das Studium mit dem Staatsexamen ab und arbeitete weiterhin als Lehrerin an einer Schule der Inneren Mission und wurde dann Leiterin eines Katechetischen Seminars. 1940 absolvierte sie das zweite theologische Examen und wurde als Vikarin anerkannt. Nach verschiedenen Stationen als Vikarin leitete sie das Vikarin-

5 Gudrun Althausen verwendete offensichtlich eine Schreibmaschine ohne Eszett und ohne Umlaute. In der Abschrift wurde diese Schreibweise geändert, ebenso wurden einige Tippfehler korrigiert.

6 Pädagogin und Theologin, 1894–1974.

nenseminar der Evangelischen Kirche der Union[7] und prägte eine ganze Generation von Theologinnen. Interessant ist nun, dass wir bei der Begründung Gudrun Althausens für ihren Studienwunsch Ideen von Christine Bourbeck, die sie in der Konzeption der Vikarinnenausbildung verankerte, wiederfinden. In den Ausführungen Heike Lipski-Melchiors auf der Internetseite „frauen-und-reformation.de" heißt es:

> Christine Bourbecks Hauptanliegen war die Zurüstung zum geistlichen Dienst innerhalb der „soziologischen Bedingtheit unserer Zeit". Ein großer Unterrichtsblock des Ausbildungsprogramms stand deshalb unter dem Motto „Soziale Probleme und soziale Praxis unserer Tage". [...] Während in den Predigerseminaren der Männer der Schwerpunkt darauf lag, die ganze Breite des pfarramtlichen Dienstes theologisch zu durchdringen, fokussierte Bourbeck die Aufgaben der Vikarin in Spezialpfarrämtern im Bezug zum Mitmenschen. Mit ihrer Gestaltung der Ausbildung stützte Christine Bourbeck die Auffassung eines eigenen Amtes der Theologin (Amt ‚sui generis'[8]), zu dem sie ihre Vikarinnen befähigen wollte.

Christine Bourbeck veröffentlichte ihre Doktorarbeit unter dem Titel „Schöpfung und Menschenbild" zum Thema „Christentum und Dichtung".[9]

Gudrun Althausen war schon mit 20 Jahren in der Lage, sehr präzise das Dilemma der Frauen in der evangelischen Kirche zu benennen: zahlenmäßig die Mehrheit in den Kirchenbänken zu sein, aber bei der Gestaltung der Kirche in Leitungspositionen nicht vorzukommen. Sie wagte sich in ihrer Zukunftsvision noch nicht an das Bild einer Frau auf der Kanzel, aber sie betonte, dass wissenschaftlich-theologisch gebildete Frauen eine Notwendigkeit für die Kirche sind und sein werden.

Das Studium muss ihr – trotz der teilweisen Ignoranz der Professoren und trotz der unsicheren Zukunftsaussichten als Theologin – viel Spaß gemacht haben. Besonders Kirchengeschichte hatte es ihr angetan. Aber auch in den anderen Fächern erhielt sie ausgezeichnete Benotungen und bestand am 21. Dezember 1954 das erste theologische Examen mit der Hauptzensur „1".

---

7 Zusammenschluss von sieben evangelischen Landeskirchen in Deutschland.

8 Lat.: eigener Art.

9 www.frauen-und-reformation.de. – Zugriff 20. Februar 2019.

1.3 KINDER, KIRCHE UND KARRIERE

Während ihres Studiums hatte Gudrun Költzsch Johannes Althausen kennengelernt, ebenfalls Theologiestudent. Er arbeitete 1952 zwischen seinem 1. Examen und dem Predigerseminar als Obmann bei der Evangelischen Studentengemeinde in Berlin. In dieser Position geriet er in die Auseinandersetzungen zwischen Staat und Kirche in der DDR, die in den ersten Monaten des Jahres 1953 einen Höhepunkt der Eskalation erreichten. Im Februar wurden er und seine Verlobte auf offener Straße angehalten und verhaftet. Gudrun Költzsch ließ man am Abend frei, doch Johannes Althausen blieb bis zum Juni in Haft. In den ersten Wochen wusste keiner seiner Angehörigen, wo man ihn festhielt. Erst im Juni änderte die DDR-Regierung auf Druck der Sowjetunion ihren Kurs und ließ die Inhaftierten frei.
Trotz dieser Erfahrungen entschied sich das Paar Költzsch/Althausen, in der DDR zu bleiben. Sie verlobten sich 1953 und heirateten am 5. Mai 1955.
Gudrun Althausen schreibt dazu:

So schien es mir auch selbstverständlich, daß ich nach dem Examen meinem Verlobten „folgen" würde und also keine eigene weitere kirchliche (Vikariats-)Ausbildung anstreben könnte.
Die Examensarbeit hatte mir großen Spaß gemacht, war von Professor Lau[10] sehr gut bewertet worden und konnte seiner Meinung nach zu einer Dissertation ausgebaut werden. So hatte ich wenigstens die Hoffnung, wissenschaftlich-theologisch weiterarbeiten zu können – als Pfarrfrau, die ich inzwischen geworden war.
Dein Vater und ich haben als junge Pfarrersleute mit viel Schwung in unserer ersten Gemeinde Michendorf (wir waren dort die ersten eigenen Pfarrersleute) gearbeitet. Unter äußerst schwierigen Verhältnissen – ein Pfarrhaus mußte erst noch gebaut werden – lebten wir: In dem einen Zimmer, das wir bei einer netten alten Dame hatten, fand nicht nur unser persönliches Leben, sondern zum Beispiel auch die Übungsstunde des vom jungen Pfarrer neu gegründeten Posaunenchores statt. Unser Schlafzimmer lag fünf Minuten Fußweg entfernt, jenseits des Bahnhofes. Alles mußte neu entdeckt und ausprobiert werden. Zum Wäschewaschen fuhr ich nach Leipzig zu meinen Eltern. Daß in dieser Zeit nicht viel aus der geplanten wissenschaftlichen Arbeit wurde, ist wohl verständlich. Aber ich übte praktischen Gemeindedienst und lernte zum Beispiel, mit einer großen Gemeindegruppe einen Dampferausflug zu machen, ohne unentwegt schreckliche Ängste auszustehen, daß eines der vielen Kinder ins Wasser fallen könnte. Bei Bibelarbeiten amüsierten wir die Gemeinde, indem wir uns vor ihren Ohren über Auslegungsfragen in die Haare gerieten. So erinnere ich mich an eine Situation im „Mütterkreis": Die Geschichte vom „Sündenfall" war dran. Vater interpretierte den Text

---

10 Prof. Dr. Franz Lau (1907–1973), Professor für Kirchengeschichte an der theologischen Fakultät der Universität Leipzig.

als Symbol für die typische Verhaltensweise des Menschen, der sich gegen Gott entschied. Ich dagegen pries den „Sündenfall" als die eigentliche Menschwerdung des Menschen und damit als einen ausgesprochenen Glücksfall, durch „Eva" initiiert. Das machte damals die Runde in der Gemeinde – sicher nicht von allen positiv beurteilt.[11]

Gudrun und Johannes Althausen blieben nur zwei Jahre in Michendorf. In dieser Zeit wurde ihr erstes Kind Dietrich geboren.

Wir blieben nicht lange in Michendorf. Während ich nach der Entbindung im Krankenhaus lag, kam eine Anfrage an Vater aus dem Berliner Missionshaus[12]*. Er wollte eigentlich spontan ablehnen, aber ich fand, man solle sich die Sache doch wenigstens mal angucken. Zwischen zwei Stillzeiten wurden wir nach Berlin gefahren, durften fragen und schauen und wurden vor allem beäugt. Aus diesem ersten Hinschauen sind einunddreißig Jahre Wohnen*[13] *in dem Haus der Berliner Mission geworden …*[14]

In den Jahren 1957 (Bertram), 1959 (Dagmar) und 1963 (Mechthild) wurden noch drei Kinder in die Familie hinein geboren.
Aus der wissenschaftlichen Arbeit allerdings wurde unter diesen Umständen nichts. Gudrun Althausen hat keine Dissertation mehr geschrieben.

Doch sie begann früh ihre ehrenamtliche Arbeit in kirchlichen Gremien. Sie selbst drückt es so aus:

Dennoch begann meine kirchliche „Karriere" ganz schlicht in der Gemeinde.[15]

Doch dazu mehr im 2. Kapitel.
Sie erklärte sich ihre Bereitschaft und ihr Interesse für kirchliche und besonders für Belange von Frauen in der Kirche auch mit dem Vorbild ihrer Mutter:

Irgendwie ist das wohl in meinen Genen angelegt. Bereits meine Mutter war so etwas wie eine „Emanzipierte" gewesen. Sie hatte schwer darunter gelitten, daß ihr Vater sie nicht studieren ließ. Sie durfte „nur" eine Ausbildung als Handarbeitslehrerin machen, die billigste Lehrerinnenausbildung. So hat sie auch nicht ver-

---

11 Gudrun Althausen, Meine liebe Tochter, in: Kinder, Kirche und Karriere. Von der berufstätigen Mutter im Dienst des Herrn. Erfahrungsberichte, Berlin 2000, S. 8–11.

12 Sitz der Missionsarbeit der Evangelischen Kirche in Berlin-Brandenburg.

13 Georgenkirchstraße 69/70 in Berlin-Friedrichshain.

14 Gudrun Althausen, Meine liebe Tochter, in: Kinder, Kirche und Karriere. Von der berufstätigen Mutter im Dienst des Herrn. Erfahrungsberichte, Berlin 2000, S. 10.

15 Ebd., S. 11.

standen, daß ich heiraten wollte, wo ich doch das Glück und den Vorzug gehabt hatte, studieren zu können. [...] Sie hat literarische Vorträge in Frauenkreisen gehalten und war in Sachsen im Leitungskreis des Frauendienstes engagiert.[16]

Das Familienleben mit vier Kindern, einem Mann, der beruflich viel unterwegs war und den eigenen Ansprüchen an eine Arbeit außerhalb der Familie blieb zeitlebens ein Kunststück an Organisation und dem Ausbalancieren verschiedener Interessen.

Gudrun, Bertram, Dagmar, Dietrich, Mechthild und Johannes Althausen, 1971

1970 begann ein neuer Lebensabschnitt – für Gudrun Althausen persönlich aber auch für die ganze Familie. Sie nahm eine Teilzeitanstellung in der Evangelischen Frauen- und Familienarbeit in Berlin-Brandenburg an. Die Arbeit im Haushalt musste umorganisiert, die Fürsorge für Kinder, Mann und Mutter, die mittlerweile mit im Haushalt lebte, etwas eingeschränkt werden.

Wenn ich auch ganz zu meiner Entscheidung gestanden, die Arbeit sehr gern getan und offiziell nie „voll" gearbeitet habe, bin ich doch nie ein schlechtes Gewissen losgeworden. Ich hatte immer das Gefühl, weder dem Beruf noch der Familie ganz gerecht werden zu können.[17]

16 Ebd., S. 12.
17 Ebd., S. 15–16.

Sie arbeitete gern, mit viel Leidenschaft und oft über die „Teilzeitanstellung" hinaus 22 Jahre in der Frauen- und Familienarbeit und engagierte sich nebenbei in verschiedenen Gremien. Und sie blieb weiterhin der Mittelpunkt der sich vergrößernden Familie.

Als sie 1992 in den Ruhestand ging, begann eine noch sehr viel intensivere ehrenamtliche Tätigkeit als bisher.
Das Jahr 1997 ragt unter den allesamt ereignisreichen Jahren des Ruhestands heraus. Wie in jedem Jahr haben die Eheleute Althausen auch am Ende dieses Jahres einen Rundbrief an Freunde und Verwandte geschrieben, der davon erzählt:

Liebe Verwandte, Freundinnen und Freunde!

1997 geht zu Ende – Zeit für einen Brief mit Grüßen an Euch/Sie alle und mit Rückbesinnung auf dieses gefüllte Jahr.
Im Januar wurde ich, Gudrun, in die Kirchenleitung der Evangelischen Kirche in Berlin-Brandenburg gewählt. Vor vielen Jahren war das ein Wunschtraum von mir. Auch jetzt reizt mich diese Verantwortung und Herausforderung sehr. Es macht mir „Spaß", Zusammenhänge zu erkennen und Entscheidungen auszuhandeln. Allerdings sind es zurzeit oft weniger erfreuliche Dinge, die beschlossen werden müssen: Einsparungen, Zusammenlegungen, „gestraffte" Strukturen. Die Zeit der fast „unbegrenzten Möglichkeiten" (vor allem in der West-Region unserer Landeskirche) ist vorbei – und das ist in vielen Arbeitsbereichen nur schwer verständlich zu machen. Dabei fordert es zu Realismus (der uns auch in der DDR-Kirchen-Situation manchmal abhandengekommen war!) und Herausfinden des wirklich Wichtigen heraus. Ich freue mich immer wieder an dem ungebrochenen Elan der mittleren und jungen Generation, die Ideen entwickeln und erstaunliche Solidarität leben. Es erinnert mich zuweilen an unsere eigene, optimistische Flexibilität nach 1945.
Im Februar ging ich erst mal (auf Glatteis) zu Boden. Mit kompliziertem Armbruch (links) und allen erdenklichen Komplikationen brachte ich drei Monate vorwiegend im Krankenhaus zu. Johannes hat mich in dieser Zeit rührend begleitet – während er doch eine neue Wohnung für uns suchte und schließlich den Umzug vorbereiten musste.
Anfang Mai sind wir nach Berlin-Wilhelmsruh umgezogen. Das ist ein hübscher, im Norden (Ost-)Berlins gelegener Vorort mit sogenannten Stadtvillen in viel Grün. Auf der „Hauptstraße", gleich bei uns um die Ecke, findet man alle einschlägigen Geschäfte. Zuziehende werden freundlich aufgenommen, auch in der Kirchengemeinde. So erleben wir fast kleinstädtischen Charakter, nur 45 Minuten (mit öffentlichen Verkehrsmitteln) von Berlin-Zoo entfernt. Wir fühlen uns ungemein wohl hier.

Beim Umziehen haben uns alle vier Kinder tatkräftig und teilweise sehr zeitaufwendig beigestanden. Dagmar, Mechthild und Bas haben vor allem beim Ein- und Auspacken geholfen, Dietrich konnte nur seine bauerprobte Schlagbohrmaschine leihweise beisteuern, da er zu dieser Zeit für einige Monate in Portugal die Troposphäre erforschte. Aber sein Sohn Richard hat das Nummernschild für den Autostellplatz hinter dem Haus angefertigt. Bertram brachte zum Bohren seinen 1,90 m langen Ältesten mit. Ansonsten begegnen wir ihm immer mal wieder als Landesjugendpfarrer in unterschiedlichen Kirchenbezügen. Immer öfter denken die Leute bei der Frage „Sind sie verwandt mit ..." an unsere Kinder und identifizieren uns von der nächsten Generation her, nicht mehr umgekehrt. Das gilt auch im Blick auf Dagmar, die gemeindlich und in Sachen Frauenarbeit von Cottbus aus eben auch bekannt ist. Mechthild hat zusammen mit Bas übrigens in unserer Wohnung den Teppichboden mächtig akkurat ausgelegt. Sie wartet jetzt auf die letzten Prüfungen für das Staatsexamen, mit dem ihr Studium (Geschichte und Religion für's Lehramt) abgeschlossen sein wird. Danach wird es wohl erst mal eine Wartefrist geben, denn der Senat hat auch kein Geld. Und weil ich gerade die Nachkommenschaft nenne: alle sieben Enkel sind muntere Schülerinnen und Schüler in ganz unterschiedlichen Schultypen. Wir freuen uns an ihrer Entwicklung und hoffen, noch ein gutes Stück ihres Lebens begleiten zu können.
Den Sommer haben wir mit viel liebem Besuch (unter anderem zwei Enkel für je etwa eine Woche) zum Einleben genutzt und konnten auch die Hitze dieses Jahres auf dem schönen großen Balkon gut überstehen.
Im September wurde mir das Bundesverdienstkreuz überreicht, ein von mir zwiespältig empfundener Akt. Aber für eine halbe Kirchenzeitungsseite lang wurde auf diese Weise kirchliche Frauenarbeit und dabei aufzuzeigende bleibende Aufgaben ins „Licht der Öffentlichkeit" gehoben – und das ist ja auch schon etwas wert. Viele haben mir aus diesem Anlass sehr freundlich geschrieben. Ihnen/Euch allen sage ich hiermit besonderen Dank!
Den Herbstterminkalender füllten dann wieder vor allem meine ehrenamtlichen Normal-Aufgaben: Seniorenbeirat im Land Brandenburg, Vorbereitung des internationalen Jahres der Senioren (1999) auf gesamtdeutscher Ebene, Altenarbeit in der Landeskirche, Altenarbeit in der EKD, Vorstandsarbeit für eine sehr alte Berliner Stiftung mit ca. 500 Seniorenwohnungen, Mitarbeit in drei Kuratorien im Bildungsbereich der Kirche; lange Sitzungen, viele Gespräche, Protokolle, Papiere, Papiere ...
Ende November (der Stollenteig war gerade zum Bäcker gebracht worden) bin ich nun wieder gestürzt. Diesmal ohne Bruch, aber mit schmerzhaften Prellungen und Blutergüssen. So pflege ich mich zuhause und warte auf Besserung. Das ist nicht unbedingt das, was ich mir für den Advents-Monat gewünscht hatte, aber es lehrt Stillehalten.

Es folgte ein zweiter Teil von Johannes Althausen geschrieben.

In den letzten Jahren ihres Lebens war sie von Krankheiten geplagt. In dem schon vielfach zitierten Aufsatz in dem Buch „Kinder, Kirche und Karriere" schreibt sie:

Vielleicht hätte ich ein ruhigeres, gesünderes, auf jeden Fall stressfreieres Leben geführt, wenn ich damals nicht „Ja" gesagt hätte. [Das bezieht sich auf die Zusage zur Anstellung bei der Frauen- und Familienarbeit. – Anm. d. Verf.] *Aber wenn ich zurückdenke, dann gilt wohl in meinem ganzen Leben: Letztlich habe ich mich fast allen Anfragen gestellt – immer mit viel Zittern und Ängsten, aber eben auch mit Zuversicht und einer nicht unerheblichen Portion Selbstbewußtsein. Dadurch war es zu bewältigen.*[18]

Sie hatte ein krankes und am Ende ihres Lebens auch sehr schwaches Herz. Seit August 2006 waren mehrere Krankenhausaufenthalte nötig. Am 13. März 2007 starb Gudrun Althausen im Alter von 76 Jahren.
In den folgenden Zitaten aus der großen Zahl der Kondolenzschreiben an den Witwer Johannes Althausen und die Tochter Dagmar Althausen lässt sich erahnen, an wie vielen verschiedenen Stellen Gudrun Althausen – außer in ihrer Familie – ihre Spuren hinterlassen hat.

Ich kann ohne Einschränkung sagen, dass ich Ihre Frau bewundert habe, wenn sie mit der schönsten Gelassenheit und einem untrüglichen Gespür für Menschen und Situationen z. B. die Leitung einer Synodalsitzung übernommen hat. Und wie oft hat sie in der Kirchenleitung heikle Situationen entspannt und sich unermüdlich auch für weniger dankbare Aufgaben zur Verfügung gestellt ...
Traugott Vogel, Kirchenleitungsmitglied

Gudruns Tod hat mich sehr traurig gemacht! Ich kannte sie ja schon in DDR-Zeiten und es ist mir unvergessen, wie sie mit Geist, Phantasie und Witz alle den Widrigkeiten trotzte. Sie war für viele Menschen eine Hoffnungsträgerin, getragen von einem liebenswürdigen Glauben.
Renate Kirsch, Weltgebetstagsbewegung

... deine Frau hat uns auf einer wichtigen Wegstrecke begleitet und ermutigt, als es darum ging, durch synodales und kirchenleitendes Handeln die beiden Teile unserer Kirche wieder zu einer Einheit zusammenzubringen, auch in der Frauen- und Kirchentagsarbeit, aber keineswegs nur dort. Gudruns Fröhlichkeit und Zukunftsorientierung waren erfrischend.
Helmut Reihlen, Synodenpräses

---

18 Gudrun Althausen, Meine liebe Tochter, in: Kinder, Kirche und Karriere. Von der berufstätigen Mutter im Dienst des Herrn. Erfahrungsberichte, Berlin 2000, S. 14.

Gudrun lebte, was sie glaubte, das ist meine Erinnerung. Sie war eine starke, weise, gütige und den Menschen zugewandte Frau. Danken kann ich nur, dass ich ihr begegnet bin.
Inge Schintlmeister, Österreich, Weltgebetstag

So viele Bilder und Erinnerungen an Gudrun Althausen sind wach geworden, als wir Ihre Karte in Händen hielten. Wir sind dankbar für all die Unterstützung, Förderung, Begleitung und Beratung, die wir von Gudrun Althausen als Sprecherin unseres Kuratoriums erhalten haben – gerade auch in den schwierigen Anfangsjahren. Wir sind besonders als Frauen dankbar für ihren unermüdlichen Einsatz um die Gleichberechtigung von Frauen in Kirche und Theologie.
Dr. Gisela Matthiae. Frauenstudien- und Bildungszentrum Gelnhausen

... deine Mutter ist mir in guter Erinnerung geblieben. Sie hatte stets offen und hellhörig dem Anliegen osteuropäischer Frauen gegenübergestanden. Davon hat sich nichts verloren, dafür sind wir ihr dankbar und deswegen erlaube ich mir diesen Dank auf deine Hände zu legen.
Halina Radacz, Ev. Kirche in Polen

Kolleginnen von mir, wie Frau Schenda, ehemalige Vorstandsfrauen wie Dr. Helga Hiller und Annette Westermann, Frauen im Komitee wie Gudrun Lunkenheimer, Frauen in den Teams wie Renate Kirsch und natürlich auch meine Vorgängerin Prof. Dr. Ulrike Bechmann haben in den letzten Tagen mitgeteilt, wie traurig sie sind und wie sehr sie Gudrun Althausen geschätzt und gemocht haben: als absolut kompetente Größe in ihren vielfältigen Arbeitsfeldern und Verantwortungsbereichen in der Frauenarbeit, der Landeskirche und Synode und vor allem innerhalb der Weltgebetstagsarbeit, als Visionärin mit Charisma, als geerdete, tatkräftige Persönlichkeit mit entlastendem Pragmatismus. Alle Stimmen erzählen vom hinreißenden trocken-direkten Humor von Gudrun Althausen.
Petra Heilig, Weltgebetstagskomitee

2. VERANTWORTUNG ÜBERNEHMEN – GREMIENARBEIT AUF ALLEN EBENEN

Die Arbeit in den Synoden auf den verschiedenen Ebenen der Institution Kirche nahm einen erheblichen Teil der Zeit und Kraft von Gudrun Althausen ein. Neben der Kreissynode war sie Mitglied in der Landessynode[19] und für je eine Legislaturperiode in der Bundessynode[20] und der EKU-Synode[21]. Dadurch war sie in alle Fragen des kirchlichen Lebens in der DDR involviert. Die Themen waren vielfältig: Kirchenpolitik, die Stellung der Kirche in der DDR, theologische Fragen, Personalentscheidungen und vieles mehr. Aus ihren Aufzeichnungen und den Berichten von anderen Synodalen geht hervor, dass Gudrun Althausen:

1. Fast immer anwesend war.
2. Immer vorbereitet war.
3. Sich nicht scheute, Aufgaben, manchmal auch unangenehme, zu übernehmen.

In diesem Kapitel werden einige Dokumente aus der Synodenarbeit abgedruckt, wobei es ausschließlich Berichte und Zeitungsartikel sind. Gremienarbeit hat von außen gesehen etwas Trockenes und Langweiliges an sich – Gudrun Althausen konnte dem aber dennoch viel abgewinnen. In dem Jahres-Rundbrief von 1997 schrieb sie einmal „Es macht mir ‚Spaß', Zusammenhänge zu erkennen und Entscheidungen auszuhandeln."[22] Oder wie es Christine Busch, leitende Pfarrerin der Evangelischen Frauenhilfe in Westdeutschland im Interview sagte: „Da war sie in ihrem Element."[23]

Es wird in diesem Kapitel auch ein Interview mit Martin-Michael Passauer zu lesen sein, der über einen langen Zeitraum mit Gudrun Althausen auf landeskirchlicher Ebene zusammengearbeitet hat sowie die Gedenkrede, die er auf ihrer Trauerfeier gehalten hat.

---

19 Landessynode der Evangelischen Kirche in Berlin-Brandenburg.

20 Synode des Bundes der Evangelischen Kirchen in der DDR.

21 Synode der Evangelischen Kirchen der Union.

22 Rundbrief Dezember 1997.

23 Siehe Interview im Kapitel 4.

2.1 UND IMMER EHRENAMTLICH
Gemeinde- und Kirchenkreisebene

Ich sang im Chor mit. Ich wurde in den Gemeindekirchenrat gewählt. Als Kirchen-Älteste mußte ich mich am Lektorendienst beteiligen. Dabei habe ich mich besonders gern für den zweiten Weihnachtsfeiertag gemeldet, um die lange und dramatische Geschichte von der Steinigung des Stephanus lesen zu können. [...] In den Kreiskirchenrat bin ich auf den spontanen Zuruf eines unserer älteren Pfarrer hin gekommen. Es wurden in der Kreissynode noch Kandidaten gesucht. Da schlug er mich „junge, aktive Mutter" vor. Das war kurz vor Deiner Geburt. Ich bin weit über zwanzig Jahre in diesem Kreiskirchenrat gewesen und habe dort viel über die Kirche (in der DDR) gelernt. Ich habe Pfarrer kommen und gehen sehen und für sie, mit und auch unter ihnen gelitten. [...] Parallel zu der „Karriere" in der Kirchengemeinde, im Kirchenkreis und dann auch viele Jahre in der Provinzialsynode war ich während der ganzen Zeit in der Frauenarbeit engagiert. [...] in Berlin wurde ich ziemlich bald Kreisbeauftragte, das heißt für die Frauenarbeit in unserem Kirchenkreis zuständig.[24]

Bei diesen Aktivitäten darf nicht vergessen werden, dass sie alle ehrenamtlich verrichtet wurden, genauso wie die Mitarbeit in der Synode und der Kirchenleitung auf landeskirchlicher Ebene und im Bund der Evangelischen Kirchen der DDR.

Auf der Aprilsynode 1993 in Spandau neben Generalsuperintendent Leopold Esselbach

24 Gudrun Althausen, Meine liebe Tochter, in: Kinder, Kirche und Karriere. Von der berufstätigen Mutter im Dienst des Herrn. Erfahrungsberichte, Berlin 2000, S. 11.

2.2 SIE WOLLTE, DASS DIE ARBEIT GELINGT.[25] Landessynode und Mitglied der Kirchenleitung

1973 wurde Gudrun Althausen in die Landessynode der Evangelischen Kirche Berlin-Brandenburgs gewählt, in der sie ohne Unterbrechung bis 2003 Mitglied war, ab 1991 als Vizepräses.

Das Präsidium der Landessynode, Herbst 1996. In der Mitte von links: Vizepräses Gudrun Althausen, Präses Prof. Dr. Helmut Reihlen, Vizepräses Udo Semper

Michael-Martin Passauer war ihr ein Freund sowie ein Synodal- und ein Kirchenleitungskollege über viele Jahrzehnte hinweg. Im folgenden Interview erzählt er davon:

Interview mit Martin-Michael Passauer

Utpatel: Welche besonderen Situationen und Ereignisse sind Ihnen im Zusammenhang mit Gudrun Althausen im Gedächtnis?

Passauer: Ich war 1969 einer der ersten jüngeren Pfarrer, die in Ost-Berlin eine Pfarrstelle bekamen. Da meine Kollegen wesentlich älter waren als ich, bekam ich sowohl die Verantwortung für die Jugendarbeit, aber auch die Verantwortung für eine Frauenhilfsgruppe übertragen. Kühn und unerschrocken lud ich

25 Aus der Gedenkrede von Martin-Michael Passauer.

nach einiger Zeit die Beauftragte für die Frauenhilfe in unserer Landeskirche, Gudrun Althausen, ein. Ich wollte vor allem durch ihren Besuch erfahren, ob ich für diese Arbeit überhaupt tauglich sei, hatte ich doch keine Ausbildung für die Arbeit mit älteren Frauen.
Frau Althausen ließ sich einladen und kam völlig unkompliziert an einem Nachmittag ins Gemeindehaus am Mirbachplatz. Sie saß dabei, hörte zu und hatte offensichtlich Vergnügen an der Art, wie wir miteinander umgegangen sind. Ich bat sie zum Schluss auch noch um ein Wort an die Frauen und um eine Ermutigung für unsere weitere Arbeit. Überrascht war ich über ihre Unkompliziertheit, ihre Geradlinigkeit und ihre Präzision. Da war kein Wort zu viel, aber auch keins zu wenig. Sie machte keine Elogen, äußerte aber auch keine Kritik. Das wertete ich als Anerkennung. Insgeheim habe ich mir gesagt: Diese Frau und diesen Namen solltest du dir merken.
Es war eine sehr angenehme Begegnung. Auch, weil sie nichts von einem inhaltlichen Unterschied oder mangelnder Kompetenz erkennen ließ.

Wie würden Sie Ihre Zusammenarbeit mit Gudrun Althausen beschreiben?

Sooft wir uns trafen, auch dann, als wir später persönlich näher zusammen rückten, war sie immer von einer Geradlinigkeit bis hin zum aufrechten Gang und deutlich erkennbarer Herzlichkeit getragen. Diese Herzlichkeit war nicht übertrieben. Sie äußerte sich eher in Mimik und präzisem Humor. Das war ihre große Stärke: Sie konnte humorvoll reden und humorvoll kommentieren.

Wie haben Sie Gudrun Althausen bei Sitzungen oder Vorträgen erlebt?

Sehr bald in meiner pfarramtlichen Zeit traf der junge und die Kirche verändern wollende Pfarrer auf die ältere und reifere Theologin mit übergemeindlichen Aufgaben. Manchmal wird sie wohl innerlich geschmunzelt haben über so viel Kessheit und theologischen Übermut. Aber irgendetwas muss ihr wohl auch gefallen haben. Denn sie ist mir immer und zu jeder Zeit wohlwollend gegenüber getreten.
Als ich 1976 Stadtjugendpfarrer von Ost-Berlin wurde, kam ich auch mit ihren Kindern in Kontakt. Und das muss der Mutter Althausen gut gefallen haben. Jedenfalls traf ich sie dann und wann bei Veranstaltungen, die besonders der Jugend galten. Hier nahm sie den einen oder anderen Gedanken aus der Predigt, oder der Veranstaltung auf und kommentierte ihn humorvoll. Das fand ich immer sehr wertschätzend.
Bei Vorträgen und hier besonders auf den Synoden habe ich sie, ihrem Naturell entsprechend, immer auf den Punkt, immer präzise, immer gut vorbereitet, immer verständlich und immer in vertretbarer Kürze gehört. Wenn Gudrun Althausen nach vorne zum Rednerpult kam, wurde es im Raum still und deutlich konzentrierter.

Sie hat sich besonders auf der Bundessynode für ein verändertes Ausbildungskonzept engagiert. Dabei wurde es besonders kontrovers, als es um die Frage ging, welche alten Sprachen heute noch notwendig sind, um im Verkündigungsdienst zu arbeiten. Hier habe ich sie kämpferisch, fast leidenschaftlich, erlebt. Sie wollte nicht, dass die Sprachen ein Hindernis für eine Ausbildung im Verkündigungsdienst sind.

Welche Schwerpunkte setzte Gudrun Althausen? Was war ihr besonders wichtig?

Sie wollte der Verkündigung des Evangeliums eine alltagstaugliche Sprache geben. Es sollte jede und jeder verstehen, worum es in unserer Verkündigung geht.
Außerdem wollte sie, dass den Frauen in der Kirche mehr Gehör geschenkt wird. Sie setzte sich nicht für die Frauen, sondern mit den Frauen ein. Auch die Frauen sollten verstehen, wo ihr Platz in der Kirche – neben den Männern – zukünftig zu finden ist. Gelingt es nicht, diesen Platz zu finden, muss wieder neu buchstabiert werden. So war sie keine Ideologin und Kämpferin für eine Sache, sondern immer für konkrete Menschen. Ich habe an ihr gelernt, was es heißt, Anwältin von Menschen zu sein. Da konnte sie oft auch lange zuhören und schweigen, um dann sehr präzise zu sagen, was ihr im Blick auf konkrete Menschen besonders wichtig ist.
Während die einen darum kämpften, ob der „Amtmann" in der Kirche zukünftig auch die „Amt Frau" sein sollte, ging es ihr mehr um den Platz und das Wohl derer, die diese Ämter innehatten.

Was liegt Ihnen noch besonders am Herzen im Zusammenhang mit Gudrun Althausen, was Sie gerne erzählen würden?

Mit Gudrun Althausen verbindet mich nicht nur eine enge Freundschaft, die mir viel bedeutet hat, sondern auch eine Fairness, von der ich persönlich profitiert habe.
Ein Beispiel: Als nach 1989 unsere beiden Kirchen in Ost und West wieder zu einer Kirche zusammen fanden, war eine der Themen die Frage, wie wir mit möglichen Verstrickungen im politischen Bereich umgehen sollten.
Es wurden alle kirchlichen Mitarbeiterinnen und Mitarbeiter, später auch alle Mitglieder der Gemeindekirchenräte auf mögliche Stasi-Verstrickungen überprüft. Bei der damaligen Gauck-Behörde wurden Anfragen gestellt. Mit den Ergebnissen setzte sich dann eine Kommission auseinander, die von der Synode eingesetzt war. Zu dieser Kommission gehörte auch Gudrun Althausen.
Weil es in meiner Stasiakte bunt zuging, vermutete man eine zu große Nähe und bat um ein Gespräch vor dieser Kommission. Da ich zu diesem Zeitpunkt meine Akte nicht kannte, war ich allein auf das angewiesen, was die Kommission mir, mehr indirekt, zu verstehen gab. Ich wollte und konnte nicht glauben, dass

man mir auch nur im Ansatz unterstellte, ich hätte mit der Staatssicherheit zusammen gearbeitet. Fassungslos fing ich an zu weinen. Gudrun Althausen unterbrach die so genannte Befragung und ging mit mir vor die Tür. Sie gab mir zu verstehen, dass dies nur eine formale Befragung gewesen wäre und an meiner Lauterkeit kein Zweifel herrsche. Obwohl mir das ganze Verfahren überhaupt nicht behagte, hat mir diese Art der Zuwendung besonders gut getan.
Noch Jahre später haben wir immer und immer wieder aus Anlass dieser Begegnung überlegt, wie wir mit unserer Vergangenheit und denen, die in das staatliche Machtgefüge eingebunden waren, umgehen sollten.

Kurzum: Gudrun Althausen:
Eine eigene und eigenständige Person und Persönlichkeit mit großer Sachkenntnis, mit einem weiten Herz und bisweilen gebotener Zurückhaltung. Die Zeichen der Zeit hat sie immer erkannt und sehr angemessen darauf reagiert. Diese Mischung von geistlicher Überzeugung, menschlicher Wärme und großer Herzlichkeit hat unsere Kirche über Jahre sehr geprägt. Es wäre wunderbar, wenn ihr Name auch Namensgeberin für eine kirchliche Einrichtung wäre.[26]

Auf der Trauerfeier für Gudrun Althausen am 24. März 2007 hielt ebenfalls Martin-Michael Passauer die Gedenkrede im Namen der Berlin-Brandenburgischen Kirche:

In Memoriam Gudrun Althausen

„Jesus Christus spricht: Ich bin das Licht der Welt. Wer mir nachfolgt, wird nicht wandeln in Finsternis, sondern wird das Licht des Lebens haben."

Dieses Wort aus dem Johannesevangelium, ihr lieben Althausens und liebe Trauergemeinde, steht über der Traueranzeige, mit der unsere Evangelische Kirche Berlin-Brandenburg-schlesische Oberlausitz, insbesondere unsere Kirchenleitung, ihren Schmerz über den Tod ihrer Kirchenrätin Gudrun Althausen zum Ausdruck bringt.
Jede Kirchenleitungssitzung, in der Gudrun Althausen saß, begann mit einer Andacht, die von einem Mitglied der Kirchenleitung gehalten wurde. So war es vor ihr, mit ihr und so wird es auch weiter – ohne sie – sein. Am Anfang steht immer das Wort unseres lebendigen Gottes und am Ende sein Segen, den wir in seinem Auftrag sprechen. So sind wir und waren wir und werden wir eingebunden sein in die Zusage, dass die, die ihm nachfolgen, nicht in der Finsternis wandeln, sondern das Licht des Lebens haben werden. Dies gilt auch für unser KL-Mitglied Gudrun Althausen. Auch sie hat uns Andachten gehalten. Aus ih-

26 Interview mit Martin-Michael Passauer im Mai 2019.

nen klang immer ein feinsinniger, fast humorvoller Ton göttlicher Weisheit heraus. Diese Weisheit strahlte durch sie hindurch. Mit Leidenschaft und Intensität rühmte sie den Glanz des Evangeliums. Sie ließ strahlen, damit wir alle erleuchtet werden. Sie gab in ihrer Auslegung und den Gebeten alles daran, damit die folgende Sitzungsarbeit gelingen möge. Ja, daran war sie mit ihrer ganzen Zuversicht interessiert: Sie wollte, dass die Arbeit gelingt, sie wollte, dass unsere Arbeit in der Kirchenleitung gelingt. Sie wollte, dass die Arbeit in der ganzen Kirche Jesu Christi gelingt. Dabei wollte sie nicht nur, dass die Stimmen der Frauen auch in den verantwortlichen Gremien der Kirche genügend zu Gehör kommen, nein, sie wollte auch, dass das Ehrenamt geschätzt, die offene Altenarbeit gewürdigt und die Brücke zwischen den einzelnen Orten unserer Kirche stabil und begehbar sei. Die Kirche Jesu Christi bei den Menschen – das war ihr Leitmotiv.

Die Sitzungen der Kirchenleitung konnten noch so lange in den Freitagabend hinein reichen. Wenn am folgenden Sonnabendmorgen ein Kirchenleitungsbesuch in einem Kirchenkreis, z. B. in Perleberg anstand, war sie zuverlässig und hellwach dabei. Sie zeigte humorvolles Mitgefühl, wenn das grelle Licht des Blitzers auf der Brandenburger Landstraße andeutete, dass wir wohl zu schnell dem Ziel entgegen geeilt waren und nutzte die Rückfahrt, um bestechend scharf ihre Eindrücke und Wahrnehmungen zur Sprache zu bringen. Ja es lag ihr an einer glaubwürdigen Kirche und an glaubwürdigen Zeuginnen und Zeugen. Sowohl vor Ort in den Gemeinden, als auch vor Ort in der Leitung sollte Glaubwürdigkeit der Maßstab sein. Zu der Gruppe unserer Landessynode, die nach der Wiedervereinigung präzise nach Verstrickungen mit dem Ministerium für Staatssicherheit fragte, gehörte sie selbstverständlich dazu. Sie war ebenso zur Stelle, wenn bei schweren Personalentscheidungen ein persönliches Gespräch als Zwischenschritt notwendig war, sie trug sich ein, wenn zu einem Gespräch mit Vertretern der Landeskirchlichen Gemeinschaft eingeladen wurde, sie mischte auf, wenn ihr konsistoriale Entscheidungen unklar erschienen, sie zeigte hohe Sachkenntnis bei all den vielen Texten, die vor Sitzungen zu lesen sind und warf dann und wann humorvolle Bemerkungen ein, die verblüffend zutreffend waren.

Sie hat beim Zusammenwachsen zwischen Ost und West geholfen, auf dem Weg zur Neubildung unserer Kirche hat sie einen Vorschuss an Vertrauen gegenüber unseren Görlitzer Geschwistern garantiert und Zeit, viel Zeit geschenkt, damit gelingt, wovon sie überzeugt war.

Und sie hat die Arbeit in der Kirchenleitung, der Landessynode und den anderen Synoden, so war es auf Schritt und Tritt zu spüren, gerne gemacht. Ich denke, hätte sie es gesundheitlich gekonnt, sie wäre noch länger im Amt geblieben. Solange ich Synoden, ob die Landes-, EKU- oder Bundessynode auch von innen kennengelernt habe, und das ist seit 1972, war Gudrun Althausen immer dabei. Sie engagierte sich zu DDR-Zeiten in Ausbildungs- und theologischen Fragen.

Der Jugendarbeit war sie zugetan und natürlich der Ökumene und Weltmission. Es schien, sie war für ihre Kirche auch gerne auf Reisen.
Kirche in Berlin-Brandenburg ist ohne den Namen Gudrun Althausen für mich nicht zu denken. Sie gehörte zu uns, wie wir zu ihr. Sie hat den biblischen Zuspruch „Einer trage des anderen Last – so werdet ihr das Gesetz Christi erfüllen" mit uns allen gelebt. Sie hat für unsere Kirche getragen und hat manches auch mit ertragen.
Gott sei Dank gab es auch eine Situation, wo wir ihr ganz handgreiflich unseren Dank aussprechen, die Lebendigkeit dieses Bibelwortes in seiner ganzen Konkretion auslegen und unter Beweis stellen konnten. Und so unvergesslich zum Ausdruck bringen konnten, was sie für uns bedeutet. Als nach einer Kirchenleitungssitzung im alten Konsistorium in der Bachstraße der Gesprächsbedarf zwischen Gudrun Althausen und einigen von uns nicht enden wollte, merkten wir erst zu spät, dass alle anderen inzwischen das Haus verlassen und es auch fest verschlossen hatten. So blieb uns nichts anderes übrig, als im wahrsten Sinne des Wortes Gudrun Althausen auf den Händen zu tragen. Aus dem Fenster im sehr hohen Hochparterre mussten starke – sehr starke Arme – her, die sie von innen durch und von außen aus dem Fenster trugen. Und die, die draußen unter dem Fenster standen, mussten die Arme weit nach oben strecken, um sie aus dem Fenster gleitend, in Empfang zu nehmen. Unversehrt und fröhlich lachend stand sie auf der Wiese, so als wäre eigentlich nichts geschehen. Es war wohl auch typisch für sie, dass sie am Ende weniger einen Blick für die um Anerkennung buhlenden Männer, als vielmehr ihren persönlichen Spaß an diesem für sie so vergnüglichen Ausstieg hatte. Prompt wünschte sie sich, dass auch zukünftig die Kirchenleitung ihre Bibeltexte so wörtlich nehmen möge. Sie wäre wieder dabei.

Gott – sei – Dank, dass wir mit ihr Kirche bauen und uns aneinander erfreuen konnten.
Gott – sei – Dank, dass diese so glaubensgewisse Frau unsere Kirche so nachhaltig geprägt und mit geleitet hat.
Gott – sei – Dank, dass sie jetzt schauen kann, was sie geglaubt hat, denn nun löst sich auch für sie ein, was Jesus Christus verheißen hat:
„Wer mir nachfolgt, der wird nicht wandeln in der Finsternis, sondern wird das Licht des Lebens haben."
Martin-Michael Passauer (Generalsuperintendent), 24.03.2007

Sowohl aus dem Interview als auch aus der Gedenkrede ist sehr deutlich die große Wertschätzung herauszuhören, die Gudrun Althausen in der Evangelischen Kirche in Berlin-Brandenburg entgegengebracht wurde.
In der ersten Ausgabe des Jahres 1996 der Wochenzeitung „Die Kirche" erschien ein Porträt Gudrun Althausens zu ihrem 65. Geburtstag am 30. Dezember 1995.

„Ich habe es genossen“
Ein Porträt von Gudrun Althausen, Vorsitzende der Evangelischen Frauenhilfe in Deutschland

Von Dagmar Paffenholz

Lange Sitzungen, Gremienarbeit und Gesprächsführung sind vielen Frauen immer noch ein Greul. Nicht so für Gudrun Althausen. „Ich leide nicht darunter, zu leiten“, erzählt die Vorsitzende der Evangelischen Frauenhilfe, die im Dezember ihren 65. Geburtstag feierte.„Ich bin immer ganz schnell in irgendwelche Leitungsgremien gewählt worden“, erinnert sie sich, und ein wenig Verwunderung schwingt dabei in ihrer Stimme mit. Als Karrierefrau sieht sich die Mutter von vier Kindern dennoch nicht. „Ich wollte immer Beruf und Familie miteinander verbinden.“ Doch 1949 nach ihrem Abitur hatte sie zunächst ganz andere Pläne. Sie wollte ein „weiblicher Albert Schweitzer“ werden. Weil sie zum Medizinstudium nicht zugelassen wurde, begann sie eine Krankenschwestern-Ausbildung. Leider habe sie das nicht zu Ende gemacht, bedauert sie, sondern in Leipzig mit dem Theologiestudium begonnen. „Ich wollte zeigen, daß ich genauso gut wissenschaftlich arbeiten kann wie Männer.“ Auch heute noch ist sie darauf stolz, ihr Examen besser gemacht zu haben als mancher ihrer männlichen Kommilitonen.

Nach ihrer Heirat mit Johannes Althausen begann ihre „15jährige Familienphase“. Ihre vier Kinder wurden geboren, von denen heute zwei in Brandenburg als Pfarrerin und Pfarrer arbeiten. Als sie 1970 gefragt wurde, ob sie Theologische Referentin für Frauen- und Familienarbeit in der Ostregion der Berlin-brandenburgischen Kirche werden wolle, war der lakonische Kommentar ihrer beiden ältesten Söhne: „Endlich erlebst du selber etwas und brauchst uns nicht immer zu fragen.“

Voller Elan begann sie ihre neue Aufgabe, arbeitete auf der halben Stelle „immer 100 Prozent“. Sie lud Frauen zu Bibelarbeiten ein, gab Arbeitshilfen heraus und organisierte Frauenrüsten und Familienurlaube. Ich will „Frauen bestärken, ihre Anliegen in die Kirche einzubringen und ihnen Mut machen, ihre Rechte wahrzunehmen“, begründet sie ihren Einsatz. Denn „auch wenn wir schon viel erreicht haben, sind wir doch noch ein ganzes Ende von dem entfernt, was wir uns wünschen“.

Seit 1984 leitete Gudrun Althausen, die sich selbst als „integrativen Typ" einschätzt und „in der Regel keine extremen Positionen vertritt", den Arbeitsausschuß der Evangelischen Frauenhilfe im DDR-Kirchenbund. Bei dem „gemeinsamen inhaltlichen Neuanfang" nach der Wende, wie es in dem Faltblatt der Evangelischen Frauenhilfe heißt, wurde sie zu deren Vorsitzenden gewählt.
Mit mehr als 12 000 Arbeitsgruppen in 19 Frauenhilfe-Verbänden ist die Frauenhilfe eine der größten Basisorganisationen der EKD. Daß sie seitdem manchmal wochenlang in der gesamten Republik ehrenamtlich unterwegs gewesen ist, hat sie nie gestört. Im Gegenteil. „Ich habe es genossen", bekennt sie mit leuchtenden Augen.
Im Sommer will sie nach vier Jahren den Vorsitz der Evangelischen Frauenhilfe abgeben. Zur Ruhe setzen wird sie sich deshalb aber noch lange nicht. Denn nicht nur für die Rechte von Frauen setzt sich Gudrun Althausen ein. Seit 1991 ist sie Vizepräses der Berlin-brandenburgischen Landessynode und Mitglied des Grundordnungsausschusses. Und auch den alten Menschen gilt ihr Engagement. So ist sie seit einigen Jahren Mitglied einer EKD-Arbeitsgruppe für Altenarbeit. Statt sie in die Ecke zu schieben, sollte ihre Erfahrungskompetenz genutzt werden, fordert sie. Wen wundert es, daß sie inzwischen auch in dieser Gruppe zur Vorsitzenden gewählt worden ist?
Auch von ihrer Mitarbeit im Redaktionsteam des „Weltgebetstages der Frauen" will sie nicht lassen. Als Verbindungsfrau für die internationalen Konferenzen des Weltgebetstags-Komitees reiste sie noch zu DDR-Zeiten nach Afrika, Westdeutschland und in die USA.
Daß Gudrun Althausen in ihrem Leben zuwenig erlebt hat, können ihr zumindest ihre sieben Enkel nicht mehr vorwerfen. Aber auch ihre beiden Söhne werden wohl inzwischen ihr Urteil revidiert haben.[27]

So ist es nicht verwunderlich, dass Gudrun Althausen 1997 in die Kirchenleitung ihrer Landeskirche gewählt wurde. Das bedeutete eine Vielzahl von Aufgaben mehr. Die Kirchenleitung traf sich ungefähr 20 Mal im Jahr, dazu noch zu einer Klausurtagung mit Übernachtung – und aus den Protokollen geht hervor, dass sie fast nie fehlte. Ihren archivierten Materialien sieht man an, dass sie sie durchgearbeitet hat und auch während der Sitzungen mitschrieb. Unterstreichungen, mit Textmarker markierte Stellen und Randnotizen finden sich.
Die Kirchenleitung unternahm auch regelmäßig Visitationen in den Kirchenkreisen der Landeskirche, an denen Gudrun Althausen mehrere Male teilnahm.

Am 26. Juni 1998 wurde ihr besonderes und langjähriges Engagement in der Evangelischen Kirche in Berlin-Brandenburg mit der Verleihung des Titels „Kirchenrätin" gewürdigt.

---

27 Dagmar Paffenholz, „Ich habe es genossen". Ein Porträt von Gudrun Althausen, in: Die Kirche 1/1996.

In einem Fax am Tag danach schrieb sie an Pfarrerin Claudia Wüstenhagen in einer anderen Angelegenheit:

Es amüsiert und ehrt mich auch ein bißchen, daß die Kirchenleitung mir gestern den Titel „Kirchenrätin" verliehen hat. Aber vielleicht kann man ihn mal verwenden, um einer Äußerung mehr Nachdruck zu verleihen – in der Öffentlichkeit!

Eine besondere Aufgabe fiel Gudrun Althausen zu, als 1999 von der Kirchenleitung die Arbeitsgruppe „Gemeinschaft von Frauen und Männern in der Evangelischen Kirche Berlin-Brandenburg“ eingesetzt wurde. Sie übernahm die Leitung dieser Gruppe, die bis 2002 bestand. Im Kapitel 6 „Geschlechtergerechtigkeit“ wird darauf näher eingegangen.

2.3 BUNDESSYNODE

Von 1982 bis 1989 war Gudrun Althausen Mitglied der Synode des Bundes der Evangelischen Kirchen in der DDR. In dieser besonders politisch und kirchenpolitisch aufregenden Zeit – einschließlich der Wochen im Herbst 1989, der friedlichen Revolution oder auch „Wende" in der DDR.
So prägten die Sitzungen der Synode auch häufig brisante Themen.

An einem Beispiel sei das hier aufgezeigt: Auf der 3. Tagung der 5. Synode des Bundes der Ev. Kirchen in der DDR im September 1987 wurde ein weitreichender Beschluss gefasst, der unter dem Titel „Bekennen in der Friedensfrage" veröffentlicht wurde. Diesem Beschluss gingen natürlich lange Diskussionen und Beratungen voraus.

3. Tagung der 5. Synode des
Bundes der Ev. Kirchen in der DDR
18. bis 22. September 1987 in Görlitz

Beschluß

„Bekennen in der Friedensfrage"

Im Gehorsam gegen den dreieinigen Gott haben wir unsere Absage an Geist, Logik und Praxis der Abschreckung ausgesprochen.
Für unser Bekennen, für unsere Orientierung, für unser Handeln heißt dies:

I

Wir bekennen: Gottes Liebe gilt ohne Unterschied allen Menschen. Gott stellt sich insbesondere auf die Seite der Schwachen und Geschlagenen.
Daraus folgt: Kein Mensch und kein Staat darf seine Sicherheit und Freiheit über die anderer stellen und Menschen zu Geiseln machen, die seine Sicherheit und Freiheit garantieren sollen. Der Geist der Abschreckung aber steht im Widerspruch zum Geist Gottes.

- Er erhebt die eigene Sicherheit zu einem Götzen, für den man bereit ist, Menschen millionenfach zu opfern und das Leben des Planeten aufs Spiel zu setzen.
- Er traut den Menschen tatsächlich die Unmenschlichkeit zu, andere Menschen massenhaft zu vernichten.
- Er zwingt zum Freund-Feind-Denken anstelle von Völkerverständigung und Zusammenarbeit.
- Er setzt auf die Macht des Stärkeren, nicht nur im Ost-West-Konflikt, sondern auch im Konflikt zwischen Nord und Süd.

Weil wir Gott, den Herrn, bekennen, widersprechen wir dem Geist der Abschreckung.
Auch wir sind in diesem Geist gefangen.
Wir bitten, daß Gott uns davon befreit.

Wir bekennen: Gott befreit uns durch Christus aus der Knechtschaft der Angst, die eine Folge der Sünde ist. Er befreit von Abhängigkeit und Unterdrückung.

Daraus folgt: Kein Mensch und kein Staat darf durch Drohung mit Massenvernichtungsmitteln Angst und Abhängigkeitsverhältnisse schaffen, um sich so seinen Frieden zu erkaufen und Macht auszuüben.
Die Logik der Abschreckung aber steht im Widerspruch zum Versöhnungshandeln Christi.

- Sie zwingt trotz aller ethischen Proteste und vernünftigen Einsichten zum Wettrüsten, damit jede Seite sich wenigstens so stark fühlt, daß sie zurückschlagen kann.
- Sie will auch im schlimmsten möglichen Fall sicher sein.
- Sie verspielt damit die Chancen der Verständigung, Sie vernichtet, was sie zu schützen vorgibt: Frieden, Freiheit und Gerechtigkeit.
- Sie sucht die eigene Sicherheit, indem sie Angst verbreitet.
- Sie hält die armen Länder in Abhängigkeit, damit sie die Balance der Reichen nicht stören.

Weil wir Christus nachfolgen, widersprechen wir der Logik der Abschreckung.
Auch wir erliegen dieser Logik.
Wir bitten, daß Christus uns auf seinen Weg führt.
Wir bekennen: Gott schenkt uns in Christus seine Gerechtigkeit. Er will, daß sie das Miteinander der Menschen bestimmt. Er will, daß wir mit anderen teilen, statt sie zu beherrschen.
Daraus folgt: Kein Mensch und kein Staat darf das Zusammenleben der Menschen durch Geist und Logik der Abschreckung vergiften, sie zu Mitteln der Politik machen und damit die Wege zur Gerechtigkeit verbauen.
Die Praxis der Abschreckung aber steht im Widerspruch zur Gerechtigkeit Gottes.

- Sie räumt militärischen Sicherheitsüberlegungen den Vorrang vor der Gestaltung eines gerechten Zusammenlebens der Menschen ein.
- Sie führt zu einer Militarisierung des Lebens und Denkens von Kindergarten und Schule bis hin zur Weltwirtschaft und Wissenschaft.
- Sie vergeudet die materiellen und geistigen Schätze der Menschheit. Sie verschärft die Ausbeutung der armen Länder durch die Industrienationen.
- Sie tötet schon heute durch Hunger und Verelendung auch ohne Krieg.

Weil wir dem Geist Gottes folgen, widersprechen wir der Praxis der Abschrekkung.
Auch wir sind in diese Praxis verwickelt.
Wir bitten, daß Gott uns jeden Tag soviel Einsicht und Kraft gibt, wie wir brauchen.

II

In einer Welt mit Massenvernichtungsmitteln gibt es keine gerechten Kriege mehr!
Krieg darf kein Mittel der Politik mehr sein. Die Aufgabe des Staates, für Recht und Frieden zu sorgen, kann heute nicht mehr wahrgenommen werden durch ein Sicherheitssystem, das auf Abschreckung beruht, in dem Armeen über Massenvernichtungsmittel verfügen und in der Lage sind, andere anzugreifen.
Diese Aufgabe erfordert vielmehr die Entwicklung eines Systems „Gemeinsamer Sicherheit“, das auf Vertrauensbildung beruht.
Das System „Gemeinsamer Sicherheit“ bahnt politische Wege der Konfliktregelung. Es schließt die Entwicklung struktureller Nichtangriffsfähigkeit durch Abrüstung auf allen Ebenen und Umrüstung auf defensive Waffensysteme ein.

Es zielt auf Gerechtigkeit gegenüber den armgemachten Völkern. Nur im Rahmen eines solchen Konzeptes ist militärische Verteidigungsbereitschaft noch zu rechtfertigen.
In dieser Situation setzt sich die Kirche für gewaltfreie Förderung und Sicherung des Friedens ein. Jeder Christ, der vor die Frage des Wehrdienstes gestellt ist, muß prüfen, ob seine Entscheidung mit dem Evangelium des Friedens zu vereinbaren ist. Wer heute als Christ das Wagnis eingeht, in einer Armee Dienst mit der Waffe zu tun, muß bedenken, ob und wie er damit der internationalen Ordnung des Friedens und der Gerechtigkeit diene. Die Kirche sieht in der Entscheidung von Christen, den Waffendienst oder den Wehrdienst überhaupt zu verweigern, einen Ausdruck des Glaubensgehorsams, der auf den Weg des Friedens führt.
Weil wir Gott als Herrn bekennen, sind wir alle herausgefordert, durch deutliche Schritte zu zeigen, daß Einsatz, Besitz und Produktion von Massenvernichtungsmitteln unserem Glauben widersprechen.
Unsere praktischen Schritte müssen so vielfältig und konkret sein, wie das Überleben der Menschheit vielfältig und konkret bedroht ist.

III

Wir nennen heute beispielhaft die folgenden Schritte und bitten die Gemeinden, diese Schritte weiter zu konkretisieren und zu ergänzen.

1. Weil der jetzt zu erwartende Abbau von Mittelstreckenraketen ein ermutigender Anfang der Abrüstung ist, setzen wir uns nun umso mehr für den weiteren Abbau der Atomwaffen, die Schaffung atomwaffenfreier Zonen, das Verbot chemischer und biologischer Waffen, das Verbot jeder Weltraumrüstung, die Begrenzung konventioneller Waffen und die Truppenreduzierung ein.
2. Weil die Konfrontation zwischen den Militärblöcken überwunden werden muß, sehen wir unsere besondere Aufgabe als Deutsche, dafür zu wirken, daß von deutschem Boden Frieden ausgeht.
3. Weil die Verteufelung des Anderen die Gewaltbereitschaft erhöht, wollen wir uns der feindseligen Rhetorik gegen Jedermann enthalten, uns gegenseitig ermahnen und andere dazu auffordern.
4. Weil alle Abgrenzung zwischen Menschen das Entstehen von Feindbildern fördert, wollen wir uns für mehr Begegnungsmöglichkeiten zwischen Menschen einsetzen und dazu beitragen, daß viele Menschen unseres Landes die Bürger anderer Staaten in ihrer Umgebung und mit ihren Problemen kennenlernen und besser verstehen.
5. Weil erst ein Staat, in dem mündige Bürger Mitverantwortung wahrnehmen können, den Friedensprozeß in der Welt wirksam fördern kann, wollen wir uns dafür einsetzen, daß die Mündigkeit der Bürger gestärkt wird durch sachgerechte Information, offene und öffentliche Diskussion und gemeinsame Suche nach Wegen in die Zukunft.
6. Weil wir lernen müssen, unsere Konflikte mit friedlichen Mitteln auszutragen, wollen wir mit der Friedenserziehung zu Hause beginnen und uns für Friedenserziehung in Kindergarten, Schule und Gesellschaft einsetzen.
7. Weil schwelende Konflikte in einer Gesellschaft den Frieden auch der anderen gefährden, wollen wir die Probleme in unserem Land offen ansprechen, nach ihren Ursachen suchen und zu ihrer Überwindung beitragen.
8. Weil Vertrauen und Freundschaft den Frieden fördern, wollen wir zur Verbesserung unseres Verhältnisses zu den Menschen in Osteuropa, insbesondere zu denen, die bei uns leben und arbeiten, beitragen.
9. Weil unser derzeitiges Verhältnis zu den armen Ländern und die ungerechte Weltwirtschaftsordnung eine ständige Gefahrenquelle und eine Bedrohung des Friedens sind, wollen wir uns für eine gerechte Weltwirtschaftsordnung einsetzen. Ein kleines Zeichen können wir mit der Verwirklichung des 2%-Appells setzen.
10. Weil unser räuberischer Umgang mit der Natur den Frieden und das Leben unserer Kinder und Enkel bedroht, müssen wir uns einüben in einen Lebensstil, der unserer natürlichen Umwelt gerecht wird und Zukunft hat.

Mit diesem Beschluss stellte sich die evangelische Kirche in der DDR öffentlich gegen die Abschreckungspolitik auch des eigenen Landes. Besonders bei den am Ende aufgeführten 10 Schritten, die nun folgen sollten, positionierte sich die Synode zum Beispiel deutlich gegen die herrschende Bildungspolitik (Punkt 6), die Einschränkung der Meinungsfreiheit (Punkte 5 und 7) und die Umweltpolitik (Punkt 10).

Aber auch in den anderen Jahren ihrer Mitgliedschaft in der Bundessynode gab es spannende und aufreibende Themen.
Eine besondere Sitzung fand im September 1989 in Eisenach statt. Im ganzen Land brodelte es. Die Menschen verließen die DDR über die offene Grenze in Ungarn. Aus einer Beschlussvorlage zur aktuellen Situation in der DDR und dem Verhältnis der evangelischen Kirche dazu, die von Gudrun Althausen mit Markierungen und Randnotizen versehen ist, geht hervor, welche Diskussionen innerhalb der Synode geführt wurden und wie die politische Umbruchsituation auch eine Anfrage an die Kirche war.

1 Gg.

5. Tagung der V. Synode des
Bundes der Ev. Kirchen in der DDR
15. - 19. September 1989 in Eisenach

V o r l a g e - Nr. 28

B e s c h l u ß v o r l a g e

des Berichtsausschusses zum Bericht des Vorsitzenden der Konferenz der Evangelischen Kirchenleitungen und dem Arbeitsbericht des Sekretariats des Bundes

Die Synode möge beschließen:

Die Synode des Bundes der Ev. Kirchen in der DDR hat den Bericht des Vorsitzenden der Konferenz der Ev. Kirchenleitungen und den Arbeitsbericht des Sekretariats des Bundes mit Dank entgegengenommen. Ausdrücklich dankt die Synode der Konferenz für ihren Brief an den Vorsitzenden des Staatsrates, in dem zu bedrängenden Problemen unseres Landes Stellung genommen wird.

1. Auch von der Synode des Bundes wird erwartet, daß sie sich dazu äußert:

Die Massenauswanderung von Bürgern der DDR in die Bundesrepublik Deutschland zwingt dazu, Ursachen dafür zu benennen, daß offensichtlich viele, besonders auch junge Menschen in unserem Land und für unser Land keine Zukunft mehr sehen. In der Synode wurden vielfältige Erfahrungen genannt:

- erwartete und längst überfällige Reformen werden offiziell als unnötig erklärt;
- die Mitverantwortung des einzelnen Bürgers und seine kritische Einflußnahme sind nicht ernsthaft gefragt;
- den Bürgern zustehende Rechte werden vielfach lediglich als Gnadenerweis gewährt;
- hier geweckte und von außen genährte Wohlstandserwartungen können nicht befriedigt werden;
- ökonomische und ökologische Mißstände erschweren zunehmend das Leben;
- Alltagserfahrungen und die Berichterstattung der Medien klaffen weit auseinander;
- eine ~~offene~~ öffentliche Aussprache über Ursachen der Krisenerscheinungen wird nicht zugelassen;
- Hinweise auf offensichtliche ~~Wahlfälschungen~~ x Unkorrektheiten in d. Durchführung der Wahl und der Bekanntgabe der Ergebnisse blieben ohne Reaktionen;
- offizielle Äußerungen zu Vorgängen in China und Rumänien wecken Befürchtungen und Ängste für die Zukunft;
- gewaltlose Demonstrationen junger Menschen werden gewaltsam unterdrückt, Beteiligte werden zu Unrecht und überdies unangemessen bestraft;
- Freizügigkeit im Reiseverkehr wird nicht gewährt.

20 + 20 Gg. 1 Enth.

Aus diesen und anderen Gründen sind viele Hoffnungen auf Veränderung in der DDR erloschen.

Die Folgen der Abwanderung betreffen alle in diesem Land:

Familien und Freundschaften werden zerrissen, alte Menschen fühlen sich im Stich gelassen, Kranke verlieren ihre Pfleger und Ärzte, Arbeitskollektive werden dezimiert, haben die Grenze ihrer Belastbarkeit erreicht und überschritten, die Folgen für die Volkswirtschaft sind unübersehbar. Auch Kirchgemeinden werden kleiner.

Das politische Klima der Entspannung ist bedroht.

Feindbilder leben wieder auf, Probleme zwischen den beiden deutschen Staaten belasten die Nachbarn, besonders Ungarn, gewachsene Beziehungen und Gespräche werden abgebrochen. Der Ost-West-Konflikt in seiner deutsch-deutschen Zuspitzung verdrängt Zukunftsaufgaben und bindet Kräfte, die zur Gewinnung von Frieden in Gerechtigkeit und zur Bewahrung der Schöpfung dringend gebraucht werden.

Angesichts dieser Situation haben wir im Bund der Ev. Kirchen Anlaß, uns selbst zu fragen, wie wir unserem Auftrag gerecht geworden sind.

Wir stellen fest, daß unser Reden viele nicht mehr erreicht. Immer mehr Menschen fragen danach, was sie aus ihrem Leben machen können, um sich dadurch selbst zu verwirklichen. Andere, vor allem junge Menschen, können keine Hoffnung mehr benennen, die ihrem Leben ein Ziel gibt. Uns gelingt es nur schwer, die Hoffnung zu vermitteln, die uns Christen gegeben ist und auf den vom Evangelium eröffneten Weg einzuladen, der jeden zur Erfüllung seines Lebens führt.

In der Nachfolge Jesu Christi erfüllt sich das Leben nicht in dem, was ich für mich selbst habe, sondern in dem, was ich für andere bin. Darin sind wir nicht glaubwürdig, solange unser eigener Lebensstil, als Kirche und als Christen, weniger ein Beispiel dafür ist, was wir anderen sein können, als eher dafür, was wir selber haben. Auch wir orientieren uns lieber an dem Lebensstandard derer, die mehr haben als wir, obwohl die meisten Menschen dieser Erde, auch in Europa, mit viel weniger auskommen müssen. Das wirkt sich bis in unsere ökumenischen Beziehungen aus.

Die Überzeugungskraft unseres Glaubens und Redens hängt auch davon ab, daß wir als Kirche glaubwürdiger werden. Nach nunmehr 20 Jahren verstehen sich die im Bund zusammengeschlossenen Gliedkirchen als eine Kirche. So wird der Bund weithin auch von den Gemeinden angesehen. Trotzdem sind bisher alle Bemühungen gescheitert, unserer Gemeinschaft als Kirche eine entsprechende organisatorische Form zu geben. Unsere Gemeinschaft wird durch Alleingänge, wie zuletzt im Zusammenhang mit der Domeinweihung in Greifswald, und durch verhärtete Strukturen gefährdet. Der Gegensatz zwischen Anspruch und Wirklichkeit unseres Kircheseins steht uns vor Augen.

Geistlich bewegte und sozial engagierte Gruppen, die Impulse der Erneuerung in unsere Kirchen tragen wollen, stehen sich zugleich verständnislos und ablehnend gegenüber. Überall dort, wo die Gemeinden tragfähige Gemeinschaften sind, können sie einladen, ohne zu vereinnahmen, und Geborgenheit geben, die zur Mündigkeit hilft. Solche Gemeinschaft erweist sich darin, daß sie trotz der Spannungen und Meinungsunterschiede zusammenbleibt in Gebet, Abendmahl und Gottesdienst. Und sie erweist sich darin, daß sie sich der in Not geratenen fernen und nahen Nächsten annimmt. Wir leiden unter der Erfahrung, daß unser Eintreten für die Rechte anderer so wenig bewirkt. Es gelingt uns schwer so zu reden, daß die Betroffenen sich verstanden fühlen, und daß uns die verstehen, an die wir uns wenden. Aber ein Reden und Tun, das wir vor Gott verantworten können, bleibt unsere Aufgabe.

3.   3

Unser Glaube gibt uns Grund, nach Wegen zu suchen, die heute und morgen gegangen werden können. Wir wissen uns von Gott in unsere Zeit und an unseren Ort gestellt. 40 Jahre DDR sind auch ein Lernweg unserer Kirchen, Christsein in einem sozialistischen Staat zu bewähren. Wir sehen uns heute vor die Herausforderung gestellt, Bewährtes zu erhalten und neue Wege in eine gerechtere und partizipatorische Gesellschaft zu suchen. Wir wollen mithelfen, daß Menschen auch in unserem Land gerne leben. Wir möchten sie dazu ermutigen.
So bitten wir sie, hier zu leben und einen Beitrag für eine gute gemeinsame Zukunft in unserem Land zu leisten. Wir können und dürfen aber nicht alle Probleme gleichzeitig lösen wollen.

Wir brauchen:

- ein allgemeines Problembewußtsein dafür, daß Reformen in unserem Land dringend notwendig sind;
- die offene und öffentliche Auseinandersetzung mit unseren gesellschaftlichen Problemen;
- jeden für die verantwortliche Mitarbeit in unserer Gesellschaft;
- ~~unbedingte~~ Wahrhaftigkeit als Voraussetzung für eine Atmosphäre des Vertrauens;
- verantwortliche pluralistische Medienpolitik;
- demokratische Parteienvielfalt;
- Reisefreiheit für alle Bürger;
- wirtschaftliche Reformen;
- verantwortlichen Umgang mit gesellschaftlichem und persönlichem Eigentum;
- Möglichkeit friedlicher Demonstrationen;
- ein Wahlverfahren, das die Auswahl zwischen Programmen und Personen ermöglicht.

50 Jahre nach Kriegsausbruch wird uns erneut bewußt, daß die Erinnerung wachbleiben muß und die Aufarbeitung von Grauen und Schuld für uns Deutsche nicht abgeschlossen sein kann. Die Synode bittet alle Menschen in Ost und West, neu erwachenden nationalistischen und nazistischen Stimmen und Stimmungen mit aller argumentativen und administrativen Entschiedenheit entgegenzutreten und rechtzeitig die tieferen Ursachen für solche Erscheinungen besonders bei der jüngeren Generation zu erkennen und zu beseitigen.

Nach wie vor steht die unbedingte Verpflichtung im Vordergrund, für den Frieden unter den Völkern einzutreten. Es gibt ermutigende Zeichen auf dem langen Weg zum Frieden.
Das "Neue Denken" hat weitere Konturen gewonnen, z. B. durch die sowjetische Einladung zu "globaler Solidarität", die militärische, ökonomische und ökologische Sicherheitspartnerschaft in weltweiter Perspektive einschließt.
Signale des Friedens sind einseitige Rüstungs-, Truppen- und Rüstungshaushaltsreduzierungen sozialistischer Staaten, auch der DDR. Wir erwarten die Antwortvon NATO-Staaten, ihrerseits mit dem Abbau militärischer Ungleichgewichte zu beginnen.
Truppenreduzierungsverhandlungen aufgrund beiderseitiger Kompromißbereitschaft kommen voran. Immer mehr Soldaten arbeiten in der Industrie. Die Militärs beider Bündnissysteme begegnen sich.
Die Konzeption hinlänglicher Verteidigungsfähigkeit wird ebenso weiterentwickelt wie das Konzept der strukturellen Angriffsunfähigkeit. Eine Konversionsindustrie nimmt konkrete Formen an. Durch den Umbau von Raketenschleppern zu Straßenkränen wurde die prophetische Vision "Schwerter zu Pflugscharen" in unser technisches Zeitalter übersetzt.

4

Das Wiener Abschlußdokument eröffnet den europäischen Staaten konkrete menschliche, politische, wirtschaftliche, ökologische und kulturelle Perspektiven beim Bau des Europäischen Hauses. Die Synode unterstreicht, daß sie auf eine aktive Beteiligung beider deutscher Staaten und der christlichen Kirchen in diesem Prozeß hofft. [Wiedervereinigungswünsche wecken Ängste bei anderen Völkern.]

Die Synode erinnert an ihren Beschluß vom 20. 9. 1988, in dem sie festgestellt hat, "daß die künftige Entwicklung in unserem Land von Dialogfähigkeit und Dialogbereitschaft in Kirche und Gesellschaft wesentlich abhängt." Es gibt keine vernünftige Alternative zur Fortsetzung und Erweiterung der Dialogpolitik auf allen Ebenen. Eine sich entwickelnde "Kultur des Streits" hat in den letzten Jahren einige wichtige außen- und innenpolitische Früchte getragen.
Die Synode ist bestürzt, daß die seit langem erbetenen Sachgespräche zwischen der Konferenz der Ev. Kirchenleitungen und der Regierung der DDR nicht möglich waren und daß das für den 12. 9. zugesagte Gespräch zum dritten KSZE-Folgetreffen wieder abgesagt wurde; dabei sollte auch über die menschlichen Dimensionen des Helsinki-Prozesses gesprochen werden. Die Synode bedauert ~~von SED und SPD~~ auch die jüngste Absage von Gesprächen zwischen Vertretern [beider deutscher Staaten.]. Gerade jetzt sind Gespräche nötig. Gerade jetzt können wir in und zwischen beiden deutschen Staaten das "Neue Denken" bewähren und dazu beitragen, daß nicht alte Feindbilder medienverstärkt das Klima vergiften.
Um uns den Weg in eine sozial gerechte, demokratische, nach innen und außen friedensfähige und ökologisch verträgliche Gesellschaft nicht zu verbauen, ist jetzt ein offener gesamtgesellschaftlicher Dialog dringlich geworden. Dazu gehört auch eine Öffnung der bisherigen politischen Strukturen. ~~Lösungsschritte müssen gemeinsam gefunden werden, denn keiner besitzt~~
[Keiner hat gegenwärtig d i e Lösung.] ~~gegenwärtig die Lösung schon~~.

Auf der Suche nach Wegen, die Zukunft eröffnen, werden wir der Tatsache ins Auge sehen müssen, daß uns Veränderungen nicht in den Schoß fallen. Es bedarf geduldiger und beharrlicher Bemühungen. Darum wollen wir uns nicht entmutigen lassen von Schwierigkeiten und Rückschlägen, von Mißverständnissen und Verdächtigungen. Es kommt auf den langen Atem an. Unser Glaube kann uns dazu Mut und Kraft geben. Uns ist nicht verheißen, daß uns das Kreuz erspart bleibt, aber daß unser Herr mit uns das Kreuz trägt und einen Weg in die Zukunft eröffnet.

Diese zwei Beispiele sollen verdeutlichen, mit welchen schwierigen, aufreibenden Fragen die Bundessynode sich beschäftigte – und womit sich auch Gudrun Althausen beschäftigte.

Die Synode war in diesen aufregenden Zeiten nicht das einzige Gremium (siehe Kapitel 4, 5 und 6), in dem Gudrun Althausen mitarbeitete und in dem neben den alltäglichen, organisatorischen und inhaltlichen Fragen auch diese immer größer werdenden politischen Fragen zu diskutieren waren.

3. GANZ IN IHREM ELEMENT: DIE THEOLOGIN

Die Frau möchte nicht immer nur zuhören,
sie möchte auch einmal selbst mitreden.

In ihrer Begründung, warum sie Theologie studieren möchte, schrieb Gudrun Althausen den Satz, der hier als Überschrift dienen soll. Theologie interessierte sie, obwohl sie vielleicht lieber Medizin studiert hätte. Aber die geistige Arbeit hatte einen hohen Stellenwert in ihrem Lebensplan. Und so wurde sie Theologin. Die evangelische Kirche war zwar noch nicht so weit, verheiratete Frauen zu Pastorinnen zu ordinieren, aber als Theologin konnte frau trotzdem arbeiten.
Dieses Kapitel widmet sich der lebenslangen theologischen Arbeit Gudrun Althausens – von ihrer Arbeitsstelle in der Frauen- und Familienarbeit der Evangelischen Landeskirche Berlin-Brandenburgs über ihre in Publikationen veröffentlichten Predigten, Andachten und Bibelarbeiten bis hin zu ihrer jahrzehntelangen Beschäftigung mit feministischer Theologie, zu deren ersten Befürworterinnen und Verbreiterinnen sie in der DDR gehörte.

3.1 BERUFSTÄTIG
Theologische Referentin in der Frauen- und Familienarbeit in der Evangelischen Kirche in Berlin-Brandenburg 1970 – 1992

3.1.1 Arbeitsberichte

Gudrun Althausen begann 1970 als Referentin zu arbeiten. In ihrem Brief an ihre Tochter, der im Buch „Kinder, Kirche und Karriere" enthalten ist, schreibt sie darüber:

Wirkliche, eben auch inhaltliche Verantwortung wurde mir 1970 angetragen mit der Frage, ob ich bereit sei, die Stelle der Theologin (50 %) in der (Ost-)Berliner Frauenhilfe zu übernehmen. Pastorin Hildegard Führ war von dieser Stelle nach Potsdam in die Zentrale der Frauenhilfe in der DDR gewechselt. Ich habe mich mit der Zusage sehr schwergetan. Vor allem konnte ich mir nicht vorstellen, als die Nachfolgerin von Frau Führ, die ich sehr schätzte und verehrte, aufzutreten. Aber sie selbst und eben auch Ursula Brennecke[28] machten mir Mut, indem sie immer wieder betonten, daß ich doch meine eigenen Kompetenzen einzubringen hätte, daß die Erfahrungen als Mutter von vier Kindern und als Vorsitzende einer Kreissynode mich durchaus qualifizierten und so weiter, und so weiter. Aber ich hatte doch seit 15 Jahren nicht mehr „Theologie" getrieben! Ich hatte keinerlei Berufserfahrungen. Eigentlich habe ich es Vater zu verdanken, daß ich schließlich „Ja" sagen konnte. Er erinnerte mich nicht nur daran, daß ich ja auch schon vor dieser Anfrage sehr viel zu Sitzungen und Gemeindeveranstaltungen unterwegs war, sondern er sagte auch Verständnis und Hilfe im Haushalt zu [...] Du, als die Jüngste, hast dich damals wohl am wenigsten an der Diskussion in der Familie beteiligt, dann aber am meisten unter meiner Berufstätigkeit „gelitten". Du warst gerade in die Schule gekommen, und ich hatte einfach keine besondere Zeit mehr für dich. Die großen Geschwister fanden es dagegen längst an der Zeit, daß ihre Mutter richtig berufstätig würde, damit sie in der Schule nicht mehr peinlicherweise sagen mußten, daß ihre Mutter „nicht arbeitet". [...] Jedenfalls habe ich mit Zittern und Zagen zugesagt und im November 1970, fast 40-jährig, begonnen, beruflich tätig zu sein. Ich habe vor jedem Abend in einem Frauenkreis schreckliche Angst gehabt. Dem Alter nach dufte ich eigentlich keine Berufsanfängerin mehr sein, der man einiges nachsieht. Daß es eine wichtige und gute Entscheidung war, hat mir eine liebe Bekannte aus unserem Haus bestätigt, als sie zu mir sagte: „Wenn du mit der Aktentasche weg gehst, hast du eine ganz andere Haltung, als

---

28 Mitarbeiterin in der Evangelischen Frauen- und Familienarbeit in der Ev. Kirche in Berlin-Brandenburg.

wenn du mit einer Einkaufstasche unterwegs bist. Mit der Aktentasche gehst du viel freier, gerader, selbstbewußter."[29]

Die Jahre bis 1992, als Gudrun Althausen ihre Arbeit bei der Frauen- und Familienarbeit beendete, waren sehr erfüllte – oft auch überfüllte – Arbeitsjahre, in denen sie ihre vielfältigen Gaben einsetzen konnte. Nach kurzer Zeit übernahm Gudrun Althausen die Leitung der Arbeitsstelle für Frauen- und Familienarbeit in der Evangelischen Kirche in Berlin-Brandenburg. 1981 wurde sie dann auch Vorsitzende des Arbeitsausschusses der Evangelischen Frauenhilfe für die ganze DDR.
Sie identifizierte sich sehr mit der Frauenhilfe und arbeitete weit über ihre zuerst 50%ige Anstellung, später 75%ige Anstellung, hinaus. Geschichte, Leitbild und Aufgaben der Frauenhilfe waren ihr bewusst und lagen ihr am Herzen.

Aus den Arbeitsberichten, die Gudrun Althausen geschrieben hat, können wir nicht nur ablesen, wie viele Veranstaltungen sie und ihre Mitarbeiterin durchgeführt haben, sondern auch eine Einschätzung über Tendenzen, Möglichkeiten und Schwierigkeiten der Arbeit finden.
Exemplarisch sollen hier drei Berichte abgedruckt werden, dazu einige handschriftliche, statistische Vorarbeiten für Berichte.

Bericht über die Frauenhilfsarbeit in Berlin
1975 und 1976

Statistisches:
Besuchsdienst in den Gemeinden:
es wurden im Berichtszeitraum 101 Frauenhilfen
43 Mütterkreise
2 Berufstätigenkreise besucht

Zurüstung von Mitarbeitern
es fanden 9 Zusammenkünfte mit Kreisbeauftragten
1 Wochenende mit Kreisbeauftragten statt

es wurden 27 Leiterinnenzurüstungen auf Kirchenkreisebene gehalten

außerdem 2 Wochenendrüsten für Verantwortliche in der Frauenarbeit
2 Rüsten über je 4 Tage für Verantwortliche in der Frauenarbeit

29 Gudrun Althausen, Meine liebe Tochter, in: Kinder, Kirche und Karriere. Von der berufstätigen Mutter im Dienst des Herrn. Erfahrungsberichte, Berlin 2000, S. 13–14.

Ehe-, Familien- und Mütterarbeit:

es wurde in jedem Jahr eine Müttererholung mit je 16 Müttern durchgeführt

außerdem: 2 Familienwochenenden mit je 35 Teilnehmern
1 Familienwochenende mit 80 Teilnehmern
1 Mütter-Kinder-Rüste über 4 Tage
2 Kindertage mit Eltern (Sonnabende)

einmal wurden Leiterinnen von Mütterkreisen zu einem gesonderten Erfahrungsaustausch eingeladen.

Arbeit mit alleinlebenden Berufstätigen

es wurden insgesamt 27 Einzeltreffen
7 Wochenendrüsten
1 Feriengemeinschaft (8 Tage) durchgeführt.

Altenarbeit

in jedem Jahr wurden Rentnerinnenerholungen mit insgesamt 60 Teilnehmern durchgeführt

außerdem in jedem Jahr eine 4-tägige Rüstzeit für „Ältere und älter Werdende" mit gezielter Thematik

Schwerpunkte unserer Arbeit und Tendenzen:

1. Schwerpunkt unserer Arbeit ist, wie man der Statistik entnehmen kann, der Besuchsdienst in den Gemeinden. Das hat sehr zugenommen im Vergleich zu den Jahren davor. Wir bieten z Zt. dafür in unseren Rundbriefen Themen an (nicht aus der Arbeitshilfe der Frauenhilfe). Von den Kreisen wird das gern genützt, vor allem dort, wo tatsächlich ein „Laie" den Kreis leitet. Wir verstehen dies als eine Hilfe für die Gemeinden auch um einmal über ihren Gemeindehorizont hinauszugucken (z. B. auch über den Personalbestand der Kirchengemeinde!).
Auch alle Mitarbeiterschulungen verstehen wir als Hilfe für die Gemeindearbeit. Man erwartet an dieser Stelle das gemeinsame Durchdenken theologischer und sonst anstehender Probleme von uns, aber auch – und das in zunehmendem Maße – sehr praktische Hilfen und Anleitungen. So haben wir im Jahre 76 (und werden es 77 wiederholen) Herrn Ahlhelm zum Wochenende für Leiterinnen gehabt und außerdem in diesem Jahr schon 2 mal einen Sonnabend angeboten, wo Bastelanregungen ausgetauscht werden und Neues auf diesem Gebiet angeboten wird.
Daß uns hin und wieder Pfarrkonvente zum Gespräch oder Referat einladen und daß ich selbst bei der Generalkirchenvisitation des Kirchenkreises Oberspree wegen der Frauenarbeit mit gebeten wurde, zeigt, daß an einigen Stellen auch die Pfarrerschaft Notiz von unserer Arbeit nimmt – und sich vielleicht sogar eine Hilfe erhofft!

2. Schwerpunkt könnte die Familienarbeit sein. Die reinen Müttererholungen bewähren sich nicht mehr. Wir werden 1977 keine mehr durchführen. Dafür möchten

wir einmal eine Urlaubsgemeinschaft mit Familien mit Kleinkindern versuchen und hoffen, dafür das Rüstzeitheim in Hirschluch zu bekommen.

Die Arbeit mit Alten müßte unbedingt noch mehr ausgebaut werden. Vor allem müßte da noch mehr thematische Hilfestellung für die Gemeinden angeboten werden. Es fehlt uns hier an Zeit und Mitarbeitern. Den diesjährigen Rüsttag der Berliner Frauenhilfe versuchen wir aber zur Vorarbeit auf diesem Gebiet zu nützen („Die Mitter der Nacht ist der Anfang des Tages").

Arbeit mit alleinlebenden Berufstätigen – übergemeindlich betrieben – leidet ein wenig darunter, daß die Gemeindepfarrer auf diese Möglichkeit nicht genügend hinweisen aus Sorge, es könnten ihnen potentielle Gemeindeglieder verloren gehen. Wir meinen aber trotzdem, daß ein solcher Kreis für alleinlebende Berufstätige übergemeindlich angeboten werden muß, da uns immer wieder Menschen begegnen, die eine Gemeinschaft dieser Art suchen und in der Ortsgemeinde nicht finden. Dort wird meist Gemeinschaft für Familien oder wenigstens Ehepaare und für Alte angeboten. Die mittlere Generation wird vorwiegend zu Seminaren oder Gesprächskreisen eingeladen, wo es doch hauptsächlich um intellektuelle Arbeit miteinander geht.

Ein wichtiger Punkt unserer Arbeit in Berlin ist die Vorbereitung und Durchführung des Weltgebetstages. In beiden Jahren hat eine Gruppe Berliner Frauen ein ziemlich umfangreiches Vorbereitungsmaterial über das Entstehungsland der Ordnung, die dortigen geographischen, politischen, ökonomischen und kirchlichen Verhältnisse erstellt (auch die technische Durchführung des Projektes lag bei der Berliner Frauenhilfe!) und den Frauenhilfen in der ganzen DDR zur Verfügung gestellt. Das hat zur Folge, daß uns in Berlin jeweils 5–6 gut eingearbeitete Frauen zur Verfügung stehen, um in den Gemeindekreisen den Weltgebetstag vorzubereiten. Außerdem findet jeweils im Januar ein Gesamtberliner Rüsttag statt zur Vorbereitung auf den Weltgebetstag, der immer von etwa 100 Frauen (Pastorinnen, Pfarrfrauen und verantwortliche Leiterinnen von Kreisen) besucht wird.

Die besondere Lage Berlin macht es nötig, daß einer unserer Schwerpunkte darin liegt, auf aktuelle Anforderungen einzugehen und evtl. mitzuarbeiten, wo man das zu Recht von uns erwartet. Ich denke auch, daß wir uns dem in Berlin nicht entziehen können, wenn wir nicht – auch bei vielen Jüngeren in den Gemeinden – ganz auf das Altengleis von vorgestern abgeschoben werden wollen. Freilich kostet dies oft eine Menge Zeit und Kraft.

Im Berichtszeitraum sind zwei Dinge dieser Art zu nennen:

a) Im Deutschen Theater lief seit einiger Zeit eine Aufführung von Peter Hacks' „Adam und Eva". Wir meinten, wenn ein biblischer Stoff, von einem Nichtchristen dramatisch verarbeitet auf unseren Bühnen ein ständig ausverkauftes Haus er-

lebt, dann müssen sich die Christen dieser Stadt unbedingt auch damit auseinandersetzten – schon, um auf evtl. Gespräche eingehen zu können. Wir haben darum für einen Abend das Deutsche Theater für die Berliner Frauen- und Familienarbeit gemietet und eine geschlossene Vorstellung dieses Stückes erlebt. Die Karten zu vertreiben war vor allem deswegen mühsam, weil wir mit den vorhandenen reichlich 700 Plätzen bei weitem nicht die Bedürfnisse in den Gemeindekreisen befriedigen konnten. Aber wir wollten ja nicht einer Theaterkasse Konkurrenz machen, sondern zum Nachdenken anregen. Darum boten wir am Tag davor eine Vorbereitung an (Einführung in Gen 3 durch Frau Dr. von Loewenclau vom Sprachenkonvikt und Einführung in das Stück von Hacks von Frau Hopstockk von der Evang. Akademie), die auch von etwa 120 Leuten besucht wurde. Wir wissen, daß in etlichen Gemeinden auch danach noch Gespräche über diese Thematik stattgefunden haben.
b) Im Oktober 1975 fand in Berlin der Weltkongreß im Internationalen Jahr der Frau statt. Das begleitende Programm der Kirche anläßlich dieses Weltkongresses wurde weitgehend von Berliner Frauen gestaltet, betreut und besucht (der Gottesdienst in der Sophienkirche von etwa 500 Frauen).

Berlin, 8. 10. 1976 Gudrun Althausen

Aus dem vorstehenden Bericht können wir herauslesen, wie breit gefächert die Arbeit für die beiden in Teilzeit angestellten Mitarbeiterinnen war:
- von der Frauen- über die Familien- bis zur Altenarbeit;
- von den Abenden und Nachmittagen in Gruppen über ganze Tagesveranstaltungen bis zu Wochenendrüsten und mehrtägigen Feriengemeinschaften/Rüstzeiten;
- von der theologischen Zurüstung über die seelsorgerliche Begleitung bis hin zur Erwachsenenbildung und der ökumenischen Arbeit.

Das setzte bei den Mitarbeiterinnen eine hohe Kompetenz in mehreren Gebieten voraus: theologische Bildung, organisatorische Qualitäten, soziales und gesamtkirchliches Denken auch über den evangelischen Tellerrand hinaus. Die besondere Lage Berlins und die damit einhergehenden Anforderungen werden ebenfalls in diesem Bericht schon genannt. Auch in den folgenden wird das eine Rolle spielen. Zum besonderen UNO-Jahr der Frau 1975 wurde von der Frauenhilfe und insbesondere von Gudrun Althausen ein großer Beitrag für das von der Kirche verantwortete Programm geleistet. Darüber ist mehr im Kapitel 4 über die Frauenhilfe zu lesen.
Interessant ist auch der Passus über die Wahrnehmung ihrer Arbeit durch die Pfarrerschaft in der Landeskirche. Da scheint es durchaus Defizite gegeben zu haben.

Die folgenden handschriftlichen Statistiken über die Jahre 1978/79 und 1982/84 sind insofern interessant, als Gudrun Althausens gewissenhafte Art der Buchführung zu sehen ist. In all ihren Unterlagen finden wir akribisch, in ordentlicher

Handschrift und großer Effizienz verfasste Statistiken, Protokolle und Berichte. Sie war eine sehr gut organisierte Frau, die immer transparent arbeitete. Jederzeit konnte sie selbst, aber auch jede und jeder andere, verfolgen, was sie getan hatte.

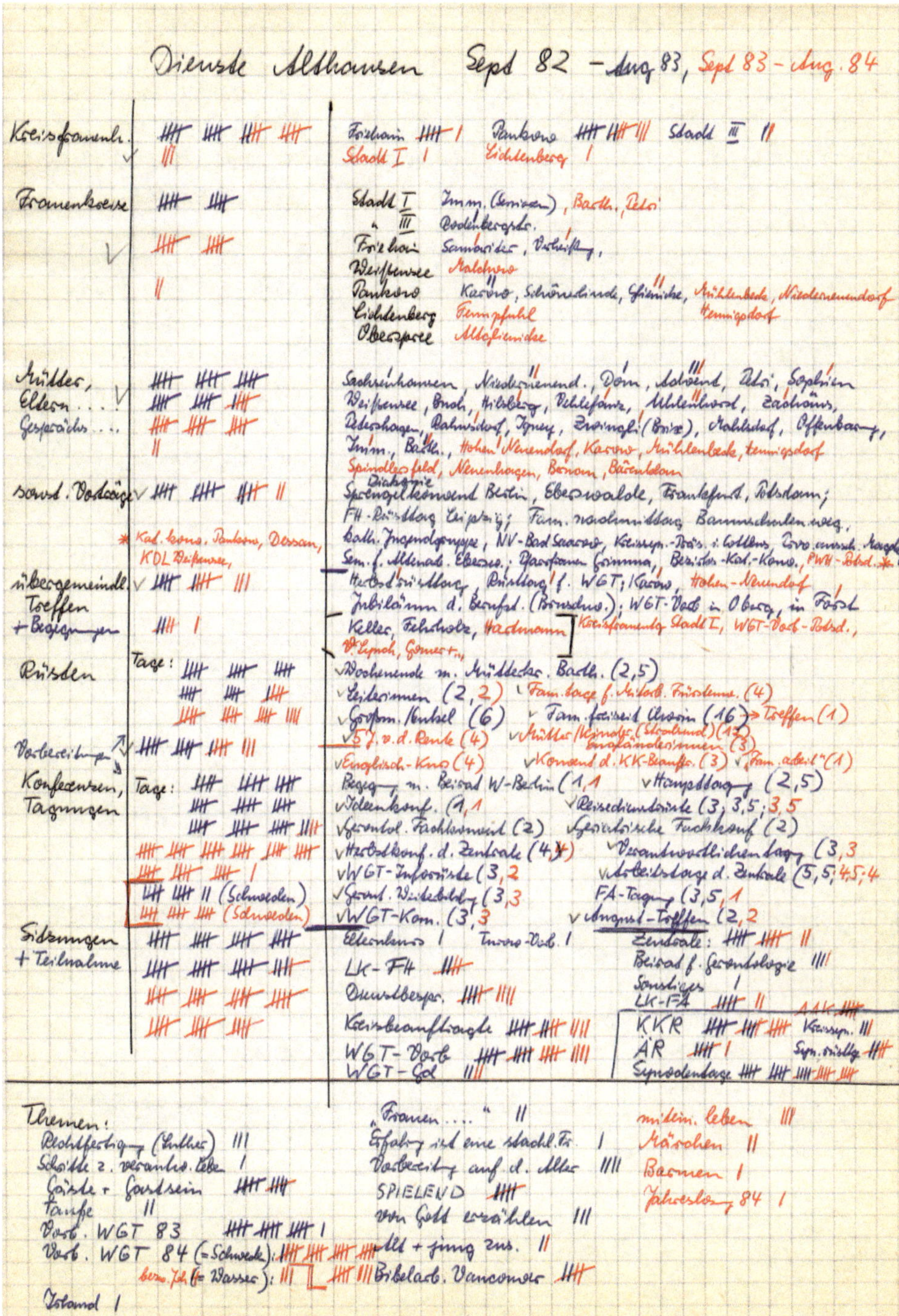
Dienste Althausen Sept 82 – Aug 83, Sept 83 – Aug. 84

Kreisfrauenh.

Frauenkreise

Mütter, Eltern ... Gespräche ...

sonst. Vorträge

übergemeindl. Treffen + Begegnungen

Rüsten

Vorbereitungen

Konferenzen, Tagungen

Sitzungen + Teilnahme

Themen:

Auszug aus dem Arbeitsbericht 1986 – 1988:

Bericht über die Arbeit der Frauen- und Familienarbeit in Berlin (Berichtszeitraum Herbst 1986 bis Herbst 1988)

Die Mitarbeitersituation in Berlin ist unverändert.
Wir sind froh, daß wir in Frau Schröter eine zuverlässige, selbständig arbeitende Mitarbeiterin im Büro haben, die für die Kontinuität unserer Arbeit und eine saubere Abwicklung aller Versand- und Rechnungsangelegenheiten garantiert. Wir sind auch dankbar, daß sich für die Stelle einer 0,25 VBE-Schreibkraft immer wieder außerordentlich qualifizierte Frauen fanden.
So arbeiten wir alle vier gut zusammen – leider treffen wir (durch unser aller Teilbeschäftigung und Frau Rohkohls und meine Reisetätigkeit bedingt) nur relativ selten alle aufeinander. Das wird oft – vor allem von den Mitarbeiterinnen im Büro – als beschwerlich empfunden. Es ist aber kaum abänderbar.
Die „Reisetätigkeit" in den Berliner Gemeinden und die übergemeindlichen Angebote unsererseits werden nach wie vor von Frau Rohkohl und mir mit insgesamt 125 VBE geleistet. Das entspricht weder Anforderungen und Nachfragen noch der Wirklichkeit der getanen Arbeit!

Einiges möchte ich hervorheben:
Wir sind immer wieder dankbar über die Zusammenarbeit mit den Kirchenkreisbeauftragten, mit denen wir in regelmäßigen Abständen zu Besprechungen bei uns im Büro zusammenkommen. Bei „Berliner" Angeboten (Rüsttagen usw.) sind alle zur Mitarbeit bereit, so daß dann auch nach außen unsere Arbeit als die eines Teams sichtbar wird. In ihren Kirchenkreisen machen fast alle Besuche in den Frauenkreisen, wobei dann auch die inhaltliche Gestaltung von den Kreisbeauftragten übernommen wird. In drei Berliner Kirchenkreisen finden jährlich Kreisfrauentreffen statt. Leider ist es bisher noch nicht gelungen, für den Kirchenkreis Weißensee eine geeignete Kirchenkreisbeauftragte zu finden.

Bei mir haben sich in den beiden letzten Jahren die Anforderungen in Berliner Gemeinden stark zugunsten von „jüngeren" Kreisen verschoben (s. Statistik). Vielleicht lag das zum Teil am Themenangebot meinerseits.
Insgesamt ist aber bei Frau Rohkohl und mir in den letzten 10 Jahren die Zahl der Dienste und die prozentuale Aufteilung auf die verschiedeneen Altersgruppen etwa gleich geblieben.

Die Statistik der Dienste liegt bei.

Statistik der Dienste (Althausen) 1986 – 1988

		Anzahl	Tage
1.	Besuchte Frauenkreise (Nachmittag) (in 18 versch. Gemeinde, 5 außerhalb Berlin)	27	
2.	Besuchte Mütter, Eltern-, Gesprächskr. (4 außerhalb Berlins)	63	
3.	Besuchte Kreisfrauenhilfen	23	
4.	Übergemeindliche Treffen 4 Berliner Rüsttage 4 Kreisfrauentreffen 2 Treffen mit Kreisbeauftragten aus W-Berlin	10	
5.	Sonstige Vorträge u. Gottesdienste (davon 8 x WGT-Vorb. Außerhalb Berlins)	22	
6.	Rüstzeiten „Chancen ab 55" (2x), Gerontologische Weiterbildung (2x), Leiterinnenrüsten		19
7.	Konferenzen und Tagungen		
	Reisedienstrüsten		14
	Jahreshaupttagung		3
	Tagungen d. Zentrale (incl. Berlin-Treff)		30
	Konvent der KK-Beauftr.		2
	Verantwortlichentagung		6
	WGT-Info-Rüsten (BB)		4
	Ideenkonf. u. WGT-Komitee		8
	Europakonferenz		9
	Frauenarbeitstagungen		4
	Kirchentag Berlin 1987		5
8.	Sitzungen	166	
	KK-Beauftragte Berlin	13	
	AA, Dienstbespr., LK/BB	36	
	Vorb. f. WGT-Material	21	
	Vorb. f. Europakonferenz	10	
	Kirchentagsvorb. (davon 21 f. Frauenforum)	54	
	Vorb. f. 2. Frauenforum	6	
	Arb.gemeinschaft Mocambique	6	

Beirat für Gerontologie	*10*		
(incl. Vorb. f. Geriatr. Fachkonf. usw.)			
Frauenarb. BB u. DDR	*10*		
9. Sonstiges			
Katechetenausbildung (Erz.-kammer)		*5*	*+ 3 Sitzungen*
Bundessynoden		*10*	
Sitzungen im Bund (AAK usw.)	*17*		
Synode Berlin-Brandenburg		*10*	
Sitzungen Theol. Ausschuß	*5*		
Feministische Werkstatt		*3*	
Reise zur Einführung Pastorin Busch		*5*	
Weiterbildung im DQZ (Altenarbeit)		*4*	
Mitarbeit bei Fachkonf. f. Geriatrie BB		*3*	

Auf der ersten Seite des vorstehenden Berichts lesen wir: *Bei mir haben sich in den beiden letzten Jahren die Anforderungen in Berliner Gemeinden stark zugunsten von „jüngeren" Kreisen verschoben (s. Statistik).* Diese Tendenz vor allem zu Elternkreisen hin zeichnete sich schon im vorhergehenden Berichtszeitraum ab. Gudrun Althausen schrieb dort: *Aus dieser Arbeit* [mit Eltern mit Vorschulkindern. Anm. d. Verf.] *sind zwei neue Notwendigkeiten deutlich geworden:*

1. *Junge Eltern sind oft unsicher im Umgang in der Familie, mit den Kindern. Sie erleben, daß aus solcher Unsicherheit und dann auch aus Fehlverhalten Schwierigkeiten entstehen. [...] Sie wünschen aber Veränderung für sich selbst, sie möchten etwas lernen über sich selbst und ihr Verhalten. So entstand die Idee eines Elterntrainings [...] Der Leitungskreis der Frauen- und Familienarbeit BB hat dann beschlossen, daß drei Jahre lang solche Elterntrainings-Zeiten angeboten werden sollen, um danach zu prüfen, wieweit sich dieser Einsatz lohnt und ob die Arbeit fortgesetzt werden soll. Bisher hat es nicht an Teilnehmern gemangelt! [...] Es wird sonst nirgends ein Angebot dieser Art gemacht. [...]*
2. *Ganz neu in den Blick gekommen ist auch die Aufgabe an den alleinerziehenden Müttern und daneben die Bitte vieler junger Mütter (von Vorschulkindern) – verheiratet oder unverheiratet –, doch eine Möglichkeit zu gemeinsamen Urlaubs- und Gesprächstagen zu bekommen. ...*[30]

So kam wieder ein neuer Arbeitszweig hinzu – vor allem deshalb, weil der Staat die jungen Eltern allein ließ und ihnen keine Angebote in dieser Hinsicht mach-

30 Aus dem Bericht über die Frauen- und Familienarbeit in Berlin (Berichtszeitraum Herbst 1984 bis Herbst 1986).

te. Das Einzige, was Eltern erwarten konnten, waren vielleicht eine Maßregelung und die Aufforderung, schon die kleinen Kinder zu „sozialistischen Menschen" zu erziehen. Da sprang die Kirche in die Bresche, denn sie erkannte – wie auch an vielen anderen Stellen – die Bedürfnisse der Menschen und reagierte.

Am Anfang ihres Berichts spricht sie ihre Arbeitsbelastung an: *Die „Reisetätigkeit" in den Berliner Gemeinden und die übergemeindlichen Angebote unsererseits werden nach wie vor von Frau Rohkohl und mir mit insgesamt 1,25 VBE* [Vollbeschäftigteneinheit. Anm. d. Verf.] *geleistet. Das entspricht weder den Anforderungen und Nachfragen noch der Wirklichkeit der getanen Arbeit!* Diese Feststellung führt jetzt keineswegs zu einer Einschränkung ihrer Arbeit. Aber trotzdem ist ihr sehr wohl bewusst, dass die Arbeitsbedingungen ein Punkt sind, der immer wieder von neuem angesprochen werden muss, um eventuell eine Änderung herbeizuführen.

Gudrun Althausen, Eleonore Rohkohl, Renate Behnisch, Gisela Fromke, Pfarrer Hans-Joachim Fromke, 80er Jahre

In der sehr spannenden und aufreibenden Wende- und Nachwendezeit 1989–90 veränderte sich die Arbeit – neue Herausforderungen und Themen kamen hinzu. Im nachstehenden Bericht lesen wir davon. Neben allen Unsicherheiten, Freuden, neuen Möglichkeiten und auftretenden Schwierigkeiten lief aber auch die „normale" Arbeit weiter.
Ein besonders zeit- und arbeitsintensives Arbeitsfeld entstand für Gudrun Althausen nun durch die Bemühungen, die Frauenhilfen in Ost- und Westdeutschland zu vereinigen und eine Zusammenarbeit mit der Frauenarbeit in der Westregion Berlins zu vereinbaren.
Über die Verhandlungen der beiden Frauenhilfen ist mehr im Kapitel 4 zu lesen.

Stichworte für den Bericht über die Arbeit der Berliner Nebengeschäftsstelle der Evangelischen Frauen- und Familienarbeit
im Zeitraum Herbst 1988 bis Herbst 1990
vorgetragen (mündlich und nicht wörtlich) bei der Haupttagung in Bad Saarow am 10. Oktober 1990

Die Kirche Berlin-Brandenburg besteht aus zwei Regionen. Das erleben wir auch in der Frauenarbeit. Die Herausforderungen und die Möglichkeiten sind in Berlin andere als im Land Brandenburg. Dem wurde früher durch zwei getrennte Verbände Rechnung getragen. Seit 1970 sind wir in der Ostregion vereinigt.
In den Berichtszeitraum fiel die „Wende" und damit taten sich vor allem für die Berliner Arbeit viele neue Probleme und neue Möglichkeiten auf. Wie die Zusammenarbeit mit der Ev. Frauenarbeit in der Westregion unserer Kirche, die in das Ev. Bildungswerk in West-Berlin eingebunden ist, in der Zukunft zu gestalten sein wird, muß genau und baldigst bedacht werden. Es haben über all die Jahre der Trennung gute Kontakte zwischen der Arbeit in Ost- und West-Berlin bestanden. Z. B. haben sich die Kreisbeauftragten jährlich einmal einen Tag lang getroffen, ihre Erfahrungen ausgetauscht und jeweils ein gemeinsam interessierendes Thema verhandelt. Aber auch einzelne Kirchenkreise pflegten Kontakte, z. B. im Rahmen des Weltgebetstages. Für Leiterinnenrüsten oder auch in der Berufstätigenarbeit konnten wir bereits in den vergangenen Jahren Mitarbeiterinnen aus der West-Region gewinnen. Die beiden Theologinnen haben regelmäßige Gespräche über die „Arbeit in der Stadt Berlin" geführt. Bisher konnte dies nur im Ostteil der Stadt stattfinden. Seit der Öffnung der Grenzen hat sich auch für uns in Berlin enorm vergrößert, was ganz neue Horizonte eröffnet, aber auch Zeit kostet.

1. Die Nebengeschäftsstelle

Wir sind froh über neue Mitarbeiterinnen. Nach dem Ausscheiden von Frau Schröter (die zur Erziehungskammer ging) hat Frau Wenzke die Hauptverantwortung im Büro übernommen (50% Anstellung) und Frau Uhlig (25% Anstellung) ist für die übrigen Büroarbeiten neu in unser kleines Team gekommen. Die Zusammenarbeit funktioniert gut, die Stimmung ist freundlich und arbeitsfördernd. Beide sind engagiert an unserer Arbeit und setzen sich in der kurzen Zeit, die sie bei uns arbeiten, voll ein. Freilich ist diese Besetzung wirklich das absolute Minimum und läßt keine neuen Aufgaben zu.

2. Zusammenarbeit mit den Kreisbeauftragten

Die Arbeit in den Berliner Kirchenkreisen steht und fällt mit der Zusammenarbeit mit den Kreisbeauftragten. Wir treffen uns in unregelmäßigen Abständen und besprechen die überregionale Arbeit, die Weitergabe von Informationen und von Materialien (z. B. WGT usw.). Die beiden jährlichen Berliner Rüsttage werden von den Kreisbeauftragten vorbereitet und auch weitgehend inhaltlich durchgeführt. Zur Vorbereitung des WGT, aber auch mit anderen Themen, sind die Kreisbeauf-

tragten in ihren Kirchenkreisen in den Gemeindegruppen unterwegs. Leider ist es uns auch im Berichtszeitraum nicht gelungen, in Weißensee eine Frau für diese Arbeit zu gewinnen.

3. Gemeindebesuchsdienst

Im Rundbrief, der im September verschickt wird, bieten Frau Rohkohl und ich (und das geschah auch in den zu berichtenden zwei Jahren) Themen an, die von Gemeindekreisen dann angefordert werden können. Das hat sich gut bewährt. Der Besuchsdienst ist nicht wesentlich zurückgegangen. Natürlich gibt es immer wieder Schwankungen. Oft liegt das an den von uns angebotenen Themen. Aber auch die Ereignisse des Herbstes 1989 haben sich auf den Besuchsdienst in den Frauengruppen ausgewirkt: alle Menschen und Gemeinden waren ganz stark mit sich selbst, bzw. mit dem Fertigwerden mit den neuen Verhältnissen beschäftigt.

Bisher haben wir dreimal im Jahr einen Rundbrief an alle Leiterinnen von Frauen- usw. -kreisen geschickt. Wir waren auch großzügig: wer Interesse an diesem Rundbrief signalisierte, bekam ihn. So wurden jeweils ca. 350 Exemplare in Berlin verschickt. Das trug durchaus zum Bekanntwerden unserer Arbeit bei – und kostete uns mit Drucksachenporto nicht viel. In Zukunft können wir eigentlich nicht auf den Werbeeffekt verzichten – wissen aber nicht, wie wir das enorm gestiegene Porto verkraften sollen.

Wir tendieren zu der Lösung, wie sie auch in Berlin-West praktiziert wird: zweimal im Jahr einen Brief mit dem Halbjahresprogramm. Es ist uns nur noch nicht klar, welche Daten günstig zum Verschicken eines solchen Programmes sind. Wahrscheinlich bieten sich doch November und Juni an.

4. Leitungstätigkeit

Ein großer Teil meiner Arbeitskraft wird in Leitungsfunktionen auf verschiedenen Ebenen verbraucht. Das wird meist nicht besonders sichtbar und für Gemeinden nicht erlebbar. Aber ich denke, daß es eine wichtige Aufgabe ist, die letztlich auch der Frauen- und Familienarbeit in unserer Landeskirche zugute kommt.

Die Einbindung in die Arbeit für Frauen in der gesamten Landeskirche und die Mitarbeit im Arbeitsausschuß erfordert manche Sitzung in Potsdam, in der Regel mindestens einmal im Monat. Dazu kommen die gemeinsamen Dienstbesprechungen.

Als gewählte Vorsitzende des Arbeitsausschusses der Frauenhilfe (in der DDR) – die Wahlperiode läuft im Juni 1992 aus – habe ich eine besondere Verantwortung nun auch im Rahmen der Verhandlungen, die auf eine Vereinigung der beiden deutschen Frauenhilfen zielen. Seit Herbst 1989 sind im verstärkten (Maße) solche Gespräche im Gange; eine Koordinierungsgruppe wurde gebildet und viele zusätzliche Sitzungen mit den entsprechenden Vor- und Nacharbeiten ergaben sich.

Auch wegen der Zukunft der Frauen- und Familienarbeit in der Kirche Berlin-Brandenburg Ost+West sind Gespräche in Gang gekommen und müssen bald Tendenzen deutlich werden, damit die entsprechenden Verhandlungen wegen der Fi-

nanzen geführt werden können.
Von der Konferenz der Kirchenleitungen bin ich in einen Koordinierungsausschuß zur Dekade „Kirchen in Solidarität mit den Frauen" berufen worden. (Das erschien folgerichtig, nachdem mich der Leitungskreis in die Arbeitsgruppe der Kirchenleitung der EKiBB zum ähnlichen Thema delegiert hatte.) Das brachte mir die Bitte um die Erstellung eines Sachstandsberichtes über die Dekade in den Gliedkirchen des Bundes vor der Bundessynode im September 1990 in Leipzig ein.

5. Spezielle Schwerpunkte der Arbeit
Von Frau Rohkohl liegt ein gesonderter Bericht bei.
Neben den Besuchsdiensten in den Gemeindekreisen und der Mitarbeit in Treffen der Kreisfrauenhilfen (regelmäßige Mitarbeit im Kirchenkreis Pankow), waren für mich folgende Schwerpunkte wichtig:
Gerontologie
In den letzten drei Jahren haben fünf Kurse „Gerontologische Weiterbildung" stattgefunden. Es wurden alle Kurse gut besucht, ein fester Teilnehmerinnenstamm konnte eine gute Weiterbildung erhalten. Über eine Weiterarbeit auf diesem Gebiet ist noch nicht gesprochen worden, Die Begleitung der Angebote für kirchliche Mitarbeiterinnen im Vorrentenalter („Chancen ab 55") ging auch im Berichtszeitraum weiter. Meine Mitarbeit bei der berufsbegleitenden Ausbildung von B-Katecheten (ich unterrichtete dort in mehreren Blöcken Altenarbeit) ging am 29. September 1990 mit der Abnahme des Examens dort zu Ende.
Weltgebetstag
Die Vorbereitung für den Weltgebetstag hat immer sehr viel Zeit und Kraft in Anspruch genommen. Die Studienmaterial-Mappe über das jeweilige Land und eine Dia-Serie mit den entsprechenden Texten wurden jedes Jahr von mir zusammengestellt. Das letzte Mal geschah das für den WGT im März 1990. Der Sommer 1990 war für mich frei von dieser zusätzlichen Arbeit, weil das WGT-Komitee beschlossen hat, die angebotenen Materialien aus der bisherigen BRD auch für die bisherige DDR zu übernehmen. Das ist sinnvoll und bedeutete für mich eine wirkliche Arbeitsentlastung.
Natürlich geht mein Engagement für den WGT weiter. Bis 1992 vertrete ich auch noch die Frauen- und Familienarbeit Berlin-Brandenburg in dem „östlichen" Komitee. Bis dahin sind evtl. auch auf diesem Gebiet andere Formen der Zusammenarbeit gefunden.
Frauenzentrum
Im Berichtszeitraum hat uns die Idee eines Frauenzentrums für Berlin sehr beschäftigt. Ausgehend von dem Wunsch einer Frauengruppe, die sich in der Gemeinde Am Fennpfuhl sammelte, haben wir die Notwendigkeit solcher eigenen Räume für Frauengruppen unterstützt und uns zu eigen gemacht. Es fanden verschiedene Gespräche mit Vertretern des Konsistoriums statt. Die Kirchenleitung hat die Bitte unterstützt, sich für die Hilfe beim Finden von Räumen ausgesprochen und eine Überprüfung finanzieller Unterstützung zugesagt. Das war alles noch vor der

Wende. Seitdem gehen die Gespräche nur noch sehr schleppend voran. Niemand hat den Mut zu einem, evtl., auch finanziellen Risiko für die Frauen. Dabei wäre ein solches Zentrum gerade unter den neuen Verhältnissen besonders wichtig. Es könnten dort übergemeindliche Frauengruppen sich treffen. Wichtig wäre aber auch, daß in diesen Räumen Beratung angeboten werden könnte (sowohl juristische als auch z. B. Schwangerschaftskonflikt- bzw. -nachberatung u. a. m.). Selbsthilfegruppen (z. B. Arbeitslose) müßten die Räume nützen können. Eine Gruppe Berliner Frauen bemüht sich ständig weiter um Lobby für solch ein Frauenzentrum, das sie auf jeden Fall in Zusammenarbeit mit der Frauen- und Familienarbeit installieren möchten. Es wäre schade, wenn das Engagement und die Bereitschaft, ein „evangelisches", kirchliches Frauenzentrum zu haben, scheitern müßte.
Berlin, 3.11.1990 Gudrun Althausen

3.1.2 Thematische Angebote für Frauenkreise

Gudrun Althausen hat auf vielen Veranstaltungen thematische Einheiten durchgeführt, die sie handschriftlich vorbereitete. Ihre Arbeitsweise lässt sich aus dem archivierten Material ablesen. Sie hatte ein Ordnungssystem, mit dem sie ihre umfangreichen Materialsammlungen thematisch sortierte. Diese Materialsammlungen bestanden aus Exzerpten von Büchern und Aufsätzen, die sie selbst angefertigt hatte, aus Mitschriften bei Vorträgen und Weiterbildungen, die sie besucht hatte, aus Zeitungsartikeln, Fotos, Bildern, Spielen, manchmal auch kreativen Betätigungen. Es gibt in ihrem Nachlass Material und Ausarbeitungen für Bibelarbeiten und Gottesdienste in der Frauen- und Familienarbeit in Berlin, auch über die eigentliche Dienstzeit hinaus, die sie zusammengetragen hat, zu folgenden Themen:

- Sara und Hagar, Jahreslosung 1996
- Schiphra und Pua
- Binnenmarkt Europa, Was bedeutet er für uns Frauen? – Studientag 1991
- Ruth
- Mütter und Töchter
- Die Stärke des schwachen Geschlechts, Weißwasser 2000
- Gedanken zur „Mütterlichkeit Gottes"
- Hoffnung
- Verschiedene Theologien
- Christusdarstellungen (mit Dias)
- Abendmahl
- Himmelreich
- Hildegard von Bingen
- Keiner lebt für sich allein – ich bin nicht allein
- Märchen (Theorie)
- Evangelisch aus gutem Grund, Gemeindeseminar 1999
- Zeit
- Jesus
- New Age
- Heiliger Geist
- Freiheit
- Gott
- Taufe
- „... erwarten wir getrost, was kommen mag."
- Vertrauen

- Kinder fragen nach Gott
- Heimat
- Jahreslosung 1992, Angst
- Leiden
- Toleranz, Wahrheit
- Kirche
- Arbeit
- Kind – Int. Jahr des Kindes 1979
- Familie
- Sünde

Allein diese Übersicht zeigt schon eine Vielfalt, die erstaunen lässt – denn zu jedem Thema hat sie sich fundiert vorbereitet.

Besonders gerne hielt Gudrun Althausen Bibelarbeiten in Frauenkreisen. Diese bereitete sie akribisch vor. Es war ihr ein Anliegen, sowohl exegetische Erkenntnisse und theologische Forschungsergebnisse zu den einzelnen Texten weiterzugeben als auch eine Relevanz für die heutige Zeit, die heutige Kirche und die derzeitige persönliche Situation jeder Frau / jedes Mannes aufzuzeigen.
Beispielhaft sei hier eine Bibelarbeit zum Kapitel 16 des Römerbriefs aus dem Neuen Testament vorgestellt. In diesem Kapitel lässt Paulus einzelne Personen in der Gemeinde in Rom grüßen, die er auch jeweils näher beschreibt. Es ist ein sehr persönlicher Abschnitt aus dem Römerbrief. Es ist interessant, dass Gudrun Althausen sich gerade diesen Text ausgesucht hat, den man auch als einfache Grußliste beiseitelegen könnte, weil er keine tiefschürfenden theologischen Sätze enthält. Aber gerade in seiner Aufzählung von konkreten Personen, die jeweils ihren Beitrag für das christliche Leben und die Gemeinschaft in Rom leisteten, hat Gudrun Althausen das Potential erkannt, das für die einzelne Gemeinde ihrer Zeit wichtig sein könnte.
In einem extra Hefter finden sich: der Text in verschiedenen Übersetzungen, ein Aufsatz der Theologin Reinhild Trailer mit dem Titel „Eine Kirche der Frauen?" zu diesem Bibeltext sowie zwei handschriftliche Ausarbeitungen (offenbar für zwei verschiedenartige Gruppen) für ein Bibelgespräch mit exegetischen Informationen und methodischen Ideen. Dazu hat Gudrun Althausen eine Einheit vorbereitet, in der die Gruppe selbst aktiv werden kann, um sich die Relevanz des Texts für die Gegenwart zu erarbeiten.

Gudrun Althausen nutzte verschiedene Methoden der Bibelarbeit, wie z. B. hier das darstellende Spiel.

Hier nun einige Auszüge aus ihren Vorbereitungen:
Nach einer informativen Einheit zum Verständnis des Texts und die Einbettung in die Geschichte, folgen Fragen für die Diskussion:

Was leistet der Text zur feministischen Theologie? Welche Rolle haben Frauen nach diesem Text im Leben des Paulus gespielt? Welche sozialen Strukturen gab es in der Gemeinde? Welche Beziehungen verbinden Paulus mit den Gemeindegliedern und die Gemeindeglieder untereinander? Was meint Paulus damit, daß er nicht selbst grüßt, sondern grüßen läßt? Was bedeutet der Text für „Gemeindeaufbau"? Frauen in den Gemeinden – nach Paulus?

Auf einem Arbeitsblatt für die Gruppenmitglieder finden wir folgende Aufgabe:

„Grüßt bitte …": – den Kindergottesdiensthelfer, der seit 25 Jahren mithilft; den 40-jährigen durch Unfall kürzlich gelähmten Mann in der Gemeinde zum Geburtstag; die sehr aktive, nicht berufstätige Pfarrfrau anläßlich ihres 10-jährigen Wirkens in der Gemeinde; die Frau, die die Kirche reinigt, zum 10-jährigen Dienstjubiläum; den neu gewählten Bischof (Bischöfin); die Nachbarin (den Nachbarn), die (der) nur Weihnachten in die Kirche geht, zu Weihnachten; den (die) arbeitslose/n Älteste/n zu Neujahr.
Wie sollte der Gruß inhaltlich in einem Satz zusammengefasst werden?

In einer weiteren Gesprächsvorbereitung notierte Gudrun Althausen folgende Fragen und Gedanken:

Ist das Verhältnis von Männern und Frauen in der von Paulus angeschriebenen Gem. anders als bei uns? [...] Wie mag die Grußliste auf die Gem. gewirkt haben? Paulus diskutiert nicht das Thema, sondern sieht Einzelpersonen. Bei uns?

In dieser Art erarbeitete Gudrun Althausen für die verschiedensten Gruppen und Themen Bibelgespräche.

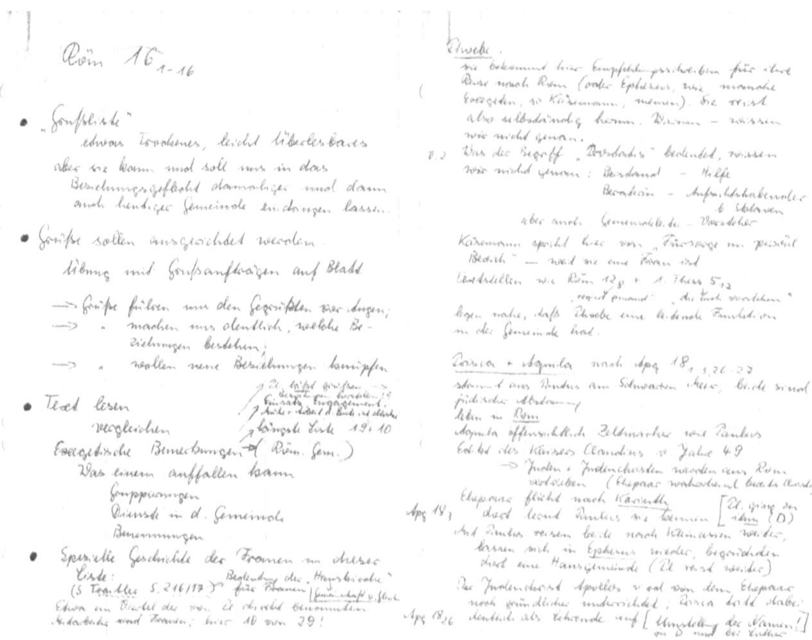
Röm 16 1-16

• „Grußliste"
etwas Trockenes, leicht Überlesbares
aber sie kann und soll uns in das Beziehungsgeflecht damaliger und dann auch heutiger Gemeinde eindringen lassen.

• Grüße sollen ausgerichtet werden
Übung mit Grußaufträgen auf Blatt
→ Grüße führen uns den Gegrüßten [illegible];
→ " machen uns deutlich, welche Beziehungen bestehen;
→ " wollen neue Beziehungen knüpfen

• Text lesen
vergleichen
Exegetische Bemerkungen → (Röm. Gem.)
Was einem auffallen kann
Gruppierungen
Dienste in d. Gemeinde
Benennungen
Einsatz, Engagement
längste Liste 19 + 10

• Spezielle Geschichte der Frauen in dieser Liste:
(S. [illegible] S. 216/17) Begleitung der „Hausbesuche" für Frauen
Etwa ein Viertel der von Pl direkt benannten Mitarbeiter sind Frauen; hier 10 von 29!

Phoebe.
sie bekommt hier Empfehlungsschreiben für ihre Reise nach Rom (oder Ephesus, wie manche Forscher, so Käsemann, meinen). Sie reist also selbständig herum. Warum – wissen wir nicht genau.
V. 2 Was der Begriff „Prostatis" bedeutet, wissen wir nicht genau: Beistand – Hilfe
Beschützerin – Aufsichtshabende
ü. Sklaven
aber auch Gemeindeleiter – Vorsteher
Käsemann spricht hier von „Fürsorge im persönl. Bereich" — weil sie eine Frau ist
Leitstellen wie Röm 12,8 + 1. Thess 5,12
„vorsteht" „die euch vorstehen"
legen nahe, daß Phoebe eine leitende Funktion in der Gemeinde hat.

Priscia + Aquila nach Apg 18,1-3,26-27
stammt aus Pontus am Schwarzen Meer, beide sind jüdischer Abstammung
leben in Rom
Aquila offensichtlich Zeltmacher wie Paulus
Edikt des Kaisers Claudius v. Jahre 49
→ Juden + Judenchristen werden aus Rom vertrieben (Ehepaar wahrscheinl. bereits Christen)
Ehepaar flieht nach Korinth
Apg 18,3 dort lernt Paulus sie kennen [Pl. ging zu ihnen (D)]
Mit Paulus reisen beide nach Kleinasien weiter, lassen sich in Ephesus nieder, begründen dort eine Hausgemeinde (Pl reist weiter)
Den Judenchrist Apollos [illegible] von dem Ehepaar noch gründlicher unterrichtet, Priscia tritt dabei
Apg 18,26 deutlich als Lehrende auf [Umstellung der Namen! in D und bei Luther]

1992 beendete sie ihre Arbeit in der Frauen- und Familienarbeit. Sie schrieb:

Für mich selbst waren es wunderbare zwanzig Jahre im Dienst der Frauenhilfe. Immer neue Herausforderungen, das Schreiben von Arbeitshilfen, die Gespräche in den Frauengruppen, die vielen Sitzungen mit ihren oft nicht einfachen Entscheidungen – all das hat mir großen Spaß gemacht und mein Leben ausgefüllt.[31]

31 Aus dem Bericht über die Frauen- und Familienarbeit in Berlin (Berichtszeitraum Herbst 1984 bis Herbst 1986), S. 15.

3.2 ANDACHTEN, PREDIGTEN, BIBELARBEITEN
Ich hatte großen Spaß dran[32]

Gudrun Althausen hat ihre theologische Arbeit vielfach in das Verfassen von Predigten, Bibelarbeiten und Andachten – häufig in Hinblick auf Frauengruppen – fließen lassen. In ihrem Nachlass finden sich zu den verschiedensten Bibelstellen aus dem Alten wie aus dem Neuen Testament theologische Ausarbeitungen. Viele dieser Arbeiten wurden publiziert: in der „Arbeitshilfe"[33], der „Arbeitshilfe zum Weitergeben"[34], in der „Frohen Botschaft"[35], in „Frauen unterwegs"[36], in Andachts- und Predigtbüchern und Kirchenzeitungen.
Aus ihren Anschreiben, aber auch aus den Texten selbst, spürt man obiges Zitat: Sie hatte Spaß daran. Ihre Freude, sich wissenschaftlich mit dem Wort Gottes zu befassen, hat seit ihrem Studium nie nachgelassen. Dabei schaffte sie es, nicht in der reinen wissenschaftlichen Durchdringung der Texte stehenzubleiben, sondern sie auf oftmals persönliche Art vermitteln zu können. Ihre Sprache bleibt auch bei schwierigen Sachverhalten verständlich. Sie bezieht die alten Schriften auf das Hier und Jetzt, bleibt auch nie im Ungefähren stehen. Es liegt viel an der ihr eigenen Sprache, dass es Spaß macht, ihre Arbeiten zu lesen.
Für das jährlich erscheinende Andachtsbuch „Halt uns bei festem Glauben", in dem für jeden Tag eine Andacht zu finden ist, schrieb sie von 1989 bis 2002 insgesamt 53 Andachten, jedes Jahr ungefähr vier. Der Titel des Buches könnte auch über ihren ganzen theologischen Arbeiten stehen. Ihre Glaubensgewissheit strahlt aus allem hervor – trotz ihrer Zweifel.
Die Themen ihrer haupt- und ehrenamtlichen Arbeit finden sich auch in den Andachten, Predigten und Bibelarbeiten wieder: Gerechtigkeit von Frauen und Männern, in Würde altern, ökumenisches Lernen beim Weltgebetstag, Frau-Sein, Mutter-Sein, feministische Theologie.
Viele Veröffentlichungen richten sich gezielt an Frauen. „Arbeitshilfe" und „Arbeitshilfe zum Weitergeben" sind von der Evangelischen Frauenhilfe herausgegebene Arbeitsmaterialien für Frauengruppen. Auch die Zeitschrift „Frauen unterwegs" wurde von der Evangelischen Frauenhilfe in Deutschland herausgegeben.

---

32 Aus einem Anschreiben an Dr. Hildburg Wegener bei Einreichung eines Manuskripts vom 30.1.1996.

33 Arbeitsmaterial der Evangelischen Frauenhilfe in der DDR.

34 Neue Publikation nach der Vereinigung von ost- und westdeutscher Frauenhilfe, die aus der „Arbeitshilfe" Ostdeutschlands und der „Zum Weitergeben" Westdeutschlands entstand.

35 Evangelische Monatszeitschrift.

36 Zeitschrift der Evangelischen Frauenhilfe in Deutschland e. V.

3.2.1 Bibelarbeiten und biblische Betrachtungen

In diesem Absatz sollen chronologisch einige Bibelarbeiten vorgestellt werden, die Gudrun Althausen in unterschiedlichen Zusammenhängen und für verschiedene Zielgruppen geschrieben, veröffentlicht oder öffentlich gehalten hat. Von 1980 bis 1996 reicht der Zeitraum, in dem diese Arbeiten entstanden sind. Natürlich hat sie auch davor und danach schon Bibelarbeiten in Gruppen durchgeführt.

Im Jahr 1980 veröffentlichte Gudrun Althausen in der Arbeitshilfe – dem Arbeitsmaterial der Evangelischen Frauenhilfe in der DDR – drei Bibelarbeiten zu den Bibelstellen im 1. Korintherbrief Verse 1–12, 19–23 und 24–27. Unter den Überschriften „Frei zum ehrenamtlichen Dienst", „Frei zum Eingehen auf andere" und „Frei zum Verzicht" schrieb sie über die Freiheit der Christen und übersetzte dabei die für unsere Ohren etwas sperrigen Paulus-Texte mühelos in unsere Welt hinein – und es ist erstaunlich, dass ihre Auslegungen von 1980 auch im 21. Jahrhundert ganz aktuell klingen.

— Frei zum ehrenamtlichen Dienst

(1 Bin ich nicht frei? Bin ich nicht ein Apostel? Habe ich nicht Jesus, unsern Herrn,
gesehen? Seid nicht ihr mein Werk in dem Herrn? 2 Bin ich für andere kein Apo-
stel, so bin ich's doch für euch; denn das Siegel meines Apostelamts seid ihr in
dem Herrn. 3 Denen, die mich verurteilen, antworte ich so: 4 Haben wir nicht
das Recht, zu essen und zu trinken? 5 Haben wir nicht auch das Recht, eine
Schwester als Ehefrau mit uns zu führen wie die andern Apostel und die Brüder
des Herrn und Kephas? 6 Oder haben allein ich und Barnabas nicht das Recht,
nicht zu arbeiten? 7 Wer zieht denn in den Krieg und zahlt den eigenen Sold?
Wer pflanzt einen Weinberg und isst nicht von seiner Frucht? Oder wer weidet
eine Herde und nährt sich nicht von der Milch der Herde? 8 Sage ich das nach
menschlichem Gutdünken? Sagt das nicht auch das Gesetz? 9 Denn im Gesetz
des Mose steht geschrieben (5. Mose 25,4): „Du sollst dem Ochsen, der da drischt,
nicht das Maul verbinden." Sorgt sich Gott etwa um die Ochsen? 10 Oder re-
det er nicht überall um unsertwillen? Denn um unsertwillen ist es geschrieben.
Wer pflügt, soll auf Hoffnung pflügen; und wer drischt, soll in der Hoffnung dre-
schen, dass er seinen Teil empfangen wird. 11 Wenn wir für euch Geistliches säen,
ist es dann zu viel, wenn wir Leibliches von euch ernten wollen? 12 Wenn ande-
re dieses Recht an euch haben, warum nicht viel mehr wir? Aber wir haben von die-
sem Recht nicht Gebrauch gemacht, sondern wir ertragen alles, dass wir nicht dem
Evangelium Christi ein Hindernis bereiten.)

— Frei zum Eingehen auf andere

(19 Denn obwohl ich frei bin von jedermann, habe ich doch mich selbst jedermann
zum Knecht gemacht, auf dass ich möglichst viele gewinne. 20 Den Juden bin ich

wie ein Jude geworden, damit ich die Juden gewinne. Denen unter dem Gesetz bin ich wie einer unter dem Gesetz geworden – obwohl ich selbst nicht unter dem Gesetz bin –, damit ich die unter dem Gesetz gewinne. 21 Denen ohne Gesetz bin ich wie einer ohne Gesetz geworden – obwohl ich doch nicht ohne Gesetz bin vor Gott, sondern bin im Gesetz vor Christus –, damit ich die ohne Gesetz gewinne. 22 Den Schwachen bin ich ein Schwacher geworden, damit ich die Schwachen gewinne. Ich bin allen alles geworden, damit ich auf alle Weise etliche rette. 23 Alles aber tue ich um des Evangeliums willen, auf dass ich an ihm teilhabe.)

— Frei zum Verzicht

(24 Wisst ihr nicht: Die im Stadion laufen, die laufen alle, aber nur einer empfängt den Siegespreis? Lauft so, dass ihr ihn erlangt. 25 Jeder aber, der kämpft, enthält sich aller Dinge; jene nun, damit sie einen vergänglichen Kranz empfangen, wir aber einen unvergänglichen. 26 Ich aber laufe nicht wie ins Ungewisse; ich kämpfe mit der Faust nicht wie einer, der in die Luft schlägt, 27 sondern ich schinde meinen Leib und bezwinge ihn, dass ich nicht andern predige und selbst verwerflich werde.)

Bei Paulus geht es um „Recht und Freiheit des Apostels" – so die Überschrift in der Lutherübersetzung – in erklärenden und mahnenden Worten.
Die drei Bibelarbeiten bleiben sehr nah am Text, erläutern fast nebenbei die damaligen Gegebenheiten und führen uns dann zu wichtigen Fragen des Gemeindelebens und unseres eigenen Lebens als Christen.
Am Ende der ersten Bibelarbeit schreibt Gudrun Althausen:

Für das Gespräch schlage ich vor, doch einmal die Frage nach dem Verhältnis der ehrenamtlichen und hauptamtlichen Mitarbeiter in der Gemeinde zu stellen. Wir haben von der Stellungnahme des Paulus gehört – was bedeutet das nun für unsere Gemeinden? Daß kirchliche Mitarbeiter ein Gehalt bekommen müssen, wird wohl nicht bestritten bei uns. Wer hätte sonst Zeit für die Durchführung von Rüstzeiten, für vielfältige Besuche, für die Verwaltung und die zahllosen Schreibarbeiten sowie vieles andere mehr. Es muß aber daneben auch immer wieder Menschen in unseren Gemeinden geben, die die Erfahrungen anderer Berufe einbringen; denen es – unabhängig von Gehalts-, Urlaubs- und ähnlichen Ansprüchen – ausschließlich um die Arbeit in und an der Gemeinde geht. Freilich ergeben sich daraus auch immer wieder Probleme: In der Gemeinde bekommt der eine Geld für etwas, was ein anderer „ehrenamtlich" tut.

Die zweite Bibelarbeit unter der Überschrift „Frei zum Eingehen auf andere" soll hier im Ganzen abgedruckt werden:

Frei zum Eingehen auf andere
Bibelarbeit zu I. Kor. 9,19–23

Zum Text
V. 19: Paulus erinnert wieder daran, daß er frei ist (V. 1). Als ein durch Christus von seinem bisherigen Leben, vom Leben unter dem Gesetz des Alten Bundes, Befreiter ist er auch nicht abhängig von anderen Menschen, ihrem Denken und ihren Handlungsweisen. Aber eben gerade diese Freiheit ermöglicht ihm, von sich selbst abzusehen, für die anderen zu leben, sich ihnen „zum Knecht" (zum Sklaven) zu machen. Sein Ziel dabei ist, möglichst viele (die Mehrzahl) für Christus zu gewinnen. Daß es nicht alle sein werden, ist ihm klar: „etliche" (V. 22), d. h. einige. Dieses Ziel ist ja wohl auch das unsere. Darum sind wir interessiert an dem Bericht des Paulus, in dem er beschreibt, wie er es versucht.

V. 20–21: Paulus paßt sich an. Die beiden Menschengruppen „Juden" und „Gesetzlose" sind aus seiner Umgebung her zu verstehen. Juden werden zuerst genannt. Daß Paulus sich ihnen wieder anpaßt, verwundert uns etwas. Er ist zwar ein guter Kenner ihrer Gesetze, denn er ist Jude. Aber um so deutlicher setzt er sich gerade von diesem „unter dem Gesetz sein" ab. Außerdem war ihm speziell der Bereich „Heidenmission" zugeteilt worden (vgl. Gal. 2,9). Man darf diese beiden parallel formulierten Sätze wohl nicht zu sehr pressen. Natürlich sind dem Paulus auch immer wieder Juden begegnet; es war ihm nicht verboten, mit Juden zu verkehren (vgl. den Brief an die Galater). Außerdem ist das kleine Wort „wie" nicht zu übersehen. Paulus verhält sich wie ein an das jüdische Gesetz Gebundener. Er tritt nicht als „Bilderstürmer" auf, sondern kann jüdische Sitten und Bräuche in voller Freiheit mitmachen. Er will den frommen Juden nicht ihre guten Traditionen nehmen, sondern vielmehr ihren Absolutheitsanspruch, daß allein die Erfüllung des Gesetzes der Weg zum Heil sei, in Frage stellen. Ebenso verhält er sich zu denen, die diese Gesetze nicht kennen. Es sind die, mit denen Paulus speziell in seiner Arbeit zu tun hat. Sich auf sie und ihr Denken und Leben einzustellen muß ihm eigentlich bedeutend schwerer gefallen sein. Wie man jüdisch lebt, das weiß er. Wie man aber „heidnisch" lebt, ist ihm fremd. In beiden Fällen sichert sich Paulus durch eine Einschränkung vor Mißverständnissen. Auch wenn er Juden jüdisch begegnet, bleibt er ein Gesetzesfreier. Auch wenn er griechisch denkt und redet, wird er kein Gesetzloser. Was heißt das? Will Paulus, der so viel gegen das Gesetz und die Heilsgewißheit durch Einhalten des Gesetzes vorzubringen hat, hier ein neues Gesetz proklamieren? Im Urtext ist dies ein Wort: „im Gesetz" Christi Seiender, ganz in die Lebenshaltung Christi eingegangen, von Christus zu dieser Art Leben gezwungen, Sklave dieses Herrn, Christus als Norm für das eigene Leben angenommen.

V. 22: Mit den „Schwachen" geht er noch einmal auf die besonderen Verhältnisse in Korinth ein (vgl. Kap. 8). Die Behauptung, „allen alles geworden" zu sein, erscheint etwas vollmundig. Gemeint ist ja wohl: Wer ihm auch begegnete, Paulus versuchte, auf ihn einzugehen, ihm so zu werden, wie er es brauchte. Das Ziel bleibt klar: So viele wie möglich für das Evangelium zu gewinnen.

V. 23: Paulus bemüht sich so sehr, weil für ihn sein eigenes Heil so stark mit der rechten Erfüllung seines Apostelamtes verbunden ist, daß er auch für sich selber ein brennendes Interesse an dem Gelingen seiner Mission hat.
Zum Gespräch schlage ich vor: Wir besprechen miteinander die Frage nach den Möglichkeiten, Notwendigkeiten, Chancen und Grenzen von Anpassung. Dies ist ein höchst aktuelles Thema. Wieweit passen wir uns den Denk- und Lebensweisen unserer Umwelt an – und zwar mit dem Ziel, ihr etwas von Christus zu vermitteln. Dazu einige Gedanken:

1. Jeder wird von Gott angeredet als der, der er ist. Gottes Wort traf zu allen Zeiten die Menschen in sehr unterschiedlichen Situationen und Kulturen. Das Alte Testament ist geradezu ein Lehrbuch für die Anpassungsfähigkeit Gottes, der wanderte oder seßhaft wurde, der strafte oder Schuldige tröstete. Gott wandelt sich für uns, damit so viele wie irgend möglich ihn hören und erkennen können.

2. Wie können wir eingehen auf andere, so wie sie sind?
a) Keine Angst vor Kontakten.
Paulus beschreibt in diesen wenigen Versen ein Verhalten, das dem anderen sehr nahe auf die Haut rückt. Von Distanz ist hier nicht die Rede. Er versucht förmlich, in die Haut des anderen zu schlüpfen. Können wir das überhaupt? Psychologische Erkenntnisse helfen uns heute mehr denn je dazu, die Notwendigkeit dieser „Methode" zu erkennen. Wenn wir das Evangelium nicht „an der Stelle" des anderen so, daß er es hören kann, zu sagen vermögen, dann geben wir uns wohl umsonst viele Mühe. Es hat sich inzwischen herumgesprochen, was die Grundvoraussetzung für ein solches partnerbezogenes Verhalten ist: daß wir lernen, aufeinander zu hören – so lange und so intensiv, bis wir uns wirklich verstehen. Und das kann manchmal sehr lange dauern. Aber die Mühe lohnt sich. Denn erst dann können wir auch miteinander reden – vielleicht auch von unseren Erfahrungen mit Jesus Christus.

b) Ein Übersetzer ist ein Verräter (so lautet ein italienisches Sprichwort: tradut-tore – traditore). Was soll damit ausgesagt werden? Mit jeder Übersetzung findet ein Stück Anpassung statt. Absolut genau übersetzen ergibt oft einen falschen oder gar keinen Sinn. Aber gerade dies macht Übersetzen so reizvoll. Predigen „in der Sprache Kanaans" geht lieblos an den Ohren der Hörer, und damit an ihren Herzen, vorüber. Paulus und Johannes können uns die besten Lektionen darin erteilen, wieweit man in die Sprachwelt der Angeredeten eintauchen, das Evangelium anpassen kann – ohne eben zum „Verräter" zu werden. Die Sprache der Adressaten zu sprechen ist nicht nur notwendige Anpassung, sondern ist Vorbedingung

für sinnvolles Reden überhaupt. Aber geht dabei nicht notgedrungen immer ein Stück „Wahrheit" verloren?
Man könnte in diesem Zusammenhang auch an alle Bemühungen der Katechetik erinnern, die viel Liebe darauf verwendet, sich verständlich zu machen, sich den Fragen und Erlebnisbereichen der Kinder anzupassen.

c) Kulturlose Mission?
Noch verschärft tritt das Problem des Paulus auf, wenn es darum geht, das Evangelium in eine ganz andere Kulturwelt zu tragen. Missionare aller Zeiten sind nicht nur als Überbringer der frohen Botschaft, sondern auch immer als Angehörige eines bestimmten Kulturkreises aufgetreten. Geht das überhaupt anders? Einige haben es versucht. „1605 kam ein junger italienischer Jesuit, Robert de Nobili, in Indien an." Zuerst lernte er die Sprache und beobachtete den portugiesischen Jesuiten, der bereits am Ort arbeitete. Dieser betrieb Mission, wie er es gelernt hatte: Er machte aus den indischen Christen mehr oder weniger Portugiesen. Dies aber hinderte die Angehörigen der höheren Kasten an einem Übertritt zum Christentum. Sie hatten eine unüberwindliche Abneigung gegenüber den Sitten und Gebräuchen der „Parangi" (Franken = Portugiesen). De Nobili versuchte es anders: „Um die Inder zu gewinnen, wurde er selber Inder. Er erforschte fleißig die brahmanischen Sitten und Meinungen und vermied alles, was verletzen konnte, das Essen von Fleisch und das Tragen von Lederschuhen. Er kleidete sich mit der ockerfarbenen Robe des heiligen Mannes, und, soweit es ihm möglich war, machte er sich zu einem Sannyasi Guru, einem Lehrer, der sich ganz aus der Welt zurückgezogen hat ... Nobilis mutiges Experiment wurde mit Erfolg gekrönt ... Innerhalb von ein oder zwei Jahren nach seiner Ankunft konnte Nobili zehn junge Männer aus höheren Kasten taufen ... Man verlangte von den Konvertiten nicht, ihre Kastenregeln zu brechen, mit Ausnahme derer, die regelrecht der Götterverehrung dienten. Die Brahmanen konnten weiterhin den „Kudumi" tragen, das kleine Haarbüschel auf dem Hinterkopf, der ansonsten kahlgeschoren war. Mitglieder der „zweimalgeborenen" Kasten durften weiter die heilige Schnur tragen, das besondere Kennzeichen ihres Ranges; dafür wurde eine besondere Schnur, mit christlichen Gebeten gesegnet, beschafft" (Neill, Geschichte der christlichen Mission, S.125/126).

3. Welche Risiken gehen wir ein, wenn wir „allen alles werden"?
Um die Missionsmethoden eines Nobili hat es harte Auseinandersetzungen gegeben. Wo ist Anpassung gerechtfertigt, wo beginnt Synkretismus, Vermischung)? Mit anderen Worten: Wie hat Paulus es vermieden, bei aller Anpassung das Evangelium nicht zu verraten? Das ist doch auch heute immer wieder unsere Frage, wenn Christen sich für unsere Begriffe zu intensiv in Gedankenwelt, Philosophie, vielleicht auch Psychologie, in politisches Engagement oder Sprachgewohnheiten bestimmter Gruppen einlassen. Ein zweites Risiko ist wohl unvermeidbar: Es kann geschehen, daß wir selbst als Veränderte aus diesem Prozeß hervorgehen. Wenn

Anpassung nicht nur ein fauler pädagogischer Trick, ein bißchen Schauspielerei ist, sondern wirkliches Eingehen auf den anderen, Kontaktaufnahme aus nächster Nähe – dann bin ich auch davon betroffen. Das ist nur recht und billig. Nicht ich muß bewahrt bleiben, sondern
4. allein die Botschaft von der Liebe bleibt unangepaßt.
Weil Paulus sich ganz und gar festgehalten weiß „in dem Gesetz Christi", kann er ganz und gar frei mit sich selber umgehen im Eingehen auf seine Umwelt. Die Botschaft der Bibel hat im Laufe der Zeit so viel Anpassung – vielleicht sogar bis hin zur Verfälschung – über sich ergehen lassen können, ohne an Wirkung und Hilfe für immer neue Situationen zu verlieren, daß wir einfach nicht so viel Angst zu haben brauchen. Jesus lebte die Liebe, die Hingabe an die Menschen, so wie sie waren. Paulus versuchte, jedem in seinem Kultur- und Denkkreis zu begegnen. „Es ist schwierig, aber möglich, Kontakte – um der letztgültigen Bindung an Christus willen – nicht zu scheuen und Identifikationen doch zu vermeiden. Die Wahrheit und die Liebe Christi öffnen uns zu jedwedem Partner und verwehren uns gleichzeitig, die Bindung an Christus zu lösen ..." (Johannes Hempel in EPM 1975/76, S. 319).

Gebet: „Herr, gib, was du willst, wieviel du willst und wann du willst. Tu mit mir nach deinem Belieben, wie es dir am besten gefällt und so, daß man dich an deinem Werk erkennt. Stelle mich hin, wo du willst, und schalte frei mit mir in allen Stücken. In deiner Hand bin ich. Drehe und wende mich, wohin du willst. Ich bin dein Knecht. Ich bin zu allem bereit. Denn ich will nicht mir selbst leben, sondern dir, und zwar ganz und gar so, wie es deiner würdig ist. Amen." (Thomas von Kempen)

Lied: Aus dem Geist, der uns verbindet ... „Neue Lieder" 18
(Beiheft zum EKG); s. auch AH I/1978

Gudrun Althausen

Hier wird die besondere Situation der Christen in der DDR, ohne dass sie explizit genannt wird, aufgenommen. Die Schlussfolgerungen, die Gudrun Althausen aus dem Brief des Paulus zieht, zeigen einen sehr deutlichen Weg, wie „Kirche" mit den Menschen um sich herum umgehen sollte: „Keine Angst vor Kontakten". Die spannende Frage, wie viel Anpassung ist richtig und wichtig, um das Wort Gottes allen zu verkünden und sie, wenn möglich, dafür zu gewinnen, führt Gudrun Althausen mit Beispielen und dem Abwägen verschiedener Optionen aus. Ihre eigene Schlussfolgerung: „Die Botschaft der Bibel hat im Laufe der Zeit so viel Anpassung – vielleicht sogar bis hin zur Verfälschung – über sich ergehen lassen können, ohne an Wirkung und Hilfe für immer neue Situationen zu verlieren, daß wir einfach nicht so viel Angst zu haben brauchen."

Die dritte Bibelarbeit zum „Sportthema" des Paulus führt Gudrun Althausen zur Überschrift „Frei zum Verzicht". Sie schreibt dazu:

Für das Gespräch schlage ich vor, die Fragen der Selbstzucht im Zusammenhang mit dem Vers 27 zu bedenken. Es geht nach wie vor um die Frage der Freiheit (Vers 1 und 19). Darum ist es wahrscheinlich besser von Zucht zu reden als von Verzicht. Paulus, der frei ist, übt eben auch in seinem täglichen Leben Zucht. „Verzichten" ist viel passiver, negativer.
Wir evangelischen Christen halten meist nicht so viel von Zucht, Enthaltsamkeit, von Fasten und Kasteiungen. Und doch haben wir alle Erfahrungen, daß Maßlosigkeit, Ausschweifungen, Abhängigkeit von verschiedenen Anregungsmitteln, Leichtsinn und Trägheit und vieles andere mehr nicht nur den Betroffenen zugrunde richten, sondern auch dem von ihm vertretenen Evangelium schweren Schaden zufügen. Es wird uns nicht schwerfallen, in der Gruppe dafür Beispiele zu finden. Wir sollten uns dabei nicht zu lange aufhalten. Denn wir sind nicht um unser Urteil gefragt, sondern wir sind durch das Beispiel des Paulus zu einem zuchtvollen Leben als Christen aufgefordert. Was könnte das für uns bedeuten? Über Gesunderhaltung des eigenen Körpers wird viel gesprochen, aber gerade von kirchlichen Mitarbeitern oft viel zu wenig getan. ...

Sie bezieht sich im Folgenden auf Dietrich Bonhoeffer und seine „Stationen der Freiheit“[37], in denen er als erstes die „Zucht“ nennt, als zweites die „Tat“ und als drittes das „Leiden“.
Sie schließt zusammenfassend diese Einheit mit einem Gebet von Thomas Morus:

„Schenke mir Gesundheit des Leibes mit dem nötigen Sinn dafür, ihn möglichst gut zu erhalten. Schenke mir eine heilige Seele, Herr, die im Auge behält, was gut und rein ist, damit sie sich nicht einschüchtern läßt vom Bösen, sondern Mittel findet, die Dinge in Ordnung zu bringen. Schenke mir eine Seele, der die Langeweile fremd ist, die kein Murren kennt und kein Seufzen und Klagen, und lasse nicht zu, daß ich mir allzuviel Sorgen mache um dieses sich breitmachendes Etwas, das sich „Ich" nennt. Herr, schenke mir Sinn für Humor. Gib mir die Gnade, einen Scherz zu verstehen, damit ich ein wenig Glück kenne im Leben und anderen davon mitteile. Amen."

▸ Auf der europäischen Weltgebetstagskonferenz in Sigtuna in Schweden 1984 hielt Gudrun Althausen eine sehr engagierte Bibelarbeit unter dem Titel „Was kann die Kirche heute tun?“
Als zentrales Thema wählte sie das „Teilen“ am Beispiel der „Speisung der Fünftausend“, wie sie im Evangelium des Markus (Kapitel 6) erzählt wird.
Sie leitete die Bibelarbeit bildhaft und persönlich auf der ersten Seite ein und führte ihre „Gemeinde“ dann hin zu einer Gruppenarbeit.

---

37 https://www.luther2017.de/de/reformation/und-gesellschaft/muendigkeit-freiheit/dietrich-bonhoeffer-stationen-der-freiheit/ (Zugriff Februar 2021).

Ihre Bibelarbeit endet mit einem recht ungewöhnlichen Vorschlag.

Bibelarbeit für die europäische Weltgebetstagskonferenz in Sigtuna zum Thema: Was kann die Kirche heute tun?

Wenn wir an die „Kirche" denken, haben wir oft das Bild des Leibes vor uns, so wie Paulus es uns beschreibt. In diesen Tagen denken wir daran, daß vor 50 Jahren in Barmen eine theologische Erklärung abgegeben wurde, in der auch die Kirche mit dem Bild des Leibes beschrieben wird. Wenn wir freilich die Kirche betrachten, die uns wirklich begegnet, dann wird uns dieses Bild sehr fragwürdig. Wir glauben an eine Kirche, die leider in dieser Form oft nicht „erfahrbar" wird. Was kann die Kirche tun, damit sie „erfahrbar" das Evangelium von Jesus Christus der Umwelt vermitteln kann?
Auf der Suche nach einem Symbol, nach einem Bild, das in besonderer Weise in die heutige Zeit und unsere Herausforderung in Europa gehört, bin ich an dem Bild vom Brotbrechen hängengeblieben. Es ist kein Zufall, daß dies eins der „Bilder des Lebens" aus Vancouver ist.
Sie erhalten jetzt jeder ein solches Bild. Ich bitte Sie, dies erst einmal allein zu betrachten. Welche Bilder und Erinnerungen steigen in Ihnen auf? Was verbinden Sie mit „Brot"? Welche Erfahrungen haben Sie in Ihrem Leben und in Ihrem Land mit dem „Teilen von Brot" gemacht?
Ich bitte Sie nun, sich in Gruppen zu dritt oder viert – so, wie Sie sitzen – darüber auszutauschen, was Ihnen eingefallen ist.
Ich komme aus einem Land, in dem nicht gehungert wird. Wir haben genug Brot. Aber das war nicht immer so. Die Älteren unter uns erinnern sich sehr genau an die Jahre, in denen Brot zu den größten Kostbarkeiten gehörte. Ich selbst war damals Teenager und erinnere mich gut daran, daß ich Brot gestohlen habe und welche Gefühle ich dabei hatte, Ich erinnere mich auch, daß 1945 zwei meiner Tanten am Hunger starben. Das war in Deutschland – und mein Volk war nicht unschuldig an dieser Situation.
Ich habe neulich dieses Bild mit einem Kreis alter Menschen, die alle in einem der neuen Wohngebiete, in Hochhäusern moderner und anonymer Art wohnen, betrachtet. Ihnen fiel sofort ihr eigener Hunger von vor 40 Jahren ein. Sie sagten: die Hände auf dem Bild umfassen das Brot so behutsam; sie wissen, daß Brot etwas ganz Kostbares ist; das Bild wirkt sehr verlockend auf uns, hier wird geteilt – ist das auch ein Angebot an uns? Sie machten sich dann weiter Gedanken ums „Teilen": Wo geteilt wird, geht das Ganze verloren, wird etwas „gebrochen" – ist das gut?
Wir erleben heute in unserer Welt mehr Zerrissenheit und Gegensätze als Gemeinsamkeiten. Wir sehen uns den Zerreißproben zwischen Mensch und Natur, arm und reich, Ost und West, zwischen den unterschiedlichen christlichen Traditionen und den verschiedenen Kulturbereichen, die uns heute alle in unseren europäischen Ländern begegnen, gegenüber.

Wir kennen die „Armen" dieser Welt zur Genüge aus den Fernsehberichten, wir wissen von Ungerechtigkeit und erleben täglich Resignation und verzweifelte Sinnfrage um uns herum. Wir sehnen uns nach eindeutigem Frieden.
„Brot" ist ein Symbol für alles, was Menschen zum wahren Leben, zur „Fülle des Lebens" (life in its fullness) brauchen. Denn nicht nur Brot erhält Menschen am Leben. Auch Liebe, Frieden, Gerechtigkeit, Gemeinschaft, Anerkennung ... sind lebens"notwendig".
Was kann also die Kirche tun, damit „Leben" möglich wird?

In den Evangelien wird eine Geschichte 6x erzählt. Immer wieder die gleiche Geschichte: (manchmal mit einem kleinen, neuen Akzent) wie Jesus eine große Menge Menschen satt macht. Wie er Brot bricht, wenig Brot – wie er seine Jünger teilhaben läßt an solcher „Teilung" – und was sich dabei Wunderbares ereignet. Offensichtlich war den Schreibern der Evangelien diese Geschichte sehr wichtig. Matthäus und Markus haben sie zweimal erzählt. Es geschieht etwas Geheimnisvolles, vielleicht haben es die „Gespeisten" gar nicht wirklich wahrgenommen. Johannes berichtet von einer Reaktion des Volkes, die anderen nicht.
(Austeilen der Texte: Markus 6, 35–44)
Ich habe mich für diese Fassung der Geschichte entschieden (wir haben sie 1982 bereits einmal im Weltgebetstagsgottesdienst miteinander bedacht).
Wir sind in Galiläa. Das ist für Markus der Ort der Gottferne. „Galiläa" – das ist unsere Welt. In den Versen davor erfahren wir, daß Jesus sich eigentlich mit den Jüngern zurückziehen wollte. Die Jünger hatten „anstrengenden Dienst" hinter sich, sie kommen zurück und haben Ruhe verdient. Aber das Volk läuft hinterher. Voller Hoffnung auf – ja, worauf eigentlich?? – kommen sie zu Jesus. „Und es jammerten ihn" diese Leute, die wie Schafe ohne Hirten waren, die keinen Sinn und kein Ziel hatten („no future", Resignation?). Er predigt ihnen einen Tag lang. Das scheint noch nicht das Besondere. In der folgenden Geschichte macht Jesus durch sein Handeln deutlich, daß und wie das Reich Gottes anbricht – und er bezieht die Jünger mit ein, seine „Nachfolger", die Gemeinde, uns.

Wir wollen jetzt in die Gruppen gehen. Ich bitte Sie, Folgendes zu tun und miteinander zu bedenken:

1. *gemeinsam die Geschichte lesen*
2. *die Gruppe teilt sich in „Jünger" und „Volk" – diese versetzen sich in die Situation jener Leute und überlegen jeweils:*
   - *was haben wir (Jünger bzw. Volk) vor, während und nach dieser Situation gedacht, gefühlt und gesagt?*
   - *was haben wir erlebt?*
   - *welche Erfahrung haben wir mit Jesus gemacht?*
3. *die „Jünger" und das „Volk" führen ein Gespräch miteinander und tauschen ihre Erfahrungen aus (um sie damit zu „vermehren"!)*

4. wir kommen wieder zurück in unsere eigene Gegenwart, 1984 in Europa: was bedeutet solche Erfahrung für uns als Kirche, als Christen in unseren Gemeinden, als Verantwortliche für den Weltgebetstag?

– wer hat heute Erwartungen, Hoffnungen – und sucht die Begegnung mit Jesus und seinen Jüngern?

– welcher Mangel begegnet uns besonders in unserer Umgebung?

– wo liegen unsere Probleme, ihnen „zu essen zu geben"?

– wo sehen wir Chancen, uns in das „Brotbrechen" Jesu einbeziehen zu lassen?

Jede Gruppe sollte dem Plenum eine Anfrage
oder eine Anklage
oder eine Erkenntnis
oder einen Aufruf
oder ...
mitteilen, damit unser Vorrat größer und unser Leben reicher wird.

(Für dieses Gespräch in den Gruppen haben wir 60 Minuten Zeit.)

Zum Abschluß ein paar Gedanken, die ich mir zu diesem Text und unserem heutigen Thema gemacht habe.

1. Wenn von der Kirche die Rede sein soll, mußte ein biblischer Text bedacht werden, der uns in die Gemeinschaft stellt, der nicht individualistisch mißverstanden werden kann.

Denn „Kirche", das sind wir alle gemeinsam. Da kann sich keiner entschuldigen. Das sind die Jünger und das Volk, die „Regierenden und die Regierten" (wie es in der Barmer Theologischen Erklärung einmal heißt), die Armen und die Reichen, die in den sozialistischen und die in den kapitalistischen Ländern Lebenden, die Reformierten, Katholiken, Anglikaner, Orthodoxen, Lutheraner, Methodisten, Baptisten ... (leider könnte ich diese Liste noch sehr lang fortsetzen!)

„Kirche" heißt Gemeinschaft leben, heißt ein Leib sein, heißt teilhaben und teilgeben.

2. Das Bild vom Brot spricht uns Frauen wohl nach wie vor besonders an. Brot kommt aus der Küche, mit der wir überall in der Welt in erster Linie verbunden sind. Wir sind damit beschäftigt, die Nahrungsmittel in der Familie auszuteilen. Wir kennen uns aus mit einer einigermaßen „gerechten" Verteilung der uns zur Verfügung stehenden Mittel. Viele von uns wissen darum auch von den Sorgen, wenn es nicht reicht und knapp wird. Wir wissen darum auch von unserem Verhalten, wenn es knapp wird; wir versuchen so viel als möglich für die eigene Familie zu bekommen. „Teilen" in der Familie, unter Menschen, die uns lieb sind, fällt uns nicht schwer. Aber das, was wir für uns selbst nötig brauchen, mit anderen zu teilen – das geht an unseren Lebensnerv.

Es scheint auch recht unvernünftig! Es gibt genügend gute Gründe dagegen. Am Ende hat keiner mehr genug – und außerdem sind die anderen selbst schuld an ihrer Situation!

So machen wir Gott kluge Vorschläge, wie man der Lage begegnen könnte. Wie die Jünger. Sie sehen das Problem wohl und sie wissen auch, wie man es lösen könnte. Diese Lösung würde ihnen endlich die ersehnte Ruhe bringen – und außerdem ein gutes Gewissen: sie haben ja rechtzeitig alles bedacht und die „nötigen Schritte eingeleitet".

Aber Jesus geht nicht auf solche Vorschläge ein. Er sagt knapp und deutlich: Gebt ihr ihnen zu essen! (You give them something to eat.) Er verfügt damit über den Vorrat der Jünger, er verfügt über unseren Besitz. Das ist schwer zu ertragen. Vom Überfluß würden wir gern abgeben, aber „teilen" ist mehr!

3. „Seine Gemeinde sein" ist überhaupt nur möglich, wenn wir miteinander teilen. Philipp Potter sagte in seinem Rechenschaftsbericht in Vancouver: „Fellowship and sharing are in fact one reality, koinonia, the communion in the body of Christ for the life of the world."

Gemeinschaft vollzieht sich immer im Teilen, im Anteilgeben an dem, was uns zuteil geworden ist. Was aber „haben" wir, was andere brauchen könnten?

- *Brot gehört in erster Linie dazu. Vom Hunger in der Welt hören wir täglich.*
- *Frieden scheint uns immer schwerer mitteilbar. Und doch ist von „Friedensstiftern" (peacemakers) die Rede. Brückenschlagen und das Bemühen um Verstehen gehören da wohl hinein. Wir werden uns im Zusammenhang mit dem Thema des Weltgebetstages 1985 praktisch damit beschäftigen müssen.*
- *Recht und Gerechtigkeit, Macht und Wissen sind teilbar, mitteilbar, nur dann können wir in Frieden miteinander weiter leben.*
- *Wir haben allerdings auch Sorgen und Probleme zu teilen!*
- *Freilich gibt es auch genügend gute Erfahrungen, die wir nicht für uns allein behalten sollten.*

Das Lied „Brich mit den Hungrigen dein Brot" nennt einige von den Dingen, die es heute zu teilen gilt. Wir könnten die Liste beliebig verlängern.

– Teilen geht an den Lebensnerv, hatten wir gesagt. So ist wohl wahr, daß wir nicht teilen können, was wir haben, ohne zu teilen, was wir sind. Es geht um uns selbst. Wenn wir eine teilende Gemeinschaft erwarten, dann können wir uns selbst nicht verstecken, dann müssen wir uns öffnen, damit auch der andere sich uns öffnet. Aber haben wir etwas anderes gemeint, als wir den Weltgebetstag beschrieben haben mit: informed prayer – prayerful action?

– Teilen kann schwierig werden nicht nur für den, der abgeben soll, sondern auch für den Empfänger. Annehmen ist mindestens ebenso schwer wie geben. Es kann den Anschein erwecken, als entstünde nun eine Abhängigkeit von den Gebern, denen man ja so sehr dankbar sein muß.

– Teilen macht auch manchem Angst, weil er befürchtet, daß bisheriger Eigenständigkeit nun eine große Gleichmacherei folgen soll.

– Teilen hat eine große Verheißung. Dorothee Sölle endete ihr Referat („Leben in seiner Fülle") in Vancouver: „Wenn du dich auf die Bewegung der Liebe einläßt, wird deine Kraft gestärkt. Dein Reichtum wächst, je mehr du teilst. Wo immer du dich auf die Bewegung der Liebe einläßt, da ist die Liebe bei dir, die Fülle des Lebens."

4. Freilich: das Reich Gottes bricht mit unserem Teilen nicht an! Christus ist der „Verteiler". In seiner Gegenwart wird das neue Leben deutlich und möglich. In unserem Text wird sehr klar, daß er der Handelnde ist: er gebot ..., er nahm ..., er dankte ..., er brach ..., er gab ...

Jesus Christus gibt Anteil an seiner Herrschaft, an dem Reich Gottes, das mit Ihm anbricht und in solchen wunderbaren Zeichen erkennbar wird. Er läßt die Jünger, das Volk, er läßt uns teilhaben an solcher Sättigung mit allen Gütern und Hoffnungen. Er hat diese Möglichkeit für uns eröffnet durch Seine Lebenshingabe, durch Sein Sterben am Kreuz. Für Ihn war „Leben" nicht möglich ohne „Leiden", Auferstehung nicht ohne Kreuz. Zum Teilen gehört auch das Mit-Leiden. Armut, Ohnmacht, Unbehaustheit und Krankheit umgeben uns. Sind wir bereit zum Teilen solcher Leiden?
Der Text erinnert an die Worte, die wir vom Abendmahl kennen. Das Bild vom Brechen des Brotes erinnert uns auch daran. Die Gesten haben sich in Seiner Gemeinde tief eingeprägt. Das gebrochene Brot ist somit auch ein Zeichen für Seinen für uns gebrochenen Leib. Jesus Christus ist das Brot des Lebens, das einzige. Es gibt neben ihm niemanden, der Lebensbrot mit Recht versprechen kann. Das freilich ist ein Bekenntnis, an dem sich Christen erkennen. So wie sie z. B. in Emmaus Christus am Brechen des Brotes erkannten.
Kirche ist darum eine eucharistische Gemeinschaft. Brot-Brechen und Weitergeben, Danken und Loben verbindet uns und macht uns bereit, uns selbst hinzugeben – hinzugeben in die Nöte und Mängel unserer Umwelt.
Wir erleben, daß heute an allen Orten und in allen Bereichen um Macht gekämpft und Macht ausgespielt wird und daß um jeden Preis die Machtpositionen gehalten werden. Wir erleben, daß das Teilen in der Welt bitter nötig aber selten zu finden ist. Die Armen werden immer ärmer, die Reichen immer reicher, die Einsamen immer einsamer und die Mächtigen immer lauter ...
In solcher Situation vergegenwärtigt das Brechen des Brotes das Sterben Christi, aber auch die Gemeinschaft des in der Gemeinde sichtbar werdenden Leibes Christi.
Was können die Kirchen, die Christen in den Gemeinden, was soll der Weltgebetstag heute tun? Es scheint mir die Aufforderung, sich „am Teilen zu beteiligen", nicht zu überhören zu sein.
Weil wir zu Christus, dem Gekreuzigten, gehören; weil wir damit teilhaben an Seiner Armut und Machtlosigkeit –
weil wir zu Christus, dem Auferstandenen, gehören; weil wir damit teilhaben an Seinem „Leben" –
können wir aus aller Schwachheit heraus unser Brot brechen mit den Hungernden, unsern Frieden teilen mit den Friedlosen, unser Haus teilen mit denen, die Raum suchen.
Was ist der WGT schon? Ein Tag im Jahr, betende Hände ...
Wir haben ihn nötig für unser Leben. Was für uns nötig ist, kann vielen zum Le-

ben dienen. Allerdings nur, wenn wir bereit sind zu teilen, was wir von Ihm empfangen haben.
Solches Teilen ist nie ohne Risiko. Man läßt sich auf Mißverständnisse ein und riskiert, ausgenutzt zu werden. Sollten wir darum davor zurückschrecken? Jesus zeigt uns immer wieder die Parteilichkeit Gottes, der auf der Seite der Kleinen, Schwachen, Hungernden und Unterdrückten steht. Solches Teilen kann uns selbst in Schwierigkeiten bringen. Es fehlt uns ja dann etwas, was wir für uns selbst nötig gebraucht hätten. So dachten die Jünger. Aber sie erlebten das Wunder der Sättigung für alle. Sie erlebten einen kleinen Zipfel „Reich Gottes".

Ich habe lange überlegt, ob ich etwas mitbringen sollte, das Sie jetzt in die Hand bekämen, um es symbolisch miteinander zu teilen. Ich habe das nicht getan. Es wäre zu einfach gewesen und vielleicht auch keine wirkliche Erfahrung des Teilens. Vielmehr möchte ich Sie jetzt bitten, etwas, was Sie im Augenblick – für diese Tage der Konferenz – ziemlich nötig brauchen oder was Ihnen als Erinnerung lieb ist, Ihrer Nachbarin zu schenken. Sie können das auch noch weiter fortsetzen in einer Gruppe von mehreren – wie Sie mögen. Aber ich fände es wichtig, daß wir mit der Erfahrung des Teilens, des Gebens wie des Nehmens, heute hier anfangen.

▸ Im Jahr 1987 erreichte Gudrun Althausen eine Anfrage vom Union Verlag: Sie wird gebeten, sich an einer Sammlung von biblischen Betrachtungen zum Thema „Frieden" zu beteiligen.
Im Vorfeld entspinnt sich ein interessanter Briefwechsel zwischen dem stellvertretenden Cheflektor Dr. K.-H. Bieritz und Gudrun Althausen:

Brief von K.-H. Bieritz vom 26. April 1987
Sehr geehrte Frau Althausen!
Im Jahre 1989 jährt sich zum 50. Male der Ausbruch des Zweiten Weltkrieges. Außerdem ist es 75 Jahre her, daß der Erste Weltkrieg begann. Zu diesem Anlaß plant der Union Verlag die Herausgabe eines Bandes mit Predigten bzw. Meditationen, die das Thema „Frieden" im Horizont biblischer Texte zum Gegenstand haben. Wir möchten Sie zur Mitarbeit an diesem Band einladen ...

Brief von K.-H. Bieritz an alle Autoren und Autorinnen vom 19. Juni 1987
Sehr geehrte Damen und Herren!
Sie haben sich bereit erklärt, an dem genannten Band mitzuarbeiten. Dafür möchte ich Ihnen [...] sehr herzlich danken. Es wird Sie sicher interessieren, wer zu den Autoren des Bandes gehört. Ich lege Ihnen deshalb eine Liste der Mitarbeiter bei. ...

Brief von Gudrun Althausen an K.-H. Bieritz vom 20. Juli 1987

Sehr geehrter Herr Dr. Bieritz!
Herzlichen Dank für Ihren Brief vom 19. 6. 1987. Die Liste der Autoren ist imposant – schade nur, daß außer mir nur noch eine einzige Frau darauf zu finden ist!
...

Brief von K.-H. Bieritz an Gudrun Althausen vom 27. Juli 1987
Sehr geehrte Frau Althausen!
... Mit Ihrer Kritik am totalen männlichen Übergewicht in dem geplanten Band haben Sie völlig Recht. Es hängt zum Teil mit der Absage einer Reihe von „kirchenleitenden" Frauen zusammen, die angeschrieben worden waren, sich aber wohl verpflichtet fühlten, dem Beispiel ihrer männlichen Kollegen zu folgen. Inzwischen hat sich aber Frau Adler zur Mitarbeit bereit gefunden und mir noch weitere Namen genannt. So wird sich vielleicht das Verhältnis doch noch ein wenig zu Gunsten der beteiligten Frauen verschieben. ...

Brief von Gudrun Althausen vom 11. Januar 1988

Sehr geehrter Herr Dr. Bieritz!
Anbei nun endlich die versprochene Betrachtung zu Phil 4, 4–7. Ich habe mich etwas schwer getan damit und hoffe nun nur, daß diese sehr persönliche Form auch eine mögliche ist. ...

Brief von K.-H. Bieritz vom 13. Januar 1988
Sehr geehrte Frau Althausen!
Haben Sie herzlichen Dank für Ihre Betrachtung zu Phil 4, 4–7, die mir gerade in ihrer persönlichen Form gut gefällt! ...

Im endgültig fertigen Band „Schalom. Gedanken zum Frieden aus biblischer Sicht", hg. von K.-H. Bieritz, Union Verlag, 1989, sind 34 Beiträge, davon drei von Frauen.

Erfahrungen mit Phil 4, 4–7
Eine biblische Betrachtung

„Freuet euch in dem Herrn allewege, und abermals sage ich: Freuet euch! Eure Güte laßt kundsein allen Menschen! Der Herr ist nahe! Sorgt euch um nichts, sondern in allen Dingen laßt eure Bitten in Gebet und Flehen mit Danksagung vor Gott kundwerden! Und der Friede Gottes, der höher ist als alle Vernunft, bewahre eure Herzen und Sinne in Christus Jesus."

Diesen Text kenne ich sehr gut. Vielleicht geht es Ihnen ähnlich. Vor allem der Vers

„Der Friede Gottes, der höher ist als alle Vernunft, bewahre eure Herzen und Sinne in Christus Jesus", den wir in der Regel nach jeder Predigt von der Kanzel hören, klingt uns vertraut in den Ohren. Gepredigt wird darüber in der Adventszeit wegen der Aufforderung zur Freude und der Ankündigung der Nähe des Herrn; allerdings am 4. Advent, an dem nicht allzuviele Menschen darauf hören.
Je mehr ich darüber nachdenke, umso deutlicher wird mir, daß ich eigentlich nicht von diesen Worten des Paulus loskomme. Sie begegnen mir immer wieder in meinem Leben. Darum möchte ich Sie einfach teilnehmen lassen an meinen ganz persönlichen Erfahrungen mit dem Text.
Ich lese die kurzen Sätze mit den vielen Ausrufezeichen wie in einer Spirale aufgeschrieben – von außen nach innen, von innen nach außen. Ich kann sie schwer in eine logische Reihenfolge bringen. Sie überlagern sich. Ein Satz bedingt den anderen. Vielleicht ist es Paulus ähnlich gegangen: eigentlich wollte er alles zugleich sagen. Das Herz ist ihm voll, die Gemeindeglieder in Philippi sind ihm vertraut und lieb. Er kann nicht zu ihnen kommen, Boten halten die Verbindung aufrecht. Die Zukunft erscheint ungewiß (wann ist sie das eigentlich nicht?) – sogar bedrohlich. In Philippi sind sich zwei Frauen, zwei „bewährte" Frauen, nicht einig (auch das ist nichts Einmaliges). Paulus möchte zur Einigkeit helfen. Er ermahnt die beiden und bittet einen dritten um „seelsorgerliche Begleitung". Er ist bewegt, erregt – und möchte bewegen und erregen.
Mich persönlich hat er in mehrfacher Weise getroffen und „bewegt". Davon möchte ich berichten.

1. Nach jeder Predigt höre ich: „Und der Friede Gottes ... bewahre eure Herzen und Sinne." Es wird mir als „Segen" gesagt. Ich erwarte diese Worte, ich kenne sie, sie vermitteln mir ein Gefühl der Geborgenheit. Die Predigt mag meine „Vernunft" oder mein „Herz" erreicht haben (außer den Ohren erreicht sie in der Regel keine „Sinne") – nun segnet uns der Friede Gottes, der Gemeinschaft mit Jesus Christus bedeutet. Das ist gut. Das stellt mich auf die Beine und setzt mich in Bewegung in die Arbeitswoche, zu den Menschen, die mir begegnen werden.
Aber ich brauche nicht so recht über die „wirkliche" Bedeutung dieser Segensformel nachzudenken. Sie begegnet mir erst einmal wie ein Mantel, in den ich mich hüllen kann, der mich vor Kälte schützt, der mich eben „bewahrt". Ich bin froh über solchen Segen.

2. Als ich in den 50er Jahren studierte, sangen wir in verschiedenen Kanon-Variationen: „Freuet euch in dem Herrn ...!" Freude war damals unser Lebensgefühl. Wir freuten uns auf eine gemeinsame Zukunft, auf lohnende Aufgaben; wir freuten uns an guter Gemeinschaft, an kleinen Erfolgen und der Möglichkeit zum Lernen. Wir hatten dabei durchaus viele Sorgen und mußten erst mühsam lernen, unser Christsein zu behaupten. Und doch ist in meiner Erinnerung diese Zeit eine „Zeit der Freude".

Wenn Paulus „abermals" sagt: Freuet euch!, dann hat er wohl auch Erfahrungen mit gefährdeter Freude gemacht. Er schreibt nicht aus fröhlicher Urlaubssituation heraus. Aber er hatte aus der Begegnung mit Gott, gehalten von der Gemeinschaft mit Jesus Christus, etwas erfahren von der Freude „in dem Herrn", von der Freude „in allem Leide" – und er möchte dies weitersagen.
Ich bin inzwischen 35 Jahre älter geworden. Der Grund der Freude und damit die Freude als Grundton blieb. Ich könnte sonst nicht leben.
Die Freude, zu der wir hier aufgefordert werden, ist kein festlicher Überschwang der Gefühle, sie kommt vielmehr aus dem Ganz-Sein, den hellen und dunklen Seiten eines Lebens, aus der Erfahrung des Angenommen-Seins, des Geliebt-Werdens. Wer immer wieder spürt, daß Gott auf uns wartet, uns sein Haus offenhält und ein Freudenfest bei der Heimkehr feiert – der/die darf sich freuen, freuen „allewege".
Mir begegnen viele alte Menschen. An ihren Gesichtern kann ich ablesen, ob Freude oder Angst, ob Güte oder Verbitterung ihre Grundstimmung war. Im Alter zeigen unsere Gesichter, was wir durch uns hindurchscheinen ließen – ein Leben lang. Darum spreche ich mit einem finnischen Wort: „Wir werden einmal alt und müde. Laßt uns beten, daß unsere Stimmen milder werden und unsere Gesichter Verkünder des Friedens."

3. Vor einigen Jahren sollte ich über unseren Text predigen. Ein junges Paar hatte sich das Wort für die Trauung gewünscht. Wenige Tage vor der Hochzeit erfuhr ich von der, so meinten die Ärzte, Wahrscheinlichkeit einer lebensgefährdenden Krankheit bei mir. Gleich nach den festlichen Tagen sollte ich ins Krankenhaus kommen. In dieser Situation hat mich besonders stark berührt: „Eure Lindigkeit laßt den Menschen kundsein! Der Herr ist nahe! Sorget nichts ..."
Das alte Lutherwort „Lindigkeit" ist inzwischen aus unseren Bibeln verschwunden. Es mußte dem guten, aber für mein Empfinden viel abgegriffeneren Wort „Güte" weichen. Linde, jenes waren die Lederstücke, die geschlagen und bearbeitet, nicht mehr störrisch, sondern weich und schmiegsam, wohltuend und brauchbar geworden waren.
Im Leben fühlen wir uns wohl oft geschlagen und bearbeitet. Die einen macht das hart und verbittert. Die anderen verlieren gerade dadurch, was steif und störrisch, selbstsicher und machthungrig, erfolgssüchtig und mitleidlos an ihnen war. Jesus war so ein Mensch: „geschlagen" und „linde" geworden. Sonst würde heute keiner mehr von ihm reden.
In der Nähe Gottes, in der Nähe Jesu Christi können Menschen eigentlich nur ihre Güte, ihre Weichheit, Verletzlichkeit, Behutsamkeit im Umgang miteinander zeigen. Manchmal treffe ich solche Menschen: sie sorgen sich nicht, sie sorgen füreinander. Die Sorge zermürbt sie nicht, die Angst vor der Zukunft lähmt sie nicht, sondern die Freude in dem Herrn läßt sie leben, sorglos und gütig, sanft und furchtlos. Sie sind frei, etwas zu tun. Mit ihnen beginnt Frieden unter uns.

Ich habe mich damals persönlich nicht gut gefühlt. Ich war gar nicht so sicher, wie ich für manche nach außen wirkte. Ich hatte den Zuspruch des Paulus nötig. Ich schwankte zwischen Hoffnung und Furcht.

Es ist mir damals das Sätzchen „Der Herr ist nahe!" hilfreich geworden. Ich habe erlebt (ganz gleich, wie die Ausleger diesen Satz zu verstehen versuchen!), daß eins gewiß ist: Die Nähe Gottes ist Tatsache – ob wir sie spüren, ob wir sie glauben, ob wir sie in Anspruch nehmen. Es ist so nahe, wie wir ihn an uns heranlassen – mit allen Konsequenzen. Denn in seiner unmittelbaren Nähe, ja Gegenwart, ist es unmöglich, daß Menschen ihre Macht „aneinander auslassen". Daß einer den anderen (ein Volk das andere) verachtet, daß Stärke durch Gewalt demonstriert wird, daß Sterbende alleingelassen werden, daß Kinder zum Haß erzogen werden, daß ...

Gott läßt mich aus seiner Nähe weglaufen, wenn ich das so will. Gott läßt seine Kirche eigene Wege gehen, wenn sie sich so entscheidet. Aber Gott ist nahe allen, die sich von ihm halten und auffangen lassen wollen. Das habe ich erlebt.

4. Das Thema des Weltgebetstages am 1. März 1985 lautete „Um Frieden beten – den Frieden leben". Die Gebetsordnung war von Inderinnen verfaßt worden, die den Text Phil 4, 4–7 als Predigttext ausgewählt hatten. Wir haben in der Vorbereitung auf dieses gemeinsame weltweite Gebet Erschreckendes von der Friedlosigkeit, von Ungerechtigkeit und Elend in Indien gehört. Wir haben aber auch wieder einmal von unseren Schwestern gelernt, was es heißt: „... in allen Dingen laßt eure Bitten in Gebet und Flehen mit Danksagung vor Gott kundwerden!" So beteten wir am 1. März 1985 in der ganzen Welt:

„Gott, der du uns geschaffen hast, wir sollen Frieden bringen und tun zu wenig dafür. Wir lassen es zu, daß Zwietracht und Verzweiflung unsere Familien und Gemeinden zerreißen. Wir lassen uns einfangen von den Erfolgen der Technik. Darüber vergessen wir menschliche Werte. Wir sind auf unsere Wünsche bedacht. Wir verschließen unsere Augen und Herzen vor der Not von Millionen von Menschen, die das Lebensnotwendigste entbehren müssen. Wir sind träge und unterstützen zu wenig unsere Schwestern und Brüder, die um berechtigte Freiheit kämpfen. Wir sind gleichgültig gegenüber den Leiden politischer Gefangener, die gefoltert werden oder spurlos verschwinden. Ihren Familien stehen wir zu wenig bei. Wir wollen nicht begreifen, wie hart wir am Rande eines drohenden Atomkriegs stehen. Wir sind gleichgültig gegenüber der wachsenden Rüstungsindustrie. Gedankenlos gehen wir mit deiner guten Schöpfung um. O Herr, der du die Welt erhältst, stärke deinen Frieden in uns. Laß uns deine Mitarbeiter sein für Frieden und Gerechtigkeit in der Welt. Wir danken dir, daß wir auf dich hoffen dürfen.

5. Nun begegnet mir das Wort erneut:

„Der Friede Gottes, der höher ist als alle Vernunft; der allen Verstand überragt; der alles menschliche Begreifen weit übersteigt; der so viel mehr ist, als unsere Gedanken verstehen; der allem Begreifen überlegen ist – bewahre eure Herzen und

Sinne; wird euer Denken und Wollen im Guten bewahren, halte die Wacht über eure Herzen und Gedanken; sei ein Schutzwall und eine Wacht um eure Herzen und eure Gedanken – in Christus Jesus."
Ich höre diesen „Segen" im Jahre 1989, 50 Jahre nach Beginn des zweiten und 75 Jahre nach Beginn des ersten Weltkrieges. Erinnerungen an deutsche Schuld versagt mir vollmundige Rede. Statt dessen kommt mir das Bekenntnis auf die Lippen, daß Christen versagten, die von „Gottes Frieden" wußten und sprachen. Deutsche Menschen sagten „Gott mit uns" und brachten aus dieser Selbstsicherheit unglaubliches Leid über europäische Völker – ja, sie führten bis heute andauernde Spaltung herauf.
Wir wissen uns weiterhin verflochten in Friedlosigkeit und Vertrauen auf Macht und also nicht schuldloser als unsere Eltern und Großeltern.
Wir erkennen dankbar, daß Herzen bewegt und Denken verändert werden kann – daß Frieden machbar zu werden scheint.
Aber der Friede ist auch heute bedroht. Wir bedrohen den Frieden – an vielen Stellen unseres täglichen Lebens. Darum brauchen wir dringend die „Friedenswache Gottes", von der hier die Rede ist. Wir sind vor uns selbst – und darum voreinander nicht sicher. Gott will es übernehmen, uns die Tür zu verstellen zu den Sorgen, die zu Gewalt führen. Die Friedenswacht Gottes gilt unseren „Herzen", d. h. den Gefühlen, und unseren „Gedanken", d. h. dem sich so wichtig nehmenden Verstand. Der Friede Gottes wacht über unserem ganzen Sein. Es ist ja möglich, daß sich sowohl die heißen Gefühle als auch der kalte Verstand über andere erheben und die eigene Stärke ausspielen.
Ich hoffe und bete, daß der Friede Gottes stark genug ist, mich, die Kirche, mein Volk, die Politiker und alle anderen „Mächtigen" in der Welt zu bewahren.
Aber kann denn dieser Friede „stark" sein? Ich höre, daß er unverständlich, unbegreiflich, unvernünftig, undiplomatisch, unberechenbar, überragend, übergreifend, weitreichend; daß er anders ist, als ich ihn mir denke. Vielleicht auch anders, als wir ihn uns wünschen? Ich versuche zu begreifen, was es für mich, für uns heißen könnte, daß Gottes Friede uns in Christus Jesus bewahren will, in seinem Wirkungsbereich halten möchte. Ich beginne zu begreifen, daß das kein friedliches, geruhsames Leben wird, sondern uns an die Seite der Ängstlichen, Verkümmerten, Hoffnungslosen, ungerecht Behandelten, Schuldig-Gewordenen bringen wird; daß wir uns im Widerspruch zu Machtmißbrauch und Überheblichkeit befinden werden; daß wir nicht darum herumkommen zu trösten, zu heilen, zuzuhören, zu teilen; daß unser Recht nicht so wichtig sein wird wie das der anderen; daß die Sicherheit der anderen verteidigungswürdiger sein wird als die eigene; daß nur der sanfte, gütige, linde Umgang mit der Mitwelt die Erde bewahren kann; da solch Leben aus dem Frieden Gottes das einzig mögliche Überleben sein wird.

Ich bin beim letzten Satz angelangt und kann von daher alles wieder rückwärts lesen. Die Sätze bedingen einander, sie überlagern sich, sie geben nur gemeinsam einen vollen Sinn.

Ich werde darum beten, daß Gott uns in seinem Frieden fest hält. Dann können wir alle unsere Sorgen und Aufgaben flehend und betend, dankend und vertrauend vor Gott bringen. Dann „machen" wir uns keine Sorgen, sondern sorgen uns um das uns von Gott Anvertraute. Dann leben wir in der Nähe Gottes aus der Hoffnung auf die Nähe Gottes. Dann merken die Menschen um uns diesen unseren Glauben an unserem Verhalten. Dann freuen wir uns. Weil wir allewege Zeichen des Friedens finden und schaffen. „Und der Friede Gottes, der höher ist als alle Vernunft, bewahre eure Herzen und Sinne in Christus Jesus."

▶ 1995 hält Gudrun Althausen auf einem Fest des Diakoniewerks Kaiserswerth[38] in Düsseldorf, auf dessen Gelände die Evangelische Frauenhilfe in Deutschland ihre Geschäftsstelle hatte, eine biblische Betrachtung zum Matthäustext: „Was ihr getan habt einem von diesen meinen geringsten Brüdern, das habt ihr mir getan."
Ihr selbst war immer die Betonung des diakonischen Teils der Evangelischen Frauenhilfe wichtig in Rückbesinnung auf die Gründung der Frauenhilfe. Insofern stellte sie die Verbindung von Frauenhilfe und Diakonie her und schaute sehr genau in dieses Bibelwort, das häufig in diakonischen Zusammenhängen verwendet wird. Obwohl es auf den ersten Blick eine sehr einfache Aufgabe ist, die Jesus uns stellt: Kümmere dich um die Geringsten in der Gesellschaft, denn in jedem einzelnen von ihnen bin ich, erweist sie sich bei gründlichem Hinsehen als komplex. Gudrun Althausen versuchte, dem auf den Grund zu gehen und fand drei Themen, die ihr wichtig waren:

1. *Verantwortung ist nicht zu umgehen.*
2. *Das Not-Wendige soll getan werden.*
3. *Wer sind wir eigentlich?*

Gerade diese letzte Frage ist sehr interessant. Wo stehen wir im Gegenüber von Helferinnen und „den Geringsten"? Immer nur auf der starken Seite? Oder vielleicht gehören wir auch zu den Geringsten? Und auf welcher Seite möchten wir gerne stehen?

Hier nun der Wortlaut der Betrachtung Gudrun Althausens.

38 Großes diakonisches Unternehmen, ansässig im Düsseldorfer Ortsteil Kaiserswerth, das 1836 von Theodor und Friederike Fliedner gegründet wurde.

Was ihr getan habt einem meiner geringsten Brüder und Schwestern ...
(Sonntag, 10. September 1995, Mutterhauskirche Kaiserswerth)

Auf der Suche nach einem Text oder Thema für dieses Zusammensein stieß ich auf den Wochenspruch der heute beginnenden Woche:
Christus spricht: Was ihr getan habt einem von diesen meinen geringsten Brüdern (und Schwestern), das habt ihr mir getan. (Mt.25,40)
Unbestritten ist dies ein idealer Text für die Diakonie der Kirche, oft gepredigt und dabei sehr unterschiedlich ausgelegt. Helmut Gollwitzer hat 1973 gesagt: „... der soziale Maßstab ist hier zum letzten Maßstab gemacht." Dem widersprechen andere vehement und beschwören die Gefahr einer Reduzierung auf das soziale Engagement als Versuchung von diakonischem Management.
Offensichtlich ein umstrittener und schwieriger Text.
Ich bin trotzdem dabei geblieben, denn er ist mir noch aus einem anderen Grund nah und nachdenkenswert: Schon ganz früh taucht der angesprochene Vers als Motto auf den Mitgliedskarten der Evangelischen Frauenhilfe auf.
Daß ich heute gebeten wurde, diese Andacht am Festende zu halten, hat ganz sicher seinen Grund darin, daß die Evangelische Frauenhilfe in Deutschland seit vielen Jahren mit ihrer Geschäftsstelle dankenswerter Weise eine enge räumliche Verbindung zum Diakoniewerk Kaiserswerth hat. Da ich als nun gesamtdeutsche Vorsitzende nicht hier in der Nähe, sondern in Berlin wohne, begegnen wir uns nicht so oft auf dem Gelände wie das mit den anderen Mitarbeiterinnen möglich und natürlich ist. Aber das Wort aus dem Matthäusevangelium verbindet uns ganz sicher. Es ist mir ausgesprochen wichtig, daß neben allen anderen Aufgaben von Frauenhilfe der soziale, diakonische Ansatz nicht verlorengeht, daß wir auch heute, vielleicht gerade wieder heute, die „Hilfe", um die die Frauen damals vor fast hundert Jahren gebeten wurden, nicht vergessen.
Also: ein rundum „passendes" Wort für diesen Ort und für mich?
Solch glatte Übereinstimmung ist verdächtig. Darum fragen wir weiter. Drei Aspekte sind mir wichtig geworden.

1.) Verantwortung ist nicht zu umgehen
Es geht hier um eine Gerichtsszene. Es wird geurteilt. Das ist ärgerlich, zumal offensichtlich nicht die Meinung, der Glaube, das Bekenntnis, sondern die Taten der Menschen zur Debatte stehen. Beurteilung nach den „Werken". Alle – hier handelt es sich um „alle Völker", also nicht nur Christen! – werden sich verantworten müssen. Das haben wir schon manchmal gehört und relativ leicht nachgesprochen. Es scheint einleuchtend, solange wir noch nicht selbst davon betroffen sind. Aber es wird unheimlich und erschreckend, wenn es uns wirklich betrifft. Ich habe drei Jahre im Überprüfungsausschuß der Kirche Berlin-Brandenburg mitgearbeitet. Es ging um die Aufdeckung von Stasiverstrickungen kirchlicher Mitarbeiter und Mitarbeiterinnen. Es wurde uns oft mit Angst begegnet in der Befürchtung, wir könnten über Gut und Böse, über Segen und Fluch endgültig entscheiden. So, als hät-

ten wir Menschenleben in der Hand. Das war weder unser Auftrag, noch können und brauchen wir Menschen das – Gott lob – zu tun. Allerdings war das Erstaunen, das Unverständnis und auch das Erschrecken manchmal groß über die Kriterien, nach denen heute die Vergangenheit gesehen wird und werden muß, über die Kriterien, die „damals" nicht bekannt oder nicht akzeptiert waren. In unserem Ausschuß sollten und wollten wir dazu helfen, daß Menschen, die sich – aus sehr unterschiedlichen Gründen – in solche geheimen Gespräche mit den Vertretern der Staatssicherheit eingelassen hatten, bereit wurden, genau und unverstellt das eigene Leben zu sehen, sich und anderen Rechenschaft abzulegen, kurz: sich zu verantworten. Es schmerzt dabei besonders, wenn dann deutlich wird, daß durch eigenes Verhalten letztlich menschliche Beziehungen verletzt, Vertrauen mißbraucht, andere Menschen in ihrer Integrität nicht geachtet wurden. Plötzlich werden Zusammenhänge klar und eine ganz andere, für mich neue Sichtweise wirft grelles Licht auf mein gut eingerichtetes, halbdunkles Leben.

Es ist wahrlich eine Last zu wissen, daß wir unser Leben, unser Reden und Tun, daß wir unsere Entscheidungen und Unterlassungen verantworten müssen, daß uns andere, von außen fragen werden:

„Warum habt ihr dies getan und jenes unterlassen?"

Vogel-Strauß-Politik hilft da nicht. Unser Leben holt uns ein. Wenn wir unseren Kindern noch mit Schweigen ausweichen konnten, die Enkel fragen gewiß klar und ohne Scheu: Wie und warum habt ihr so gelebt?

Wir haben es in diesem Jahr der 50. Wiederkehr des Kriegsendes erlebt, wie späte Verantwortungsbereitschaft auch befreiend wirken kann.

Unser Verhalten und auch unser Kirchesein in 40 Jahren DDR gab immer wieder Anlaß zu Fragen und nötigte uns, uns und anderen zu erklären, was wir selbst manchmal nur schwer verstehen und jedenfalls kaum vermitteln können. Trotz dieser Schwierigkeiten ist deutlich, daß wir um Verantwortung nicht herumkommen. Freilich gelten die Fragen und Kriterien allen Deutschen – wo auch immer sie gelebt haben –: Was habt ihr getan? Was sind eure Ideale?

Wovor habt ihr resigniert? Welche Abhängigkeiten haben euch gelähmt? Welche Werte sind euch so wichtig, daß ihr sie auch unter veränderten Verhältnissen unbedingt bewahren wollt?

Jede und jeder wird sich verantworten müssen. Heinrich Albertz hat 1977 zu unserem Text gesagt: „... jeder von uns läuft auf den Tag des Gerichtes zu ... Es ist sehr merkwürdig, wie weit weg wir von dieser Wahrheit leben ... daran nur ganz selten denken."

Manches wird heute und hier schon deutlich – die Folgen sind unübersehbar. Aber: Wie es letztlich um mich steht, ist jetzt noch nicht zu sehen. Gott Lob! Das zu beurteilen, bleibt Gott vorbehalten. Und es ist sicher, daß wir an seinem Tag allerlei Überraschungen erleben werden. Die Kriterien seiner Beurteilung sind ganz offensichtlich nicht unsere Kriterien. Jetzt sind die Akten noch nicht geschlossen. Es ist noch Raum zur Umkehr. Das bedeutet Herausforderung, Aufwachen, auf keinen Fall resigniertes Weiterlaufenlassen alter Gewohnheiten.

2.) Das Not-Wendige soll getan werden

In unserer Geschichte ist von ganz einfachen, alltäglichen Dingen die Rede, von Tätigkeiten, die damals und zumeist auch heute noch von Frauen ausgeübt wurden und werden: Essen kochen und Menschen damit sättigen; Durstigen zu trinken geben; Gäste aufnehmen; Kleidung nähen und Menschen anziehen; Kranke pflegen; Gefangene besuchen. Nichts „Besonderes", Frauen-Alltag, nichts „Professionelles". Genau dazu wurden auch die Frauen in den Gemeinden Ende des vorigen Jahrhunderts aufgerufen. Sie sollten mit den Möglichkeiten und Gaben, die sie hatten und in ihren Familien bewährten, über diesen engsten Kreis hinaus helfen – Frauenhilfe. Es geht dabei eigentlich um wenig und doch um etwas ganz Wesentliches: das alltägliche Leben, mein Leben, die Lebens-Mittel meiner Familie zu teilen mit Leuten, die ich nicht kenne, die mir vielleicht auch unsympathisch oder unangenehm sind, für die aber eben diese Lebens-Mittel not-wendend sind.

Es fällt uns manchmal leichter, eine spektakuläre, einmalige, öffentlich werdende Aktion zu starten oder zu unterstützen, bei der wir selbst aber nicht unmittelbar berührt (im wahrsten Sinn des Wortes) werden, als etwas Einfaches, Menschliches zu tun: ein Kind aus dem Heim, in dem es nicht zurechtkommt, in Pflege zu nehmen; die Familie im Kirchenasyl Woche für Woche mit Lebensmitteln und anderem Notwendigen zu versorgen; Zeit aufzubringen für die sich wiederholenden Geschichten und Ängste des alten Nachbarn, der verwirrten Bekannten. Die Beispiele sind von anderen Menschen und anderen Orten. Hoffentlich sehen wir den Menschen, den Nächsten, der oder die uns braucht. Es wird immer wieder Überraschungen geben, Ungewöhnliches wird nötig werden, die Herausforderungen wechseln, wir müssen sie nur wahrnehmen.

Gott will, daß seine Art, sein „Reich", sein „Regiment" zum Zuge kommt, d.h. eine barmherzige Lebensordnung für jedermann, ein Teilen der elementaren Lebensmittel. Ich wiederhole noch einmal: Essen, Trinken, Kleidung, Wohnung, Gesundheit, Freiheit.

„Gesegnete" nennt Jesus diejenigen, die das gesehen und entsprechend gehandelt haben. Sie kommen von überall her, „alle Völker" sind beteiligt, es ist kein Privileg der Christen. Die Not steht uns immer wieder im Weg. Wir müssen ihr begegnen – oder wir kommen vom Weg ab!

Soweit, so gut. Das Besondere dieser Szene ist aber – und wir wissen das alle –, daß der König in der Geschichte, daß Jesus selbst sich identifiziert mit denen, die vor der Türe stehen, die nur schwer Platz bei uns finden, die einsam und verzweifelt sind. Er steht uns im Wege. Welches Gesicht er heute für mich hat, muß ich selbst herausfinden und bedenken. Klarheit darüber ist oft recht schwer, weil wir auch viel zu viel wissen über die Hintergründe von Bettelei, über die Probleme von krankhaften Abhängigkeiten, weil wir unsere Ohnmacht dem Elend gegenüber massiv erleben und sie uns hilf-los macht.

Dennoch kann und muß uns beim Hören unserer Geschichte erschrecken, daß wir uns nicht vorbeimogeln können, nicht mit 5,– DM raushalten. Jesus will mich und meine Barmherzigkeit.

Aber das kann und darf mich auch trösten, das kann meine Ängste überwinden: „Nun lebt nicht mehr dieser (unangenehme) Mensch, diese nervtötende Frau Y. sondern Jesus lebt in ihr."
Er behält sich vor, unser Bruder, unsere Schwester zu sein. Nicht wir bestimmen, wer uns als solche Verwandten angenehm sind. Er stellt damit unsere Sicherheiten, unsere klar begrenzten, „bewährten" Systeme in Frage, er überrascht uns alle immer wieder.
Das alles macht mich unruhig und unsicher und läßt mich fragen:
3.) *Wer sind wir eigentlich?*
Es könnte sich ja so anhören, als seien wir wirklich die Starken, die auf der Haben-Seite des Lebens stehen – und die nach den „Geringsten" Ausschau halten, denen sie Gutes tun sollen und wollen, an denen sie Gottes Werk ausführen.
Ich erschrecke bei dem Gedanken, daß Jesus ja auf der anderen Seite zu finden ist. Handeln wir also auf uns gestellt, nur im Gegenüber zu ihm?
Auf dem Ost-Berliner Kirchentag 1987 hat Ulrich Bach (Witten/Volmarstein) eine sehr beachtete Bibelarbeit zu unserem Text gehalten, in der er das uns geläufige Bild umkippen ließ und die These ausführte: Wir sind die Geringsten.
Das erschreckt uns, darauf können wir nicht stolz sein, das hat keine Öffentlichkeitswirkung, das macht uns abhängig.
Ulrich Bach begründete seine These damit, daß hier „alle Völker", also Nichtchristen, ins Gericht kommen und daß Jesus in einem anderen Zusammenhang zu seinen Jüngern sagt: „Wer euch aufnimmt, der nimmt mich auf; und wer mich aufnimmt, der nimmt den auf, der mich gesandt hat ... Wer einen dieser Geringen nur mit einem Becher kalten Wassers tränkt darum, daß er mein Jünger ist, wahrlich, ich sage euch: es wird ihm nicht unbelohnt bleiben." (Mt 10, 40+42)
Ich will das jetzt nicht weiter ausführen.
Auf jeden Fall entsteht da vor uns das Bild von einer schwachen, hilfsbedürftigen Kirche, von armen, auf Unterstützung angewiesenen Christen, Schwestern und Brüdern Jesu.
Solcher Seitenwechsel im Denken schmerzt. Auf Hilfe angewiesen sein, Bitten aussprechen, sich beschenken lassen müssen – das macht klein. Die Unbefangenheit der Kinder haben wir nicht mehr – und wissen doch, daß Jesus uns diese vor Augen stellt! Wir wollen erwachsen, d. h. selbstständig und stark sein, positiv erscheinen und selber entscheiden, wo und wie wir tätig werden.
Aus meiner Erfahrung der DDR-Kirchen-Situation kann ich ein wenig nachfühlen, wie solches Angewiesensein, solche ständige Beschenkt-Werden-Haltung Menschen auch verändert. Es entstehen Abhängigkeiten, die dankbar registriert werden und doch ärgerlich sind. Erwachsene wollen – übrigens genau wie Kinder – nicht immer danken müssen. Es ist ein ambivalentes Gefühl: Angewiesen auf Hilfe, sie erbitten und annehmen – und doch zugleich sich der Würde des eigenen Mensch- und Geschöpfseins sicher zu bleiben.
Eins dürfen wir allerdings gewiß aus unserem Text hören: auf dieser Seite ist Jesus zu finden.

Wir könnten jetzt viele Bereiche kirchlichen Lebens und Handelns, kirchlichen Öffentlichkeitsanspruchs und diakonischen Managements näher betrachten. Ich überlasse das weiterem Nach-Denken. Klar ist, daß wir immer lieber Mit-Subjekte der göttlichen Diakonie als Objekte derselben sein möchten.

Aber: Diakonie und auch Evangelische Frauenhilfe wissen – und müssen es sich doch immer wieder sagen lassen –, daß wir Menschen mit leeren Händen sind, Menschen, die Gottes Gnade nicht haben, sondern erbitten, angewiesen aufeinander und miteinander auf ihn.

Wovor haben wir eigentlich Angst?
Vor solchem Gericht und der von uns geforderten Verantwortung, vor unserem vielfältigen Versagen, Wegsehen, unserem Egoismus?
Vor der uns erdrückenden Überforderung angesichts der Unüberschaubarkeit der Not in der Welt?
Sollten wir uns nicht auch Sorgen machen, wenn wir zu deutlich zu den Starken, den Managern, der alles „abdeckenden" Kirche gehören?
Unser Gleichnis steht im Matthäusevangelium direkt vor dem Beginn der Leidensgeschichte Jesu. Die Solidarisierung Jesu geht über das Gesagte weit hinaus, bis in letzte Tiefen des Leidens – mit uns allen, für uns alle.
Gott lob, daß wir diesem Jesus Christus begegnen dürfen in den Notleidenden auf unserem Weg, vor unserer Tür und zugleich in unserer eigenen Hilflosigkeit, als Nicht-Könner, Menschen mit leeren Händen, auf Gottes Gnade angewiesen.

Gudrun Althausen

3.2.2 Predigten

Gudrun Althausen hat in ihrem Leben nicht sehr viele Predigten gehalten, aber einige in sehr besonderen und wichtigen Gottesdiensten. Zu ihrer Einführung als Vorsitzende der vereinigten Frauenhilfe 1992 wurde sie gebeten zu predigen.
Das war eine mehr als gewichtige Aufgabe, da der Vereinigungsprozess der beiden Frauenhilfen Ost und West nicht für alle zufriedenstellend verlaufen war.
Es gab neben der Freude um die Möglichkeit dieses neuen Verbandes auch viel Trauer, sicher auch Zorn und Enttäuschung.
Die Vereinigung wurde mit einer dreitägigen Tagung begangen. In der Einladung dazu heißt es:
„Liebe Freundinnen und Freunde der Evangelischen Frauenhilfe, nach über vierzig Jahren der Trennung freuen wir uns über einen nun wieder gesamtdeutschen Verband der Evangelischen Frauenhilfe! Im Mai hat unsere Jahreshauptversammlung eine neue Satzung verabschiedet, eine Vorsitzende und einen Vorstand gewählt, die wir demnächst in ihre Ämter einführen wollen. Wir verbinden diese Einführungen mit einer offenen Tagung. [...] Miteinander wollen

wir über aktuelle politische und kirchliche Frauenfragen diskutieren, den Weg der Frauenhilfe erinnern und den Weg in die Zukunft gemeinsam bedenken. ..."

Mitten in dieser Tagung findet dann der Einführungsgottesdienst mit dem Vorsitzenden des Rates der EKD Bischof Dr. Engelhardt statt.

Predigt am 19. 9. 1992 in Potsdam, Friedenskirche
2. Mose 1, 15–21
Und der König von Ägypten sprach zu den hebräischen Hebammen, von denen die eine Schiphra und die andere Pua hieß: wenn ihr den hebräischen Frauen helft und bei der Geburt seht, dass es ein Sohn ist, so tötet ihn; ist es aber eine Tochter, so lasst sie leben. Aber die Hebammen fürchteten Gott und taten nicht, wie der König von Ägypten ihnen gesagt hatte, sondern ließen die Kinder leben. Da rief der König von Ägypten die Hebammen und sprach zu ihnen: Warum tut ihr das, daß ihr die Kinder leben lasst? Die Hebammen antworteten dem Pharao: die hebräischen Frauen sind nicht wie die ägyptischen, denn sie sind kräftige Frauen. Ehe die Hebamme zu ihnen kommt, haben sie geboren. Darum tat Gott den Hebammen Gutes. Und das Volk mehrte sich und wurde sehr stark. Weil die Hebammen Gott fürchteten, segnete er ihre Häuser.

Liebe Schwestern und Brüder,
als ich darüber nachdachte, welchen Text ich für diese Predigt nehmen sollte, fiel mir sofort spontan die eben verlesene Geschichte ein – und dabei ist es dann auch geblieben. Nicht etwa, weil es eine Erzählung wäre, die mich durch mein Leben von Kindheit an begleitet hätte. Sie ist mir erst viel später begegnet – wie wohl vielen von uns. Lieb geworden ist sie mir vor allem durch die Vermittlung meiner Tochter, die auf ihrer Suche nach Frauengestalten in der Bibel voller Ver- und Bewunderung diesen beiden Hebammen begegnete.
Eine echte Frauen-Hilfs-Geschichte. Eine sehr alte Geschichte. Sie steht zwischen den Familiengeschichten der Väter und Mütter der Stämme Israels und der dann folgenden Volksgeschichte. Eine Übergangszeit, ungefähr vier Generationen mag sie gedauert haben. Eine schwierige Zeit; denn die früheren Verhältnisse, die Erfahrungen miteinander, die Absprachen und Erinnerungen galten nichts mehr: es war ein neuer König aufgekommen, „der wusste nichts von Josef" (V. 8). Es ist offensichtlich schon damals schwer gewesen, Geschichte wach zu halten.
Dieser neue König hat aber ein ungeheures Sicherheitsbedürfnis er fühlt sich und sein Volk bedroht durch die Fremden, die gesund und kinderfreudig sind. Das macht ihm Angst und lässt die Verdienste des Josef, den man ehedem gut gebraucht und hoch geehrt hatte, vergessen. Jetzt ist das Maß voll mit den Ausländern! So haben wir uns das nicht vorgestellt!
Die Methoden, sich unliebsamer, störender Fremder zu entledigen, wechseln. Gewalt wird dabei immer angewandt. Die Ägypter in unserer Geschichte lassen sie hart arbeiten, von Zwangsarbeit und unbarmherzigem Druck ist die Rede. Aber

die Hebräer (wie sie hier genannt werden) erstarken in dieser Situation. Die Not erdrückt sie nicht. Da verfällt der König, der Pharao, auf eine infame Idee: er wendet sich an zwei weise Frauen, Hebammen, Torhüterinnen des Lebens. Die eine heißt „Schönheit", die andere „Glanz". Wie vielen Frauen mögen sie schon mit ihrem Wissen geholfen haben, in wie vielen Häusern mag ihr Rat bei Krankheiten erfragt worden sein. Nun stehen sie vor dem Herrscher. Sie wurden zitiert. Wie werden sie reagieren? Reagieren auf die groteske Aufforderung, Leben, das geboren wurde, zu töten! Werden sie als gehorsame Untertanen der Macht tun, was man von ihnen erwartet? Könnten wir es ihnen verdenken? Sie sind schwach und ohnmächtig – lohnt sich ein Widerstand? Ich stelle mir vor, daß die beiden Frauen stumm zurückgingen, dass sie vieles erwogen, vielleicht auch Tränen des Zorns und der Angst weinten. Ich stelle mir vor, daß sie nicht schnell zu einem Entschluß kamen. Aber ich bin sicher, daß sie sich mit anderen Frauen beraten haben, vielleicht sogar mit Ägypterinnen, mit denen sie offensichtlich gute Beziehung hatten – denn sie wußten über die ägyptischen Frauen Bescheid. Ganz gewiß beteten sie darüber – allein – miteinander; denn sie fürchteten Gott – mehr als die Menschen, mehr als die Staatsmacht. Das gab ihnen Sicherheit und Gelassenheit zur Befehlsverweigerung. Sie gewinnen Zivilcourage zum Ungehorsam. Daß ihnen dann auch noch eine einleuchtende Ausrede für den Pharao einfällt, ist ein Zeichen ihrer Schlauheit. Zugegeben: es ist eine List, eine „Irreführung der Behörden" – aber es ist das in dieser Situation für sie Machbare. Sie hatten erkannt, das im Blick auf den Leben spendenden Gott, geborenes Leben zu schützen und niemals Machtinteressen zu opfern ist. Der Pharao ist ihrer Ausrede ausgeliefert. Im Augenblick kann er nichts machen. Wir wissen, daß er nicht lange in solcher Tatenlosigkeit verharrt. Er ergreift neue Maßnahmen gegen die Fremden. Die beiden Frauen konnten nicht das Töten in ihrem Land, auf der Welt, aufhalten aber sie taten das ihre, das Machbare, das, was Gott in dieser Situation von ihnen wollte. Und dieser Gott segnet sie darum. Er bestätigt mit seinem Segen ihr Handeln – denn er will, dass Menschen leben!

Die Geschichte von zwei, eigentlich „ganz normalen" Frauen, die vor der Herausforderung nicht fliehen, sondern sich ihr im Glauben stellen. Es geht von ihnen eine große, ermutigende Kraft aus. Ich kenne andere solche Berichte – auch aus unseren Tagen. Die Pharaonen heißen heute nicht Ramses II, sie sind viel anonymer geworden. Aber die Bedrohung des Lebens hält an. Kriege, ungerechte Wirtschaftssysteme, Hunger, fehlende medizinische Versorgung, Anhäufung von Waffen, Verseuchung von Luft, Erde und Wasser, Gentechnologie – töten und erwarten gehorsames Mitmachen.

Frauen und Männer schließen sich heute öffentlich – und manchmal auch subversiv – gegen solche Menschenverachtung zusammen. Wir versuchen als Evangelische Frauenhilfe in Deutschland uns in diese Kette der Solidarität für das Leben einzureihen, wenn wir uns an der Kampagne „Schluß mit Gewalt und Diskriminierung von Ausländerinnen" beteiligen, wenn wir gegen Kinderprostitution, gegen Menschenhandel und Ähnliches protestieren.

Aber, ist das genug? Frauenhilfe trat vor 93 Jahren mit sehr konkreten Aufgaben vor Ort an – aus dem Glauben heraus; um Glauben zu stärken, menschliche Not zu lindern und also Leben zu erhalten und zu fördern. Frauen haben dadurch ihre eigene Stärke erkannt und erfahren. Frauen sind mutiger geworden. Und: Frauen haben erfahren, daß solche Arbeit, daß solcher Einsatz gesegnet ist.
Heute stehen wir vor neuen Herausforderungen, eben auch in der Evangelischen Frauenhilfe in Deutschland. Was könnte für uns heißen, Gott mehr zu gehorchen als den Menschen, den Mächten, den Mächtigen?
Ich möchte drei Gedanken, die mir durch Schiphra und Pua wichtig geworden sind, nennen:

1. Gemeinsam sehen, beten, denken, handeln

Die beiden waren wohl nicht ohne Grund zu zweit. Vielleicht ist es heute noch schwieriger, die Probleme zu erkennen; nachzuempfinden, was die anderen verletzt, am Leben hindert, wo Unrecht geschieht. Nur, wenn wir zusammenstehen, werden wir einigermaßen klar sehen können, welche Pharaonen heute welche Tötungsbefehle geben. Die beiden Hebammen waren kundige Frauen, die etwas verstanden von ihrem Fach. Nur darum konnten sie den Pharao so geschickt täuschen und sich und die Kinder am Leben erhalten. Wir dürfen nicht aufhören, etwas zu lernen (und also zu wissen) von den Zusammenhängen des Lebens, der Wissenschaften, der Mächte, der Ökonomie und nicht zuletzt der Politik. Lasst uns dann miteinander darüber reden und unser Handeln abstimmen. Alleingänge bringen nur in Gefahr. Wir haben das erfahren.
Nun haben wir das große, schwierige Experiment 1 + 1 = 1 vor uns. Dabei muss die größere lokale Entfernung dringend gemildert werden durch intensives Miteinander, durch menschliche Nähe, die auch eventuell schmerzliche Entscheidungen verstehen und tragen hilft. Ich denke, dass wir auch aus dem östlichen Teil Deutschlands da allerlei Erfahrungen einbringen können.

2. Mutig handeln, öffentlich werden

Von der ersten Begegnung mit dem Herrscher werden uns keine Reaktionen der beiden Frauen berichtet. Dafür verschlug ihnen wohl der Schreck die Sprache. Manchmal ist es ja auch besser, nicht gleich los zu reden, sondern die Dinge erst in Ruhe zu bedenken. Dann allerdings muss es auch zu Worten und Taten kommen. Was wir als das für uns richtige erkannt haben, sollen und müssen wir aussprechen – auch, wenn es gegen die erklärten Ziele der „Pharaonen" geht.
Frauenhilfe hat viel Gutes im Verborgenen gewirkt, hat Diakonie in der Gemeinde getragen und hat Gemeinde gebaut. Das alles, weil diese Frauen den Auftrag Gottes, Leben zu fördern und zu erhalten, verstanden hatten und sich in der Nachfolge Jesu Christi wußten. Von solchem Dienst geht eine große Kraft aus, derer wir uns sehr bewußt sein sollten. Heute aber ist es wichtiger denn je, auch laut zu sagen, was wir meinen. In dem allgemeinen Lärm der Stimmen und Töne wollen wir eindeutig und hörbar bleiben: für menschenwürdiges Leben aller gegen offenen und geheimen Haß – weil Gott ein Gott des Lebens ist und seine Liebe allen bezeugen will – durch uns!

Wenn Menschen sich schützend vor ein angegriffenes Asylantenheim stellen und mit Mahnwachen ohne Gewalt, dafür eintreten, dass alles getan wird, damit ein friedliches und solidarisches Zusammenleben mit Ausländern und Flüchtlingen in Deutschland möglich ist – dann wünschte ich mir, wünschte ich uns, daß wir in dieser und ähnlichen Situationen auch als Frauenhilfen uns mit unseren Körpern, unseren Worten, unseren Gebeten mit einreihen in die lebensschützende Kette – vielleicht auch gegen die Meinung unserer Nachbarn!

3. Zukunft haben und damit „Heilung bringen" können

Die beiden Frauen Schiphra und Pua wurden von Gott belohnt, er tat ihnen Gutes, er segnete ihre Häuser. Wie dieses Gute im Einzelnen aussah, wissen wir nicht. Deutlich ist, daß sie an ihrem Mut nicht zugrunde gehen, daß sie weiterleben dürfen und ihr Volk mit ihnen. („Das Volk mehrte sich und wurde sehr stark.") Ihre Zivilcourage hat ihnen selbst nicht das Leben genommen, sondern eine neue Zukunft eröffnet. Ich stelle mir vor, daß der Pharao aufgehört hat, mit ihnen zu verhandeln: „nicht geeignet für weitere Zusammenarbeit" hieß das in der DDR. Ich stelle mir aber auch vor, daß ihr Ansehen bei den eigenen Leuten dadurch gewann und sie vor allem sich selbst ohne Scham im Spiegel betrachten konnten. Von solchen Menschen kann „Heilung" ausgehen. Wir werden dieses Thema beim kommenden Weltgebetstag ausführlich Bedenken: als Gottesvolk Heilung bringen. Eine zu große Forderung?

Das Leitwort der Frauenhilfe ist schon von ihren Anfängen an das Wort Jesu aus dem Matthäus-Evangelium (25,40): Was ihr getan habt einem unter diesen meinen geringsten Brüdern, das habt ihr mir getan.

Dieses Wort ist der Wochenspruch der Woche, in der wir uns noch befinden. Eine Zukunftsvision – diese Geschichte vom Endgericht. Denen, die an der Seite der Hungrigen, Durstigen, Heimatlosen und Fremdlinge, der Armen, Kranken, Verzweifelten und Geschundenen ... standen, wird hier von dem Erhöhten bestätigt, daß in allen diesen Menschen ihnen Jesus Christus begegnete. Indem sie sich ihnen zuwandten, dienten sie Jesus und Gott in ihm, bauten sie am Reich Gottes. Den beiden Hebammen in unserer Geschichte eröffnet sich eine neue und gute, eine gesegnete Zukunft mitten in ihrem Volk. Gott hat sich weiter zu diesem Volk, zu seinem Volk, bekannt, auch durch alles Versagen der Menschen hindurch. Er hat seinen Willen, Leben zu erhalten, immer wieder deutlich gemacht. Wir wissen das klar und unmißverständlich durch das Leben, Reden und Handeln, durch die Auferstehung Jesu Christi. Daraus kann uns Kraft erwachsen, an unserem Ort, in unserem Land als Frauen-Hilfe erkennbar zu sein!

Dorothee Sölle hat im Zusammenhang unserer Frauen-Geschichte gesagt: „Das Leben wählen ist gerade die Fähigkeit, sich nicht abzufinden mit der selbstverständlichen Zerstörung von Leben, die uns umgibt, und mit dem selbstverständlichen Zynismus, der uns begleitet. Das Leben wählen ist das, was in der christlichen Tradition ‚Glauben' genannt wird".

(Amen)

Möge Gott ein neues Herz und einen neuen Geist in uns geben,
möge Gott uns berühren,
daß wir unsere Verantwortung in rechter Weise wahrnehmen,
damit unser Reden und Handeln
uns und andern zum Segen werde.
Amen.

Gudrun Althausen, Vorsitzende der Evangelischen Frauenhilfe in Deutschland e.V.

3.2.3 Andachten

Gudrun Althausen hat sicherlich in ihrem Leben viele hundert Andachten gehalten, da bei jeder Sitzung, bei jeder Zusammenkunft von Frauenkreisen, bei Synodentagungen, Sitzungen der Kirchenleitung und anderen Treffen im kirchlichen Raum Andachten das Zusammensein eröffneten oder beendeten.
Viele ihrer Andachten sind auch veröffentlicht worden. Erwähnt wurde schon das jährliche Andachtsbuch „Halt uns bei festem Glauben", in dem sie jedes Jahr mit mehreren Beiträgen vertreten war.

Als Vorsitzende der Evangelischen Frauenhilfe Deutschlands ab 1992 schrieb sie für die Zeitschrift „Frauen unterwegs" jedes Jahr eine Andacht zur Jahreslosung. Im Folgenden können Sie die Andacht für das Jahr 1995 lesen.

Andacht zur Jahreslosung 1995

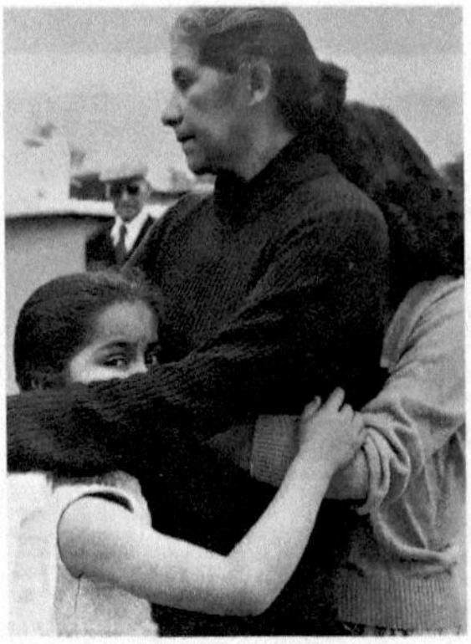

„Wendet euch zu mir, so werdet ihr gerettet, aller Welt Enden; denn ich bin Gott, und sonst keiner mehr." Jesaja 45, 22

Wie diese Frau mit ihren Kindern – so stehen wir wohl oft: unfähig, und zu rühren, in eine bestimmte Richtung zu sehen, etwas zu unternehmen. Wir klammern uns aneinander – und das ist schon viel. Gemeinschaft kann zum Leben helfen. Aber geht es damit weiter? Ändern wir damit die Situation? Mutter und Töchter gucken in verschiedene Richtungen. Wohin sollen sie sich wenden, woher kommt Hilfe?
Wir haben alle die Erfahrung gemacht, wie wichtig es ist, zum richtigen Zeitpunkt die Möglichkeit zur „Wende" zu erkennen und dann auch die erkannte Richtung einzuschlagen. Freilich: nicht jede Wendung ist gut, Zurückblicken kann Erstarrung bringen, zu schnelle Wendung kann Hals und Gesinnung lockern und verrenken. Wo nehmen wir die Orientierung her?

Die Jahreslosung ruft uns eindeutig „in die Richtung Gottes". In der Zeit des Propheten wurden den Menschen viele Sinn- und Götterangebote gemacht, uns heute verwirren eine Unmenge „Richtungen". Alle behaupten, unser Bestes zu wollen. Viele scheinen mit Machterfolgen und angeblichem Realitätbezug verführerisch zu überzeugen.
So fragen heute – wie zu allen Zeiten – die Menschen, was das eigentlich konkret heißen könnte, sich „Gott zuzuwenden" und wie solche „Rettung" aussähe. Sie haben vielleicht die Erfahrung gemacht, dass auf verzweifelte Gebete – um Hilfe und Rettung, auf eine erflehte Gesundheit und erhofften Frieden, auf die Forderung nach Gerechtigkeit – nur Enttäuschung folgte. Gott schien stumm und machtlos. So wenden sie sich wieder in andere Richtungen voller Erwartung auf Hilfe und Rettung.
Das kann uns nicht kalt lassen. Wir fragen darum sehr deutlich und intensiv, wer uns da zumutet, aus seiner Richtung „Rettung" zu erhoffen.
Dieser Gott war dem Volk damals kein Unbekannter: Es ist der, „der immer da ist", der treu seinen Bund hält, auch wenn er enttäuscht wird. Es ist der, der Befreiung will und ermöglicht und auch zur „Freiheit" der Menschen hält, wenn diese schwierig wird und kaum erträgliche Risiken mit sich bringt. Wir wissen, dass es auch der ist, der ein kleines, verletzliches Flüchtlingskind wurde, um uns Menschen nicht „über", sondern „nahe" zu sein. Es ist der, der in Ohn-Macht unglaubliche Stärke zeigt und dadurch Mut macht. Es ist der, der dem Tod die endgültige Macht genommen hat und „Leben" nicht nur will, sondern schafft. Es ist „Gott und sonst keiner mehr".
Wenn wir unser Angesicht ihm zuwenden, dann heißt „Rettung" nicht: automatische Erfüllung unserer noch so berechtigten Wünsche. Dann heißt „Rettung": einbezogen werden in seine Bewegung, d. h.
- *frei sein und frei sein lassen;*
- *für die am „Rand" nicht nur reden, sondern mit ihnen leben;*
- *Gerechtigkeit und Frieden nicht nur fordern, sondern verbreiten;*
- *die Zusammenhänge in „aller Welt Enden" erkennen und als Geschöpfe mit allen Mitgeschöpfen teilen und dadurch „Leben" lernen;*
- *im „Blicken" auf Gott immer deutlicher sein „Bild" werden.*

Ist das nicht eine Überforderung?
Gewiß, es ist eine Herausforderung, nicht nur für das Jahr 1995. Sie heißt kurz gefasst: Gebt eurem Leben die einzig wahre Richtung, in der Heil, Heilung, Rettung möglich ist.
Aber Gott überfordert uns nicht, denn da heißt es ja eben auch: „So werdet ihr gerettet"! Denn das ist das Tröstliche: Gott ist der Treue und Gnädige. Die Rettung hängt nicht von uns ab. Sie kommt uns entgegen. Gott sei Dank!
So können wir das neue Jahr wagen, mutig und bereit, fröhlich und voller Hoffnung.[39]

39 Aus: Frauen unterwegs, 1/1995, S. 3.

Im Anschluss folgt eine Andacht, die sie für ein besonderes Buch beigesteuert hat: Es geht um eine Sammlung von Andachten, die in der Arbeit mit Frauen eingesetzt werden sollen. In der Konzeption heißt es dazu:

Frauenhilfe- bzw. Frauengruppen, die sich regelmäßig am Nachmittag oder am Abend treffen, sind prägend für das Gemeindeleben. [...] In vielen Gemeinden übernehmen Pfarrerinnen und Pfarrer die eröffnenden Andachten in den ehrenamtlich geleiteten Gruppen; in anderen werden auch die Andachten von ehrenamtlichen Mitarbeiterinnen gehalten. Grundlage sind häufig die Wochensprüche für die jeweilige Woche des Kirchenjahres. Inhalt des geplanten Buches sollen 59 Texte zu den Wochensprüchen sein, die es in erster Linie Pfarrerinnen und Pfarrern, aber auch ehrenamtlichen Mitarbeiterinnen ermöglichen, die Andachten inhaltlich zu gestalten und zu halten. [...] Zur Struktur der Bearbeitung: Jede Bearbeitung sollte wie folgt aufgebaut sein: 1) Assoziationen zu den jeweiligen Wochensprüchen als Einstieg; 2) eine ausformulierte Andacht; 3) Hinweise zur Gestaltung der Andacht [...]; 4) Inhaltliche und methodische Hinweise zur thematischen Weiterarbeit über die Andacht hinaus; 5) Liturgische Hinweise.

In ihrem Anschreiben an die Herausgeberinnen des Buches schreibt Gudrun Althausen:

... anbei die Andacht. Ich habe sie nun doch getippt, weil ich dann besser abschätzen kann, wie lang so etwas wird. Ich hoffe, es entspricht ein bißchen Euren Vorstellungen. Ich hatte großen „Spaß" dran (vor allem auch mit dem Westermann[40], der zwar alt ist, aber ausgesprochen lesenswert). Das fertige Produkt finde ich dann zwar immer sehr mangelhaft, aber nun muß es weg. ...

Rogate (5. Sonntag nach Ostern): Psalm 66, 20
„Gelobt sei Gott, der mein Gebet nicht verwirft noch seine Güte von mir wendet."

Assoziationen

Sonntag Rogate, Sonntag des Gebetes – in Sachsen alljährlich der große Frauensonntag, an dem sich in allen Kirchen Frauen aller Altersgruppen versammeln und über ein gemeinsames Thema nachdenken, miteinander beten. Ich frage mich: Haben Frauen einen leichteren Zugang zum Beten? Wie geht es uns überhaupt mit dem „Gebet"? Trauen wir ihm etwas zu, können wir außerhalb des Gottesdienstes damit umgehen? Setzen wir Bitten und Gebet vielleicht noch „Fürbitten" nicht meist in eins? Der Wochenspruch wirft viele Fragen auf. Welche Form des Gebetes ist hier eigentlich gemeint? „Not lehrt beten" und „Da hilft nur noch beten" gehen mir durch den Kopf. Wie hilft beten? Im Psalm 66 wird keine konkrete „Erhörung"

40 Claus Westermann (1909–2000), Theologe.

benannt. Es ist davon die Rede, daß Gott erhört und auf das Flehen „gemerkt" hat. Das wird gelobt. Aber schon stolpere ich wieder über eine Formulierung: „Gelobt sei ..." klingt für mich ungeheuer feierlich, abgehoben vom täglichen Leben, bereits Liturgie geworden.
„Loben" ist etwas anders als nur danken. In den Psalmen gibt es (jedenfalls im hebräischen Urtext) eigentlich kein Wort für unser deutsches „danken". Das Wort, das so übersetzt wird, heißt „loben" und bedeutet damit sehr viel mehr. Auf die Klage, das Flehen aus der Not, aus der Verzweiflung, aus der Tiefe, folgt das Lob des helfenden, hörenden, heiligenden Gottes, das Lob, das laut vor anderen sagt, was Gott an mir, an uns getan hat. Darum heißt wohl Beten nicht: ich bitte Gott um etwas und bedanke mich danach artig; sondern: ich klage und flehe in der Not und lobe (zugleich) Gott, von dem ich weiß und hoffe, daß er erhört und hilft – auf seine Art!

Andacht

Wohl den Betenden, die so reden können!
Glücklich und erleichtert dankt und lobt hier einer laut, denn es ist ihm geholfen worden. Wir kennen die Lebensumstände des Beters dieses Psalmes nicht. Er schließt sich mit seinem Schicksal in das seines Volkes ein. Sie haben Schreckliches erlebt, sie alle und er im einzelnen sind bewahrt und gerettet worden, nun will er erzählen, will er laut vor allem loben.
Auch wir können wohl alle aus unserem eigenen Leben von Situationen berichten, wo es uns ebenso erging. Z. B.: fühlten wir so, als wir am 14. Februar 1945 lebend aus unserem Keller in Dresden kamen. Viermal habe ich so gelobt nach den Geburten gesunder Kinder. Der Jubel, auch der Gebetsjubel nach dem Fall der Mauer 1989 galt Gott, der Gebete erhört und seine Güte nicht von uns wendet.
Aber wir haben auch andere Erfahrungen gemacht. Verzweifeltes Beten ohne „Erfolg", ein verschlossener Himmel, ein ferner, verborgener Gott – wer hätte das nicht erlebt und bitter erlitten.
Freilich müssen wir uns immer wieder fragen, was uns eigentlich das Recht gibt anzunehmen, Gott, „der mein Gebet nicht verwirft noch seine Güte von mir wendet", müsse genau das tun, was wir uns gewünscht haben? Von Automatismus ist auch in unserem Wochenspruch nicht die Rede.
Gott sagt zu, unsere Gebete nicht zu „verwerfen". Das heißt doch ganz einfach, er hört nicht auf zuzuhören. Er nimmt mich ernst in meinen kleinen und großen Anliegen, er ist immer für mich und das Gespräch mit mir da.
Wir wissen auch aus anderen Zusammenhängen, wie wichtig das Gespräch, das Sprechen über unsere Probleme und Sorgen ist. Dabei klärt sich manches, festigt oder verändert sich unsere Einstellung, gewinnen wir Kraft zum Durchhalten und zum Handeln. In solchem „Gespräch" dürfen wir auch ärgerlich, zornig, aggressiv werden.

Gott stellt sich solcher Auseinandersetzung; denn er meint es gut mit uns. Wir sind seiner Güte sicher. Eigentlich wissen wir das längst, wir lesen es aus vielen Geschichten in der Bibel, wir erinnern uns daran, wenn wir unser eigenes Leben betrachten, wir haben es erzählt bekommen und wir erzählen es weiter: Auf Gottes Güte kann man sich letztlich verlassen. Sie ist jeden Morgen neu, d. h. er fängt auch immer wieder neu mit uns an. Wer gute Erfahrungen mit Eltern oder Großeltern gemacht hat, wird vielleicht sagen können: Auf Gottes Güte ist Verlaß wie auf die einer Mutter/eines Vaters. Da läuft auch nicht alles nach dem Wunsch und Willen des Kindes, aber die Liebe und Güte der Mutter bleibt. „Zu Hause ist, wo man nicht rausgeschmissen werden kann", hat mal ein Jugendlicher gesagt. Gott bietet uns ein Zuhause an. Er hat Raum und Zeit für uns – immer. Wir bekommen nicht alles, was wir uns wünschen und von ihm erbitten, aber wir haben mit Sicherheit ihn. Das heißt, er bietet uns auch seine Begleitung auf schweren Wegen an. Er wird seine Güte, sein Zuhören, sein Zureden, sein Nahesein, seine Berührung, sein Halten und Tragen, seine köstlichen Speisen und Getränke, sein Heilen, seine Freuden und seine Fülle – seinen Segen „nicht von uns wenden".
Darauf können wir uns verlassen. Allerding müssen wir auch seine Nähe suchen, unsererseits das Gespräch nicht abreißen lassen. Er hält sich bereit, er will uns nicht drängen und fesseln. Wir sind frei, zu klagen, zu weinen, zu flehen – zu beten.
Gott Lob!

Zur Weiterführung
Die Rogate-Woche bietet sich besonders an, über das Gebet zu sprechen:
Was bedeutet eigentlich heute „noch" beten?
Wo liegen unsere Schwierigkeiten?
Ein Gespräch in der Gruppe über die verschiedenen Gebetsformen und Gebetshaltungen könnte hilfreich sein. Immer wieder gibt es – auch im Zusammenhang mit dem Weltgebetstag – die Frage nach dem Gebrauch von vorformulierten und von freien Gebeten in öffentlichen Gottesdiensten.
In dem neuen „Evangelischen Gesangbuch" findet sich ein langer Abschnitt mit Gebeten zu den verschiedensten Anlässen, dem auch ein grundsätzlicher Artikel „Vom Beten" vorangestellt ist. (EG 812). Die Erfahrung des Weltgebetstages zeigt, daß das Eingebundensein in eine große, weltweite betende Gemeinde trägt und Kraft vermittelt. Nicht: daß Gott dann besser hört; aber: die gemeinsame Konzentration auf ein verbindendes Thema gibt Kraft zum „betenden Handeln". Gott hört ganz gewiß auch auf jeden kleinen Stoßseufzer eines einzelnen. Davon zeugen viele Bibelstellen. Vielleicht sollte man ein Gespräch zum Thema Gebet beginnen mit der spontanen Sammlung von Bibel- und Liederstellen, die uns zum „Gebet" einfallen.

Als Lieder und evtl. Gebete zur Andacht schlage ich vor:
Zu Beginn: Lobe den Herren, den mächtigen König ... EG 317

Nach der Andacht: Die ihr Gott fürchtet, ich erzähle ... EG 279, 7+8
Oder: Sei Lob und Ehr dem höchste Gut ... EG 326

Eines dieser Lieder kann auch als Gebet gesprochen werden, evtl. im Wechsel. Als Gebet eignet sich auch: EG 928 von Hedwig von Redern sowie andere Gebete aus dem Gebetsteil.

Verwendete Literatur: u. a. Claus Westermann, Das Loben Gottes in den Psalmen, Berlin 1953[41]

41 Aus: Andachten für die Arbeit mit Frauen in der Gemeinde, Gütersloher Verlagshaus, 1996.

3.3 FEMINISTISCHE THEOLOGIE

Als sich Anfang der 80er Jahre die drei Freundinnen Annemarie Schönherr, Theologin und Vorsitzende der Evangelischen Frauenarbeit in der DDR, die Leiterin der Evangelischen Akademie Elisabeth Adler und Gudrun Althausen wieder einmal trafen, entstand sozusagen am Kaffeetisch die Initiativgruppe für feministische Theologie – die so natürlich noch gar nicht hieß in diesem Moment – und sie beschlossen, der feministischen Theologie in der DDR Raum und Verbreitung zu schaffen. Die Informationen und Materialien kamen meist aus Westdeutschland in Form von Büchern, Zeitschriften und kopierten Artikeln.

Links:
Annemarie Schönherr
Rechts:
Elisabeth Adler

Die drei Frauen waren sehr aktiv und begannen ab 1985 legendäre Werkstätten für feministische Theologie für alle interessierten Frauen in der DDR in Hirschluch anzubieten, von denen damalige Teilnehmerinnen heute noch begeistert berichten. Es war für sie der Aufbruch in eine neue Welt.
Man kann sicherlich zu Recht heute von den drei oben genannten Frauen von den „Müttern“ der feministischen Theologie in der DDR sprechen.
In den Unterlagen Gudrun Althausens finden sich diverse Mitschriften von Vorträgen und Bibelarbeiten sowie Auszüge aus Büchern und Zeitschriften. Sie selbst hat immer wieder Vorträge darüber gehalten, was feministische Theologie eigentlich ist. Die immensen Vorbehalte gegen diese neue Sichtweise auf die Bibel und die Kirchengeschichte erforderten viel Aufklärungsarbeit. Heute können wir uns manche Aufregungen kaum noch vorstellen. Zum Beispiel ist in folgendem Zeitungsartikel in der „Potsdamer Kirche: Sonntagsblatt für evangelische Gemeinden in der Mark Brandenburg“ vom 8. März 1987 zu lesen:
Kaum etwas hat unter Christen in jüngster Zeit soviel Stirnrunzeln und Achselzucken hervorgerufen, wie der Vorschlag feministischer Theologinnen von Gott als Vater und Mutter zu reden, ihn sich als männlich und weiblich zu denken. ...

In einer handschriftlichen Vorbereitung für einen Vortrag (vor wem und wann er gehalten wurde, geht daraus nicht hervor) schreibt Gudrun Althausen in Stichpunkten:

Feministische Theologie:
- *Von Frauen für Frauen (+Männer)*
- *Eine kontextuelle, erfahrungsbezogene, befreiungsbezogene Theologie (frauenbefreiende, menschenbefreiende Th.)*
- *Es gibt nicht die feministische Theologie*
- *Sie ist in jedem Fall ökumenisch (kath. Frauen nach dem 2.Vatikanischen Konzil)*
- *Historisch verdankt sie sich der zweiten Welle der Frauenbewegung dieses Jahrhunderts*
  - *Rechtliche, soziale + religiöse Gleichstellung*
    - *Veränderung patriarchalischer Strukturen und androzentrischen Denkens*
    - *Kommend aus der Erfahrung von Unterdrückung, Verschwiegenwerden und Marginalisierung*
- *Ist eine Bewegung, nichts Statisches; entwickelt sich weiter mit den Menschen, die in solcher Weise denken, arbeiten und handeln*
  - *Neue, historisch-methodische Zugänge*
  - *Spiritualität von Frauen*
- *Ziel: Gerechtigkeit für Frauen, die Gott will und vorgegeben hat, wiederherstellen und somit Veränderung von kirchlichem Handeln und theol. Verkündigung erwirken*

1) Biblische Texte
  - *Entdecken*
  - *Neu interpretieren*
  - *Öffentlich machen (in Predigtreihen)*
    - *Eva (Schöpfung, Sündenfall)*
    - *Mirjam*
    - *Shiphra und Pua*
    - *Sara und Hagar*
    - *Ruth und Naomi*
    - *Maria (und Elisabeth)*
    - *Die syrophönizische Frau (Mk 7,25; Mt 15,22)*
    - *Das Reich Gottes ist wie ein Sauerteig*
    - *Heilung der Gekrümmten*
    - *Maria von Magdala, apostola apostolorum*
    - *Bekenntnis der Martha*
    - *Samaritanerin am Brunnen*
    - *Röm 16, Junia, Phoebe, Priska + Aquila*

2) Kirchengeschichte mit Frauenaugen durchleuchten:
  - *Frauen in Leitungspositionen*
  - *Frauen mit bes. Gaben, Hildegard von Bingen*
  - *Anstößige Frauen – Hexenverfolgungen*

3) *Dogmatische Fragen:*
Neuinterpretierung wichtiger Begriffe, Bilder und Aussagen
- *Gottesbilder*
- *Christologie – Kreuzestheologie*
- *Sünde – Rechtfertigung (Heil)*
- *Eva – Maria*

4) *Feministische Spiritualität und Impulse für Gottesdienstformen*
- *Inklusive Sprache*
- *Ganzheitliche Formen*
  - *Tanz, Bewegung*
  - *Arbeit mit Symbolik*
- *Neuformulierung von Texten: Segensworte usw.*

Für die „Bibelhilfe B“[42] setzte sich Gudrun Althausen 1990 inhaltlich-theologisch mit dem Thema „Die Mütterlichkeit Gottes“ auseinander.

Gedanken zur „Mütterlichkeit" Gottes

A) „Gott wird abwischen alle Tränen" – wie eine Mutter ihr weinendes Kind in die Arme nimmt, ihm die Nase putzt und das nasse Gesicht trocknet. Wer Tränen abwischt, der/die tröstet auch, der/die beruhigt, der/die liebt und versteht den Weinenden.
Wer Tränen abwischt, bleibt selbst nicht trocken. Mütter haben meist diese Rolle übernommen. Frauen haben Tränen getrocknet, Wunden verbunden, Schmerzen gelindert. Sicher taten und tun auch Männer solche Dienste. Aber im Laufe der Geschichte waren sie doch mehr daran beteiligt, Wunden zu schlagen, zu verletzen, Schmerzen zuzufügen. Männer sind in allen Kulturen für Jagd, für Eroberung, für Verteidigung, für Kampf zuständig. Frauen, Mütter dürfen Tränen weinen und trocknen, sie pflegen die Verwundeten und lindern kleine und große Verletzungen. Es geht dabei nicht um den Gegensatz von schwerer und leichter Arbeit. Frauen haben zu allen Zeiten schwer und andauernd gearbeitet und arbeiten müssen. Aber ihr Bereich war fast immer das Haus, die Kinder, das Feld, vielleicht auch noch das Vieh; das heißt der Bereich des „Bebauens und Bewahrens", des Aufziehens aus kleinen Anfängen, des behutsamen Umgangs mit den Menschen, Tieren, Pflanzen, das Leben-Schenken und -Behüten.

Wenn von Gott gesagt wird, dass er Tränen abwischen wird – dann wird hier ein sehr mütterliches Bild von ihm gebraucht. (Übrigens fällt mir auf, dass „mütterlich" und auch „väterlich" für mich einen ganz anderen Klang hat als „Mutter" und „Vater". Es ist weicher, zarter, behutsamer. Es ist nicht so belastet mit meinen

42 In der DDR vom Burkchardthaus herausgegebene Materialhilfen für Bibelarbeiten mit Kindern (Bibelhilfe A) und Jugendlichen und Erwachsenen (Bibelhilfe B).

eigenen Erfahrungen mit Vätern und Müttern!) Ich denke, dass Jesus dies väterlich/mütterliche Verhalten Gottes meinte, wenn er seine Jünger anregte, „Papa" (Abba) zu Gott zu sagen.
Jesus nennt Gott Abba, und drückt damit eine Urbeziehung zu Gott aus, die auf Liebe und Vertrauen beruht. Abba ist die vertrauliche, familiäre Anrede für Vater, die Kinder benutzen. Sie entspricht nicht ganz dem Englischen „Daddy" oder dem deutschen „Papa", weil auch ein Erwachsener Abba zu einem älteren Mann sagt, wenn er Zuneigung und Achtung ausdrücken will. Reicht aber die Abba-Anrede aus für die Schlussfolgerung, dass Jesus die patriarchalische Vaterschaft Gottes umwandelt in eine mütterlich fürsorgliche, in eine Gottesvorstellung von liebenden, vertrauenswürdigen Eltern? (Rosemary R. Ruether, Sexismus und die Rede von Gott, Gütersloh 1985, S. 85)
Die revolutionäre Bedeutung von Abba für Gott ist in der Übersetzung und Interpretation verloren gegangen. Stattdessen gibt es eine Unmenge neuer geistlicher und weltlicher „heiliger Väter, die die Vaterschaft und Königswürde Gottes als Begründung für ihre Macht über andere in Anspruch nehmen". (a. a. O., S. 87)
Wir sind es gewohnt, von Gott in männlichen Bildern zu denken und zu sprechen. Das hat seine guten Gründe. Nicht nur Maler aller Zeiten (die es überhaupt wagten, Gott zu „malen") stellten ihn uns als Mann da, auch – und eben als Voraussetzung für alle späteren Bilder – in den biblischen Schriften begegnet uns Gott in männlichen Bildern. Das hat verschiedene Gründe. Die Schreiber der biblischen Bücher sind durchweg Männer gewesen. Sie waren für Kult und die Rede von Gott zuständig. Frauen traten nur äußerst selten in solchen Funktionen auf. So ist es nicht verwunderlich, wenn Gott aus der Männerperspektive gesehen und beschrieben wird. Noch gravierender ist sicher, dass der Jahwe-Kult, der die Stämme Israel vereinte, sich bei der Ansiedlung dieser Stämme und ihre Volkwerdung behauptete und damit abgrenzte gegen die kanaanäischen Kulte der Umgebung. Dort kannte man im religiösen Bereich viel Weibliches, dort wurden auch Göttinnen verehrt. Man lebte mit den Rhythmen der Natur – eben auch im Kult. Jahwe, der Herr der Geschichte, ist auch der Schöpfer und Herr der Natur. Er braucht keine Göttin neben sich. „Ich bin der Herr, dein Gott, ... Du sollst keine anderen Götter haben neben mir." (2. Mose 20, 2+3)
„Das Zurückdrängen des Weiblichen ist also charakteristisch und zwar aus Gründen der Abgrenzung, zumal der Einfluss der kanaanäischen Kulturvorstellungen wohl eine große Faszination ausgeübt haben muss. Die Wirkungen der weiblichen Gottheiten, vor allem Annaths, sind denn auch im Alten Testament an vielen Stellen zu spüren ... Kein Wunder also, dass der alttestamentliche Jahwe-Glaube sich gegen diesen Einfluss massiv wehrte. Einmal durch Verschweigen, zum anderen durch Umprägung weiblicher Symbole." (Vortrag beim Kirchentag Berlin 1987 von Günter Apsel: Weibliche Attribute im Gottesbild – nur vervielfältigt vorhanden)
Unser Glaube hat durch solche Konzentrierung auf Gott, der sein Volk aus der Knechtschaft führte, der die Geschichte lenkt und der ebenso Schöpfer und Erhalter der Erde (und des Kosmos!) ist, Enormes gewonnen.

Unser Glaube hat aber auch eine ganze Dimension, eine lebenswichtige Seite dadurch in den Schatten gestellt, ins Dunkle verbannt, der Hexerei preisgegeben.

Die Bibel redet von Gott in männlichen Bildern. So haben „Väter", „Herren" keine Probleme gehabt mit Gott, dem Herren, dem König, dem Richter, dem Herrn der Heerscharen, dem Fels, der Burg, dem Hirten ... – sie konnten sich damit identifizieren und haben patriarchalische „Ordnung", männliches (sicher verantwortungsbewusstes) Regieren gut davon ableiten können.
Nicht nur Frauen sind heute an einen Punkt gekommen, wo sie zweifeln an dieser „guten Ordnung", die versucht, sich die Erde (und damit auch immer wieder Menschen auf dieser Erde) untertan zu machen. Fortschritt durch „Beherrschung" fordert zu viele Tränen. Nicht nur Menschen – auch die Natur – „seufzen" unter den „Herren" der Schöpfung.
So halten wir Ausschau nach Seiten Gottes, die bisher, bewußt oder unbewußt, unter der Decke gehalten wurden. Wir fragen nach Bildern der „Mütterlichkeit" Gottes, die uns helfen könnten, besser zu leben. Freilich müssen wir uns dazu verständigen, was eigentlich mit „Mütterlichkeit" gemeint sein könnte.
Es gibt viele Verhaltensweisen, die zwar traditionellerweise auf eines der Geschlechter bezogen gesehen werden, aber doch eigentlich von Frauen und Männern in gleicher Weise geübt werden können. Vielleicht ist es die unterschiedliche, biologisch bedingte Beziehung zum Kind, die Frauen und Männer unverwechselbar unterscheidet. Mütterlichkeit ließe sich dann beschreiben durch die natürliche Verbundenheit der Mutter mit dem Kind, ihre „bio-affektive" Bindung, die spontan, körperlich bedingt, nicht durch einen Willensakt hervorgerufen ist. Daraus entsteht Intimität, Zärtlichkeit, Berührung, Innerlichkeit, u. U. auch Abhängigkeit. Das ist natürlich, das ist „Natur".
Vater wird ein Mensch ohne intensive, andauernde, spürbare körperliche Beziehung. („Vater werden ist nicht schwer, Vater sein doch umso mehr.") Vater sein geschieht durch einen Willensakt, durch Annahme, Adoption (s. Psalm 2,7). Der Vater hat dadurch größere Distanz, kann zu höheren, „besseren" Leistungen herausfordern, bleibt Vorbild und lehrt herrschen. Das ist nützlich, das ist „Kultur", das bedeutet Fortschritt. Der Vater zeigt und fordert Gerechtigkeit, die Mutter ist mitleidig, anhänglich. „Die Mutter steht vor den Fleischtöpfen Ägyptens, der Vater ist Gott selber, der zum Auszug auffordert." (Catharina J. M. Halkes, Suchen, was verloren ging, Gütersloh 1985, S. 65)
In dieses Schema, in dem Natur – Kultur, Körper – Geist, Zärtlichkeit – Gesetz, Mutterschaft – Vaterschaft als Dualismen gegenübergestellt werden (wobei selbstverständlich die Vaterseite die „bessere", weiterführende ist) ist auch unser Denken von Gott, dem Vater, weitgehend eingepaßt.

Darum möchten wir weitere, unser Bild erweiternde, „mütterliche" Züge in Gottes Verhalten aufspüren. Wir wollen diese Dualismen auflösen, jedenfalls in der Person Gottes. Denn: „Gott schuf den Menschen ihm zum Bilde, zum Bilde Gottes schuf er ihn. Und er schuf ihn als Mann und Frau." Das heißt doch, dass Frau und Mann „Bild" Gottes sind, daß also Gott sowohl als Frau als auch als Mann gedacht werden kann – ja, muß, wenn wir dem „Ebenbild" gerecht werden wollen.

B) Aus der Vielzahl der weiblichen, mütterlichen Bilder und Aspekte, die (uns) im Blick auf Gott in den biblischen Schriften begegnen, will ich einige nennen und damit zu weiteren Entdeckungen Mut machen.

a) Vogelmutter

Jesus sagt von sich: „(Jerusalem) wie oft habe ich deine Kinder versammeln wollen, wie eine Henne versammelt ihre Küchlein unter ihre Flügel." (Mt 23,37)
Damit wird ein Bild aufgenommen, das (uns) in den Psalmen recht oft begegnet.
„Er wird dich mit seinen Fittichen decken, und Zuflucht wirst du haben unter seinen Flügeln." (Ps 91,4)
Vgl dazu Ps 17,8; 36,8; 57,2; 61,5; 63,8. Besonders schön wird dieses Bild auch in 5. Mose 32, (10)+11 auf Gott angewandt.

b) Aus Gott geboren

In Psalm 22,10 wird Gott als Hebamme beschrieben: „Du hast mich aus meiner Mutter Leib gezogen; du ließest mich geborgen sein an der Brust meiner Mutter." In den Schriften des Johannes wird dann der Begriff gebraucht: die „von Gott geboren sind" (Joh 1,13). Vgl dazu auch 1. Joh 3,9; 4,7; 5,1; 5,4; 5,18. Gott als Gebärende, die schreit und laut ruft – das ist ein Bild, das der 2. Jesaja (Jes 42,14) benützt, der überhaupt gern auf die mütterlichen, weicheren, tröstlichen Bilder zurückgreift.

c) Kinder großziehen, sie tragen

Gott klagt: „Ich habe Kinder großgezogen und hochgebracht, und sie sind von mir abgefallen!" (Jes 1,2)
Und wieder ist es der zweite Jesaja, der Gott zusagen läßt: „... alle, die ihr noch übrig seid vom Hause Israel, die ihr von mir getragen werdet vom Mutterleibe an und vom Mutterschoße an mir aufgeladen seid: Auch bis in eurer Alter bin ich derselbe, und ich will euch tragen, bis ihr grau werdet. Ich habe es getan; ich will heben und tragen und erretten." (Jes 46,3+4) Kinder zu tragen, das war zu damaligen Zeiten Aufgabe der Mütter – so wie wir das auch heute noch in vielen Ländern der Erde finden.

d) Wunden verbinden, trösten

„Er heilt, die zerbrochenen Herzens sind und verbindet ihre Wunden." (Ps 147,3)
Ein Psalmbeter kann sagen: „... meine Seele ist still und ruhig geworden wie ein kleines Kind bei seiner Mutter; wie ein kleines Kind so ist meine Seele in mir ..." (Ps 131,2) Da hören wir natürlich auch die Zusage Gottes, wie sie ein später(er) Schreiber unter dem Namen Jesaja (66,13) aufschrieb: „Ich will euch trösten, wie einen seine Mutter tröstet."

e) „Barmherzigkeit" Gottes

Die Wurzel rhm (racham, rechem, rachum) im Hebräischen bezeichnet den Mutterleib (Gebärmutter), aber auch das „Erbarmen", d. h. das „göttliche" Erbarmen (das uns an vielen Stellen der Bibel begegnet.). Das ist wohl kein Zufall, sondern eine deutliche Verbindung: der Mutterschoß, die weiche, sichere Geborgenheit, in der Leben wachsen und überlebensfähig werden kann – dieses eindeutig „mütterliche" Bild – das ist Bild für das Verhalten Gottes den Menschen gegenüber, für sein Mitleiden, so ist sein Erbarmen.

f) Geist Gottes

Das hebräische Wort für Geist – ruah – ist ein weibliches Wort. Dieser weibliche Geist ist die Seite des Göttlichen, die Leben gibt. Sie schwebt bei der Schöpfung über den Wassern (Gen 1,2). Sie vermittelt Atem und Lebenskraft: „Sendest du deine ruah aus, so werden sie geschaffen." (Ps 104,30)

Diese Kraft bringt tote, ausgedörrte Gebeine wieder zum Leben (Ezechiel/Hesekiel 37) und soll nach der Prophezeiung des Joel auf alle Menschen, auf Frauen und Männer, fallen (Joel 2, 28 ff).

Leider wurde solche Tradition nicht durchgehalten. Im Griechischen ist pneuma – Geist bereits ein Neutrum, im Lateinischen wurde daraus (natürlich nur grammatikalisch) der „männliche" spiritus. Frauen machen heute auf diese Entwicklung aufmerksam, weil die Sprache bekanntermaßen ein sehr sensibles Zeichen unseres Denkens ist.

Die Taube als Bild des Geistes Gottes wird auch noch heute als ein weibliches Symbol erlebt.

g) Weisheit

„Wichtiger noch als die Hinweise auf mütterliche Eigenschaften Gottes ist gegenwärtig die Wiederentdeckung der Gestalt der Weisheit im Alten Testament. Sie ist nicht androgyn (mann-weiblich). Sie ist weiblich. Sie ist fast wie eine zweite Person Gottes im Schöpfungswerk anwesend: Sie „speilte vor ihm allezeit" (Sprüche 8,30) Sie wird als Tochter Gottes beschrieben, als seine Begleiterin, wird Schwester, Frau, Mutter, Geliebte, Lehrerin genannt. Sie Führerin auf neuen Wegen, Predigerin und Werkmeisterin aller Dinge. Sie sucht Menschen, findet sie auf dem Weg, lädt sie zum Essen ein. Sie bietet, eben, Ruhe Wissen und Heilung denen an, die sie annehmen und macht sie zu Gottesfrenden. Sie wiederum wird von Menschen gesucht, geliebt, aber auch verworfen. Wer sie verfehlt, schädigt jedoch sich sich selbst. Die sie hassen sind nekrophil (todesliebend) (Spr 8,36). Doch wer ihr folgt, wird vom Übel bewahrt." (Elisabeth Moltmann-Wendel, Das Land wo Milch und Honig fließt, Gütersloh 1985, S. 104)

In den Sprüchen Salomos Kap. 8, aber auch in der Weisheit Salomos Kap. 7 und an anderen Stellen der „Weisheits-Literatur" können wir von dieser Seite (?) gottes lesen.

h) Gott sorgt wie eine Mutter

In dieser Reihe biblischer Belegstellen für mütterliche Bilder Gottes möchte ich eine Geschichte nennen, die mir nahegeht und die mich vertraut anrührt. Sie steht 1. Könige 19. Elia hat gewaltig für Gott gekämpft, er hat viel riskiert, er hat Schreckliches vollbracht, er kann mit Recht sagen: „Ich habe geeifert für den Herrn, den Gott Zebaoth." Nun wird er verfolgt deswegen, er hat Angst um sein

Leben, er ist aber auch absolut am Ende seiner körperlichen und seelischen Kräfte. Er möchte aufgeben und am liebsten sterben. (Von Jona wird einmal Ähnliches erzählt!) Und da sagt Gott ihm eben nicht: Nun reiß dich mal ein bißchen zusammen!, sondern er verhält sich genauso wie eine Mutter das in solchem Fall tun würde: er versorgt ihn mit Essen und Trinken und läßt ihn sich erst einmal gründlich ausschlafen. Der ermattete Körper bekommt sein Recht, damit die Seele und die geistigen Kräfte zur Ruhe kommen und wieder erstarken können. Als Elia dann wieder handlungsfähig geworden ist, begegnet ihm Gott: nicht im Sturm, nicht im Erdbeben, nicht im Feuer – also nicht in den Bildern der Zerstörung und der Natur„gewalten" – sondern im stillen, sanften Sausen. Gott geht zart mit diesem Kämpfer um. Vielleicht will er seine Wunden heilen, ihn trösten (wie eine Mutter tröstet), ihn streicheln.
Es gibt eine Fülle solcher Geschichten von Gott.

C) In der mittelalterlichen Mystik begegnet uns die Muttersymbolik sowohl für Gott als auch für Jesus. Sie wird von Mönchen und Nonnen gebraucht. Das Symbol der weiblichen Brust in ihrer Funktion des Nährens und damit im umfassenden Sinn des Lebenspendens und zum anderen der Mutterschoß als umhüllende, schützende Höhle, die Wärme, Zärtlichkeit und Geborgenheit repräsentiert, spielen in diesen Schriften eine Rolle. So werden z. B. von Anselm von Canterbury zwei Texte (in Übertragung) überliefert:
„Aber du, Jesus, guter Herr, bist du nicht auch eine Mutter? Bist du nicht die Mutter, die wie eine Henne ihre Küken unter den Flügeln sammelt. Wahrlich Herr, du bist eine Mutter."
„Und du, Jesus, liebster Herr, bist du nicht auch Mutter? Wahrlich, du bist eine Mutter, die Mutter aller Mütter. Du hast den Tod geschmeckt in deinem Wunsch, deinen Kindern Leben zu geben."
Im Pietismus werden ähnliche Gedanken, allerdings vor allem auf den Heiligen Geist bezogen, aufgenommen. So konnte Zinzendorf von dem „Mutteramt des heiligen Geistes" sprechen.

D) In neuerer Zeit haben Frauen nun immer wieder versucht, die Erfahrungen und Erkenntnisse der „Mütterlichkeit" Gottes auch zu formulieren und damit auf die größere Weite Gottes aufmerksam zu machen. Sicher sind uns solche Versuche neu und vielleicht auch überraschend. Wir sollten aber doch erst einmal genau hinhören und das ehrliche Bemühen um ein erweitertes, für Frauen besser annehmbares Gottesbild zu verstehen versuchen.

Gott ist Paar

Hat denn der Geist das Wort erdacht das Licht entfacht?
Hat denn die Liebe die Gestalt vedichtet und ans Licht gebracht?

Ja – und auch nein! Jedes allein für sich ist unfruchtbar.
Schöpfung geschieht nur in Begegnung – Gott ist Paar.

Wie ist es möglich, daß niemand zweifelt,
ob heut ausreicht der name „Herr"?

Schneidet er doch mitten duchs Ganze,
ruft nur den Geist auf, die Manneshälfte.

Verschweigt er doch das Frau-Sein Gottes,
gleich ewig, nicht erst durch Himmelfahrt.

Dora Lent (um 1920)

Unser Vater-Mutter
In den Himmeln
Geheiligt werde Dein Name.
Dein Reich des Friedens ergreife unsere Herzen.
Dein Wille geschehe auch durch mich.
Unser täglich Brot gib uns heute.
Und vergib uns unsere Schuld und Sonderung von Dir.
Denn Du bist das Jetzt und Hier.
Du bist Licht und das Dunkel.
Das Leben und der Tod.
Du bist das ewige Sein
In dem wir leben, wirken und sind.
Margarethe Bader (1936)
(zitiert nach: Frau und Religion, hg. v. Elisabeth Moltmann-Wendel, Frankfurt a. M. 1983, S. 194 und 201)

Ehre sei Gott-Mit-Uns
Und Friede Ihren Kindern
Wir loben Dich
Wir preisen Dich
Wir beten Dich an
Wir Dir Dank ob Deiner großen Güte
Gott, Urquell des Lebens
Macht der machtlosen
Unsere liebe Frau
Sonne der Gerechtigkeit

Hör unser Flehen
Und laß Dein Angesicht leuchten über uns. *Amen*
Elisabeth Schüßler-Fiorenza
(zitiert nach: Was meinst du dazu, Gott, hg. v. Susanne Kahl-Passoth, Gütersloh 1984, S. 45)

Gott, bist du ein Mann?
eine Frau?
Bist du Vater?
Mutter?
Vielleicht geschieht in dir das Unmögliche

Mann und Frau
Vater und Mutter
Kind und Greis
Leid und Freude
schwach und stark

du bist alles
weil alles
von dir kommt
(Andrea Schwarz, Bunter Faden Zärtlichkeit, Herder Freiburg 1986, S. 48)

Von den Problemen aller menschlichen Bilder für Gott spricht Mary Ellen Gaylord: (Wir sind keine Fremdlinge mehr, Frauen halten Gottesdienst, Hamburg 1984, S. 45/46):
In vielen Gesichtern glaubte ich, dich zu erkennen ...

E) Zum Schluß möchte ich einige zusammenfassende Folgerungen, die jedenfalls für mich gelten, festhalten.
1) Wir möchten gern von Gott „neutral" sprechen, geschlechtsneutral. Gott ist Gott – so sagen wir. Und doch können wir als Menschen nur in Bildern von Gott reden. Diese Bilder sind männlich oder weiblich geprägt. Mit ihren Aussagen können sich Frauen oder Männer identifizieren. Bisher hatten dabei die Männer mehr Möglichkeiten – und haben sie reichlich genutzt.
2) Wir haben erfahren, daß die Welt mit dem „Herr"schaftsdenken und -handeln ihrer eigenen Vernichtung zutreibt, Leben immer unmöglicher macht und „Fort"schritt nur noch der Schritt in den Abgrund sein kann. Wir empfinden solches Denken als ein „männliches" und suchen nach Alternativen.
„Die Suche nach Gott, der Mutter, nach Gott als Frau ist die Suche nach echten Müttern, die diese kosmische Weite erlauben und ihren Töchtern durch keine restriktiven Gesetze Lebensbereiche verschließen. Die Suche nach Gott als Frau, als Mutter geht über unsere geschädigten Muttervorstellungen hinaus, in denen Angst und Abhängigkeit vor der verschlingenden Mutter die entscheidende Rolle

spielten. Solche universale Natur und Weisheit repräsentierende Mutter soll nicht von männlichen Bedürfnissen abhängig sein und darum auch von ihren Kindern keine Abhängigkeit fordern, sondern sie bedingungslos akzeptieren und lieben. Die Suche nach weiblichen Gottesvorstellungen ist die Suche nach ganzheitlichen Lebensvorstellungen, die über unsere patriarchalschen Schranken und Einengungen hinausweisen." (E. Moltmann-Wendel, Das Land wo Milch und Honig fließt, S. 101)

3) Bei solcher Suche entdecken wir in Gott eine Menge „mütterliche" Verhaltensweisen, die uns erfreuen und ermutigen, die uns als Frauen eine neue Möglichkeit der Identifizierung geben. Ich teile dabei nicht die Meinung, daß dies alles nur auf den männlichen Vater-Gott aufgetragene, sein Bild nicht grundsätzlich verändernde Züge seien. Für mich sind diese Entdeckungen wichtig und erweitern für mich das Bild Gottes. Es sind Seiten, die zu seinem Wesen gehören.

Seine Selbstvorstellung: „Ich bin, der ich bin", ist ja für viele andere Übersetzungen offen. Es könnte auch heißen: „Ich bin, als der/die ich mich erweisen werde". So, wie Gott uns begegnet, so mütterlich/väterlich erweist sich sein göttliches Handeln. Vielleicht leben wir in einer Zeit die sich sehnt nach Mütterlichkeit, weil sie genug Tränen geweint hat über die „Herren" dieser Erde.

4) Wenn Jesus uns „Abba" sagen lehrte, meinte und bezeichnete er damit diese gute, beschützende, bewahrende, lebensspendende, mütterlich-väterliche Verhaltensweise Gottes.

Gerade weil wir sowohl mit irdischen Vätern als auch mit irdischen Müttern schlechte, einengende, verschlingende, uns beherrschende Erfahrungen gemacht haben und machen werden, wollen wir nun nicht Gott-Vater durch Gott-Mutter ersetzen.

„Will ich wirklich neben dem Vater die Mutter sehen? Will ich sozusagen ein Elternpaar im Himmel sehen, womöglich noch eines, das mich immer auf der kindlichen – oder soll ich sagen infantilen – Stufe festhalten will? Löst das irgend etwas von meiner wirklichen Problematik?" (Marga Bühring, Die unsichtbare Frau und der Gott der Väter, Stuttgart 1987, S. 65)

5) Wir wollen auch nicht eine „Göttin", die Gott ersetzt. Das würde – so meine ich – das Ende unseres christlichen Glaubens bedeuten. (Diese Konsequenz ist von nicht wenigen Frauen auch gezogen worden.)

Wir wollen aber auch keinen auf den „Mann" reduzierten Gott. „Gott ist im Mann zu kurz gekommen", hat eine Frau gesagt. Sie hat Recht.

Gott ist mehr, er begleitet väterlich/mütterlich das Leben der Menschen. Gott schenkt Leben, Gott will Leben erhalten, Gott nimmt in die Arme und tröstet, Gott gibt frei und erträgt schmerzliche Ablösung/Abwendung, Gott ermöglicht verantwortlich liebendes Eintreten füreinander.

Wenn wir schon Bilder und Namen für Gott, geliehen aus den Erfahrungen unserer menschlichen Beziehungen, gebrauchen müssen, dann muß es möglich sein, daß diese für jede/n andere sein können; denn Gott begegnet uns, handelt an uns

mütterlich, väterlich
brüderlich, schwesterlich,
wie ein Freund, eine Freundin
wie ...

Einen besonderen Schwerpunkt legte Gudrun Althausen in ihrer Beschäftigung mit feministischer Theologie, die natürlich eng verknüpft war mit dem Thema „Geschlechtergerechtigkeit" in der Kirche, das im Kapitel 6 näher beleuchtet wird, auf die Kritik an der Frauen eigenen Anpassungsfähigkeit und der Weigerung, Verantwortung in öffentlichen Zusammenhängen zu übernehmen. Die Rolle, sich hinter den Mann zu stellen, wurde Frauen einerseits zugewiesen – andererseits haben sie sie auch angenommen.
Auf der feministischen Werkstatt in Hirschluch 1990 gab es einen Gottesdienst, auf dem ein Schuldbekenntnis formuliert wurde, das diesen Gedanken aufgreift.

Einsichten – Schuldbekenntnis
Jesaja 59, 9–15 (aktuelle Übertragung)

Gott, jetzt sehen wir Frauen unsere Schuld:
Wir harren darauf, daß es Licht wird in unserem Land und warten untätig.
Wir trauen uns nicht, Leitungsfunktionen zu übernehmen.
Wir brummen alle wie die Bären und gurren wie die Tauben.
Wir machen uns nicht die Mühe, unsere Wünsche zu formulieren.
Andere sollen sie für uns benennen und für uns durchsetzen.
Wir tasten an der Wand entlang und tapsen im Dunkeln;
dabei treten wir anderen Frauen auf die Füße,
fallen uns in den Rücken und sind uns nicht einig über einen Weg.
So sieht oft die Schuld von Frauen aus:
Mittragen und Dulden.

Noch deutlicher betonte es Gudrun Althausen auf dem Kirchentag 1997 in Leipzig. Dort fand innerhalb der „Feministisch-Theologischen Basisfakultät" ein Podiumsgespräch zum Thema „‚Ich, ich und meine Sünden' – Frauenerfahrungen und die Rede von Schuld und Sünde in der feministischen Theologie" statt. Zu diesem Gespräch waren Elisabeth Moltmann-Wendel[43] und Gudrun Althausen gebeten worden.
Ein Auszug aus dem Podiumsgespräch mit eingeschobenen Beiträgen aus dem Plenum ist im Folgenden abgedruckt.

---

43 Evangelische feministische Theologin, (1926 – 2016).

Ich frage auch noch einmal: Was könnte „Sünde" nun für Frauen heißen? Was könnte „Schuld" sein? Denn ich lege allerdings ganz großen Wert darauf, daß Frauen auch schuldfähig sind. Denn wer nicht schuldfähig ist, ist unzurechnungsfähig, wenn er freigesprochen wird, dann ist er kein ganzer Mensch. Und wir als ganze Menschen in aller unserer Würde sind auch in der Lage, sündig zu sein, Schuld auf uns zu laden.

Ich denke, Anpassungsfähigkeit ist die große Stärke aller Frauen durch alle Jahrhunderte gewesen und ist zugleich die große Versuchung von uns Frauen. Angepaßt an die jeweilige Situation, an die Notwendigkeiten, an die Menschen, die um uns leben. Wir haben es vorhin gehört, das führt zu Ablenkbarkeit, Weitschweifigkeit, Abhängigkeit von anderen, Toleranz auf Kosten des Niveaus – ich zitiere noch einmal aus diesem Zitat von Frau Goldstein. Anpassungsfähigkeit von uns Frauen hat uns zu Mittäterinnen werden lassen – zu allen Zeiten. Also auch z.B. in der Zeit der DDR und in der Zeit der Wende. Und ich möchte sagen: Gerade weil wir alle in Beziehungen leben – und wir Frauen wissen das, die Männer wissen es manchmal nicht, aber sie leben auch in Beziehungen –, können wir uns gar nicht ausklinken. Wir leben in diesen Strukturen, und ich will mich auch nicht ausklinken, denn dann würde ich beziehungslos leben. Wichtig ist mir, daß wir erkennen, wo und wie unsere Gesellschaft, meine Familie, meine Kirche, ich selbst schuldig werden. Und Schuld kann ich dann so definieren, daß es alles das ist, was Lebens-Verhältnisse zerstört. Das kann sehr vielseitig sein.

Mir ist noch einmal in die Hand gekommen ein Gottesdienst, den wir im Frühjahr 1990 in Hirschluch erarbeitet haben. Das ist ein Ort nahe von Berlin, vielleicht sind ein paar unter Ihnen, die da mal gewesen sind, ein Jugendzentrum, und wir haben dort mehrere feministische Werkstätten in den Jahren der DDR nacheinander gehabt; 1990 das war die letzte große. Und wir waren erfüllt von der Wende – es war im März 1990. Wir haben uns damals keinen so ganz typischen Frauentext, den wir ja immer und überall schon verhandelt haben, vorgenommen, sondern ein Kapitel aus dem Jesaja, aus dem Tritojesaja – nicht das, was gestern die Bibelarbeit war, sondern das Kapitel danach – Jesaja 59, wo es immer um Gerechtigkeit und auch um Schuld derer geht, die sich nicht für Gerechtigkeit einsetzen. Wir haben entlang dieses Textes, der sicher kein typischer Frauentext ist, versucht, umzuformulieren und auch unsere Position als Frauen damals in dieser Situation zu Papier zu bringen. Und ich möchte Ihnen das einfach auch noch einmal vorstellen. Ich will jetzt nicht – um es nicht zu verlängern – die Jesajastelle selber vorlesen. Es ist entlang Jesaja 59,2–15 – umformuliert natürlich –; dadurch kommen Bilder vor, die in dem Jesajatext vorkommen, die ganz plastisch sind.

> *Aus unserem untätigen Schweigen ist ein falsches Zeugnisablegen geworden.*
> *Es ist keine von uns, die eine gerechte Sache vorbringt, und keine, die redlich richtet.*
> *Wir vertrauen auf Nichtiges und reden Trug.*
> *Unsere Bäuche schwellen vor Sattheit.*
> *Wir nähren uns von Früchten, die uns nicht gehören.*

Wir pressen ihre Säfte aus,
wir spucken ihre Kerne und Schalen von uns.
Unsere Füße zertreten das Netz unserer Beziehungen.
Wir fallen, da wir zerstören.
Unsere Füße laufen zum Bösen, und wir sind schnell dabei.
Wir kennen den Weg des Friedens nicht,
und Unrecht ist auf unseren Pfaden.
Gott, jetzt sehen wir Frauen unsere Schuld.
Wir harren darauf, daß es Licht wird in unserem Land
und warten untätig.

Es folgte das auf S. 113 stehende Schuldbekenntnis.

Christine Gerber
Wir wollen an dieser Stelle ein zweites Mal in ein Plenumsgespräch kommen. Wir sind jetzt nicht den Schritt über die Sünde hinweg direkt zum Heil gegangen, sondern haben versucht, Sünde neu zu definieren. Und jetzt ist Gelegenheit, auch darüber noch einmal zu sprechen: Entspricht uns diese Neudefinition von Sünde? Entspricht sie den Erfahrungen von Frauen? Was würde darunter fallen? Was spricht dagegen?

Teilnehmerin 1
Für mich ist es jedesmal beim Abendmahl ein Problem: das Sündenbekenntnis – egal welche Art Sünden mir jetzt einfallen, auch von den genannten neuformulierten welche, oder die christlichen Sünden, daß Christus für mich ans Kreuz genagelt wurde, und dann diese Liedertexte. Das ist so schwerwiegend alles – und dann heißt es in einem Satz: Deine Sünden sind dir vergeben; es soll dich nicht mehr bedrücken. Und dann stehe ich da, und es bedrückt mich immer noch. Und ich muß mir dann denken: entweder waren die Sünden gar nicht schlimm oder aber das stimmt auch nicht. – Also ich komme damit nicht zurecht – mit dieser Praxis.

Teilnehmerin 2
Was Sie dargestellt haben als ein neues Schuldbekenntnis, entspricht mir ganz. Ich habe jetzt nur beim Hören gemerkt: Ich finde es im Grunde noch lähmender als das Schuldverständnis vorher. Denn je mehr ich mich in so globale Schuldzusammenhänge hineindenke, desto mehr merke ich auch, daß alle viel gepriesenen kleinen Schritte zum Teil wieder völlig falsch sind, politisch im Grunde nicht richtig eingeschätzt werden können, weil man zu wenig weiß von den Zusammenhängen. Einfach als Rückmeldung: Gerade diese Schuld kriege ich erst recht nicht los – und dies lähmt und belastet.

Teilnehmerin 3

Ich habe auf dem letzten Buß- und Bettag zusammen mit Frauen einen Abend gefeiert, und da standen auch Sünde und Buße im Mittelpunkt. Und wir haben auch das schwedische Sündenbekenntnis bearbeitet, versucht, uns darin wiederzufinden. Und mir fiel es zunächst ganz, ganz schwer. Ich dachte dann schon: Vielleicht bin ich ja eine Generation von Frauen, die sich emanzipiert hat, die sich immer durchsetzt, die immer auf sich schaut. Aber heute ist mir auch, gerade von den Referaten her, klar geworden: Auch ich fühle mich immer noch für das Glück von anderen Leuten verantwortlich. Auch ich fühle mich immer noch dafür verantwortlich, daß die Entscheidungen, die ich treffe, andere auch glücklich machen. Und ich glaube, das ist eine Schiene, die man bestimmt bedenken muß, aber die einen auch dahin bringt, daß man sich schuldig fühlt, wenn andere eben nicht gleich mit den eigenen Entscheidungen glücklich sind.

Gudrun Althausen

Es tut mir echt leid, aber ich kann uns nicht schuldfrei sprechen. Ich denke, auch als Frauen müssen wir bereit sein, Verantwortung zu übernehmen. Und Verantwortung übernehmen, heißt, auch immer das Risiko einzugehen, schuldig zu werden. Es wird dann von Frau Moltmann noch ein „Schlußangebot" geben, aber diesen Schritt möchte ich erst einmal für uns Frauen nicht ausstreichen. Wir haben die Verantwortung für die Erde, wir haben Verantwortung für andere Menschen, wir haben Verantwortung für uns selbst. Das ist – denke ich – nicht wegzustreichen; wir müssen es bloß in der richtigen Relation sehen und uns nicht niederdrükken lassen für Dinge, die nicht in unsere Macht gegeben sind. Aber mindestens das würde ich wünschen: gleich verantwortungsfähig wie Männer sind wir auch. Und das bedeutet tatsächlich auch immer ein Risiko, Schuld auf sich zu laden. Wir werden ohne dieses nicht durch's Leben kommen; das merke ich, je älter ich werde. Es ist dann bloß die Frage, wie ich damit umgehe. Das braucht mich nicht an den Rand der Verzweiflung zu bringen.

Elisabeth Moltmann-Wendel

Ich wollte auch noch kurz dazu etwas Kritisches zu dem schwedischen Sündenbekenntnis sagen. Es ist in einer Phase von Frauenaufbruch geschrieben, und es deckt vielleicht nicht mehr bis heute alles ab. Aus diesem Gefühl heraus habe ich vor zehn Jahren mal diese Sätze gemacht: Ich bin gut, ganz und schön. Ich wollte einfach nichts mehr hören von der Sündentheologie und habe das Frauen mitgeteilt, die wirklich so protestantisch verklemmt waren in ihrem ewigen Verantwortlich-, Schuldigsein. Es gibt einfach die Phase im Frauenleben, wo man einfach mal wegstreichen muß. Und ich habe mich immer getröstet, in der Bibel gibt es solche schönen Stellen in den Johannesbriefen und in der Weisheitstheologie: Wenn wir in ihm sind, sind wir ohne Sünde. Und das sollten wir wirklich auch einmal zitieren.

Wenn das eben der Vorvorrednerin zu schwierig gewesen ist, das neue Sündenbekenntnis zu hören, hängt das vielleicht mit einem Satz zusammen, wo es heißt: „Ich weiß nicht ...". Ob es nicht vielleicht damit zusammenhängt, daß da eine Lähmung entsteht, daß wir unserem Wissen, unserer Wahrnehmung nicht trauen und diese zu benennen: Wo sind ungerechte Strukturen? Wo ist Unbehagen? Und nicht erst zu warten, bis ich alles weiß, um es dann zu sagen, sondern einfach damit loszugehen. Ich glaube, damit hängt die Lähmung zusammen, daß wir von vornherein uns klein machen.

Es gibt so ein schönes Gedicht von Erich Fried, das mir Mut gemacht hat. Das ist die Geschichte von der Steinigung, wo Jesus in die Runde sagt, wer ohne Sünde sei, der dürfe, jetzt den ersten Stein werfen, und dann bückt sich Maria und wirft einen Stein, und Jesus sagt: Du kotzt mich an, Mutter. Und das finde ich so ein tolles Gedicht, und so ein mutmachendes Gedicht. Vielleicht sollten wir das mal öfter tun.

Gudrun Althausen
Dem ist – das hat Ihr Beifall gezeigt – eigentlich nichts hinzuzufügen. Ich möchte noch einmal betonen – das haben Sie schon an mir gemerkt, daß mir sehr viel daran liegt, daß Frauen bereit sind, Verantwortung zu übernehmen und damit auch ein Risiko einzugehen –, daß Heilung so verstanden wird, als ob es die Heilung von einer Krankheit ist, gegen die ich ja nichts machen konnte. Sondern ich bin als verantwortlicher Mensch voll mit drin. Die Heilung wünsche ich mir für uns alle, die so beschriebene Heilung – das Heil für Männer und Frauen, so wie es vorhin die junge Frau gesagt hat. Da stehen wir – denke ich – gleich in der Notwendigkeit, geheilt zu werden, weil wir auch notwendig die gleiche Verantwortung tragen.

Christine Gerber
Wir sind sicher nicht am Ende der Frage und auch nicht einfach bei der Antwort, aber wir sind am Ende unserer Zeit. Ich denke, es wäre sinnvoll, sich hier wieder auszusprechen. Nehmen Sie Ihre Gedanken mit, reden Sie darüber weiter. Wenn wir von dem Gefühl, wir trügen Verantwortung für das Heil der Welt, weggekommen sind hin zu der Sache danach, wie wir Heilung erfahren können, dann ist heute schon ein Stück passiert. Ich möchte sehr herzlich unseren beiden Referentinnen danken, denen beiden das Thema angetragen worden ist, die sich trotzdem für unsere Sünden – unser aller Sünden – gekümmert haben.

Gudrun Althausen war als feministische Theologin bekannt, so dass Brunhilde Raiser, ihre Nachfolgerin im Amt der Vorsitzenden der Evangelischen Frauenhilfe Deutschlands, in ihrer Gedenkrede 2007 auf der Trauerfeier für Gudrun Althausen, sagte:

Trotz aller Mühen und Anfeindungen war Gudrun Althausen eine der Wegbereiterinnen feministisch-theologischen Arbeitens in der Frauenhilfe. Gerade weil ihr Christin-Sein für uns alle deutlich spürbar war, konnte sie – aus den Erfahrungen der Werkstätten in Hirschluch schöpfend – andere, auch anders Denkende mitnehmen.

4. DIE EVANGELISCHE FRAUENHILFE

„Was ihr einem meiner geringsten Brüder, meiner geringsten Schwester, getan habt, das habt ihr mir getan." (*Matthäus* 25,40)

Die Frauenhilfe kannte Gudrun Althausen – unter ihrem Leitspruch, der in der Überschrift zu lesen ist – schon seit ihrer Kindheit durch ihre Mutter, die sich in Sachsen in Frauengruppen engagiert hatte. Sie selbst begann als junge Pfarrfrau 1955, wie es üblich war, ehrenamtlich in der Frauenhilfe mitzuarbeiten, führte das nach dem Umzug von Michendorf nach Berlin weiter und wurde schon Anfang der 60er Jahre Kreisbeauftragte für den Bereich Berlin-Stadt I.
Als sie 1970 dann anfing, in der Frauen- und Familienarbeit der Berlin-Brandenburgischen Kirche zu arbeiten, begann eine immer weiter wachsende Verantwortung für die Anliegen der Frauenhilfe – zuerst in der DDR, später auch im wiedervereinigten Deutschland.
In diesem Kapitel wird dieser Weg zu verfolgen sein. Der Weltgebetstag, der in der Zeit bis 1994, bis zur Vereinigung der Weltgebetstagskomitees aus Ost und West, in der DDR an die Evangelische Frauenhilfe angegliedert war und einen großen Teil der Arbeit einnahm, wird in einem eigenen Kapitel (Kapitel 5) behandelt werden.

4.1 FRAUENHILFE IN DER DDR

Die Evangelische Frauenhilfe war 1899 in Deutschland von Kaiserin Auguste Victoria gegründet worden. Sie entwickelte sich rasch zu einer großen Organisation von evangelischen Frauen, die sich sowohl diakonisch engagieren wollten, als auch sich sehr bald zu Bibelstudien trafen. Bis 1945 war die Frauenhilfe in allen Winkeln Deutschlands vertreten und eine nicht mehr wegzudenkende Größe in den Kirchgemeinden.
Ab 1945 begann eine unterschiedliche Entwicklung der Frauenhilfe in Ost und West, die den unterschiedlichen politischen Systemen der Siegermächte nach dem Zweiten Weltkrieg geschuldet war. In der DDR wurde die Bildung eigenständiger Vereine verboten, so dass die Frauenhilfen in den einzelnen Landeskirchen Werke derselben wurden. In der Bundesrepublik konnte die Tradition des unabhängigen Verbandes fortgeführt werden. Die wirtschaftlichen und politischen Verhältnisse erschwerten in der DDR die Herausgabe von Publikationen. In den ersten Jahren wurde noch versucht, gemeinsam Material herzustellen. Aber die langen Vorlagefristen und Papierkontingentbestellungen im Osten machten die Koordination dafür irgendwann unmöglich.
Aber auch inhaltlich entwickelten sich die Bedürfnisse der Frauen in Ost und West auseinander. Die Ausrichtungen der Frauenhilfen im Osten zielten stark auf die Arbeit in Kirchgemeinden und Landeskirchen ab und wurden ab den 70er Jahren um die Familienarbeit erweitert. Als Gudrun Althausen 1970 bei der Frauenhilfe anfing zu arbeiten, hieß die Arbeitsstelle schon: „Frauen- und Familienarbeit".
Sie begann als Referentin in der Arbeitsstelle Berlin (Ost), die kurze Zeit später mit der brandenburgischen Arbeitsstelle zusammengelegt wurde, war Mitglied im Arbeitsausschuss (dem Leitungsgremium) der Frauenhilfe für die ganze DDR und übernahm 1981 den Vorsitz dieses Ausschusses.
Letztere Aufgabe umfasste zwei große Bereiche:
- die Organisation des Weltgebetstages in der DDR
- die Einberufung und Durchführung der drei Tagungen im Jahr, die zur gemeinsamen Erarbeitung der „Arbeitshilfe", des Arbeitsmaterials für die Frauengruppen im Land, genutzt wurde sowie zu Treffen und gemeinsamem thematischen Arbeiten mit den Mitarbeiterinnen der Frauenhilfe aus dem Westen Deutschlands und Westberlins.

Über ihre berufliche Arbeit in Berlin-Brandenburg ist mehr in Kapitel 3.1 zu lesen.

Gudrun Althausen bemühte sich, die Kontakte über die Grenzen der DDR hinaus in alle Welt zu halten und nutzte sich bietende Gelegenheiten, selbst zu reisen und an Tagungen und Konferenzen teilzunehmen.
In den 70er Jahren fanden zum Beispiel zwei europäische ökumenische Frauentagungen statt: die eine in Gwatt in der Schweiz 1973, die andere in Wien 1975.

Bei beiden Versammlungen war Gudrun Althausen mit einigen anderen Frauen aus der DDR als Delegierte dabei. Die erste Tagung stand unter dem Titel „Verantwortung für den Frieden“ und war von Schweizer Frauen vorbereitet worden. Die Folgekonferenz in Wien bereiteten niederländische Frauen unter dem Titel „Dynamik der Versöhnung“ vor.
Diese Tagungen waren die ersten Versuche, auf europäischer Ebene aus Ost und West Frauen zusammenzubringen und der Bedrohung des Kalten Krieges etwas entgegenzusetzen. Die Tage waren angefüllt mit Bibelarbeiten und Gesprächsgruppen, aber auch einigen touristischen Unternehmungen und dem gegenseitigen Kennenlernen.
Wieder zurück in der DDR hat Gudrun Althausen in Frauengruppen Vorträge über die Konferenzen gehalten und die Impulse von dort weitergegeben.

Internationales Jahr der Frau 1975

Die UNO rief für 1975 das „Internationale Jahr der Frau“ aus und beschloss, in Ostberlin vom 20. bis 24. Oktober 1975 einen Weltkongress abzuhalten.
Damit öffnete sich die sozialistische DDR einer Veranstaltung, zu der Vertreterinnen aus der ganzen Welt anreisen würden – unter anderem auch viele Christinnen. Im Exekutivkomitee des Vorbereitungskomitees, das sich einige Male vor dem Kongress traf, war als Mitglied auch der Ökumenische Rat der Kirchen[44] vertreten. In der DDR-Kommission war dann auch als Vertreterin der Christinnen Annemarie Schönherr, Pastorin und Vorsitzende der Evangelischen Frauenarbeit in der DDR, dabei.
Der Ökumenische Rat der Kirchen nahm das Internationale Jahr der Frau zum Anlass für eine eigene Kampagne für mehr Frauenrechte. In einem Begleitbrief für den ersten Newsletter dazu heißt es: „The International Women's Year gives us impetus for calling attention to needs of women in many parts of the word and stressing the necessity of sharing with each other.“ (Das Internationale Jahr der Frau gibt uns Impulse, um auf die Bedürfnisse von Frauen in vielen Teilen der Welt aufmerksam zu machen und die Notwendigkeit des Austauschs zu betonen.)
Die Möglichkeit, sich als Kirche ganz offiziell in einem internationalen Kontext innerhalb der DDR zeigen zu können, griff der Bund der Evangelischen Kirchen in der DDR auf. Christa Lewek, Oberkirchenrätin beim Bund, organisierte und leitete eine Vorbereitungsgruppe für ein kirchliches Programm während der Tagung. Zu dieser Gruppe gehörte auch Gudrun Althausen.

44 1948 gegründetes Gremium, in dem Kirchen aus aller Welt vertreten sind.

ITIK Sonnabend, 11. Oktober 1975

Zusammensetzung der DDR-Delegation

Zum Weltkongreß im Internationalen Jahr der Frau

Lange, Inge
Kandidat des Politbüros und Sekretär des Zentralkomitees der SED, Mitglied der Volkskammer, Leiter der Delegation

Bunzek, Inge
Oberin, Krankenhaus Berlin-Friedrichshain, Mitglied des Kollegiums beim Ministerium für Gesundheitswesen

Falk, Prof. Dr. Waltraud
Humboldt-Universität Berlin, Bereichsleiter

Frenzel-Weiner, Maria
Direktor der Musikschule Görlitz, Mitarbeiter der BERLINER KONFERENZ katholischer Christen, Kreisvorsitzende der CDU

Frömmel, Lieselotte
Montiererin, VEB Robotron Radeberg, Mitglied des Zentralvorstandes IG Metall

Glaner, Anneliese
Bezirksvorsitzende des DFD, Berlin

Granzow, Hanna
Arbeiterin, VEB Niles

Gummel, Margitta
Sportlerin, Verdienter Meister des Sports, wissenschaftliche Assistentin im Forschungsinstitut für Körperkultur und Sport Leipzig

Hagen, Gerda
Brigadier, Kombinat VEB NARVA

Heller, Gerda
Mitglied der Betriebsleitung VEB Kunstglas Arnstadt, Mitglied der Volkskammer und des Bezirksvorstandes der LDPD Erfurt

Hockauf, Grete
BGL-Vorsitzende, VEB Leipziger Wollkämmerei, Mitglied des Sekretariats des Bezirksvorstandes der IG Textil — Bekleidung — Leder, Leipzig

Honecker, Margot
Minister für Volksbildung, Mitglied des Zentralkomitees der SED, Mitglied der Volkskammer

Hömerz, Prof. Dr. Helga
Humboldt-Universität Berlin, Dozentin

Hofmann, Anna-Bianka
BGL-Vorsitzende VEB Greika Greiz, Mitglied des Zentralvorstandes der IG Textil — Bekleidung — Leder

Jung, Hertha
Sekretär des Bundesvorstandes des DFD, Mitglied der Volkskammer und des Hauptvorstandes der CDU

Kuhrig, Prof. Dr. Herta
Akademie der Wissenschaften, Leiterin der Forschungsgruppe „Die Frau in der sozialistischen Gesellschaft".

Kohn, Karin
Zuchtleiter der Milchviehanlage Barth, Diplom-Landwirt

Lieberwirth, Erika
Stellvertreter des Ministers für Leichtindustrie

Lünse, Monika
Facharbeiterin, VEB Funkwerk Köpenick

Markowski, Paul
Abteilungsleiter im Zentralkomitee der SED, Mitglied des Zentralkomitees der SED, Mitglied der Volkskammer

Meinke, Dorothea
Ingenieur, Direktor für Produktion im VEB Transformatorenwerk „Karl Liebknecht", Mitglied des Präsidiums des Nationalrates der Nationalen Front der DDR

Meißner, Edith
Leiterin der Abteilung Kader/Bildung LPG Görzig

Merke, Else
stellvertretende Vorsitzende des DFD, Meister der Landwirtschaft LPG Schenkenberg, Bezirk Leipzig, Mitglied der Volkskammer und des Präsidiums des Parteivorstandes der DBD

Müller, Margarete
Mitglied des Präsidiums und Sekretär des Bundesvorstandes des FDGB, Mitglied des Präsidiums der Volkskammer

Neitzke, Dr. Ingrid
Leiter der ZBE Woethen, Kreis Parchim

Nickel, Gitta
Regisseur

Nostiz, Edeltraud
Nähwirkerin, VEB Malitex Hohenstein, Mitglied der BGL

Oeser, Prof. Dr. Edith
Humboldt-Universität Berlin, Bereichsleiter, Mitglied des Präsidiums des Friedensrates der DDR

Preusch, Brigitte
Hochschule für Ökonomie „Bruno Leuschner" Berlin, wissenschaftliche Mitarbeiterin

Pröhl, Anni
Direktor der Oberschule „Robert Uhrig", Berlin-Lichtenberg

Queck, Gisela
stellvertretende Vorsitzende des DFD, Stellvertreter des Vorsitzenden des Rates des Bezirkes Neubrandenburg, Mitglied des Hauptausschusses der NDPD

Richter, Felicitas
Generalsekretär der Liga für die Vereinten Nationen in der DDR

Rode, Elsbeth
Meister, Elektrogerätewerk Suhl

Rodenberg, Ilse
Direktor des Büros für internationale Fragen des Kinder- und Jugendtheaters in der DDR, Mitglied der Volkskammer und des Parteivorstandes der NDPD

Rümpel, Werner
Generalsekretär des Friedensrates der DDR

Sälzler, Prof. Dr. Anneliese
Leiterin des Instituts für Hygiene des Kindes- und Jugendalters, Mitglied der Volkskammer

Schönherr, Annemarie
Pastorin, Berlin

Schreiber, Margot
Leiter der Arbeitsgruppe Frauen im Ministerium für Land-, Forst- und Nahrungsgüterwirtschaft

Schuhoff, Martina
Verkäuferin, Direktor der Kaufhalle am Tierpark Berlin-Lichtenberg

Stein, Gudrun
Oberlehrerin, „Dr. Kurt-Fischer-Oberschule" Halle, Mitglied des Bundesvorstandes des DFD, Vorsitzende des Stadtbezirksverbandes der LDPD Halle-Süd

Thiele, Ilse
Vorsitzende des DFD, Mitglied des Zentralkomitees der SED, Mitglied des Staatsrates

Toedtmann, OMR Dr. Anneliese
Stellvertreter des Ministers für Gesundheitswesen

Töpfer, Prof. Dr. Johanna
stellv. Vorsitzende des Bundesvorstandes des FDGB, Mitglied des Zentralkomitees der SED

Thoms-Heinrich, Lieselotte
Chefredakteur „Für dich", Mitglied des Präsidiums und des Bundesvorstandes des DFD, Mitglied der Volkskammer

Uschkamp, Irma
Vorsitzende des Rates des Bezirkes Cottbus

Walther, Prof. Dr. Rosemarie
Stellvertretende Vorsitzende des DFD, Humboldt-Universität Berlin, Dozentin

Wodrich, Hannelore
BGL-Vorsitzende, VEB Fernsehgerätewerk Staßfurt, Mitglied des Zentralvorstandes der IG Metall

Wolf, Anna
Diplom-Ökonom, Ökonomischer Leiter der KAP Bad Tennstedt, Bezirk Erfurt, Mitglied des Kreisvorstandes der DBD

Wünsche, Prof. Dr. Renate
Institut für Internationale Beziehungen Babelsberg, Abteilungsleiter

Zellmer, Christa
Sekretär der Bezirksleitung der SED Frankfurt (Oder), Mitglied des Zentralkomitees der SED

Zerbe, Sigrid
Vorsitzende der LPG Strasburg

Glockner, Elli
Stellvertretender Abteilungsleiter beim Zentralkomitee der SED, Mitglied des Präsidiums des Bundesvorstandes des DFD, Sekretär der Delegation

Veröffentlichung der Zusammensetzung der DDR-Delegation in der Zeitung „Neues Deutschland"

Die „ad hoc Gruppe" – die Vorbereitungsphase war für so ein Großereignis ziemlich kurz, denn die Gruppe traf sich erstmals im Mai 1975 – bereitete mehrere Dinge vor: Im Vorfeld des Kongresses wurde eine Multiplikatorinnentagung unter dem Titel „Adam und Eva – neu orientiert" angeboten, die das Thema Gleichberechtigung von Frauen in der Kirche hatte und somit die inhaltliche Auseinandersetzung mit Frauenrechten innerhalb der kirchlichen Strukturen aufnahm. Für den Kongress selbst wurde ein Informationszentrum in der Kapelle der Marienkirche im Zentrum Ostberlins mit Schautafeln, Informationsmaterial und einem Büchertisch zu „Frauen und Kirche in der DDR" eingerichtet.

Die Schautafeln im Informationszentrum

Für die Organisation dieses Informationszentrums war Gudrun Althausen zuständig. Sie suchte Frauen für die Betreuung der Ausstellung zusammen. Unter anderem sollten auch Frauen mit Fremdsprachenkenntnissen gewonnen werden, damit die internationalen Gäste auch angesprochen werden konnten.

Zwei weitere Aktionen bereitete die kleine Gruppe vor: eine Begegnungsveranstaltung zwischen Frauen aus den Kirchen der DDR und Kongressteilnehmerinnen sowie einen Gottesdienst. Bei beiden Veranstaltungen übernahm Gudrun Althausen Aufgaben.
Es ist leider nicht in den Akten zu finden, wie viele Menschen das Begegnungszentrum aufsuchten oder an den beiden Veranstaltungen teilnahmen. Aber es gab einen ausdrücklichen Dank von Bischof Schönherr als Vorsitzenden des Bundes der Evangelischen Kirchen. Eine der Frauen, die im Begegnungszentrum Dienst taten, schrieb danach an Gudrun Althausen:
Liebe Frau Althausen, es war einfach großartig, daß Sie mich in den Plan mit hineingenommen haben. Ich hoffe, Sie haben es mitbekommen, daß ich sehr gern den Dienst im Informationszentrum getan habe.

Das Beispiel „Internationales Jahr der Frau" zeigt, wie Gudrun Althausen zusätzlich zur eigentlichen Arbeit die Chance ergriff, bei besonderen, vor allem internationalen Ereignissen dabei zu sein, über den Tellerrand zu schauen, Kontakte zu knüpfen und diese für die Arbeit wiederum nutzbar zu machen. Es bedeutete immer einen Mehr-Aufwand, eine Mehr-Arbeit. Aber die scheute sie nicht.

4.2 VERHANDLUNGEN ÜBER EINE GEMEINSAME FRAUENHILFE

Als 1989 die Mauer fiel und abzusehen war, dass es ein wiedervereinigtes Deutschland geben würde, trafen sich auch überall die geteilten kirchlichen Gremien aus Ost und West und verhandelten ab 1990 über Vereinigungen. So auch die Evangelische Frauenhilfe. Das, was so lange getrennt war, konnte nun endlich wieder zusammengehören.
In einem Aufsatz für das Buch „Was soll ich euch denn noch erklären?“[45], der auf einem Vortrag beruht, den sie 1997 auf einer Tagung des Frauen-, Studien- und Bildungszentrums in Gelnhausen hielt, beschreibt Gudrun Althausen die Entwicklung der Evangelischen Frauenhilfe von ihren Anfängen. In diesem Aufsatz wird die Unterschiedlichkeit dieser Entwicklung in Ost und West so deutlich, dass man die Schwierigkeiten bei der Wiedervereinigung begreift. Bevor weiter der Vereinigungsprozess beschrieben wird, soll hier dieser Aufsatz abgedruckt werden.

Geteilte Kirche –
Herausforderung auch für die Frauenarbeit

Der Bau der Mauer in Deutschland 1961 stellte auch die Kirchen vor die Notwendigkeit, in der jeweiligen Situation – BRD und DDR – handlungsfähige Gremien und Organe zu haben. Das Leben in der Gesellschaft und damit auch in den Gemeinden entwickelte sich so unterschiedlich, daß in Ost und West je eigene Entscheidungen möglich sein mußten. Dies betraf natürlich auch die kirchlichen Frauenarbeiten. Wie und wann haben sie reagiert, welche Wege schlugen sie ein?
Ich selbst habe all die Jahre in der DDR gelebt, in der Kirche ehren- und hauptamtlich gearbeitet, die Entwicklung verfolgt und teilweise auch mitgestalten können. Mein Blick geht also von den Erfahrungen in der DDR aus auf Frauenhilfe und Frauenarbeit in dem geteilten Deutschland, in der geteilten Kirche.
Kirchliche Frauenhilfe/-arbeit ist Kirche und darum immer eng mit deren Schicksal verknüpft. So werde ich zuerst in einem kurzen Abriß die Stadien der evangelischen Kirchen in der DDR (so wie sie sich mir rückblickend darstellen) zeigen, um danach zu fragen, wie Frauenhilfe und Frauenarbeit mit der „Teilung“ umgegangen sind.
Das Jahrzehnt 1949 bis 1958 könnte man mit „Positionsbestimmung“ überschreiben. 1954 wurde die Jugendweihe eingeführt; die Kirchen entwickelten die „Christenlehre“, denn der kirchliche Unterricht wurde immer mehr aus den Schulen verdrängt. Man richtete sich in einer gewissen „Konfrontation“ ein. 1958 hatte dann

45 Kirsten Beuth/Kirsten Plötz (Hg.): Was soll ich euch denn noch erklären? – Ein Austausch über Frauengeschichte(n) in zwei deutschen Staaten, Gelnhausen, 1998.

der Militärseelsorgevertrag in Westdeutschland das Ende der Gespräche der Regierung der DDR mit den Kirchen in ihrem Bereich zur Folge.

Das zweite Jahrzehnt 1958 bis 1969 müßte wohl die Überschrift „Sprachlosigkeit" erhalten. Da es zwischen den staatlichen und den kirchlichen Stellen keine akzeptierten Sortierungen, Zuständigkeiten gab, war es still geworden im „offiziellen" Bereich.

Im November 1960 hat die Vereinigte Evangelisch-Lutherische Kirche in Deutschland (VELKD) ein „Wort" veröffentlicht: „Der Christ in der DDR". Darin heißt es: „Die eigentlichen Nöte liegen darin, daß in der DDR diktatorisch und allumfassend die atheistische Weltanschauung zur Staatsgrundlage gemacht wird. Vom Christen wird nicht nur erwartet, daß er diese Lage erträgt, ihn bedrängt, daß er genötigt wird, aktiv für den Atheismus einzutreten. Hier steht je länger, desto bedrängender die Frage auf, ob Christen überhaupt noch in der DDR leben können. Der Christ erfüllt seine Pflicht, aber er kann die Tatsache, in einem atheistisch-materialistischen Weltanschauungsstaat zu leben, nur hinnehmen und erleiden. So wird im Alltag der Gegensatz zwischen der atheistisch-materialistischen Religion des Staates und dem christlichen Glauben in seiner Härte und Ausweglosigkeit deutlich wie zur Zeit Neros der Gegensatz des staatlichen Kaiserkults zum christlichen Glauben. Der Christ ist gehemmt, über die allgemeine Pflichterfüllung hinaus sich aktiv am politisch-gesellschaftlichen Leben zu beteiligen." (1)

Das waren harte und deutliche Worte, die natürlich nicht zur Besserung des Dialoges beigetragen haben. 1961 der Kirchentag in Berlin, der im Osten verboten wurde, drei Wochen vor dem Bau der Mauer.

Die Konfrontation, die sich fortsetzte, zeigte immer deutlicher, daß „gesamtdeutsche" kirchliche Arbeit eigentlich nicht mehr durchführbar war. Der von der VELKD (s. o.) angesteuerte Kurs ließ sich nicht verfolgen, die Christen in den Gemeinden waren dazu nicht bereit. So wurde die Frage, wie man als Christ in der DDR-Situation leben kann, immer bedrängender. 1968 haben die Bischöfe der östlichen Landeskirchen einen gemeinsamen Brief geschrieben als Reaktion auf die soeben verabschiedete Verfassung der DDR, durch die eine neue rechtliche Situation entstanden war. Man mußte sich irgendwie damit arrangieren. Und es war dringend nötig, daß man sich kirchlicherseits zusammenschloß, um dem Staat geschlossen gegenübertreten zu können. Bischof Werner Krusche hat 1991 vor der Bundessynode in einem Vortrag über den Weg des Bundes der Ev. Kirchen in den Jahren der DDR über die Bundesgründung 1969 gesagt, daß drei Faktoren damals notwendig und maßgeblich waren: „Erstens der Notstand, daß die Organe der EKD an der Ausübung ihrer Funktion in der DDR gehindert waren; zweitens die Nötigung, der durch die neue Verfassung geschaffenen rechtspolitischen Situation Rechnung tragen zu müssen; drittens die Notwendigkeit, um der besseren Wahrnehmung unseres Auftrages willen unsere Zusammenarbeit in der DDR zu intensivieren," (2) zusammenzuarbeiten und sich nicht auseinanderdividieren zu lassen.

1971 tauchte die Formel „Kirche im Sozialismus" auf, die von Anfang an umstritten, weil unterschiedlich auslegbar, doch eine deutliche Ortsbestimmung anbot. Dieses Jahrzehnt 1969 bis 1978 könnte man überschreiben mit „Anfänge eines Dialoges".
Freilich: kaum gab es eine Gesprächsmöglichkeit, wurde unvermutet eine andere Tür zugeschlagen. So z. B. nach dem Spitzengespräch am 6.3.1978, das viele Tore öffnete, so daß die meisten Kirchenleute aufatmeten, gab es die Einführung des obligatorischen Wehrkundeunterrichtes, der die Kirchen vor größte Probleme stellte. In diesem Jahrzehnt führten wir auch die Debatten um die Freigabe des Schwangerschaftsabbruches bis zur 12. Woche, die ziemlich unerwartet, ohne große Diskussionen vorher von der Volkskammer beschlossen worden war.
Das letzte Jahrzehnt 1978 bis 1989 könnte man vielleicht mit „Zerreißprobe" betiteln. 1981 „Schwerter zu Pflugscharen", das das Markenzeichen für die kirchliche Jugendarbeit in der DDR blieb.
1987 das SED-SPD-Papier, Honecker in Bonn, Kirchentag in Westberlin, der Olof-Palme-Marsch durch die DDR, bei dem die Kirche erstaunlich mitmischen konnte; im selben Jahr die Synode des Bundes in Görlitz mit dem Papier „Bekennen in der Friedensfrage". Im Januar 1988 dann die Liebknecht-Luxemburg-Demo mit den vielen Verhaftungen, danach wurde es immer dramatischer bis zum Höhepunkt der politischen Beteiligung der Kirchen und bis zum schließlichen „Ende".
Was bedeutet das nun für die Frauenarbeit?
Die Evangelische Frauenarbeit in Deutschland ist der Dachverband für alle evangelischen Frauenarbeiten, die durch Frauen und mit Frauen und an Frauen geschehen. Es sind sowohl Berufsverbände als auch sehr viele, unterschiedlich organisierte Gruppierungen, die Arbeit mit Frauen machen, in ihr vereinigt. Dazu gehört auch, als größter Verband, die Evangelische Frauenhilfe, die 1899 gegründet, Gemeindefrauenarbeit tut. Sie war überall, wo sie entstand, als Verband, also als Verein organisiert. 1899 hatte die Kaiserin „alle Frauen und Jungfrauen evangelischen Glaubens" aufgerufen, sich dafür einzusetzen, daß Frauen Frauen helfen am Ort, in ihrer Kirchgemeinde, damit auf diese Weise das Evangelium verbreitet und gelebt wird. 1926 hat man sich dann erstmalig eine sog. „Jahresaufgabe" gegeben, das heißt einen inhaltlichen Schwerpunkt, ein Thema das in allen Frauenhilfen Deutschlands in diesem Jahr behandelt werden sollte und ganz sicher damals auch von allen behandelt worden ist. Es hieß 1926: „Was können wir dazu tun, daß die Bibel uns und unserem Volk zum Lebensbuch wird?" Von da an wurden nicht mehr nur Suppen gekocht und Schwesternstationen unterhalten, sondern man beschäftigte sich vor allem mit der Bibel und anderen wichtigen Themen. Die „Jahresaufgabe" war das Verbindende für ganz Deutschland. Sie wurde von einem übergreifenden Gremium erarbeitet und dann gedruckt in alle Gruppen gegeben.
1928 ist dazu in der Ev. Frauenhilfe in Deutschland eine eigene Abteilung Bibelarbeit ins Leben gerufen worden. Eine Bibelschule wurde gegründet, die nach dem Krieg 1948 auch wieder weitergeführt werden konnte.

Die Zentrale der Frauenhilfe mit ihren verschiedenen Abteilungen und Aufgabenbereichen hatte ihren Sitz in Potsdam, also in dem späteren Ostbereich. Das erwies sich nach der Trennung als sehr wichtig.
Die Nazizeit hatte ganz offensichtlich ihre Spuren auch in den Frauenhilfen hinterlassen. Diese hatten sehr unterschiedlich auf die Herausforderungen des „dritten Reiches" reagiert. Aus dieser Zeit sind erstaunlich wenig Quellen erhalten. So ist es relativ schwierig, über die Zeit 1933 bis 1945 Aussagen zu machen.
Nach 1945 haben die Frauen versucht, sich neu zu organisieren. Die Besatzungszonen erschwerten dabei das Zusammenkommen. Man ahnte freilich noch nicht, wie sich diese Situation weiter entwickeln würde. 1949 wurde das 50-jährige Jubiläum der Frauenhilfe gefeiert.
Da wird noch in allen Reden die Gemeinsamkeit von ganz Deutschland, von Ost und West betont. Alle bringen zum Ausdruck, daß die „Jahresaufgabe" nach wie vor das Verbindende sei: alle beschäftigen sich mit denselben Themen. Aber es klingt bereits leise durch, daß es immer schwieriger wird, dieses wirklich durchzuhalten. Übrigens hat man 1949 den Namen geändert: Aus der „Reichsfrauenhilfe" wurde die „Evangelische Frauenhilfe in Deutschland".
1949/1950 bahnt sich in der Frauenhilfe deutlich eine Entwicklung an, die manche wohl erst für die Zeit nach dem Mauerbau vermutet hätten und die ganz offensichtlich anders verläuft als innerhalb der EKD (s. o.).
Gerda Drewes, Geschäftsführerin der westlichen Frauenhilfe, schreibt 1964 (3) über „Entstehung und Entwicklung der Frauenhilfsarbeit" zu diesen Jahren: „Schon damals brachen aber Fragen über die Gestaltung der Zusammenarbeit mit den östlichen Verbänden auf. Die Verbände im Westen begannen mit dem Aufbau ihrer Arbeit. Sie erkannten bald, daß es darauf ankam, die früheren diakonischen Aufgaben wiederaufzunehmen ..." – was auch gelungen ist; z. B. in Westfalen und im Rheinland sind das heute große Werke mit vielen Einrichtungen, Krankenhäusern, Altersheimen, Ausbildungsstätten ... – während in den östlichen Landesverwaltungen der Aufbau nur langsam voranging, an diakonische Aufgaben auch nicht gedacht werden konnte.
„Konnte eine fruchtbare Zusammenarbeit im Blick auf die so verschiedenen Lebensbedingungen durchgeführt werden? Bestanden für die Frauen im Osten und Westen nicht ganz verschiedene Probleme, die man in der Arbeit erwägen mußte? Konnte unter diesen Umständen eine gemeinsame Jahresaufgabe die Frauenhilfen allerseits befriedigen? Sollte man sich nicht auf die Begegnung, den Austausch beschränken und auf die gemeinsame Erarbeitung einer Jahresaufgabe lieber verzichten, das heißt, Ost und West getrennt marschieren?"
„Diese Fragen", fährt sie dann fort, „brachen auf der Frühjahrskonferenz 1950 in Bethel" (wo Teilnehmerinnen aus dem Osten ja noch dabeisein konnten!) „in ganzer Schärfe auf. Von der Potsdamer Zentrale hatte man Vorschläge für Themen mitgebracht, die auf einer Zusammenkunft mit den östlichen Verbänden aufgestellt worden waren. Man erwartete, daß sie von der Versammlung der westlichen Verbände akzeptiert würden, da sie wie in den Kriegsjahren ein Stück christlicher

Lehre für die Frauenhilfen darboten. Die richtige Feststellung, daß man gegenwartsnäher in den Themen auf die Probleme der Frauen zugehen müsse, veranlaßte eine Gruppe, die Konferenz zu verlassen, um selbständig einen Jahresplan aufzustellen. Die Vertreter der übrigen 74 Landesverbände mit den Vertretern der 9 übrigen östlichen Landesverbände bemühten sich mit den beiden Zentralen weiter um die Durchführung einer gemeinsamen Jahresaufgabe."
Das muß ziemlich dramatische Auseinandersetzungen gegeben haben! Als ich 20 Jahre später in die Frauenhilfe einstieg, war immer noch dieses Bemühen um ein gemeinsames Thema, eine einheitliche Jahresaufgabe zu spüren. Nach diesem Bericht von Gerda Drewes hat man es bis etwa 1965 tatsächlich geschafft, sich wirklich abzustimmen und etwas Gemeinsames zu erarbeiten.
In den sechziger Jahren ist es dann endgültig auseinandergefallen. Wir konnten zwar bis zuletzt auch im Osten vierteljährlich ein Heft der Arbeitshilfen drukken, in denen die „Jahresaufgabe" (Jahresangebot) in Einzelthemen aufgeschlüsselt und für die Gruppen methodisch aufbereitet angeboten wurde. Aber es mußte praktisch jeweils zwei Jahre im voraus die Planung fertig sein, ein Jahr vor Erscheinen mußten die Texte zur Genehmigung eingereicht werden. Trotz dieser und mancher anderer Schwierigkeiten war die „Arbeitshilfe" ungeheuer wichtig und nützlich. Alle hatten ja gelernt, zwischen den Zeilen zu lesen.
Die Vertreterinnen der Frauenhilfen aus dem Westen sagten natürlich, das ist ja Wahnsinn, wir wissen doch nicht zwei Jahre im voraus, was sein wird. Wir wollen lebensnäher und direkter sein; wenn wir uns ein halbes Jahr vorher überlegen, was wir drucken wollen, dann ist das schon lange vorher.
1951 ist die Frauenhilfe auch juristisch auseinandergebrochen. Gerda Drewes schreibt dazu: „Diese gemeinsame Arbeit, die ihren speziellen Ausdruck in der Jahresaufgabe hatte, wurde auch nicht gestört, als am 25. Oktober 1951 die Verbände in der DDR beschlossen, ihre Arbeit unter den Schutz ihrer Landeskirchen und die Zentrale in Potsdam unter den Schutz der EKD zu stellen. Daraus mußte folgen, daß sie aus der Ev. Frauenhilfe in Deutschland e.V. austraten und landeskirchliche Frauenhilfe wurden, die Zentrale sich Frauenhilfe der EKD nannte."
Auch diese Entscheidung hat heftige Debatten ausgelöst. Man kann ausführliche und interessante Diskussionen in Protokollen nachlesen: Soll man oder soll man das nicht machen, was hat ein „Verband" als Vorteil, was ist der Vorteil einer landeskirchlich gebundenen Arbeit, was sind die jeweiligen Nachteile? Da man gemeinsam [in] Ost und West darüber diskutierte, ging man so weit zu fragen, ob nicht das, was für uns im Osten gut sei, nun nicht auch für alle in Deutschland gut sei. Warum treten die westdeutschen Frauenhilfen nicht auch aus und schließen sich ihren Landeskirchen an?
Das ist natürlich nicht zustandegekommen. So weit konnte und wollte man nicht gehen. Daraus folgt dann aber die Überlegung: „Wenn wir hier eine Ordnung schaffen, die im Westen nicht möglich ist, müssen wir uns sehr überlegen, ob das wirklich im Osten auch notwendig ist. Wenn wir kirchlich handeln, dann müßte etwas, das im Osten kirchlich richtig ist, auch im Westen kirchlich richtig sein. Da-

rum müssen wir uns davor hüten, daß wir uns zu sehr bestimmen lassen, und daß wir nicht ein Produkt des Augenblicks oder der Angst zu schaffen suchen." (4)
Aber es war wohl nicht anders machbar und ist so geschehen. Seit 1951 war die Einheit zerbrochen und die organisatorische Trennung perfekt. Die östlichen Frauenhilfen hatten den nicht zu unterschätzenden Vorteil, daß die Zentrale seit eh und je in Potsdam gewesen war. Auch Mitarbeiterinnen gab es noch. So hatte man einen festen Fuß auf der Erde. Über den Standort der östlichen „Zentrale" gab es keine Diskussionen. Es ist dann auch relativ schnell eine eigene Vorsitzende für den Bereich DDR gewählt worden. Es will uns so scheinen, als sei die Trennung, nachdem die Notwendigkeit dafür erkannt war, ganz schnell geschehen – und das alles bereits im Jahre 1951, zehn Jahre vor der Mauer.
In den Schriften wird dann 1961 als dramatischer Einschnitt gar nicht mehr registriert.
Es heißt bei Gerda Drewes: „... die beiden großen Konferenzen im Herbst und im Frühjahr, auf der die gemeinsame Jahresaufgabe durch Bibelarbeiten und Referate vorbereitet und erarbeitet wurde und die Begegnung Ost und West das gegenseitige Band wieder knüpfte. Zuerst konnten sie in Potsdam und auch in der Bundesrepublik, oft in Münster ..." – wo sich die westdeutschen Verbände eine neue Zentrale geschaffen hatten, „... durchgeführt werden. Als die Genehmigung zum Aufenthalt in Potsdam bzw. zur Ausreise in die Bundesrepublik durch die Behörden der DDR immer seltener wurden, trafen wir uns im Johannesstift in Westberlin. Seit die Mauer besteht, sehen wir uns in Ostberlin." Das ist alles, was Gerda Drewes zum Thema „Mauer" schreibt. Auch in den Editorials zu den Arbeitshilfen liest man nichts darüber. Im Osten verwundert das nicht. Daß aber auch im westlichen Bereich lediglich zu verstärktem Helfen und Intensivierung der Partnerschaften gemahnt wird, ist erstaunlich. Die Partnerschaften liefen allerdings gut und zum Teil sehr intensiv. Sie bedeuteten eine enorme Hilfe und haben vor allem dazu beigetragen, die innere Verbundenheit nie abreißen zu lassen.

Die rechtlich andere Organisationsform, als landeskirchlich angebundene Frauenwerke hat die östlichen Frauenhilfen schließlich doch stark geprägt im Unterschied zu den als Verband/Verein organisierten westlichen Frauenhilfen. 1974 hat Bischof Albrecht Schönherr beim 75-jährigen Jubiläum der Frauenhilfe gesagt, diese sei die erste große Laienbewegung in der Kirche gewesen und habe sich bewußt die Aufgabe gestellt, zum gelebten Zeugnis von Jesus Christus zuzurüsten. Für die Kirche sei dieser Dienst besonders fruchtbar, weil die Frauenhilfe nicht in Vereinsform, sondern stets gemeindegebunden gearbeitet habe. Da wurde also diese Form bereits als Selbstverständlichkeit vorausgesetzt.
In Westdeutschland ist die Entwicklung etwas anders verlaufen. 1955 wurde eine neue Satzung gemacht, die Geschäftsstelle in Münster war für alle Produkte verantwortlich. An vielen Orten lief die Arbeit sehr traditionell, unbeeindruckt von den gesellschaftlichen und politischen Entwicklungen im Umfeld, weiter. Das ist auch deutlich abzulesen in Referaten und Artikeln aus dieser Zeit. So hat die

Trennung in zwei Welten, die sich nur sehr geringfügig begegnen konnten, auch eine klarere Auseinandersetzung mit den Problemen der jeweils anderen Seite verhindert, was nach 1989, beim Wiederzusammenwachsen, schmerzlich deutlich wurde.

Bei der Evangelischen Frauenarbeit lagen die Dinge anders. Sie hatte ihre Zentrale immer im Westen Deutschlands, dort also auch ihr Standbein nach 1945. Im Osten haben wir wohl darum mit der „Frauenarbeit" immer unsere Mühe gehabt. Alles mußte ehrenamtlich gemacht werden, es gab kein Büro und keine Mitarbeiterinnen. Die erste östliche Vorsitzende schreibt rückblickend: „1961 änderte sich alles mit einem Schlage." Da wird also der Mauerbau anders und einschneidender wahrgenommen. Bis dahin ist die Frauenarbeit in Deutschland ganz ungeniert eine gesamtdeutsche gewesen. Es hat auch keinerlei Unternehmungen gegeben, wie etwa bei der Frauenhilfe schon 1951, etwas zu verändern. Die jährlichen Zusammenkünfte fanden sowieso in Berlin statt, weil die Vorsitzende oder die Geschäftsführerin damals in Berlin wohnte oder arbeitete. „1961 änderte sich das alles mit einem Schlage. Man fragte, ob eine Weiterarbeit möglich sei und wie diese nunmehr aussehen und geschehen könnte." (5) 1962 hat man sich in Ostberlin getroffen, im Haus der Berliner Mission, und es wurde ein neuer, ein östlicher Leitungskreis gewählt. „Es hat eine gewisse Zeit gedauert , bis das, was sich theoretisch abzeichnete, im Bewußtsein und praktisch vollzogen wurde. Ich habe daher meine Arbeit behutsam und zaghaft begonnen." „Auf der großen Begegnungstagung im März wurde mit der Zeit immer deutlicher, daß unser Weg ein anderer als der der Westdeutschen sein müsse. Wir sind kein e.V., sondern ein Stück Kirche." betont sie da sehr deutlich und fühlt sich auch als solche. Insofern hat es bei der Frauenarbeit nach der Wende größere Probleme gegeben, sich der Ev. Frauenarbeit in Deutschland anzuschließen. Nur einzelne landeskirchliche Frauenarbeiten haben diesen Schritt getan. Im Zusammenhang mit der „Frauenarbeit" muß der Weltgebetstag erwähnt werden. In Westdeutschland trug immer die Frauenarbeit die Verantwortung für den WGT, während in der DDR die Frauenhilfe federführend war. Beim WGT, einer über hundertjährigen Bewegung , wird am ersten Freitag im März weltweit eine Gebetsordnung aus einer Region der Erde gebetet. Dadurch entsteht eine verbindende Gebetskette rund um den Globus. Die Texte müssen jeweils aus dem Englischen übersetzt und also adaptiert werden. Solche „Übersetzung" erfordert große Einfühlungsbereitschaft. Seit Anfang der 50er Jahre ist unter Regie der Frauenhilfe, die Gebetsordnung in der DDR selbständig gedruckt worden, immer in Absprache mit der Vertreterin des WGT-Komitees aus der BRD, so daß es sehr lange tatsächlich denselben Text in ganz Deutschland gab – bis auch das auseinanderbrach.

Wir hatten in der DDR ja nur wenig Papier, nur ein gefaltetes DIN A4 Blatt stand uns zur Verfügung. Da mußte in möglichst kleinem Druck so viel als möglich drauf gepreßt werden. Lieder und Bibeltexte wurden nur mit Stellen- und Nummerangaben vermerkt. Dazu kam der notwendige lange Vorlauf wegen der Genehmigung. In Westdeutschland, wo Papier kein Problem war, konnten die Lieder

mit Noten, die Bibeltexte vollständig und auch weitere Informationen abgedruckt werden. So gingen auch diese Texte allmählich immer stärker auseinander – auch in den Einzelformulierungen. Bei uns spielten dabei Genehmigungsfragen eine große Rolle, im Westen stand eher die Frage der Verständlichkeit auch für jüngere Frauen in deutschem Umfeld im Vordergrund.
Im Ostbereich lag uns daran zu sagen: „Weltgebetstag – Frauen laden ein". Wir wollten betonen, daß dies nicht ein Gottesdienst nur für Frauen sei, sondern für die ganze Gemeinde, allerdings gestaltet von Frauen. Im Westen hieß es: „Weltgebetstag der Frauen." Das hat uns damals gewundert und geärgert, denn wir hatten ja überhaupt nicht so ein Frauenbewußtsein wie westdeutsche Frauen. Wir waren ganz stark auf Zusammenarbeit eingestellt, meinten auch, diese verwirklichen zu können, und hätten darum nie so etwas „Ausgrenzendes" wie „Weltgebetstag der Frauen" sagen mögen.
Ich komme zum Schluß. Wenn man sagt, daß die Trennung innerhalb der EKD langsam, schmerzlich und dabei dramatisch vor sich gegangen sei, aber immer mit dem festen Willen, innerlich beieinander zu bleiben, so kann man das auch für die Frauenhilfe/-arbeit sagen. Es bestanden „menschliche, keine organisatorischen Kontakte", so hat es Ursula Brennecke formuliert. Wir haben viel Zuwendung und Hilfen aus dem „Westen" empfangen. Das hat uns gut getan und der Arbeit enorm geholfen. Aber wir mußten doch äußerlich unterschiedliche Wege gehen. Diese zu finden, war ein allmählicher Prozeß. Im Rückblick ist für mich die geringe Thematisierung in den Arbeitshilfen und sonstigen Verlautbarungen doch erstaunlich. Immer nur unter Druck kam es dann zu Entscheidungen. Man hat versucht, sich so lange als möglich gegen die Trennung zu wehren, was ganz sicher die innere Trennung verhindert hat. Die Aufgabe, in der jeweiligen Situation missionarisch und also angemessen zu wirken, wurde erkannt. Ob wirklich immer wahrgenommen werden konnte, das in der Situation Nötige und Mögliche und vom Auftrag der Kirche und der Frauenarbeit her Gebotene zu tun, ist natürlich zu fragen. Das muß jede Seite für sich tun, denn die Situation war so unterschiedlich, daß das Mögliche und Nötige immer unvergleichbarer wurde. Innerhalb der Frauenhilfe hat offensichtlich die „Mauer" keinen wesentlichen Einschnitt in die Arbeit bedeutet. Die Grundentscheidung war bereits 10 Jahre früher gefallen. Die Begegnungen mit ihren intensiven menschlichen Kontakten sind auch nach 1961 unvermindert geblieben. Man begegnete sich dabei immer freundlich, offen füreinander. Freilich: gestritten haben wir uns nicht, wir beließen einander an dem „Ort", wo es jeweils für sinnvoll gehalten wurde. Wir haben uns miteinander und übereinander gefreut. Wir im Osten haben genossen. Uns wurde viel gegeben, nicht nur Apfelsinen und andere begehrte Dinge, sondern auch und vor allem Referenten, Informationen, Impulse. Auf diese Weise haben wir bei den Tagungen viel gelernt und interessante Leute kennengelernt. Wir haben uns nicht gegenseitig in Frage gestellt in dieser Zeit. Das hat uns nach der Wende zu schaffen gemacht. Da fehlte ein Stück Kenntnis voneinander.

Gerda Drewes hat die Arbeit in den 60er Jahren in den beiden Teilen Deutschlands unter die Überschrift „Tradition und Fortschritt" gestellt und beschrieben, was sie unter diesen beiden Begriffen versteht. Heute würden wir das vielleicht anderes formulieren. Aber es ist wohl so geblieben, daß das Bewahrende und das Vorantreibende die kirchliche Frauenarbeit auszeichnet, sie herausfordert, manchmal fast zerreißt, wohl auch mitunter hemmt.
„Die Welt stellt die Tagesordnung auf" hieß es in der ökumenischen Bewegung. Die getrennte Welt hat so auch uns getrennt. Aber wir suchten die Antworten immer wieder neu aus der alten, klaren Quelle, der „Frohen Botschaft". Möge uns das auch in den Umbrüchen der 90er Jahre und den neuen Jahrtausends gelingen.

(1) Synodalvortrag von Bischof i. R. Werner Krusche auf der 3. Tagung der VI. Synode des Bundes der Ev. Kirchen 1991 in Berlin; Sonderdruck, S. 28
(2) Ebd. S. 9
(3) Gerda Drewes: Entstehung und Entwicklung der Frauenhilfsarbeit; Sonderdruck
(4) Pfarrer Schröder am 10. 7. 1951 bei einem „Rundgespräch" über die Zuordnung der Frauenhilfe zur EKD, maschinenschriftliche Nachschrift
(5) Eva-Dorothee Denneberg: Evangelische Frauenarbeit 1963–1971, maschinenschriftlicher Bericht vom 3. VII. 1973

Gudrun Althausen, Berlin, 1998

Im März 1990 begann die offizielle Kontaktaufnahme zwischen dem Vorstand der Evangelischen Frauenhilfe in Deutschland und dem Arbeitsausschuss der Evangelischen Frauenhilfe in der DDR, deren Vorsitzende Gudrun Althausen war. Die West-Frauenhilfe hatte vorgeschlagen, einen Koordinierungsausschuss zu bilden, der die künftige Zusammenarbeit planen sollte. Dieser Ausschuss traf sich ab dem 24. Juli 1990 relativ häufig, unterbrochen von Tagungen des Vorstands und des Arbeitsausschusses, an denen jeweils Vertreterinnen der anderen Frauenhilfe teilnahmen, gemeinsamen Tagungen der Frauenhilfen und Rücksprachen in den verschiedenen Frauenhilfen in allen Landesteilen Deutschlands. Es war ein Verhandlungsmarathon, der über knapp zwei Jahre stattfand und allen Beteiligten viel abverlangte. Im Oktober 1990 konnte eine „Gemeinsame Erklärung zur künftigen Zusammenarbeit" vorgelegt werden. Diese wurde in der Januarausgabe von „Frauen unterwegs" veröffentlicht:

Gemeinsame Erklärung zur zukünftigen Zusammenarbeit
der Mitgliedsverbände der Evangelischen Frauenhilfe in Deutschland e.V. und der gliedkirchlichen Frauenhilfen/Frauenwerke in der Evangelischen Frauenhilfe des Bundes der Evangelischen Kirchen

1. Die nachstehend genannten Mitgliedsverbände der Evangelischen Frauenhilfen in Ost und West Vereinbaren im Blick auf den bevorstehenden Zusammenschluß der Evangelischen Landeskirchen in Deutschland die künftige Zusammenarbeit in einem Verband der Evangelischen Frauenhilfe in Deutschland.

Dieser Erklärung stimmen zu:

1. Frauenarbeit der Evangelischen Kirche Berlin-Brandenburg im Evangelischen Bildungswerk
2. Evangelische Frauenhilfe Landesverband Braunschweig e.V.
3. Landesverband der Evangelischen Frauenhilfe Bremen e.V.
4. Stadtverband der Evangelischen Frauenhilfe in Frankfurt e.V.
5. Evangelische Frauenhilfe in Hessen und Nassau e.V.
6. Evangelische Frauenhilfe Husum e.V.
7. Lippischer Landesverband Evangelischer Frauenhilfen
8. Evangelische Frauenhilfe Landesverband Oldenburg e.V.
9. Evangelische Frauenhilfe im Rheinland e.V.
10. Evangelische Frauenhilfe in Westfalen e.V.
11. Frauenhilfe der Evangelischen Landeskirche in Württemberg
12. Ausschuß für Frauenarbeit der Ev.-Ref. Kirche in Nordwestdeutschland
13. Frauen- und Familienarbeit der Evangelischen Landeskirche Anhalts
14. Frauen- und Familienarbeit der Evangelischen Kirche in Berlin-Brandenburg (Ev. Frauenhilfe)
15. Frauenarbeit der Evangelischen Kirche des Görlitzer Kirchengebietes
16. Frauenhilfe der Evangelischen Kirche Landesstelle Pommern
17. Frauenhilfe der Ev.-Luth. Landeskirche Mecklenburgs (Frauen- und Familienarbeit)
18. Evangelische Frauenhilfe der Kirchenprovinz Sachsen (Kirchl. Frauen- und Familienarbeit)
19. Frauenwerk der Ev.-Luth. Kirche in Thüringen

2. Eingedenk der gemeinsamen Wurzeln in der Tradition der Frauenhilfe, unter Berücksichtigung der jeweils eigenen und verschiedenen Geschichte und in der Hoffnung auf eine gemeinsame Zukunft in einem vereinten Deutschland fühlen wir uns verbunden in einem gemeinsamen Auftrag der Evangelischen Frauenhilfe und erklären:
   a. Diese Verbundenheit als Evangelische Frauenhilfe kommt darin zum Ausdruck, daß wir unsere Arbeit für und mit Frauen wahr-

nehmen in der Bindung an das Wort der Bibel und im Vertrauen auf die Verheißungen des Evangeliums von Jesus Christus. In der ständig neuen Auslegung der Bibel entdecken wir Auftrag und Herausforderung für Gegenwart und Zukunft.

b. Diese Verbundenheit als Evangelische Frauenhilfe kommt darin zum Ausdruck, daß wir uns an alle Frauen und Frauengruppen in der Evangelischen Kirche wenden, diese um Mitarbeit bitten und Frauengruppen in Kirchengemeinden begleiten und unterstützen. Die Frauenhilfe will Partnerin sein allen ehrenamtlichen hauptamtlichen MitarbeiterInnen in Frauenhilfe, Kirche und Diakonie und Entwicklungen und Analysen unterstützen und fördern, die das Leben, Denken, Fühlen und Handeln von Frauen in Kirche und Gesellschaft betreffen.

c. Diese Verbundenheit als Evangelische Frauenhilfe kommt darin zum Ausdruck, daß die einzelnen Mitgliedsverbände und der Verband der Frauenhilfen als Hilfe anregen, wo sie erforderlich ist, Projekte begleiten, sich mit Frauen in besonderen Konflikt- und Notsituationen solidarisieren und Frauen zur Übernahme von Verantwortung in Kirche und Gesellschaft ermutigen und befähigen.

d. Diese Verbundenheit in einem Verband der Evangelischen Frauenhilfen kommt darin zum Ausdruck, daß wir über die landeskirchlichen Grenzen hinweg gemeinsame Beratungs- und Beschlußgremien bilden, die Vertretung gemeinsamer Anliegen nach Außen und Innen zusammen wahrnehmen und im Rahmen einer gemeinsamen Geschäftsstelle – finanziert durch Beiträge der Mitgliedsverbände und Zuschüsse der Evangelischen Kirche in Deutschland – in Fortsetzung der Tradition der bisherigen Geschäftsstellen in Kaiserswerth und Potsdam gemeinsame Anliegen koordinieren und gemeinsame Aufgaben bündeln.

3. Die Selbständigkeit der Mitgliedsverbände und landeskirchlichen Frauenwerke mit ihren jeweiligen Arbeitsbereichen auf der Grundlage bestehender Satzungen bzw. Ordnungen ist von dieser Zusammenarbeit in einem gemeinsamen Verband nicht berührt. Die breite und unterschiedliche Fächerung der Arbeitsbereiche, wie z. B. offene Frauenarbeit, Familienarbeit diakonische und gesellschaftspolitische Aktivitäten wird im Verband der evangelischen Frauenhilfe ausdrücklich begrüßt und unterstützt. Diese breite Fächerung wird als hilfreicher Impuls für die künftige Entwicklung evangelischer Frauenhilfsarbeit verstanden.

4. In dieser gemeinsamen Erklärung wird ausdrücklich der Wille bekundet, eine intensive inhaltliche gemeinsame Arbeit in folgenden Bereichen aufrecht zu erhalten und zu entwickeln:

a. Fort- und Weiterbildung von Multiplikatorinnen im Hauptberuf und Ehrenamt,

b. Stärkung der selbständigen und durch ihre Gremien verantworteten Arbeit der Frauenhilfen im Raum der Kirche,
c. Erstellung von Publikationen, Arbeitshilfen und anderen Medien zur Förderung der Frauenarbeit in allen Bereichen,
d. Gemeinsame Vertretung des Verbandes der Evangelischen Frauenhilfen und der landeskirchlichen Frauenhilfen im Raum der EKD, in der Ökumene, in der Evangelischen Frauenarbeit in Deutschland und anderen Gremien.

Aus: Frauen unterwegs, 6/91, S. 11

Im Mai 1991 tagten die beiden leitenden Gremien aus Ost und West und diskutieren das Papier für die zukünftige Zusammenarbeit.

Neue Wege, Chancen und Aufgaben für die Frauenhilfe in Ost und West

Nach 40 Jahren konnten erstmals vom 6.–8. Mai 1991 auf dem Hessenkopf bei Goslar der Arbeitsausschuß der Frauenhilfe Ost und die Mitgliederversammlung der Evangelischen Frauenhilfe in Deutschland e. V. gemeinsam tagen. Wichtige Entscheidungen und Beschlüsse für die gemeinsame Zukunft der Frauenhilfen wurden getroffen.
Ute Kühnhaupt, Vorsitzende der EFHiD betonte bei der Eröffnung, daß es sich schon im Vorfeld dieser Tagung bei den Verhandlungen und Gesprächen als außerordentlich positiv erwiesen hat, daß über Jahrzehnte die Zusammenarbeit zwischen den beiden Frauenhilfen nie abgerissen ist, sondern u. a. in gemeinsamen Konferenzen sichtbar wurde.
Bei der Diskussion der „Gemeinsamen Erklärung zur zukünftigen Zusammenarbeit" der zwölf Mitgliedsverbände der Evangelischen Frauenhilfe in Deutschland e. V. und von sieben gliedkirchlichen Werken der Evangelischen Frauen- und Familienarbeit des Bundes der Ev. Kirchen, betonte **Gudrun Althausen**, Vorsitzende des Arbeitsausschusses der Frauenhilfe Ost: „Es bedeutet viel für uns daß wir uns nicht ‚anschließen', daß wir nicht ‚beitreten', sondern daß wir gemeinsam einen neuen Weg gehen und uns dafür auch die nötige Zeit lassen." Dies wird deutlich in dem vorgelegten Zeitplan für das nächste Arbeitsjahr, an dessen Ende die Gründung des gemeinsamen Verbandes mit neuer Satzung, Organen einer gemeinsamen Publikation und gemeinsamer Geschäftsführung stehen wird.
Als neuer Schwerpunkt der inhaltlichen Arbeit wurde beschlossen, die Kontakte nach Osteuropa zu intensivieren. Die Zentrale der Frauenhilfe Ost wird auch weiterhin im Bereich ihrer Versöhnungsarbeit Arbeitseinsätze im Kinderkrankenhaus Warschau organisieren.
Verabschiedet wurde eine gemeinsame Stellungnahme der Frauenhilfen Ost und West zum Schwangerschaftsabbruch, in der sie für qualitativ und quanti-

tativ erweiterte Beratungsmöglichkeiten, Entkriminalisierung des Schwangerschaftsabbruches und einer Reihe sozialpolitischer und ökologischer Maßnahmen eintreten, die Müttern und Kindern Lebenschancen und Zukunftsperspektiven eröffnen.
Hildegard Haarbeck, Stellvertretende Vorsitzende der Evangelischen Frauenhilfe in Deutschland e. V., machte deutlich, daß auf vielen Ebenen für die nächste Zeit Mühe darauf verwandt werden muß, „das rechtliche Gehäuse und das wirtschaftliche Fundament zu erstellen und über die Strukturen und Wege der künftigen Zusammenarbeit nachzudenken. Dabei bleibt uns bewußt, daß wir zwar nicht ohne Ordnungen, aber auch nicht von Ordnungen leben können. Darum wollen wir uns den jetzt notwendigen Aufgaben gewissenhaft unterziehen in der Hoffnung, uns recht bald auf die gemeinsamen inhaltlichen Anliegen konzentrieren zu können. Es wird, so hoffe ich, für die Einheit in unserer Kirche und die noch gestörte Solidarität in unserem Volk einiges bedeuten, wenn wir das Zusammenleben von Frauen in Ost und West gleichberechtigt haben fördern können."

Inge Heiling, Potsdam — Marielisa v. Thadden, Düsseldorf

Aus: Frauen unterwegs, 6/91, S. 10

Gudrun Althausen hielt auf der Tagung im Mai 1991 einen Bericht über die „Standortbestimmung der Evangelischen Frauenhilfe /Ost". Darin heißt es:

... Freilich: es ist schwierig, von „Standort" zu reden in einer Zeit, da uns der Boden unter den Füßen schwankt und nichts mehr sicher und bekannt abzulaufen scheint.

Es war eine große Leistung beider Verbände und aller darin arbeitenden verantwortlichen Frauen und Männer, diesen „schwankenden Boden" auszuhalten, darauf Rücksicht zu nehmen und trotzdem zielführend weiter zu diskutieren.
Und es gab Fragen über Fragen zu klären: Satzung, Struktur, Finanzen, Publikationen, inhaltliche Ausrichtungen, Name und – am Ende stellte sich diese Frage als die entscheidende heraus: der Sitz der Geschäftsstelle.
Gudrun Althausen hat als Vorsitzende des Arbeitsausschusses der Frauenhilfe der DDR und als Mitglied des Koordinierungsausschusses an allen Sitzungen, Besprechungen und Entscheidungen teilgenommen. Das kostete viel Kraft und ging auch nicht ohne Verletzungen vorbei.
Und doch konnte im September 1992 mit einer Tagung und einem großen Fest der neue, gemeinsame Verband gefeiert werden. Gudrun Althausen war vorher zur Vorsitzenden gewählt worden, ihre Stellvertreterin Ute Kühnhaupt kam aus dem Westen. Gudrun Althausen hielt im Einführungsgottesdienst die Predigt.

(siehe Kapitel 3.2) Eine neue Satzung ist erstellt worden, es gab eine neue Publikation, die aus den beiden Arbeitsmaterialien „zum Weitergeben“ (West) und „Arbeitshilfe“ (Ost) zusammengelegt und neu konzipiert wurde. Die Finanzen waren in Absprache mit der EKD geregelt und über die Aufgaben und Ziele waren sich beide Verbände einig geworden.

Bis zu dieser Zeit arbeiteten sowohl in Potsdam als auch in Kaiserswerth – also in beiden ehemaligen Geschäftsstellen – Mitarbeiterinnen. Potsdam war das Kontaktbüro im Osten, Kaiserswerth die Hauptgeschäftsstelle. Aber es wurde immer noch um einen gemeinsamen Sitz entweder in Potsdam oder in Kaiserswerth oder an einem neuen Ort gerungen.

Im Mai 1993 fand eine Mitgliederversammlung der Ost- und West-Frauenhilfen auf Borkum statt, auf der über den künftigen Sitz der Geschäftsstelle entschieden werden sollte. Vorstandsmitglied Hildegard Haarbeck gab einen ausführlichen Bericht über den Ablauf der Suche nach einem geeigneten Gebäude. Was die Mitarbeiterinnen betrifft, hatten sowohl diejenigen in Kaiserswerth als auch die in Potsdam mitgeteilt, dass sie ihren Arbeitsort nicht wechseln würden.

Auf der Versammlung wurde nach einer sehr emotionalen Diskussion für Kaiserswerth als künftigen Sitz gestimmt. In Potsdam wurde ein Kontaktbüro eingerichtet mit speziellen Arbeitsaufträgen – zum Beispiel der Erstellung der gesamtdeutschen „Arbeitshilfe zum Weitergeben“ und als Anlaufstelle für die östlichen Mitgliedsverbände. Das Kirchenamt der EKD erkannte allerdings den Beschluss der Jahreshauptversammlung nicht an, so dass zahlreiche kontroverse Gespräche geführt werden mussten. Dennoch weigerte sich die EKD das Büro in Potsdam über den 31. Dezember 1994 hinaus zu genehmigen und drohte weitere finanzielle Kürzungen an.

Auf der Jahreshauptversammlung 1994 stellten Christine Busch[46] und Gudrun Althausen im Vorstands- und Geschäftsbericht fest:

Der Vorstand kommt zu dem Schluß, daß die Vorgaben des Kirchenamtes auf völliger Unkenntnis der Arbeitsbereiche beruhen. Er interpretiert sie als Kompetenzüberschreitung und als massiven Eingriff in Konzeption und Struktur der EFHiD.

Dennoch musste der Verband einem Kompromiss zustimmen, der darin bestand, dass das Potsdamer Büro zum 31. Dezember 1994 geschlossen wird, gleichzeitig aber Gelder für ein längerfristiges Projekt der Frauenhilfe zur Erstellung der „Arbeitshilfe zum Weitergeben“ in einem Haus der EKD in Berlin beantragt werden können. Dieses Projekt kam nie zustande, da niemand gefunden wurde, die unter diesen Umständen diese Stelle antreten wollte.

46 Leitende Pfarrerin der Frauenhilfe Deutschland (West) bis 1992, dann geschäftsführende Pfarrerin im neuen Verband.

Darüber schrieb Gudrun Althausen im Vorstandsbericht 1994/95 zur Vorbereitung auf die Jahreshauptversammlung im Mai 1995:

So begann eine Zeit des Aufarbeitens und Abschiednehmens. Dass dies nicht ohne Schmerzen abgehen konnte, dass Trauer manchmal die notwenigen Schritte verzögerte, dass diese Wochen eine fast nicht zu bewältigende Herausforderung an alle Mitarbeiterinnen war – das wissen wir alle und das hat der Vorstand mitgetragen. ... Am 25. November 1994 fand dann in den Räumen des „Verbindungsbüros" die Verabschiedung der Mitarbeiterinnen statt, die zugleich eine Verabschiedung von dem Standort Potsdam des Dachverbandes war. Die Vertreterinnen aus den östlichen Landesstellen, die Gäste, die von vielen Begegnungen vergangener Jahre berichteten, und die Dankrede des Vorstandes betonten noch einmal, wie wichtig gerade in den letzten 40 Jahren das Frauenhilfszentrum in Potsdam in der Behlertstraße für uns gewesen ist.
Es konnte aber auch unterstrichen werden, dass Frauenhilfe, die in ihrer Geschichte schon manche Veränderung (des Ortes, der Menschen, der Inhalte) durchlebt hat, weitergehen wird – gemeinsam den neuen Herausforderungen antwortend.

Dieser Vereinigungsprozess war auch viele Jahre später noch ein Thema für Gudrun Althausen und für den Verband.
1996 erschien in der Zeitschrift „Frauen unterwegs" ein Artikel von Gudrun Althausen dazu:

Wo gestritten wird, da ist Leben
Erfahrungen aus der Frauenhilfe Ost und West

Vor 3 Jahren habe ich das Verhältnis der Frauenhilfe Ost und Frauenhilfe West in dem Bild einer Liebe und jungen Ehe erzählt: „Aus der Ferne ist die Liebe groß. Man hat ein Bild vom anderen auf dem Schreibtisch stehen, schreibt Briefe und besucht sich, so oft es eben geht. Freilich: man kennt den anderen eigentlich nur in besonderer Situation, mit seinem Sonntagsgesicht. Probleme werden im Gespräch vermieden.
Schließlich erlauben die äußeren Umstände doch eine engere Verbindung. Man bereitet den Vertrag vor. Das kostet Zeit und zwingt schon zu einigen Kompromissen, deren Tragweite man aber noch nicht recht übersieht.
Ein großes Fest mit vielen Gästen besiegelt das Ganze, es ist Hoch-Zeit. Man denkt: nun ist alles klar. Dann kommt der Alltag mit allen kleinen und großen Problemen, die gelöst werden müssen, gemeinsam. Man hat nicht einmal eine Wohnung für beide. Beide hatten sich in der bisherigen Wohngegend gut eingerichtet, nette Nachbarn, preisgünstiges Zimmer ... an einzelnen Fragen wird deutlich, dass man doch sehr verschiedene Vorstellungen und Erfahrungen hat. Es gibt Mißverständnisse, auch handfesten Streit."

Soweit meine Geschichte bis 1993. Sie geht weiter: die beiden leben immer noch zusammen. Nach außen treten sie geschlossen auf. Aber wenn sie unter sich sind, und die Sicherheit der gemeinsamen Wohnung und der grundsätzlichen Übereinstimmung ihnen die Freiheit zu unterschiedlichen Meinungen gibt, dann werden oft unerwartete Punkte zu Streitobjekten. Plötzlich kommen die alten Erfahrungen hoch: „Bei uns war das früher aber so ..." „Bei uns" ist dann mit einem Mal ein doppelter Ort und schafft eine fast unüberbrückbare Distanz.
Es taucht die Zeit auf, die nicht beiden gehört.
Streiten, das keine persönlichen Verletzungen hinterlässt, ist schwer. Jede/jeder ist in dieser Partnerschaft persönlich, emotional beteiligt; denn jeder will der eigenen Vergangenheit und der neugewonnen Gemeinschaft gegenüber loyal sein. Dabei unterstellt man sich leicht, der eine sei der Stärkere, weil er diese Position mit besser formulierten Sätzen und flinkeren Vorschlägen ausnütze. Oder: die andere übe Macht aus, indem sie, auf ihre vermeintliche Schwäche hinweisend, Zuwendung erreiche und eben fröhlich-sachliches Streiten verhindere, weil sie es auch nie richtig gelernt habe und sich schon immer nur habe versorgen lassen. Doch wo gestritten wird, da hat man sich nicht aufgegeben. Da kann und wird selbstbewußte Partnerschaft/Gemeinschaft wachsen. Wo man sich streiten kann, streitet man sich zusammen, wächst aneinander, wird reifer und lernt einander besser kennen. Gemeinsames Neues entsteht.
Verschiedene „Strukturen" der beiden Frauenhilfen verhindern eine einfache Vergleichbarkeit – und zwingen zu neugierigem Zuhören. Man hat unterschiedliche Vorstellungen: ob es ums Geld geht, daß jeder in die Wirtschaftskasse tun soll, um die Gestaltung des Türschildes, das eine Art Erkennungszeichen werden soll, oder um die Freunde, mit denen man verkehrt oder eben auch lieber nicht.
Genau das würde einen produktiven Streit spannend machen: Neues, Unbekanntes voneinander zu erfahren, an dem die eigene Stellung, die bisherigen Erfahrungen gemessen werden könnten. Streiten-können, offen und zugleich friedlich (das heißt ohne verletzende Waffen im Rock versteckt) ist Zeichen freier Menschen, gleichstarker Partner, selbstbewußter Frauen, die keine Angst vor Vereinnahmung haben, die sich aber auch nicht – hart oder versteckt – absolut durchsetzen wollen. Denn zum Streiten-können gehört auch die Fähigkeit, Positionen zu verlassen, Standpunkte aufzugeben, um einen gemeinsamen Weg zu finden.
Das Ehepaar, dessen Geschichte uns Beispiel war, wird immer älter – miteinander. Interessant sind Partnerschaften, in denen auch noch nach vielen Jahren unterschiedliche Meinungen möglich sind und ausgetragen werden. Freilich gibt es auch alte Ehepaare, die nicht mehr „streiten", weil sie gar nicht mehr miteinander reden. Dann verändert sich auch nichts mehr. Mag das für alte Ehepaare möglich sein, für die Evangelische Frauenhilfe in Deutschland, auch wenn sie 100 Jahre alt sein wird, sollte es nicht erstrebenswert sein.

Gudrun Althausen

Die Autorin ist Vorsitzende des Vorstandes der Evangelischen Frauenhilfe in Deutschland. Sie lebt in Berlin.

Aus: Frauen unterwegs, 6/96, S. 8–9

2002, zum 10-jährigen Bestehen der wiedervereinigten Frauenhilfe fand ein Studientag der Evangelischen Frauenhilfe unter dem Titel „Gedenke des ganzen Weges ... – Umbrüche und Aufbrüche 1992 – 2002“ statt. Während dieses Tages gab es ein Rundgespräch mit Frauen aus Ost- und West-Frauenhilfen. Eine Vertreterin des Ostens war Gudrun Althausen. Sie sagte unter anderem:

Die Wiederherstellung der (Vorkriegs-) Situation erschien mir nach der Wende der deutschen Geschichte 1989 eine selbstverständliche Forderung. [...] Allerdings hatten wir die Hoffnung, dass uns Zeit gelassen würde, eine wirkliche Entwicklung aufeinander zu gestalten. [...] Es wurden – bei allem freundlichen Bemühen beider Seiten – doch recht mühsame, gemeinsame Schritte in die neue Zukunft.
Als gravierendste Unterschiede erschienen zuerst die verschiedenen gewachsenen Strukturen: im Westen als Verein, im Osten als landeskirchliche Werke. Als absurd erlebte ich die Erwartung, dass bei uns im Osten wieder die „Normalität" eines Vereins herbeigeführt werden sollte. Wir haben immer wieder betonen müssen, dass unsere Form nicht nur ein zeitweiser Unterschlupf, eine Notlösung war, sondern eine uns wichtige, inzwischen auch theologisch reflektierte Entscheidung, die wir auf keinen Fall rückgängig machen wollten. [...] Da ich von Anfang an in die Verhandlungen in leitender Position einbezogen war, hat mich vor allem die Frage des Standortes der Geschäftsstelle umgetrieben. Ich bin zwischen den Erwartungen aus dem Osten und denen aus dem Westen fast zerrieben worden und habe viele Gespräche in schlimmer Erinnerung.
Ich hätte mir sehr gewünscht, dass die neue, gemeinsame Geschäftsstelle an ihren alten Ort nach Potsdam zurückgekehrt wäre. In dieser Hoffnung habe ich auch die vielen Gespräche mit dem Hilfsverein, mit Hermannswerder, mit der EKD geführt. Aber ich hatte nichts zu bieten und das war demütigend.
Es wurde überhaupt sehr schnell deutlich, dass wir aus dem Osten auf vielen Ebenen die Unterlegenen waren – und eben blieben. Wir hatten weniger Computer-Kenntnisse, es mangelte uns nicht nur an selbstbewusstem und klar profiliertem, mit kirchenpolitischen Wassern gewaschenem, in vielen Jahren westdeutscher innenpolitischer und kirchlicher Kämpfe power-gestähltem Auftreten, sondern – und das wog wohl schwerer – an finanzkräftigen kirchlichen Unterstützern, die uns ein Haus hätten bezugsfertig herrichten können.
Ich habe damals gelitten und habe immer wieder jeweils die Argumente der anderen Seite zu verdeutlichen gesucht. Ich bin meist nicht verstanden worden und viele haben sich an mir geärgert. Außerdem war es nicht möglich, in die neue Gemeinschaft einzubringen, was uns geprägt und unsere gemeinsame Arbeit gestärkt hatte: die gemeinsame Erarbeitung der monatlichen Themen für die Ar-

beitshilfe in drei einwöchigen Konferenzen pro Jahr, die – von evangelischer Seite – Verantwortung für den Weltgebetstag, seine Materialien und seine Vorbereitung – und manches andere mehr. Von nun an musste sich alles „rechnen" und damit war vieles abrupt zu Ende.
Natürlich will ich nicht verschweigen, dass ich persönlich neben aller Anstrengung einen enormen Gewinn von der nun gesamtdeutschen Frauenhilfe gehabt habe. ...

Während des Studientages gab es eine Pinnwand, auf der teilnehmende Frauen ihre Gedanken notieren konnten. Auf einem Zettel stand:
Frau Althausen: Dank für Ihre offenen Worte, für die konkrete Benennung Ihrer Verletzungen. Sie waren/sind Baumeisterin im integrativen Brückenbau.

Margot Papenheim, Referentin bei der Evangelischen Frauenhilfe Deutschlands, erinnert sich an diesen Studientag und den Beitrag Gudrun Althausens und berichtet darüber:
Ich habe im Jahr 2000 bei der Evangelischen Frauenhilfe angefangen zu arbeiten und hörte in den Erzählungen über die Vereinigung der beiden Frauenhilfen häufiger den Satz: „Wir haben uns bewusst Zeit gelassen mit der Wiedervereinigung der Frauenhilfen. Bei uns sollte es anders sein, kein Abwickeln wie in so vielen anderen Bereichen, sondern eine Wiedervereinigung auf Augenhöhe." 10 Jahre später ist allen an der Vorbereitung Beteiligten aus Vorstand und Geschäftsstelle der Frauenhilfe klar: Wir können das nicht „einfach nur feiern" – zu vieles ist auch bei uns eben nicht so gelaufen, wie wir das wollten, wie wir es uns das gewünscht hätten. Auch unter uns hat es herbe Enttäuschungen und tiefe Verletzungen gegeben – die lassen sich nicht „wegfeiern". Vor diesem Hintergrund wird ein Panel geplant: Haupt- und ehrenamtliche Funktionärinnen aus Ost und West, die den Prozess gestaltet haben, der 1992 in die offizielle Wiedervereinigung mündete, sprechen über ihre jeweiligen Erfahrungen – moderiert von einer externen Moderatorin mit Erfahrung im Ost-West-Dialog und! mit therapeutischer Kompetenz. Mit auf dem Podium: Gudrun Althausen. Im Saal: zahlreiche weitere vor 10 Jahren direkt und in verantwortlichen haupt- oder ehrenamtlichen Positionen an diesem Prozess Beteiligte. Ich erinnere mich gut an die Stille in dem großen Raum, als es losging. Die zunächst gespannte wurde bald zu einer fast beklemmenden Stille, als Gudrun Althausen (sinngemäß) ankündigte, jetzt zum ersten Mal auch öffentlich über die schwierigen Seiten dieses Prozesses sprechen zu wollen, über die für sie selbst und andere noch immer schmerzenden Wunden, die da entstanden seien – auch wenn sie sicher nicht mit Absicht zugefügt worden seien. Darüber, wie tief es die Ostfrauen verletzt habe – nicht dass – aber mit welchen (ihre jahrelange Arbeit unter schwierigsten Bedingungen abwertenden) Argumenten die Entscheidung der Mitgliederversammlung zustande gekommen sei, dass die Geschäftsstelle der wieder vereinigten Frauenhilfen in Kaiserswerth und nicht in Potsdam sein

sollte. Ich selbst saß da zufällig an einem Tisch mit einer (West-) Vorstandsfrau, die erst zunehmend fassungslos zuhörte und dann in Tränen ausbrach und ihren – ebenfalls hier sitzenden – zwei (Ost-) Vorstandskolleginnen sagte: „Ich habe nicht gewusst, dass Euch das so verletzt hat! Warum habt Ihr darüber denn nie gesprochen?" Und ich erinnere mich noch gut an die ihrerseits fassungslosen Gesichter der beiden aktuellen Vorstandsfrauen aus den östlichen Bundesländern, die nicht glauben konnten, was sie da gerade hörten – von einer Vorstandskollegin, mit der sie seit Jahren vertrauensvoll, gut und gerne zusammen arbeiteten. Eine Momentaufnahme, ausgelöst durch einen eindringlichen, offenen und nichts beschönigenden – aber bemerkenswerter Weise ohne Verbitterung, sondern auf Verständigung ausgerichteten – Beitrag von Gudrun Althausen.

Interview mit Christine Busch am 20. März 2019

Christine Busch war von 1987 an leitende Pastorin der Frauenhilfe im Westen Deutschlands und Geschäftsführerin auch in der neuen vereinigten Frauenhilfe. Gudrun Althausen hat über viele Jahre sehr eng mit ihr zusammengearbeitet. In einem Interview, das am 20. März 2019 geführt wurde, erzählt sie über ihre Zusammenarbeit mit Gudrun Althausen.

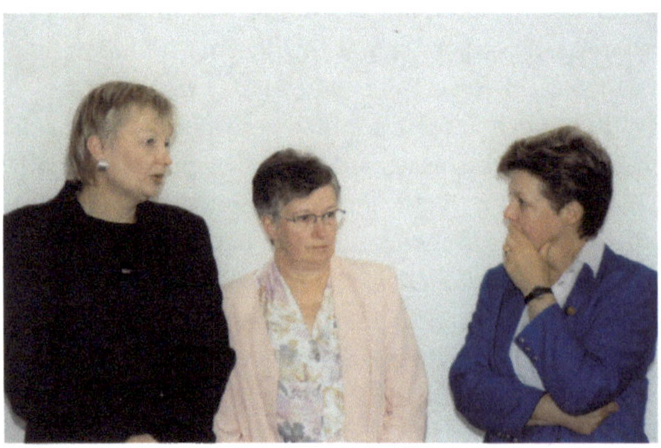

Susanne Kahl-Passoth, Hannelore Scharnbeck, Christine Busch 1997

Utpatel: Frau Busch, können Sie sich erinnern, wann Sie Gudrun Althausen zum ersten Mal gesehen haben?

Busch: Ich habe lange überlegt, wann ich sie das erste Mal getroffen habe. Nach meiner Erinnerung müsste das Anfang der 80er Jahre gewesen sein.

So früh schon?

Ja, da war ich zuständig für die Frauenarbeit in der Evangelischen Kirche Berlin

(West). Und sie machte das Gleiche für die Berlin-Brandenburgische Kirche in der DDR. Außerdem war sie ab 1981 Vorsitzende der Evangelischen Frauenhilfe in der DDR. Wir haben versucht, ein Stück Arbeit gemeinsam zu machen, hüben wie drüben. Es begann in der Arbeit für den Weltgebetstag (WGT). Da war sie schon lange engagiert. Und ich war zuständig für den WGT – also die Organisation, die Vorbereitungstagungen – in Berlin (West) und wurde eingeladen zu Tagungen der Frauenhilfe im Osten, die der Vorbereitung des WGT für die Frauen innerhalb des Bundes der Evangelischen Kirchen in der DDR dienten. So sind wir uns begegnet.
Diese letztlich internationale Arbeit, die mit dem WGT verbunden ist, war für Gudrun völlig faszinierend. Ich kann mich entsinnen, dass sie auch für den WGT reisen durfte, schon viele Jahre vor der Maueröffnung. Sie war zum Beispiel auf einer Tagung des Internationalen WGT-Komitees in New York und reiste dann natürlich über Berlin (West). Das waren Gelegenheiten, wo sie vorbeikam, oder ich brachte sie auf den Flughafen.
Sie war reiselustig. Reisefreudig regelrecht. Es war ja nicht ganz einfach für sie. Ich kann mich entsinnen, dass sie auch körperlich die eine oder andere Schwierigkeit hatte. Aber wenn es ums Reisen ging, hätte sie, glaube ich, alles in Kauf genommen, um wirklich auch weg zu kommen.

Auf welchen Arbeitsgebieten lernten Sie sie noch kennen?

Ich habe sie erlebt als Mitarbeiterin der Frauenhilfe DDR. Sie war völlig engagiert bei Bibelarbeiten. Das war eine gewisse Leidenschaft von ihr. Das machte sie sehr gut.
Sie war Mitglied der Synode des BEK[47]. Die Vorsitzende der Frauenhilfe West und ich haben sie mal am Rande einer Synode auf dem Hainstein[48] besucht. Da war sie total in ihrem Element. Sie beherrschte das Arbeiten in Formen und in Strukturen. Eine Synode hat eine eigene Dynamik und Ordnung. Und Dinge voranzutreiben in diesem geregelten Stil, das war etwas, was sie konnte, und was sie gerne mitmachte.

Wie verlief Ihre Zusammenarbeit weiter, als Sie Berlin verließen?

Ich ging 1987 nach Düsseldorf als Leitende Pfarrerin der Frauenhilfe Deutschland (West), die dort ihre Geschäftsstelle hatte. Wir haben natürlich mit der Geschäftsstelle Ost zusammengearbeitet, weil beide Frauenhilfen jedes Jahr zwei gemeinsame Tagungen hatten. Die Herbstkonferenz der Vorstände der Frauen-

---

47 Bund der Evangelischen Kirchen in der DDR.

48 Haus Hainstein in Eisenach war häufig Tagungsstätte der Synode des Bundes der Evangelischen Kirchen in der DDR. Das Haus gehörte der Evangelisch-Lutherischen Kirche in Thüringen und ist heute ein Hotel.

hilfen auf landeskirchlicher, BEK- und EKD-Ebene fand in der Regel in der Georgenkirchstraße in Ostberlin statt, im damaligen Missionshaus, wo Althausens als Familie auch wohnten.
Es war nicht immer einfach, ein gemeinsames Thema zu finden zwischen Ost und West. Das hatte weniger mit Personen zu tun, sondern mit unterschiedlichen Zugängen oder auch Fragestellungen. Aber wir haben uns doch immer auf ein Thema geeinigt. Die Vorsitzenden haben gut zusammengearbeitet.

Und das jedes Jahr?

Ja. Es gab neben diesen Herbstkonferenzen noch ein anderes Tagungsformat. Zu den August-Tagungen kamen Mitarbeiterinnen der westlichen Frauenhilfen zunächst nach Berlin (West), um dann mindestens zwei Tage in Berlin (Ost) zusammen thematisch zu arbeiten. Und thematisch heißt ja auch: es gibt mindestens zwei Essenspausen, zwei Kaffeepausen – wir waren also miteinander unterwegs. Da sind viele Freundschaften entstanden. Auch Bindungen persönlicher Art.

Schon zwei Jahre nach Ihrem Amtsantritt fiel die Mauer und die Frage nach der Vereinigung beider Frauenhilfen stand im Raum.

Die Vereinigung der Frauenhilfen war etwas, wo sich für mich nicht die Frage gestellt hat: Wollen wir das, oder bleiben wir lieber getrennt? Mit welchem Grund bleibt man getrennt, wenn man eigentlich der gleiche Verband ist mit einer gemeinsamen Tradition und mit übereinstimmenden kirchlichen Zielen? Aufgrund der sehr geregelten Zusammenarbeit vor der Wende musste man sich nicht erst finden. Man kannte sich ja aufgrund der engen Beziehung durch die Arbeit, durch die persönlichen Kontakte.

Welches waren die größten Schwierigkeiten bei der Vereinigung?

Die Frauenhilfen haben sich Ende September 1992 wieder vereinigt. Und dem ging natürlich ein Prozess voraus, der durch die beiden Vorstände gut gesteuert wurde. Das geschah in Absprache mit der EKD. Die zuständige Oberkirchenrätin hatte ein hohes Interesse daran, dass jetzt zusammenwuchs, was aus der Sicht der EKD zusammen gehörte und als bewährte praktisch-theologische Arbeit für die Basis der Kirche – das sind die Frauen! – gefördert werden sollte. Die Idee der zwei Geschäftsstellen, die wir hatten: eine in Kaiserswerth/Düsseldorf und eine in Potsdam, wurde natürlich auch der EKD vorgetragen, weil das entscheidend mit dem Haushalt zu tun hatte, und sie war „not amused“. Es wurde uns klipp und klar gesagt: „Es gibt keinen Grund für zwei Geschäftsstellen. Was zusammengehört, muss auch an einem Ort sein.“

Die Idee, dass man zwei Geschäftsstellen länger hält, um dann einen Modus zu finden, wie man in einer neuen Geschäftsstelle – z. B. in Berlin oder Hannover – mit einem neuen Konzept neu starten kann, ließ sich mit der EKD nicht verwirklichen, und wir hätten selbst keine Mittel dafür gehabt.
So entstand nach vielen Beratungen die Situation, dass auf der Mitgliederversammlung auf Borkum 1992 eine Entscheidung zwischen Düsseldorf und Potsdam herbeigeführt werden musste. Weder die Düsseldorfer Mitarbeiterinnen wollten oder konnten nach Potsdam gehen noch umgekehrt. Die Leitenden Pfarrerinnen Ost und West[49] sowie die Mitarbeiterinnen beider Arbeitsstellen verließen den Saal. Es muss eine hoch emotionale Debatte gewesen sein. Die Abstimmung erbrachte einen Zuschlag für Düsseldorf.

Wie haben Sie Gudrun Althausen in den Verhandlungen und nach der Entscheidung erlebt?

In den schwierigen Verhandlungen war sie zielorientiert und sachbezogen, immer gut strukturiert. Sie ging systematisch an alles heran und hatte ein bewunderungswürdiges Gedächtnis. Und sie hat letzten Endes vor allem moderiert – versucht auszugleichen.
Nach der Entscheidung für Düsseldorf waren die Frauen aus dem Osten sehr gekränkt und verletzt. Gudrun selbst ist vor allem pragmatisch damit umgegangen. Wir haben damals oft darüber gesprochen, wie sich das Ost-Erbe in einer gemeinsamen Zukunft wiederfindet. Aber auch über die Frage, wie sich das West-Erbe wiederfindet. Der gemeinsame Verband war für sie wie eine „Stunde Null". Ein Neuanfang.
Ich merkte allerdings, dass die Mitarbeiterinnen der Geschäftsstelle in Potsdam es ihr und natürlich uns „Westfrauen" sehr übel genommen haben, dass die Entscheidung so ausging. Ich würde über diese Jahre, soweit es um das Innerverbandliche ging, das Stichwort „Samthandschuhe" setzen. Wir konnten die Konflikte, Vorurteile und Enttäuschungen nicht bearbeiten; das war verletzend für beide Seiten, übrigens auch für uns Westfrauen. Aber zu diesem frühen Zeitpunkt (1990–92) konnten wir einander einfach sehr schlecht verstehen. Da stießen verschiedene Kulturen aufeinander.
Gudrun hat gespürt, dass sie nach der Entscheidung von den Ost-Mitarbeiterinnen weniger anerkannt war. Das hat ihr sehr zugesetzt.
Heute würde ich sagen: Wir hätten die Prozesse anders führen müssen. Wir hätten uns professionell begleiten lassen sollen. Aber damals war so etwas noch nicht üblich, und der Druck der EKD war immens. Aber wir wären alle besser aus den Kämpfen hervorgegangen.

49 Die Ost-Geschäftsführerin war Pastorin Gisela Opitz.

Welche Themen waren zu dieser Zeit wichtig?

Die Fragen der Lebensformen waren vor allem im Westen, aber in Ansätzen auch im Osten, ein Thema: lesbische Partnerschaften, Lesben in der Kirche. Dann war die Erwerbsarbeit von Frauen ein Thema. Wir Westfrauen schauten sehr fasziniert auf das ausgebaute Kinderbetreuungssystem im Osten und die überwiegend berufstätigen Frauen. Die Ostfrauen schauten etwas konsterniert auf die vielen „Nur-Hausfrauen" im Westen. Anfang der 90er Jahre begannen dann die massenhaften Entlassungen in der ehemaligen DDR, von denen überdurchschnittlich viele Frauen betroffen waren.
Es gab natürlich noch sehr viele andere politische, emanzipatorische und feministische Fragestellungen, die regelmäßig in den Periodika der Frauenhilfen bearbeitet wurden. Doch nach der Vereinigung der beiden Frauenhilfen brauchten wir viel Kraft für den Aufbau des neuen Verbandes, für das Zusammen-Halten aller Frauenhilfen. Ich wünschte mir manchmal ein stärkeres frauenpolitisches Engagement in der Gesellschaft, auch in der Kirche. Aber dafür reichten die Kräfte oft nicht aus.

Wie ist Gudrun Althausen als neue Vorsitzende mit der Situation umgegangen?

Gudrun hat sich bemüht, alle Verbände in allen Gegenden Deutschlands im Blick zu haben und einzubeziehen. Sie reiste sehr viel in diesen Jahren – von Frauenhilfe zu Frauenhilfe. Sie war nicht immer glücklich mit der moderierenden, ausgleichenden und zusammenhaltenden Rolle – hat diese Rolle aber sehr gut ausgefüllt und damit dazu beigetragen, dass der neue Verband sich stabilisieren konnte.
Sie trat auch ganz offensiv als Vorsitzende auf und vertrat die Frauenhilfe öffentlich. Die einzelnen Frauenhilfen wusste sie dabei hinter sich.

Sie hatte als Vorsitzende ein großes Sitzungs- und Reisepensum. Haben Sie jemals erlebt, dass es ihr zu viel wurde?

Nein, nie. Wenn sie irgendwo auftauchte, war sie präsent, vertrat die Frauenhilfe. Sie reiste gern. Sie konnte auch die vielen Sitzungen positiv sehen. Ich habe sie immer beneidet, wenn sie sagte, sie könne immer gut schlafen. Auch nach schwierigsten Verhandlungen legte sie sich hin und schlief gut.
Und sie hatte ihre Emotionen gut im Griff. Ich habe es nur ein einziges Mal erlebt, dass sie ihrer Empörung freien Lauf ließ, das war in einer Verhandlung mit der EKD. Ansonsten blieb sie zumindest äußerlich ruhig und gelassen.
Ich habe nie gehört, dass sie sich über zu viel Arbeit beklagt hätte.

Halten Sie die Vereinigung von Ost- und West-Frauenhilfe für gelungen?

Die Transformationsgeschichte im Verband ist gelungen. Es ist ein Gesamtverband geworden, der auch innerhalb der Frauenarbeit Deutschlands einen guten Stand hatte.

Haben Gudrun Althausen und Sie sich auch auf privater Ebene gekannt?

Durch die besondere Situation, dass die Familie Althausen im Missionshaus wohnte, wo sowohl die gemeinsame Herbsttagung als auch manche Sitzung im kleineren Kreis stattfand, habe ich die Familie Gudruns kennengelernt. Bei Gudruns Zwischenstopps in Westberlin, die ich vorhin schon erwähnte, lernte sie auch meine Familie kennen. Wir haben uns auch nach 1989 in Berlin oder Düsseldorf gesehen, aber die privaten Gelegenheiten gab es nicht mehr so oft. Doch vor und nach Tagungen oder anderen Veranstaltungen haben wir immer wieder auch private Gespräche geführt.
Ich habe eine sehr schöne Erinnerung an Postkarten, die Gudrun mir schickte. Zum Beispiel von Middelhagen auf Rügen, wo das Ehepaar Althausen regelmäßig Urlaub im Pfarrhaus machte. Da schrieb sie mit ihrer kleinen, zierlichen Handschrift mit einem Stift, für den sie spezielle, sehr dünne Minen brauchte, unheimlich viel Interessantes auf eine kleine Karte. Später war ich selbst einmal in Middelhagen – sozusagen auf den Spuren Gudruns.

4.3 VORSITZENDE DER EVANGELISCHEN FRAUENHILFE IN DEUTSCHLAND

Gudrun Althausen,
Ministerpräsident Manfred Stolpe

Von 1992 bis 1996 war Gudrun Althausen nun die erste Vorsitzende des gemeinsamen Verbandes.
Im Rahmen einer Frauenkonferenz vom 18. bis zum 20. September 1992 in Potsdam fand der Einführungsgottesdienst statt. Die Konferenz begann mit einem Podiumsgespräch zum Thema „Politische Frauenerfahrungen in den alten und neuen Bundesländern", bei dem Gudrun Althausen u. a. auf dem Podium saß.
Eine Teilnehmerin der Konferenz aus Braunschweig schrieb über ihre erste Begegnung mit der neuen Vorsitzenden:

Ein ganz persönlicher Bericht von der Frauenkonferenz in Potsdam vom 18.–20. 9. 1992
... Die Predigt, von Frau Gudrun Althausen gehalten, Theologin ohne Pfarramt aus Deutschland Ost, war spannende, eindrucksvolle, echte Botschaft. Sie, im anthrazitfarbenen Flanellkosten, schlicht, ohne jede Allüren, zeigte uns anderen den Weg der Frauenhilfe heute: Hilfe für Frauen, für alle, mit dem Christentum das Leben zu bewältigen, Frauen als Vermittler zu anderen Frauen, zu Männern und zu Kindern – etwas, das Frauen wohl besser können als andere Menschen.
Frau Gudrun Althausen hatten wir schon am Freitagmittag mit anderen auf dem Podium erlebt. Ich konnte mir da eigentlich noch gar kein Bild von ihr machen. Ein Außenstehender hätte vielleicht gesagt: na, typisch Frauenhilfe, brav und bieder, nicht mehr ganz jung (61 Jahre). Am Sonnabendnachmittag, auf dem Weg zum Havelschiff, gingen wir plötzlich nebeneinander her und kamen ins Gespräch. Sie gefiel mir außerordentlich. Ich glaube, dass die Frauenhilfe in Deutschland eine großartige Vorsitzende gewählt hat. Ich sehe in ihr eine kluge, humorvolle, warmherzige, geradlinige Frau, die voller Neugier dieses Amt anpackt. Annakatrin Kynast, FH Braunschweig

Es waren innerverbandlich schwierige Zeiten, wie wir es auch schon im Interview mit Christine Busch gelesen haben. Eine der wichtigsten Aufgaben der Vorsitzenden war es, die verschiedenen Frauenhilfen des ganzen Landes zusammenzubringen. Sie war viel unterwegs und wurde gerade von den westlichen Frauenhilfen eingeladen, um über „den Osten" zu erzählen, aber auch über die Zukunft des gemeinsamen Verbandes – so zum Beispiel bei der Evangelischen Frauenversammlung im Kirchenkreis Siegen am 17. März 1991 zum Thema: „Frauen-Leben in Ost und West" oder auch auf der Mitgliederversammlung beim Deutschen Evangelischen Frauenbund e.V. Berlin (West) 1991 zum Thema: „Heutige Aspekte evangelischer Frauenarbeit in den neuen Bundesländern – Vortrag und Gespräch mit G. Althausen".

Bis 1994 war noch keine endgültige Entscheidung über die Existenz der zwei Geschäftsstellen bzw. wenigstens eines Verbindungsbüros in Potsdam gefallen. In diesen zwei Jahren liefen die Verhandlungen vor allem mit der EKD weiter, bevor zum Ende des Jahres 1994 die endgültige Schließung des Standorts Potsdam beschlossen wurde. Dies war ein sehr nervenaufreibender Prozess.
Gleichzeitig repräsentierte Gudrun Althausen aber jetzt die Evangelische Frauenhilfe in der Öffentlichkeit. Das bedeutete, dass sie um Stellungnahmen und Grußworte, Einschätzungen und Statements gebeten wurde. Im Folgenden findet sich ein Interview mit ihr vor der Bundestagswahl 1994, das in „Frauen unterwegs" erschien. Sehr deutlich benannte Gudrun Althausen darin die Missstände in Deutschland, die vor allem Frauen betrafen. Sie stellte sich klar gegen das Nicht-Wählen:

Aber wir haben die Wahl zwischen Resignation und Engagement. Da ist doch klar, wofür ich eintrete.

Und sie blieb – wie meistens – pragmatisch: Auf die letzte Frage nach ihrer eigenen Wahl antwortete sie:

Ich weiß es – und auch, daß keine Partei alle Interessen befriedigen kann.

Die christliche Botschaft ruft uns auf zur Parteinahme
Interview mit Gudrun Althausen, der Vorsitzenden der Evangelischen Frauenhilfe in Deutschland

Frau Althausen, früher gab es innerhalb der Kirchen eindeutige Empfehlungen, wie „man" als christlicher Mensch abzustimmen hat. Ist dies noch so?

Die Zeiten, in denen solche Ratschläge üblich waren, sind Gott sei Dank vorbei. Aber: daß die christliche Botschaft uns aufruft zum Engagement für Frieden, Gerechtigkeit und Schöpfungsverantwortung, fordert uns selbstverständlich zur Par-

teinahme heraus. Und ich werde – wo immer ich dies kann – wie viele andere und mit vielen anderen Partei ergreifen. Der Fehler in früheren Zeiten lag ja nicht darin, daß Kirche sich politisch äußerte. Das tat sie immer und muß sie tun. Jesus hat uns das vorgelebt. Doch ein Fehler lag darin, daß Kirche zugunsten einer bestimmten Partei sprach – und damit die Wahlmöglichkeit ihre[r] Mitglieder einschränkte. Das ist zutiefst undemokratisch. Übrigens: in den christlichen Frauenverbänden (z. B. im Katholischen Deutschen Frauenbund und in der Evangelischen Frauenhilfe) gab es nach der erstmaligen Zulassung des Wahlrechts der Frauen leider manche einseitige Festlegung.

Das heißt aber nicht, daß sie alle Parteien grundsätzlich für wählbar halten?

Mit einer grundsätzlichen Einschränkung halte ich alle sich auf unsere Verfassung verpflichtenden Parteien für wählbar. Für unvereinbar mit dem Evangelium aber halte ich es, wenn eine nationalistische Partei zwar behauptet, demokratisch zu sein, aber in ihren Reihen Rechtsextremismus duldet, provoziert oder gar proklamiert. Dies bildet den geistigen Nährboden für Terror in unserem Land. Das wollen wir nie wieder zulassen.

Was antworten Sie den Frauen, deren Vorsitzende sie sind, falls sie – verunsichert und enttäuscht von der Politik – rätselraten, welche Partei denn nun „die Richtige" sei?

Seht genau hin, Schwestern – und zwar nicht auf die heutigen schönen Reden, sondern auf das, was „sie" für Frauen getan haben. In vielen Medien erfahren wir ja allerlei darüber, wer welche Gesetze durchsetzt, wer für welche Menschen und Menschengruppen etwas voran bringt. Wir Frauen haben Grund genug, genau hinzusehen und unsere Erwartungen laut werden zu lassen. Es fehlt weiterhin an allen Ecken und Enden; es gibt sehr viel Ungerechtigkeit. Ich brauche nur zu erinnern an die zunehmende Armut, an die Ausgrenzung der Frauen aus dem Erwerbsleben durch die Vernichtung von Arbeitsplätzen, an die Geringachtung von Familienarbeit, an die mangelnden Mitwirkungsmöglichkeiten von Frauen in Entscheidungsgremien …

Können Sie einer Frau, die von diesem und vielem anderen „die Nase voll" hat und nicht mehr zur Wahl gehen will, etwas entgegensetzen? Da ist ja wirklich Frust bei vielen …

Na, mit einem Verzicht auf das Stimmrecht wird doch nichts in unserem Sinn erreicht! Frauen haben dieses Wahlrecht in jahrzehntelangen Kämpfen durchgesetzt. Und damals waren es gerade die Armen, die Arbeiterinnen und Arbeiterfrauen, die Frauen nämlich, denen es in jeder Beziehung an Möglichkeiten mangelte: Sie waren die treibende Kraft. Sie haben damit viel bewirkt. Und heute? Wir Frauen leben oft viel zu isoliert. Wo melden wir uns denn zu Wort mit unseren berechtigten Forderungen? Natürlich reicht dazu ein Kreuzchen auf einem Zettel nicht allein. Aber wir haben nur die Wahl zwischen Resignation und Engagement. Da ist doch klar, wofür ich eintrete. Wir wissen ziemlich gut, was wir wollen. Unterstützen wir also diejenigen, die unsere Ziele – Gerechtigkeit, Frieden und Bewahrung der Schöpfung – am besten voranbringen!

Sie wissen also, wie Sie wählen werden?

Ich weiß es – und auch, daß keine Partei alle Interessen befriedigen kann. Aber diese Einsicht ist für mich kein Grund zur Resignation, sondern fordert Mitdenken und Mithandeln heraus.

Mit Gudrun Althausen sprach Anfang Mai Ute Hüttmann.
Aus: Frauen unterwegs 6/1994, S. 7

Als sich 1995 zum 50. Mal das Ende des Zweiten Weltkriegs jährte, schrieb Gudrun Althausen als Vorsitzende der Frauenhilfe einen Text dazu in „Frauen unterwegs".

Wort der Vorsitzenden der Evangelischen Frauenhilfe in Deutschland zum 8. Mai 1995

Den 8. Mai 1945 habe ich, 14-jährig, bei Verwandten in West-Sachsen erlebt. Dorthin hatten mich meine Eltern nach dem schrecklichen Luftangriff auf Dresden geschickt. Ängstlich hinter verschlossenen Türen und Fenstern verborgen, hörten wir am 8. Mai 1945 auf die letzten Schüsse und die einrollenden Panzer der Amerikaner. Meine Eltern erlebten zur gleichen Zeit in Dresden den Einmarsch der sowjetischen Truppen. Wir wußten monatelang nichts voneinander, auch nicht, ob wir noch lebten.

Vielen Frauen zwischen Aachen und Görlitz, zwischen Stralsund und Stuttgart mögen ähnliche Bilder vor Augen stehen, wenn sie an „ihren" 8. Mai 1945 zurückdenken. Es sind zunächst persönliche Erinnerungen, die wir Älteren in das gemeinsame Erinnern und Gedenken 50 Jahre danach mitbringen. Und sie sind widersprüchlich. So widersprüchlich, wie es unsere Sprache in jenen Tagen (und danach) war: Befreiung-Zusammenbruch-Kriegsende. Es sind Bilder und Erinnerungen, die uns viele Jahre – vielleicht bis heute – begleitet und geprägt haben, die wir bewußt und unbewußt weitergegeben haben an unsere Kinder und Enkel.

Erinnerungen

8. Mai 1945 – da ist die Erinnerung an verbrannte und zerstörte Städte (Dresden, Hamburg, Köln, Weimar, Berlin ...) und an all diejenigen, die in den Flammen und Trümmern ihr Leben ließen und für die die Befreiung zu spät kam. Trauer und Er-

schöpfung. Familien sind zerrissen. Verzweifelt sucht man einander. Kaum eine Familie, in der nicht Angehörige an der Front oder bei Luftangriffen getötet worden sind.
8. Mai 1945 – da ist die Erinnerung an erlebte Befreiung und das Gefühl der großen Erleichterung. Noch einmal davongekommen. Keine Bombenangriffe mehr. Keine Angst mehr, beim Einkaufen von Tieffliegern angegriffen zu werden. Und die Hoffnung auf ein neues und freies Deutschland. „Nie wieder Krieg!" , dies war unsere Sehnsucht und innere Verpflichtung.

8. Mai 1945 – Da ist die Erinnerung an die vielen Flüchtlingstrecks. Vor allem Frauen und Kinder waren unterwegs, in überfüllten Zügen, auf Viehwagen, zu Fuß. Frauen, die auf der Suche waren nach einem neuen Zuhause, nach einer offenen Tür, einem schützenden Dach. Für viele war das Kriegsende ein zunächst bitteres Geschenk. Nicht alle kamen an. Nicht alle fanden Heimat. Hunger machte sich breit, Krankheiten überfielen geschwächte Menschen.

8. Mai 1945 – die Erinnerung der Töchter. An Väter, die abwesend waren und blieben. An Brüder, die vermißt wurden. An Mütter, Großmütter, Tanten, die die Ärmel hochkrempelten, um das tägliche Leben und Überleben inmitten von Trümmern zu organisieren und aus Nichts Brot zu backen gegen Hunger. Die Erinnerungen der Töchter. Die Sehnsucht nach der Heimkehr des Vaters: wieder eine Familie sein/werden – aber auch/zugleich die Angst vor seiner Heimkehr. Wäre er nicht ein Fremder? Würde er nicht alles durcheinander bringen?

8. Mai 1945 – Erinnerungen an die Zeit der Trümmerfrauen. Freiwillig und dienstverpflichtet leisteten Frauen Männerarbeit. Frauen waren stark in jener Zeit und ließen sich doch, als die Männer zurückkamen aus Krieg und Gefangenschaft, zurückschicken an Herd und Kochtopf, gaben vielfach die Verantwortung wieder ab.

8. Mai 1945 – Frauenhilfen antworteten auf die Not der Menschen, fanden Mittel und Kräfte, um zu helfen. Sie öffneten ihre Häuser und Gemeinden, setzten Zeichen gegen die Hoffnungslosigkeit. Viele Flüchtlingsfrauen suchten und fanden in jener Zeit eine kirchliche Heimat in den örtlichen Frauenhilfen. Sie brachten ihr geistliches Wissen und die sie prägenden Erfahrungen mit und befruchteten damit das Leben in der Frauenhilfe.

Nach-Denken

Dieses wichtige Datum des 8. Mai 1945, das Ende und zugleich Anfang markiert, hatte Folgen und Auswirkungen die uns alle betrafen und betreffen – bis heute. Ich nenne drei, die mir besonders wichtig sind:

1. In dem besetzten und aufgeteilten Deutschland der Nachkriegszeit entstanden zwei politische Systeme. 40 Jahre Trennung, 40 Jahre Grenze zwischen zwei

Machtblöcken, 28 Jahre unübersteigbare Mauer – getrennte Entwicklung im Politischen, Wirtschaftlichen, Gesellschaftlichen. Wieder zerrissene Familien und viel Hoffnungslosigkeit. Auch die Kirchen mußten Wege finden in ihrem jeweiligen Staat und mit den Menschen, die in ihm lebten. Für die Frauenhilfe in Deutschland wurden getrennte Organisationen notwendig. Inhaltlich haben wir all die Jahre zusammengearbeitet, menschlich wurden – mit viel persönlichem Einsatz und Bereitschaft zum Verstehen – Brücken gebaut und Verbindungen erhalten. Das hat uns geholfen zum Wieder-Zusammen-Wachsen nach 1989. Und doch sind wir alle noch gezeichnet von den getrennten Erfahrungen jener vergangenen Jahrzehnte.

2. Der 8. Mai 1945 war das Ende eines mörderischen Krieges, der von Deutschland ausging und Millionen von Menschenleben zerstört hat – in Russland und Polen, in der Tschechoslowakei und Ungarn, in Holland und Dänemark, in England und Frankreich und an anderen Orten. Von Deutschland gingen Bombardement und Verfolgung aus. Von Deutschland aus und in Deutschland wurden Millionen jüdische Frauen, Kinder, Männer in den Tod der Konzentrations- und Vernichtungslager geschickt. Von Deutschland aus und in Deutschland wurden Sinti und Roma, Kommunisten und Sozialdemokraten, Homosexuelle und Intellektuelle, Männer und Frauen des Widerstands, der Bekennenden Kirche und unzählige andere verfolgt, verhaftet, getötet. Andere wurden in bestialischer Weise zu medizinischen Versuchen mißbraucht. Die Überlebenden sind bis heute geschädigt und bleiben mahnende Anklage.
Auch Frauen haben durch ihr Schweigen und Wegschauen, durch üble Nachrede und Mittun das nationalsozialistische System stabilisiert. Ebenso gab es auch Frauen, die Mut bewiesen und Widerstand geleistet haben. Unter ihnen Frauen, die aus ihrem Glauben Kraft gewannen, das Not-Wendende zu erkennen und zu tun.

3. Der 8. Mai 1945 war ein Anfang von Freiheit. Unser Gedenken an die Befreiung schließt den Dank ein an diejenigen, die uns in den vergangenen 50 Jahren die Hand gereicht haben zur Versöhnung und uns so die Erfahrung geschenkt haben, daß Umkehr möglich ist. Wir wissen, daß der Verzicht auf Rache nicht selbstverständlich ist. Mit Dankbarkeit erinnern wir uns daran, daß die weltweite ökumenische Weltgebetstagsbewegung uns Frauen in Ost und Westdeutschland in all den Jahren einbezogen hat. Bereits 1951 wurde die Ordnung des Weltgebetstages zum ersten Mal nach Ende des Zweiten Weltkrieges von zwei Frauen aus Deutschland geschrieben. Daß wir unsere Füße auf den Weg des Friedens richten konnten, wie ein Lied es sagt, ist Befreiung zum Leben und verpflichtet uns, auch heute für Frieden und Gerechtigkeit einzutreten.

50 Jahre danach

Das Jahr 1995 ruft viele Erinnerungen wach, es ist von der UNO zum „Jahr des Gedenkens und der Toleranz" erklärt wurden. Dies mahnt die Richtung an, in der

unser Erinnern und Gedenken gestaltet werden soll, nämlich in der Verantwortung für die Gegenwart und die Zukunft:
Frieden im Mai 1995, das heißt für uns, die Fremden in unserem Land als Mitbürgerinnen und Mitbürger zu behandeln und ihnen Schutz zu gewähren, wo sie verfolgt werden.

Frieden im Mai 1995, das heißt für uns, Augen und Ohren nicht zu verschließen vor den Kriegen, die in Europa und der Welt toben. Für uns ist der Krieg Geschichte, doch es gibt sie noch, die Keller, in denen Menschen verzweifelt Schutz suchen vor Minen und Bomben.

Frieden im Mai 1995, das heißt für uns, uns nicht abzufinden mit sozialer Ungerechtigkeit und Unfrieden in unserem Land. Es ist für uns nicht hinnehmbar, daß unsere Gesellschaft gespalten ist in die, die etwas haben (und „sind") und in die, die nichts haben (und nichts „sind"), daß letztere immer mehr werden und Arbeitslosigkeit und Sozialhilfebedürftigkeit bereits vererbt werden.

Frieden im Mai 1995, das heißt für uns auch, das Zusammenwachsen der Menschen in Ost und West geduldig und behutsam zu begleiten und zu gestalten. Es macht uns zornig und hilflos zugleich, daß es (wieder) Frauen sind, die sich in den neuen Bundesländern als Verliererinnen der Einheit erleben müssen. Daß der Umgang miteinander auch in unseren Kirchen nicht immer frei war und ist von westlichem Überlegenheitsgebaren, erfüllt uns mit Scham.

Frieden 1995 kann nur wachsen in gegenseitiger Achtung und Geduld, im Beten für- und miteinander, im mutigen Handeln und Tun. Im Frühjahr 1945 wurde in vielen Ländern von Christinnen zum Weltgebetstag der Frauen nach einer Ordnung gebetet, die Frauen aus England, Wales und Nordirland geschrieben hatten. Sie stand unter dem Thema: „... dass ihr verkündigen sollt die Wohltaten des, der euch berufen hat von der Finsternis zu seinem wunderbaren Licht" (1. Petrus 2,9b). In unseren Frauengruppen und Gemeinden, in unseren Kirchen und Städten werden wir in diesen Wochen an den Mai 1945, an Kriegsende und Befreiung erinnern. Verschweigen wir unsere Erfahrungen nicht, halten wir ihnen stand und sprechen wir miteinander darüber. Die Erfahrung des 8. Mai 1945 soll uns in Gang setzen zu kritischem und wachem Begleiten der Zeit. So können wir Gegenwart und Zukunft gemeinsam in Verantwortung für Frieden und Gerechtigkeit gestalten. Mischen wir uns ein und nehmen wir unsere gesellschaftliche und politische Verantwortung wahr! Die evangelische Frauenhilfe kann und muß auch heute ein Ort sein, an dem Menschen Hilfe und Solidarität erfahren.

Berlin, im April 1995
Gudrun Althausen, Vorsitzende der evangelischen Frauenhilfe in Deutschland e.V.
Aus: Frauen unterwegs, 5/1995, S. 10–12

Aus Anlass der 4. Weltfrauenkonferenz in Peking im September 1995 wurde Gudrun Althausen um einen längeren Beitrag für die Mecklenburgische Kirchenzeitung gebeten. In Ihrem Anschreiben an die Redakteurin Marion Wulf schrieb sie:

Liebe Frau Wulf, anbei nun also das erbetene Traktat. ... Ich weiß auch nicht so recht, ob es zuguterletzt etwas ist, was Sie sich vorgestellt hatten und gebrauchen können. Nur-Klage um Vergangenes und Nur-Klagemauer für Frauen mag ich nicht – ich möchte letztlich Mut zu offensivem Verhalten und Verantwortungsübernahme machen ...

Sie spricht in diesem Text viel von den Nöten der Frauen in den neuen Bundesländern, stellt aber die Gleichberechtigung von Frauen und Männern auch in einen größeren Kontext.

Am 4. September begann in Peking die vierte Weltfrauenkonferenz
Für uns Frauen scheint der Platz enger zu werden
Von Gudrun Althausen, Ostberlin, Vorsitzende der Evangelischen Frauenhilfe in Deutschland

Seit dem 4. September findet die vierte Weltfrauenkonferenz in Peking statt. In der vergangenen Woche startete ein erster Frauensender sein Fernsehprogramm. Ein Kompromiß für die Gesetzgebung in Sachen Schwangerschaftsabbruch wurde gefunden. Vor einigen Monaten besuchte eine Delegation im Auftrag des Ökumenischen Rates der Kirchen verschiedenen Orte in Deutschland, um nachzufragen, wie es mit der „Solidarität der Kirchen mit den Frauen" vorangegangen ist. Frauen-Nachrichten – ich könnte die Liste verlängern und noch ganz andere Sparten einbeziehen.

Was berührt mich eigentlich, wenn ich dies alles höre? Komme ich mit meinen Erfahrungen und Erfolgen mit meinen Fragen und Unsicherheiten da vor? Geht mich das alles etwas an?

Ich überlege: Was beschäftigt mich heute hier besonders als Frau? Was wünsche ich mir? Was möchte ich voranbringen?

Ehrlich gestanden ich habe es immer noch mit der Eingewöhnung in die neue , größere Welt, die ich mir lange gewünscht hatte, zu tun. Es ist nicht ganz „meine Welt".

Vielleicht bin ich doch zu gutgläubig und vertrauensselig. Ich denke oft: Wir gehören doch alle zusammen, wir haben alle mit den gleichen Problemen zu kämpfen, wir haben die gleichen Hoffnungen. Oder doch nicht?

So erwarte ich, selbstverständliche Hilfsbereitschaft, uneigennützig, Solidarität, Verständnis. „Wir kennen uns doch, wir wissen voneinander, wir sitzen alle im gleichen Boot, wir können uns doch aufeinander verlassen."

Wahrscheinlich erinnere ich mich viel zu selten daran, daß wir vor 1989 alle viel zu gut gekannt wurden, uns nicht ausweichen konnten, daß uns die Weite fehlte, wir eben auf uns beschränkt waren.

Die Frauen wurden gebraucht und darum gefördert. Allen ging es nicht besonders gut. Man versuchte, es den Frauen ein bißchen leichter zu machen. Jedenfalls offiziell. In den Familien sah das meist anders aus. Und in den Kirchen gab es die klassische Verteilung der Männer und Frauen auf die Spitze und die Basis.
Ich erinnere mich gern und auch ein bißchen voller Stolz an unsere Aktivitäten und Gruppen , um „feministische Theologie", Frauenfragen auf Kirchentagen, die Dekade „Solidarität der Kirchen mit den Frauen" ins Gespräch zu bringen und öffentlich zu machen. Ich habe mich da am richtigen Platz und „erfolgreich" gefühlt. Der Bund der Evangelischen Kirchen in der DDR unterstützte uns – wenigstens offiziell.
Natürlich schauten wir voller Bewunderung auf die vielfältige, auch theologische Frauenliteratur im „anderen Deutschland". Wir haben viel von da gelernt und dankbar an deren Forschungsergebnissen teilgehabt. Manches erschien uns allerdings merkwürdig kämpferisch, zu sehr auf die Rechte der Frauen ausgerichtet. Wir waren der Meinung, dieses Stadium hätten wir hinter uns, es gälte nur, die Gemeinschaft von Frauen und Männern zu verbessern.
Jetzt wissen wir, daß dies leider eine Täuschung war. Auf dem „Markt" lernen wir, um unsere Rechte zu kämpfen. Niemandem wird etwas geschenkt.
Wir genießen das Überangebot und müssen uns gegen die Tricks der Werbung wehren. Wir kaufen gern und manchmal auch ein wenig zuviel. Schlankheitskuren finden nun auch bei uns Käuferinnen.
Wir erleben, daß die Weite des Landes und die Vielfalt der Möglichkeiten Distanz zwischen den Menschen schafft. Die einen müssen sich beeilen, erfolgreich und schön sein, um alles zu schaffen und den Anforderungen des Arbeitsplatzes gerecht zu werden. Die anderen finden keinen Platz, an dem sie gebraucht werden. Da hat keine Zeit für die andere. Wir treffen und sprechen uns seltener.
Im Überangebot von Gruppen und Interessengemeinschaften fällt es schwer, das Richtige zu finden. Dem Entweder-Oder (d. h. staatlich organisierte, ideologisch ausgerichtete oder kirchliche verantwortete Gruppen) ist ein vielfältiges Sowohl-Als-Auch gefolgt. Das verwirrt noch immer, befriedigt selten und führt häufig zum Rückzug ins Private.
40 Jahre lang hatte ich ein bestimmtes (Kirchen-bestimmtes) Verhalten eingeübt. Ich kannte die Werte, die ich nicht aufgeben wollte, und achtete Werte, die mir „sozial" und darum sinnvoll erschienen. Ich konnte zwischen den Zeilen lesen, hatte kritisches Hinterfragen eingeübt und mit Erfolg praktiziert.
Jetzt soll ich mich in einer Wertewelt einfinden, die absolut plausibel und bewährt und außerdem noch christlich zu sein vorgibt. Kritisches Nachfragen wird nicht erwartet. Für uns Frauen scheint da der Platz enger zu werden.
„Dennoch kann weder in Deutschland, noch sonst in einem Staat von einer gleichberechtigten Teilhabe von Frauen in allen Lebensbereichen gesprochen werden", sagte die Bundesministerin Claudia Nolte im Blick auf Peking.
Es ist mir wichtig, daß dies auch für Deutschland ausgesprochen wird. Natürlich ist mir bewußt, daß weltweit wesentliche lebensnot-wendige Grundrechte von

Frauen bedroht sind und eingefordert, ja erkämpft werden müssen. Gerade, weil wir in unserem Teil Deutschlands in einer Phase der Ernüchterung erleben, wie verletzlich deklarierte „Rechte" und soziale Werte sind und daß Frauen, wenn es um Macht und Einfluß geht, schnell beiseitegestellt oder gar an die Wand gedrückt werden – gerade, weil wir diese Erfahrung in unserem Alltag machen, könnten wir sensibel und hellhörig für die Nöte unserer Schwestern in viel zu vielen Ländern der Erde sein. Wir werden alle Bemühungen unterstützen, die versuchen festzuschreiben, daß Frauenrechte Menschenrechte sind und Verletzungen der Rechte von Frauen als Menschenrechtsverletzungen bestraft werden müssen.
Peking als Ort der Konferenz ist umstritten und in der Tat heikel. Hoffen wir, daß die deutsche Delegation den Mut zu deutlicher und lauter Kritik an menschenverachtendem Verhalten der dortigen Regierung hat. Deutschland und China sind Wirtschaftspartner. Wirtschaftsentwicklung darf aber nicht der oberste Wert sein, wenn es um Menschen geht.
Was berührt mich, wenn ich als eine Frau mit 40jähriger DDR-Erfahrung all die Frauen-Nachrichten dieser Wochen höre?
Noch immer habe ich das Gefühl, das das nicht ganz die Welt ist, in der ich mit meinen Erfahrungen gefragt bin. Aber ich weiß auch ganz sicher, daß ich die „alte" Welt nicht zurückwünsche. So bin ich zuversichtlich und fest entschlossen, alles zu prüfen, allen zuzuhören, mich einzumischen und nicht zu verstummen. So hoffe ich, daß wir als Frauen immer besser einen gemeinsamen Weg finden und uns unüberhörbar zu Wort melden können.
Das wünsche ich mir auch in unseren Kirchen, mit Frauen und Männern. Die Kirchen müssen – in ganz Deutschland –, weil sie kleiner werden, über neue Wege nachdenken. Das fällt schwer. Frauen haben in vielen Lebenssituationen gelernt, flexibel und ideenreich zu reagieren. Könnten sie nicht auch die Kirche (mit)bewegen, unkonventionell, kreativ? Aber: Werden sie genügend einbezogen und gehört?
Der Horizont ist weiter geworden – hoffentlich! Damit sind die Risiken größer. Ziehen wir uns nicht zurück, nehmen wir die Verantwortung wahr, schweigen wir nicht!
Frauen wurden einst auf die 3 „K" – Kinder, Küche, Kirche – festgelegt (wobei man ihnen letztlich wohl nur die Küche wirklich als „Machtbereich" überlassen hat). Ich plädiere dafür, daß wir drei andere „K", über die wir tatsächlich verfügen, nützlich und ohne Zurückhaltung ins Spiel, d. h. in unser Leben in der Kirche und in der Gesellschaft bringen: Klugheit, Kraft und Kreativität.

In: Mecklenburgische Kirchenzeitung, 10. September 1995, Nr. 37

1996, zum Ende der Amtszeit von Gudrun Althausen als Vorsitzende der Evangelischen Frauenhilfe in Deutschland beschließt der Vorstand gemeinsam mit der Geschäftsführung, einen Antrag auf Verleihung des Bundesverdienstkreu-

zes beim Ministerpräsidenten des Landes Brandenburg, Manfred Stolpe, für sie zu stellen.
In der Begründung dafür werden Gudrun Althausens Verdienste vor allem für die Verständigung von Ost und West nach 1989 hervorgehoben – auf dem Gebiet der evangelischen Frauenhilfe und innerhalb der Synode von Berlin-Brandenburg. Auch ihr ökumenisches Engagement wird besonders genannt.
Im Rundbrief des Ehepaares Althausen vom Advent 1997 schreibt Gudrun Althausen:

Im September wurde mir das Bundesverdienstkreuz überreicht, ein von mir zwiespältig empfundener Akt. Aber für eine halbe Kirchenzeitungsseite lang wurde auf diese Weise kirchliche Frauenarbeit und dabei aufzuzeigende bleibende Aufgaben ins „Licht der Öffentlichkeit" gehoben – und das ist ja auch schon etwas wert.

Bischof Wolfgang Huber, Gudrun Althausen, Staatssekretär Lutz von Pufendorf

Mehr schreibt sie dazu nicht – leider auch nicht, warum es ein „zwiespältiger Akt" für sie gewesen ist. Dennoch hat sie an Weggefährt*innen Einladungen verschickt:

Liebe ...
Der Staatssekretär für Wissenschaft, Forschung und Kultur Professor L. von Pufendorf wird mir am Dienstag, 16. September 1997, um 10.30 Uhr in seinem Amtssitz, Brunnenstr. 188–190, das Bundesverdienstkreuz überreichen.
Diese Mitteilung hat mich überrascht und natürlich sehr gefreut.
Es wäre schön, wenn Sie/Du an dieser kleinen Feier (ca. 30–40 Minuten) teilnehmen könnten/könntest. Es ist mir wichtig, daß Stationen und Menschen, die meinen Weg und mein Engagement herausgefordert, geprägt und begleitet haben, sichtbar werden und an diesem Tag vertreten sind. Sehr herzliche Grüße ...

An den Ministerpräsidenten
des Landes Brandenburg
Heinrich-Mann-Allee 107
14473 Potsdam

01.04.1996
Anregung zur Verleihung des Verdienstordens der Bundesrepublik Deutschland an Frau Gudrun Althausen / Berlin

Sehr geehrter Herr Ministerpräsident

Frau Gudrun Althausen, Welsestraße 6/0501, 13057 Berlin, ist Ihnen persönlich bekannt. Ich möchte anregen, ihr den Verdienstorden der Bundesrepublik Deutschland zu verleihen angesichts ihrer Leistungen im kirchlichen und politischen Bereich, und ich bitte sie herzlich, von Ihrem Vorschlagsrecht Gebrauch zu machen.

Gudrun Althausen ist seit Jahrzehnten in der Evangelischen Frauenhilfe aktiv. Bis 1993 war sie hauptamtliche Referentin der Evangelischen Frauenhilfe Brandenburg mit Zuständigkeit für den Arbeitsbereich Berlin (Ost).
Als Mitarbeiterin der Evangelischen Frauenhilfe Brandenburg hat sie jahrelang den Vorsitz des Arbeitsausschusses der Evangelischen Frauenhilfe des Bundes der Evangelischen Kirchen innegehabt.
Seit Mai 1992 ist sie Vorsitzende der Evangelischen Frauenhilfe in Deutschland. Mit dem Ablauf der Amtsperiode wird sie dieses Amt im Juni 1996 zur Verfügung stellen.

Gudrun Althausen hat sich in besonderer Weise um die Arbeit im Bund der Evangelischen Kirchen verdient gemacht. Dabei hat sie folgende Aufgaben wahrgenommen:
- Mitglied der Bundessynode,
- Vizepräses der Synode der Evangelischen Kirche in Berlin-Brandenburg (Bereich Ost),
- Mitglied des Gemeindekirchenrates St. Bartholomäus, des Kreiskirchenrates Stadt I in Berlin, über zwei Amtsperioden Vorsitzende der Kreissynode,
- Mitglied im Leitungskreis der Evangelischen Frauenarbeit in der DDR,
- Mitglied des Komitees für den Weltgebetstag der Frauen in der DDR,
- Mitglied des Ökumenischen Forums Christlicher Frauen in Europa.

In der Zeit vor der politischen Wende 1989 hat sich Gudrun Althausen intensiv eingesetzt für die Existenz kirchlicher Frauenarbeit in der DDR. Sie hat ihre vielfältigen Kontakte genutzt, um bei Reisen in das westeuropäische Ausland, nach Afrika und in die USA die besondere Situation in der DDR deutlich zu ma-

chen sowie um Vorstellungen des Lebens einer Christin im Sozialismus zu vermitteln.
Die politische Wende 1989 führte zu besonderen Herausforderungen für die Evangelischen Frauenhilfen im Osten und im Westen. Die Frauenhilfen hatten sich in den fünfziger Jahren organisatorisch trennen müssen; sie konnten die sie verbindende Vereinsstruktur unter einem gemeinsamen Dach nicht aufrechterhalten. Die ostdeutschen Frauenhilfen mußten aus politischen Gründen ihre Mitgliedschaft in der Evangelischen Frauenhilfe in Deutschland aufgeben, ihre Vereinsstruktur auflösen und geschützte Werke ihrer Landeskirchen werden. Die westdeutschen Frauenhilfen bemühten sich in den Jahrzehnten der Trennung um eine verbindliche Kooperation mit den ostdeutschen Schwestern. Sie fuhren mehrfach jährlich zu gemeinsamen Tagungen nach Berlin, um miteinander an theologischen und gesellschaftspolitischen Fragen zu arbeiten. Diese gelingende Kooperation war die Grundlage, um direkt nach der politischen Wende im November 89 erste Schritte für eine Wiedervereinigung der ost- und westdeutschen Frauenhilfen einzuleiten. Behutsam, aber auch konsequent setzte Frau Althausen – gemeinsam mit der Vorsitzenden der EFHiD (West) – einen Prozeß der Wiedervereinigung in Gang, der nicht einen „Anschluß" östlicher Frauenhilfen an die (westliche) Evangelische Frauenhilfe in Deutschland e. V. zum Ziel hatte, sondern einen gemeinsamen Neuanfang.

In einer Ost-West-Kooperation wurde eine neue Satzung erarbeitet, die in den acht östlichen und zwölf westlichen Frauenhilfeverbänden gründlich diskutiert wurde. Frau Althausen vermochte es, die östlichen Vertreterinnen der Frauenhilfe, die die Vereinsstrukturen nicht kannten und zunächst ablehnten, für diese Struktur und die ihr innewohnende demokratische Partizipation der Mitglieder zu gewinnen. Sie war bereit, sich als ständiger Gast des Vorstandes der Evangelischen Frauenhilfe in Deutschland (West) in Verbandsfragen und in ihr jetziges Amt einzuarbeiten.

Frau Althausen vertritt die Evangelische Frauenhilfe in Deutschland im Deutschen Frauenrat. Hier setzt sie sich insbesondere ein für das ehrenamtliche Engagement von Frauen und die Verbesserung ihrer ehrenamtlichen Tätigkeit sowie für eine grundsätzliche Stärkung und Stabilisierung ihrer gesellschaftspolitischen Lage.

Frau Althausens Interesse an einer Vermittlung zwischen Ost und West läßt sich ebenfalls in der Evangelischen Kirche in Berlin-Brandenburg aufweisen. Sie hat für das Zusammenwachsen des Ost- und des Westbereiches dieser Kirche gesorgt und insbesondere die Arbeit an der neuen Grundordnung der EKiBB gefördert.
Für die Synode der EKiBB war sie Mitglied im Stasi-Untersuchungsausschuß.

Im Ökumenischen Bereich setzt sich Frau Althausen für die Verständigung der Frauen in Europa ein.
Seit Jahren ist sie intensiv beteiligt an einer Kooperationstagungsreihe der Evangelischen Akademie Mülheim mit einer zentral-französischen und einer elsässischen Frauengruppe, mit der Evangelischen Frauenhilfe und mit polnischen konfessionellen Frauengruppen.
In der Ökumenischen Arbeit des Weltgebetstages der Frauen hat Frau Althausen daran mitgearbeitet, daß sich das ostdeutsche und das westdeutsche Komitee des Weltgebetstages 1993 vereinigten und nun ein gesamtdeutsches ökumenisches Komitee bilden. Die gesamtdeutsche Arbeit des Weltgebetstages wird nun von der WGT-Geschäftsstelle in Stein bei Nürnberg gesteuert. –

Sehr geehrter Herr Ministerpräsident, ich möchte Sie herzlich bitten, Gudrun Althausen zur Auszeichnung mit dem Verdienstorden der Bundesrepublik Deutschland vorzuschlagen.
Ich bin gern bereit, genauere Angaben zu den genannten Zeiten und Phasen, zu Verdiensten oder Referenzadressen zu machen, falls dies erforderlich ist.

Mit freundlichen Grüßen
Christine Busch
Leitende Pfarrerin der EFHiD

1996 endete Gudrun Althausens „offizielle" Arbeit für die Evangelische Frauenhilfe. Ihre Nachfolgerin im Amt der Vorsitzenden wurde Brunhilde Raiser. Doch natürlich nahm sie auch weiterhin am „Leben" der Frauenhilfe Anteil.
1999, aus Anlass des 100-jährigen Jubiläums der Frauenhilfe in Deutschland, erschien in „Frauen unterwegs" ein Porträt über sie. Auch dort spielt der Vereinigungsprozess der Frauenhilfen Ost und West und die weitere Entwicklung des Verbandes eine große Rolle.

Der kostbare lange Atem
Gudrun Althausen erinnert sich

Die Sonne brennt auf Berlin, und der große geflieste Balkon von Gudrun Althausen spendet kühlen Schatten. Prächtig gedeihen hier die dunkelroten Geranien. Vor drei Jahren ist die 69jährige aus Ost-Berlins ebenso trister wie riesiger Plattensiedlung Hohenschönhausen in den grünen Villenstadtteil Wilhelmsruh gezogen. „Kontrasterfahrungen", nennt Gudrun Althausen das. Und die sind im Leben der vierfachen Mutter und mehrfachen Großmutter keine Ausnahme. Vor allem in ihrem Beruf hat die Theologin mit den kurzgeschnittenen grauen Haaren so manches Wechselbad durchlebt.

Wie wenig dabei oft von den Lebenszielen und -träumen übrigbleibt, das mußte Gudrun Althausen schon als junge Frau erfahren. Als die gebürtige Dresdenerin nach dem abgeschlossenen Theologiestudium in Leipzig 1955 heiratete, teilte sie das Schicksal so mancher Altersgenossin: Ihr beruflicher Weg war vorerst beendet. Junge, verheiratete Theologinnen wurden in der konservativen Männerwelt der evangelischen Kirche nicht für's Pfarramt tauglich befunden. „Ich war trotzdem beschäftigt, denn ich habe zügig vier Kinder gekriegt", sagt Gudrun Althausen und in den Augen hinter der Brille blitzt im wahrsten Sinne des Wortes Mutterwitz.
Für die engagierte Theologin war das allerdings noch lange kein Grund, sich nicht in zahlreichen ehrenamtlichen Funktionen zu engagieren. „Du bist ja sowieso abends immer weg, also kannst du die Stelle auch annehmen", hat ihr Mann Johannes Althausen schließlich gesagt, als sie später gefragt wurde, ob sie die Leitung der Frauenarbeit in Berlin übernehmen würde. Das war Anfang der 70er Jahre und die sechsköpfige Familie lebte hinter der Berliner Mauer im Ostteil der Stadt. In dem weithin entkirchlichten Land war für sie das Christsein längst zum Bekenntnis und zur Herausforderung geworden.

Damals hätte es sich Gudrun Althausen wohl nie träumen lassen, daß sie kurz vor ihrem Ruhestand noch einmal zur ersten ehrenamtlichen Vorsitzenden der wiedervereinigten evangelischen Frauenhilfe gewählt würde. Das war 1992 auf der großen Mitgliederversammlung der evangelischen Frauenhilfe in Württemberg. Die West-Vorsitzende Ute Künhaupt hatte auf ihre Kandidatur verzichtet, um einer Frau aus dem Osten Platz zu machen. Doch diese großzügige Geste konnte nicht verhindern, daß „damals auch viele Tränen geflossen sind." Und wenn sie sich an diese Zeit erinnert, ist ihr die innere Bewegung anzusehen. Sie hat sich weit nach vorn gelehnt und ringt um die richtigen Worte.
Die Frauen in Ost und West, so erinnert sie sich, hatten die Hoffnung, sich Zeit lassen zu können. Doch dann ist alles anders gekommen. Vor allem zu schnell ging es mit der Vereinigung der Frauenhilfe, denn unterschiedlich war die Entwicklung im geteilten Deutschland gewesen.

1951 schon hatte die Frauenhilfe in Ost und in West der Grenze und damit den fehlenden Begegnungsmöglichkeiten Rechnung getragen. Das traditionsreiche Domizil in Potsdam wurde Zentrale in Ostdeutschland, Kaiserswerth der Sitz im Westen. Die östlichen Werke fanden organisatorische Anbindung an die Landeskirchen, die im Westen blieben überwiegend ein selbständiger Verein. Doch trotz der Trennung blieben die engen Verbindungen bestehen. Besuche im Osten waren aus dem Programm nicht wegzudenken. Und noch so harmlose Papiere, die der DDR-Staat gleich zu staatsfeindlichen Dokumenten stempelte, wurden von den Westfrauen unter der Kleidung über die Grenze geschmuggelt. Davon, daß begehrte Referentinnen wie Dorothee Sölle dank der West-Frauen nach Ost-Berlin eingeladen werden konnten, ganz zu schweigen.

Und so war es naheliegend, daß nach 1990 die Vereinigung der Evangelischen Frauenhilfe in Deutschland gewollt war. Eine gemeinsame, juristisch wasserdichte Satzung galt es zu erarbeiten. Doch die Vereinigung der unterschiedlich gewachsenen Strukturen und vor allem der unterschiedlichen Orte sollte von unten und mit der Zeit wachsen. Aber die blieb nicht. Und so erfüllte sich auch die Hoffnung nicht, die traditionsreiche Zentrale in Potsdam als Außenstelle zu behalten. In Kaiserswerth war von der Diakonie preiswert ein Haus in Aussicht gestellt worden und im Osten hatte man nichts Adäquates zu bieten. Und so entschied die EKD, eine Außenstelle in Potsdam nicht aufrechtzuerhalten und den zentralen Sitz der Frauenhilfe in Kaiserswerth einzurichten. Diese „harte Entscheidung", so Gudrun Althausen, habe sie – aber auch viele andere Frauen der EKD „sehr übel genommen."

„Das waren fürchterliche Entscheidungen, die uns fast an den Rand brachten", sagt Gudrun Althausen heute. Denn Standortfragen haben ja immer auch mit Menschen zu tun. Im Klartext: In Potsdam beispielsweise mußten zwei Theologinnen entlassen werden. Und obwohl beide nicht auf der Straße sitzen, gibt es Verletzungen, die mit der Würde des Menschen zu tun haben. „Die sind erst verschwunden, wenn es die Menschen nicht mehr gibt", sagt Gudrun Althausen. Dabei war es vor allem die ostdeutsche Frauenhilfe gewesen, die über all die Jahre der Trennung von einem langen Atem lebte. Sich einfach viel Zeit zu nehmen, wurde zum Überlebensprogramm. Ein Beispiel waren die 14tägigen Ferienzeiten, die sie für Familien, aber auch alleinstehende Mütter organisierte. Heute, wo alle nach Mallorca oder Teneriffa fahren und die Heime unbezahlbar geworden sind, wäre das undenkbar, so Althausen. Damals waren die gemeinsamen Ferienzeiten an der Ostsee, im Harz oder Erzgebirge mit jeweils etwa 36 TeilnehmerInnen, von denen die Hälfte Kinder waren, für viele eine unentbehrliche Zeit zum Luftholen.
Und dazu zählten vor allem die Ferienzeiten der Großmütter mit ihren Enkeln. Sie hatten Zeit füreinander, und die meisten der Kinder hörten in dieser Ferienzeit zum ersten mal etwas von der Bibel.

Glorifizieren will Gudrun Althausen das alles nicht. Doch das Zusammenkommen der Frauen in Ost und West, davon ist sie überzeugt, ist bis heute erschwert, weil man sich nicht genug Zeit füreinander nimmt. „Man kommt überhaupt nicht ins Gespräch, alle rasen gleich wieder weg", sagt sie. Das gelte für Tagungen, vom Wegfall gemeinsamer Freizeiten ganz zu schweigen.
Und noch ein Punkt macht ihr zu schaffen. Die Tatsache, daß heute viel weniger Frauen berufstätig sind als in der DDR, ist für sie „ein echter Rückschritt". Was sie damit meint, sagt Gudrun Althausen wie immer sehr genau und abwägend: „Frauen sind so weniger vom Mann als vielmehr von einer gelingenden Partnerschaft abhängig." Und das möchte sie beiden, Frauen und Männern, zugestehen. Auf dem Balkontisch von Gudrun Althausen liegt das Jubiläumsheft zum

100jährigen Bestehen der Frauenhilfe. Von den Mühen, aber auch Chancen des Austausches der völlig unterschiedlichen Erfahrungen der Frauen in Ost und West in den letzten Jahren sucht man darin vergeblich.

Bettina Röder
Die Autorin ist Redakteurin bei Publik-Forum, lebt und arbeitet in Berlin.

Als Gudrun Althausen 2007 starb, hielt Brunhilde Raiser auf der Trauerfeier eine Gedenkrede, die sehr deutlich zum Ausdruck bringt, wie viel die Frauenhilfe in Deutschland ihr zu verdanken hat. Diese Gedenkrede soll hier als Schlusswort für dieses Kapitel stehen.

Gedenkrede für Gudrun Althausen
Berlin, 24. März 2007

Liebe Familie Althausen, verehrte Trauergemeinde!
Was hätte sich Gudrun Althausen als Gedenkrede gewünscht? Ganz einfach ist das nicht zu beantworten. Denn sie hätte, so habe ich sie jedenfalls immer erlebt, darauf bestanden, dass ihre Person möglichst nicht im Mittelpunkt stehen sollte. Aber sie hätte auch in vollem und sehr berechtigtem Selbstbewusstsein zu ihrer Arbeit, zu den Erfolgen aber auch zu den Misserfolgen gestanden. Und sie hätte die Arbeit der Frauenhilfe, bzw. evangelische Frauenarbeit, überhaupt durchaus um ihrer Bedeutung, um ihrer Inhalte willen für nennenswert und würdigenswert erachtet.
Und so will ich als Dank an Gudrun Althausen versuchen, wenigstens bruchstückhaft aufzuzeigen, worin ihre Bedeutung für die Evangelische Frauenhilfe, für evangelische Frauenarbeit und damit für die evangelische Kirche bestanden hat oder vielmehr, wo die Frauenhilfe und auch der künftige neue evangelische Frauenverband durch Gudrun Althausen geprägt ist und bleibt. Dabei soll ihre Person nicht ganz zu kurz kommen. Denn bei allem Hintanstellen ihrer selbst, war sie eine höchst präsente Frau, nicht zu übersehen und zu übergehen – eine Frau, die wusste, dass Plätze auch eingenommen werden müssen. So war es für sie auch völlig selbstverständlich, dass es zu übernommener Verantwortung, zur Erfüllung von Aufgaben und zur Durchsetzung von Zielen gehört, Macht zu beanspruchen und zu leben. Diese feministische Grundforderung hat sie einfach gelebt und uns Jüngeren vorgelebt.
Vielleicht hat mich gerade dies 1991 besonders beeindruckt, als ich sie bei der ersten Jahreshauptversammlung, auf der Delegierte der Frauenhilfen Ost und West vertreten waren, kennen lernte. Allen war damals bekannt, wie sehr sie sich für die Wiedervereinigung der Frauenhilfen in Ost und West eingesetzt hat. Welche Mühen, welche Kraft, welche Angriffe das auch schon vor 1992 für sie bedeutet hat, das haben wir nicht geahnt.

Bis in die letzten Jahre hat sie sich oft erstaunt darüber gezeigt, dass sie die erste Vorsitzende der wiedervereinigten Frauenhilfe wurde. Eigentlich war das damals für uns alle völlig selbstverständlich – nicht weil sie es für sich beansprucht hätte – sondern weil wir in West und Ost es ihr zutrauten, weil sie für uns eine Integrationsfigur war. Damals bei der Wahl in Stuttgart ahnte niemand, wohl auch sie nicht, welche Aufgaben sie in diesem Amt schultern musste: ein Zusammenwachsen der beiden Frauenhilfen auf Augenhöhe ist lange nicht gelungen; der ehemalige Sitz Potsdam wurde nicht wieder zum neuen, Mitarbeiterinnen mussten entlassen werden ... tiefe Verletzungen haben wir uns in der Frauenhilfe zugefügt.
Gudrun Althausen war überaus diskret – und so weiß wohl niemand wirklich, wie sehr sie darunter gelitten hat, doch letztlich über ihre Person das Zusammenwachsen befördern zu müssen und dabei während ihrer Amtszeit erleben zu müssen, es kaum jemandem wirklich recht machen zu können. Erleichtert hat sie wahrgenommen, dass die Frauenhilfe heute ein gemeinsamer und starker Verband ist, der es sich zugetraut hat, mit der Evangelischen Frauenarbeit ab 2008 zu fusionieren.
Als mir Gudrun Althausen 1996 bei meiner Wahl zur Vorsitzenden eine Landkarte der Bundesrepublik Deutschland geschenkt hat, meinte sie: „Ich konnte viel reisen, unendlich Vieles kennen lernen, neue Menschen, neue Orte; das hat mich bereichert bei aller Anstrengung des Reisens."
Erst nach und nach wurde und wird deutlich, welche Spuren Gudrun Althausen auf ihren Wegen zunächst in der DDR, dann im gesamten Deutschland und in Mittel-Osteuropa hinterlassen hat, welche Orte mit ihrem Namen verbunden sind oder vielmehr von ihrem frauentheologischen Denken und Handeln mitgestaltet sind.
Ostberlin: für mich als eine Frau aus dem Westen, die die Ost-West-Treffen der Frauenhilfe nicht miterlebt hat, verbindet sich mit Berlin-Ost unter anderem Gudrun Althausens 22jährige Tätigkeit als theologische Referentin der Frauen- und Familienarbeit der Kirche Berlin-Brandenburgs und die Leitung der gesamten evangelischen Frauenarbeit in der DDR. Für die westdeutschen Frauen war nach 1992 die Kombination von Frauen- und Familienarbeit antiquiert und frauenfeindlich. Gudrun Althausen hat vergeblich versucht, dagegen zu halten und Familienarbeit als zentralen Bestandteil der Arbeit in der EFHiD zu verankern. Erst viele Jahre später, als wir endlich gelernt hatten, die unterschiedliche Sprache und Geschichte zu verstehen, wurde deutlich, wie emanzipatorisch diese Kombination in der DDR gewesen ist. Gudrun Althausen hat nie aufgegeben, Übersetzungsversuche zu leisten – heute wissen wir, dass dies konstitutiv für unser Arbeiten als Frauenverband ist.
Potsdam: Nur bis zur Eintragung ins Amtsregister als Sitz ist es gekommen. Die nächtelangen vergeblichen Bemühungen, Potsdam als Sitz der Geschäftsstelle zu bestimmen – Mietobjektproblemen und westlichen Dünkeln zum Trotz – haben Gudrun Althausen damals sichtbar gezeichnet. Es war einer der wenigen

Momente, in denen ihr in großer Runde abzuspüren war, was dieses Scheitern und seine Konsequenzen mit ihr gemacht haben. Dennoch – sie hat die Entscheidung angenommen und die Frauenhilfe mit der Geschäftsstelle in Düsseldorf mit aufgebaut.
Die nächtelangen Vorstandssitzungen in den folgenden Jahren – meist in **Düsseldorf** – waren nicht ihrer Eigenart geschuldet, dass sie erst spät am Abend richtig munter wurde, dann, wenn alle anderen schon fast nicht mehr konnten, sondern vielmehr dem permanenten Bedarf zu klären, sich auseinander zu setzen, zu schlichten, zu beruhigen, zu trösten und zu versöhnen. „Schwestern"! – hörten wir dann von ihr – wenn sie uns ermutigte, ermunterte, aber bei aller schwesterlichen Streitfähigkeit auch zu Solidarität und Konstruktivität ermahnte. „Schwestern", das war eine feministisch-theologische Ansage.
Wen wundert es daher, dass diese Haltung auch ihre ökumenische Arbeit bestimmt hat – und damit die der Frauenhilfe. Die WGT-Werkstätten in **Hirschluch** waren prägend für die FH in der DDR – aber sie hat auch alles dafür getan, ab 1992 eine gemeinsame Weltgebetstagsarbeit in **Stein** werden zu lassen. Die Pfleger auf der Intensivstation waren nicht wenig überrascht, als sie nach ihrer Operation ein Fernsehgerät erbat, um den WGT-Gottesdienst sehen zu können – der Gottesdienst unter dem Motto „Vereint unter Gottes Zelt" war ihr letzter.
Ich will es als ein Antwort-Zeichen darauf verstehen, dass sie mit den Werkstätten Türen aufgestoßen hat – Mauern zumindest im Geist eingelegt hat und schwesterliche Beziehungen zu Frauen aus Mittel-Osteuropa geknüpft hat. Die Frauenhilfe hat nach anfänglichem heftigem Zögern diese Mittel-Osteuropa-Arbeit fortgesetzt, die Partnerschaft zu den evangelischen Frauen in Polen ist daraus gewachsen, und bis heute gehört die Versöhnungsarbeit am Kindergedächtnisgesundheitsszentrum in **Warschau** zum festen Bestandteil der Frauenhilfsarbeit – wichtig dabei auch die feministisch-theologische Auseinandersetzung mit Versöhnung.
Trotz aller Mühen und Anfeindungen war Gudrun Althausen eine der Wegbereiterinnen feministisch-theologischen Arbeitens in der Frauenhilfe. Gerade weil ihr Christin-Sein für uns alle deutlich spürbar war, konnte sie – aus den Erfahrungen der Werkstätten in Hirschluch schöpfend – andere, auch andersdenkende mitnehmen.

Sie ist sich und den Beschlüssen der Frauenhilfe treu geblieben, auch als die Wogen in der EKD und in der Öffentlichkeit hochschlugen – ob der Gründung des FSBZ – des Frauen-, Studien- und Bildungszentrums in **Gelnhausen**. Sie war überzeugt von seiner Notwendigkeit und hat es als Kuratoriumsmitglied lange begleitet.
Frauenhilfearbeit, das war für Gudrun Althausen generationenübergreifendes Arbeiten – heute eine Grundlage der Frauenhilfe.
Als Gudrun Althausen 1996 nach einer Amtsperiode als Vorsitzende der Frauenhilfe den Vorsitz der EAFA – der Evangelischen Arbeitsgemeinschaft für Alten-

arbeit übernahm, wurde sie zunächst ein wenig belächelt. Wie vorausschauend und modern dies war, wurde erst später klar. Vielleicht sollten wir für unsere heutige Arbeit auch die gerontologischen Weiterbildungen, die Gudrun Althausen schon in der DDR verantwortet hat, zur Kenntnis nehmen.
Ich breche hier ab – keine weiteren Orte – hoffend, dass Gudrun Althausen dem Gesagten hätte zustimmen können, selbst bei aller Anstrengung, die es für sie bedeutet hat, im Mittelpunkt zu stehen. Ob sie deshalb meist eher gedeckte Farben trug – außer als sie sehr bewusst das Bundesverdienstkreuz entgegennahm – gekleidet im Rot der Schleife – stolz als fem.-theologische Frauenrechtlerin anerkannt zu werden.
Nie habe ich gesehen, dass sie das Zeichen der Frauenhilfe getragen hat – das Lilienkreuz – aber, es war ihr sehr wichtig – als Zeichen der Frauenhilfe, in der sie mit Interesse ohne jegliches Hineinreden, bis zuletzt verankert war – als Mitglied auch in der Frauenhilfe Braunschweig und als Mitglied des Freundeskreises der Schwesternschaft der Frauenhilfe. Aber vor allem war ihr das Lilienkreuz wichtig als Zeichen des Glaubens, der sie gehalten, getragen und bestimmt hat.
Blau gebundene Lilien sollen deshalb für den Dank der Evangelischen Frauenhilfe in Deutschland und für meinen ganz persönlichen an Gudrun Althausen stehen.

Brunhilde Raiser
Vorsitzende der EFHiD

5. ÖKUMENISCHES LERNEN: DER WELTGEBETSTAG

Mit Beginn ihrer Berufstätigkeit 1970 trat Gudrun Althausen aktiv in die Weltgebetstagsbewegung in der DDR ein. Der Weltgebetstag war ein „Fenster zur Welt“, eine Öffnung in die weltweite Weltgebetstagsgemeinschaft hinein aus der abgeschotteten DDR. Gudrun Althausen erkannte die Chance, die in der WGT-Bewegung lag – für die Gemeinden, speziell für Frauen in den Gemeinden und auch für sich selbst.

In der DDR übernahm von Anfang an die Evangelische Frauenhilfe die Geschäftsführung für den Weltgebetstag. Die Gottesdienste in den einzelnen Gemeinden wurden sehr unterschiedlich – mal ökumenisch, mal aber auch nur evangelisch gefeiert. Der „offizielle“ ökumenische Charakter kam erst mit Gründung des DDR-Komitees 1975 zum Tragen, als aus mehreren christlichen Kirchen Vertreterinnen dorthin entsandt wurden.
Von Anfang an gab es eine sehr enge Beziehung zum Weltgebetstagskomitee in der Bundesrepublik Deutschland. Aber auch in die östlichen Nachbarländer hin wurden Beziehungen aufgebaut.
In diesem Kapitel werden die Aufgaben Gudrun Althausens, die sie auf nationaler und auf internationaler Ebene erfüllte, beschrieben. Es wird ein Interview mit der langjährigen Vorsitzenden des nationalen Komitees Dr. Ute Minor geben und Auszüge aus den Reisetagebüchern, die Gudrun Althausen auf ihren Dienstreisen im Rahmen des Weltgebetstages führte.

5.1 MITARBEIT IM NATIONALEN WELTGEBETSTAGSKOMITEE

1973 wurde in der DDR ein vorläufiges, 1975 das Weltgebetstagskomitee gegründet[50]. Da lagen schon 20 Jahre von der Evangelischen Frauenhilfe verantwortete Weltgebetstagsarbeit hinter den Verantwortlichen. Mit der Gründung des Komitees auf Grundlage der Regeln, die das Internationale Komitee vorgab, gab es nun stimmberechtigte Mitglieder nicht nur aus der evangelischen Kirche, sondern auch aus der methodistischen und der altkatholischen Kirche, aus dem Bund der evangelisch-freikirchlichen Gemeinden sowie aus der Herrnhuter Brüdergemeine. Die katholischen Frauen kamen erst einige Zeit später dazu.

Über die Bedeutung, aber auch den Ablauf des Weltgebetstages in der DDR hielt Gudrun Althausen einen sehr informativen Vortrag auf dem 50-jährigen Jubiläum des Weltgebetstages in Deutschland 1999. Dabei beschreibt sie ausführlich, welche inhaltliche Auseinandersetzung mit dem „Fremden" – Lebensweise, Frömmigkeit, politische Bedingungen – die Vorbereitung zum Weltgebetstag jedes Jahr anstieß, was tatsächlich „Lernen" bedeutete.

Ökumenisches Lernen – praktiziert von Frauen
Erfahrungen mit der Vorbereitungsarbeit für Weltgebetstage
(Berlin, Januar 1999, Vortrag zum 50jährigen Jubiläum des Weltgebetstags in Deutschland von Gudrun Althausen)

Ökumene versteht sich nicht von selbst. Sie wird nicht aus Papieren, aus Berichten, aus Worten allein erfahrbar. Ökumene ergreift Menschen vor allem durch Begegnungen. Denn: durch An-Sehen entwickeln sich Ansichten. Frauen hatten zu allen Zeiten eine besondere Begabung für solche Art des Verstehens und Lernens. „Ökumenisches Lernen", d. h. Lernen und Begreifen mit allen Sinnen, mit Herzen, Mund und Händen, wurde in den 60er Jahren unseres Jahrhunderts entwickelt und vom ÖRK [Ökumenischer Rat der Kirchen. Anm. d. Verf.] *– mehr theoretisch! – propagiert. Auch in Deutschland gab es prominente Vertreter dieser Idee, männliche Vertreter.*
Frauen waren zu dieser Zeit längst dabei – ohne große Theorie – dies für sich zu entdecken und vor allem zu praktizieren. Sicher, der WGT hatte von den Anfängen her die Nöte der anderen, der „fernen Schwestern", im Blick und nahm sie mit hinein ins Gebet. Daraus entstand dann auch Einsatz praktischer oder mindestens finanzieller Art. Aber, wie damals allgemein üblich, ließ es die Frauen vorwiegend in der Hörerinnen-Rolle. Sie blieben betend in den Kirchenbänken sitzen.

---

50 Siehe: Gisela Opitz: Frauenhilfe und Ökumene am Beispiel des Weltgebetstages in der DDR. In: 100 Jahre Evangelische Frauenhilfe in Deutschland: Einblick in die Geschichte. (Schriften des Archivs der Evangelischen Kirche im Rheinland) 1999.

Als ich 1970 aktiv in die WGT-Bewegung einstieg, war das bereits im Umbruch, wandelten sich die Methoden.
Meine Erfahrungen stammen aus der DDR. Ich bin sicher, daß es in der alten BRD die gleichen Entwicklungen, wahrscheinlich sogar etwas schneller und professioneller gab. Aber letztlich unterschied uns wohl nur der Grad an Technik-Einsatz, Druckmöglichkeiten, Öffentlichkeit und persönlichen Reiseerfahrungen.
Ich werde in mehreren Schritten darstellen, was zum Teil parallel und ineinander verwoben entstand und sich weiter entwickelte. Ich habe 21 Jahre lang, unter relativ schlichten Bedingungen, Vorbereitungsmaterial für den WGT für die Gemeinden in den östlichen Gliedkirchen erarbeitet und über die Frauenhilfen verteilt. Das Engagement von unzähligen ehrenamtlichen Mitarbeiterinnen hat mich dabei fasziniert.
1) <u>Wir wollen und müssen mehr wissen</u>
Angefangen hat es mit immer länger werdenden Artikeln über „Land und Leute", über das Leben der Frauen und der Kirchen in dem Land, aus dem die Gebetsordnung kam. Dies wurde als Vorinformation in den Frauengruppen bekanntgemacht. Aber es reichte bald nicht mehr. Können wir etwas über die Geschichte des Landes erfahren? Welche Kirchen gibt es dort? Aus welchen Berufen kommen die Schreiberinnen der Ordnung? Kann man mehr über das politische System, über die gesellschaftlichen Verhältnisse erfahren?
Fragen über Fragen wurden gestellt. Also begannen wir damit, richtige „Länderinformationen" zu erarbeiten. In jedem Jahr wurde eine neue Gruppe von Frauen geworben, die entweder bereits mit der zu bearbeitenden Region vertraut waren oder sich gern und intensiv einarbeiteten. Sie sollten möglichst aus verschiedenen Kirchen stammen, damit auch ja kein Aspekt in dem Material zu kurz komme! Wir haben das fast immer geschafft. Mühsamer war es, die (aus Papiergründen!) vorgegebene Seitenzahl nicht zu überschreiten. Das Deckblatt wurde selbst entworfen, auf Wachsmatritzen gezeichnet und mit abgezogen. Alles ein Riesenaufwand, bis es in die Hände der Frauen kam, die damit die Vorbereitung für den WGT gestalteten. Sie waren ungeheuer begierig, so viel als möglich zu erfahren – von Ländern, die wir wirklich nur vom Atlas her kannten. So tat sich ein Fenster auf und wir waren plötzlich nicht mehr so abgeschottet und allein.
Ganz wichtig wurden für den Blick nach draußen die Bildstreifen. Der Frauenhilfspfarrer von Sachsen hatte damit begonnen. Die anderen Landeskirchen wurden mit wenigen Exemplaren daran beteiligt. So erhielten wir in Ost-Berlin z. B. zwei Exemplare, die dann wochenlang Tag für Tag von einer Gemeinde zur anderen transportiert wurden. Es sollten doch möglichst viele Anteil daran haben können. Ab 1977 wurde die Zusammenstellung der Bilder von uns in Berlin übernommen. Die Anzahl der benötigten Bildstreifen stieg von Jahr zu Jahr. Es war nicht immer ganz einfach, an das Bildmaterial heranzukommen. Die Schwestern aus der BRD haben mir da enorm geholfen. Außerdem ließen wir unbekümmert aus Büchern abphotographieren!

Die große Beliebtheit der Bildstreifen ist sicher damit zu erklären, daß frau hier etwas „sehen" konnte. Es fiel dann nicht mehr so schwer, sich die Situation, in der die Schreiberinnen der Gebetsordnung lebten, vorzustellen. Herrliche Landschaften, aber auch unvorstellbare Dürre, fröhliche Kindergesichter, aber auch krasse Armut bewegten die Frauen in unseren Gemeinden. Die fremden Namen sind bestimmt meistens falsch ausgesprochen worden. Aber das teilnehmende Staunen und Mitleiden, die Begeisterung und auch Abscheu und Scham halfen, nicht nur mit Worten die Gebete nachzusprechen, sondern mit dem Herzen bei den fremden Schwestern zu sein.

2) Wir wollen und müssen noch mehr erfahren über Geschichte und gegenwärtige Gesellschaft

Um die Andeutungen in den Gebeten verstehen und zu eigenen Gebetsanliegen machen zu können, mußte frau immer mehr erfahren vom „wirklichen" Leben. Was verdient ein Arbeiter? Was kann sich eine Familie dort leisten? Wie ist die Schulsituation? Können Frauen in allen Berufen arbeiten? Wie steht es um das, was wir „Gleichberechtigung" nennen?

Durch die WGT-Vorbereitungsarbeit ist viel politisches Bewußtsein gewachsen. Keine der Frauen in unseren Gemeinden konnte zur Tür der DDR hinausgehen. Aber aus dem Fenster des WGT haben sie sich weit hinausgelehnt, um in die Welt zu schauen. Es wurde dabei immer wieder alte, europäische Schuld entdeckt. Wir erschraken, was im Laufe der Geschichte von unseren Vorfahren in fernen Ländern angerichtet worden ist. Die Folgen dauern bis heute an.

Solche Sicht war spannend und bereichernd. Sie hat auch oft geholfen, ein durch zwei aufeinander folgende sehr einseitige Sichtweisen von Geschichte verdorbenes Bild zu revidieren.[51]

Besonders wichtig erschien uns, daß unsere eigene Situation in ein ganz anderes Licht gerückt wurde. Unsere Probleme waren mit einem Mal nicht mehr die schlimmsten in der Welt. Auch wir haben eine Verantwortung gegenüber anderen Regionen der Erde! Unser Verhalten macht Menschenleben kaputt bzw. hilft ihnen zum Überleben.

So ist durch intensive WGT-Vorbereitungsarbeit politisches Denken geschult, gesellschaftliche Verantwortung gestärkt worden. Das ging so weit, daß manche Frau erst spät merkte, daß es sich beim WGT um eine „kirchliche", um eine spirituelle Gebetsbewegung handelt! So ist mir eine Veranstaltung in Berlin (Ost) in Erinnerung, wo ganz verwundert gefragt wurde, warum wir denn nun noch einen Bibeltext behandeln wollten; das hätte doch gar nichts mit dem WGT zu tun!

3) Wir können mit allen Sinnen, mit Herzen, Mund und Händen teilhaben an dem Leben unserer Schwestern

Die Fragen gingen weiter: Wie kocht man dort? Wie kleidet man sich? Welche Lieder singen die Menschen in diesem Land? Gibt es typische Sprichworte, die etwas

---

51 Gudrun Althausen meint hier die Vermittlung von Geschichte in der Zeit des Nationalsozialismus von 1933 bis 1945 und die sich daran anschließende Zeit des Sozialismus bis 1989.

von der Lebenssituation erzählen? Bei der Beantwortung solcher Fragen drangen Frauen immer tiefer in das Leben der jeweiligen Schreiberinnen ein. Ich habe die Erfahrung gemacht, daß in dem Maße, wie Anteil an alltäglichen Dingen (Essen, Kleidung, usw.) genommen werden konnte, immer mehr Frauen „Spaß" an der Vorbereitung des WGT bekamen, sich enorm engagierten und damit auch Zugang zu der Gebetsbewegung als solcher gewannen. Ökumene konnte im wahrsten Sinn des Wortes „schmackhaft" gemacht werden. (Dabei spielte es keine so große Rolle, daß in der DDR die angegebenen Gewürze oft nicht zu bekommen waren. Frauen sind erfinderisch!) Wir haben gerochen und gefühlt, wie die Menschen in dem fernen Land leben. In die fremde Haupt geschlüpft, haben wir mit ihnen geweint, gelacht, getanzt und gesungen.

Solche Möglichkeiten der eigenen Beteiligung regen Frauen besonders an, setzen kreative Kräfte frei und helfen letztlich sehr zu existenziellem Verstehen. Und dies wiederum ist die Basis für engagiertes Mitbeten und solidarisches Handeln.

Dabei wurden meist recht einfache Methoden gebraucht. Ich erinnere mich, wie tagelang Landkarten von Indien „durchstochen" (dann nachgezeichnet und bunt gefärbt) wurden, um diese großflächig und für eine Gemeindegruppe übersichtlich zeigen zu können. Viele Frauen sammelten (mindestens) ein halbes Jahr lang alle Nachrichten aus dem jeweiligen Land, schnitten sie aus und machten daraus dann Wandzeitungen – eine beliebte Form der Information in der DDR! Collagen wurden erstellt und – jedes Jahr neu mit viel Elan – wurden Plakate entworfen, gemalt und in die Schaukästen der Gemeinden gehängt. Da es bei uns keine gedruckten Plakate geben konnte, die ästhetisch schön und graphisch einwandfrei gestaltet für alle käuflich zu erwerben waren, mußten wir zu solcher „primitiven" Form greifen. Ich bin sicher, daß jedes dieser Plakate ein wichtiger Schritt „Ökumenisches Lernen" war; denn eine Frau oder eine Gruppe hatte sich intensiv mit dem Land, mit dem Thema oder der biblischen Aussage beschäftigt. Jedes Plakat war eine Auslegung für sich.

Wenn ich an die verschiedenen Weltgebetstage zurückdenke, kommen mir sofort bestimmte äußere Formen in Erinnerung. Daraus schließe ich, daß solcherart Eindrücke, die eben nicht nur über Kopf und Verstand gehen, viel tiefer haften. Als z. B. Thailand dran war, haben wir monatelang Elefanten ausgeschnitten und alle Tische damit geschmückt; Kanada übersäte die Räume mit roten Ahornblättern und als die Ordnung aus Schweden kam, waren unsere Tische alle blau/gelb gedeckt …

Je intensiver sich die Frauengruppen der Gemeinden auf den WGT vorbereiteten und die Gemeinderäume dadurch deutlich auf ein bestimmtes Land eingestimmt wurden, desto interessanter wurden der WGT und seine Vorbereitung auch für andere Gemeindegruppen. Die Pfarrer fragten nach dem Bildstreifen für die Konfirmanden, der Kinderweltgebetstag begann Gestalt anzunehmen.

4) Mit der Neugierde auf Fernes, Fremdes wuchs die Fähigkeit Unterschiede wahr- und ernst zu nehmen

Wenn wir Fremdes aßen, schmeckte nicht alles. Manches, was wir sahen und hörten, verunsicherte uns, machte vielleicht sogar Angst. Es wurde gefragt: Darf man eigentlich so beten? Ist das noch mit unserem christlichen Glauben, so wie wir ihn gelernt haben und verstehen, zu vereinbaren?

Der WGT hat vielen Frauen erstmalig sehr hautnah vor Augen und Ohren geführt, daß es große Unterschiede nicht nur im täglichen Leben und in der Kultur, sondern eben auch in der Art der praktizierten Frömmigkeit gibt. Das war nicht leicht zu verkraften und mußte vor allem in der Vorbereitungsarbeit aufgenommen und bearbeitet werden.

So haben wir ein Stück Kirchengeschichte betrieben, als in einer Ordnung aus Ägypten uns recht fremde Anbetungsformen mit Verneigungen und alten, etwas unverständlichen Gebetsrufen vorkamen. Die Probleme mit der Ordnung aus Nordamerika, geschrieben von christlichen (!) Indianerinnen, sind wohl allen noch in Erinnerung. Daß Christen mit Mutter Erde betend sprechen und den „Großen Geist" anrufen könnten – das ging zu weit! In dem Bildstreifen der DDR gab es dazu auch noch Szenen, die auf Synkretismus schließen lassen konnten. Viele Pfarrer haben damals empört reagiert, weil sie wohl die Rechtgläubigkeit ihrer Frauengemeinde in Gefahr sahen. Aber die Frauen haben sich angemessen damit auseinandergesetzt. Sie haben gelernt, daß es geschichtlich bedingte Unterschiede unserer Glaubensformen gibt, daß auch wir nicht das absolut „reine" Christentum haben und daß es also zur Ökumene gehört, aufeinander zu hören und einander zu achten. Damit verschwinden die Unterschiede nicht und auch nicht die persönlichen Probleme, die ich damit habe. Aber selbstsichere, unbelehrbare Orthodoxie weicht einer hörbereiten Achtung voreinander.

5) Wir haben etwas begriffen vom „Leib Christi"

So konnten Frauen durch den WGT sehr existentiell erfahren, was es bedeutet, daß wir alle Glieder am Leib Christi sind. Glieder mit unterschiedlichen Formen und vor allem unterschiedlichen Aufgaben. Jedes Glied denkt, daß es am wichtigsten ist. Aber das stimmt nicht. Nur im Miteinander funktioniert das Ganze. Darum gilt: Wenn ein Glied leidet, leiden alle mit; wenn ein Glied sich freut, können sich alle mit freuen.

Dieser Leib ist in seinem Zusammenspiel nicht von Grenzen behindert. Wir haben das in der DDR gespürt. Wir gehörten dazu und alle anderen gehörten zu uns. In dem Maße, wie wir uns „mit allen Sinnen" identifizieren mit Fernen, Fremden, bleiben sie nicht fern und fremd. Der Leib Christi ist mit all seinen Gliedern in aller Welt ein „Lebewesen".

Was der ÖRK mehr theoretisch formuliert hat und oft unter Schmerzen zu praktizieren sucht, das ist Frauen im WGT gelungen, betend zu erleben und also auch zu glauben.

6) Wir können neue Gottesdienstformen entwickeln, ausprobieren

Die Frage, was Frauen so fasziniert am WGT, kann man sicher auch damit beantworten, daß hier neue und vor allem frauengemäßere Gottesdienstformen entwikkelt wurden. Jedes Jahr werden Elemente angeboten, die herausfordern zu kreativer Gestaltung. So hat sich eine WGT-Tanz-Kultur entwickelt, die vielen Frauen besondere Freude macht. Andere verwenden enorme Phantasie auf die Länder-entsprechende schmückende Ausgestaltung des Raumes. Aber auch die Gestaltung der Predigt durch Spiel, Dialoge, Pantomime, Tanz oder Bilder eröffnet große Möglichkeiten, bezieht mehr Frauen mit ein, macht Spaß und geht „unter die Haut". Weltgebetstagsgottesdienste sind ein wunderbares Beispiel dafür, wie Frauen auf eine überzeugende, nicht überfordernde, Freiheit gewährende Art an ihnen gemäße Gottesdienstformen herangeführt werden.

7) Wir nehmen etwas mit – wir geben etwas weiter

Es ist mir wohl kaum eine WGT-Vorbereitungsveranstaltung oder ein WGT-Gottesdienst begegnet, wo ich nicht etwas in der Hand hatte, als ich wegging. Der Elefant soll mich weiterhin erinnern an das Land, über das wir sprachen. Das blaugelbe Band hängt nun in meinem Zimmer und gemahnt mich an Schweden. Die fein gestaltete Lotosblüte (aus Papiertaschentüchern!) sieht so zart und verhalten aus, wie das Gebet aus Asien in mir anklang. Nicht nur diejenigen, die in stundenlangem Basteln solche Erinnerungen herstellten, auch die Beschenkten haben nun wirklich etwas „in der Hand", können etwas „mitnehmen" aus dem Gottesdienst. Oft wurden wir in den Ordnungen aufgefordert, Gebetsanliegen auszutauschen, mit nach Hause zu nehmen. Auf diese Weise konnte etwas von uns selbst weitergegeben werden und uns somit in die große Gebetskette ganz persönlich hineinnehmen. Eine wichtige Erfahrung, die vielen von uns sehr fremd war!

Daß die Kollekte eine große Rolle gespielt hat, braucht hier kaum erwähnt zu werden. Und doch ist ihre Entwicklung z. B. in der DDR recht symptomatisch. Ursprünglich wurde nur für die eigenen Belange gesammelt, bis Frau Ursula Brennecke[52] vorschlug, doch einen Teil der Kollekte für Projekte außerhalb Deutschlands vorzusehen. Das war nicht einfach, da unser Geld nicht transferierbar war. Aber über „Brot für die Welt", das Sachmittel ausführen konnte, gelang es dann doch immer wieder, die WGT-Kollekte für angemessene Projekte einzusetzen. Die Frauen wollten dabei stets sehr genau wissen, wofür genau das Geld gebraucht würde! Das war oft schwierig, da die Realisierung der Geldsummen meist längere Verhandlungen voraussetzte.

Abschließend möchte ich betonen, daß „ökumenisches Lernen" mit dem WGT unglaublich bereichernd, erfüllend, spannend, faszinierend und glauben-fördernd ist. Wer sich darauf einläßt, kommt nicht mehr davon los. Denn es geht nicht um einmal eine Stunde im Jahr, um einen Gottesdienst neben vielen anderen. Es geht um ein Leben miteinander, um die Erfahrung der Gemeinschaft über die ganze Welt hin. Da spielen nationale, kulturelle und gesellschaftspolitische Grenzen

52 Mitarbeiterin in der Frauenhilfe der DDR.

letztlich keine Rolle. Ich werde hineingetaucht in „fremde" Schicksale, die, indem sie mich, meine Gedanken und Gefühle herausfordern, mir helfen, mein eigenes Schicksal, meinen Glauben und meine Frömmigkeit besser einordnen zu können. Es geht um „Informiertes Beten" und dann um „Betendes Handeln". Frauenspiritualität mit allen Sinnen, mit Sehen, Hören, Malen, Tanzen, Schmücken, mit Essen und Trinken, mit Verstand und Herz. WGT läßt Ökumene lebendig werden.

Ab 1977 war Gudrun Althausen verantwortlich für die Erstellung des Bildstreifens.
Diese Aufgabe war in der DDR nicht einfach zu bewerkstelligen. Über die Bildstreifenerstellung schreibt Maria Winkler von der Evangelischen Frauenhilfe in Sachsen, die lange Jahre für die praktische Umsetzung desselben gearbeitet hat:

Mit Frau Althausen, der damaligen Vorsitzenden des Weltgebetstagskomitees in der DDR [Gudrun Althausen war Mitglied des Komitees, nicht die Vorsitzende. Anm. d Verf.], fuhr ich Ende des Jahres mit einem Bildband des kommenden Weltgebetstagslandes zum Fotografen Schumann nach Leubnitz-Neuostra (Dresden). Frau Althausen brachte diesen Band mit und hatte die Bilder schon ausgesucht. Er bekam den Auftrag, die Fotos auf einem Farbfilm zu bannen. Der musste ca. 850 Mal kopiert werden für die noch damaligen 33 Kirchenbezirke. Er musste auch pünktlich fertig sein, damit er rechtzeitig den Gemeinden über die Kirchenbezirke zugeschickt werden konnte. Doch zuerst musste der Film vom Rat des Bezirkes für die Vervielfältigung genehmigt werden. Ich ging jedes Mal mit Herzklopfen dahin.
Ein Filmstreifen hatte 36 Dias. Diese Streifen waren alle auf mehreren großen Filmrollen aufgewickelt, die wir vom Fotografen abholten. Wir mussten diese Streifen an der richtigen Stelle auseinander schneiden und einzeln mit der Hand (!) aufwickeln, bis sie in die kleinen Filmdosen passten, die ich das ganze Jahr über in allen Fotoläden, an denen ich vorüberkam, erbettelt hatte. Wer im Büro nur etwas Zeit hatte, half mit. Später hatte der Fotograf ein Handkurbelgerät zum Aufrollen, das er uns borgte. Aber eben auch nur eines für die vielen großen Filmrollen. Wir haben es aber stets bis zum Versandtermin geschafft.[53]

Als Beispiel, was es bedeutete, das Informationsmaterial für ein Land zu erstellen, soll hier einmal die Vorbereitung für den Weltgebetstag 1989, für den die Gebetsordnung aus Burma[54] kam, vorgestellt werden. Alle abfotografierten Materialien fanden sich in mehreren Ordnern in Gudrun Althausens Nachlass:

---

53 Aus: Bettina Dörfel: Der Weltgebetstag der Frauen. https://www.frauenarbeit-sachsen.de/aufg/geschichte/1950.php. – Zugriff Mai 2019.

54 Seit dem 18. Juni 1989 ist der offizielle Staatsname Myanmar.

Material aus Österreich

Material aus der Schweiz und Österreich

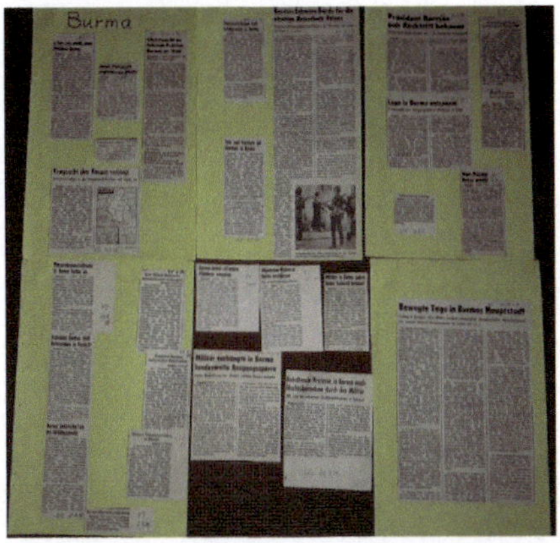

Gesammelte Zeitungsausschnitte aus DDR-Zeitungen

Material aus Westdeutschland

Kopierte Zeitungs- und Buchartikel über Burma

Zusätzlich zu diesem gesammelten Material, machte Gudrun Althausen Menschen in der DDR ausfindig, die schon einmal in Burma gewesen sind und nahm Kontakt zu ihnen auf. Das gelang ihr in diesem Fall bei drei Personen. Ein Ehepaar Esche und eine Frau Höhne waren in früherer Zeit schon einmal in Burma gewesen. (In welcher Funktion und mit welchem Auftrag ist nicht bekannt.) Alle drei waren keine Kirchenmitglieder. Frau Höhne beteiligte sich an der Erstellung von Material über das Land und das Ehepaar Esche, Autoren des Buchs „Im Land der weißen Elefanten", das 1979 in der DDR herausgekommen war, stellte Fotos zur Verfügung. Interessant ist hierbei, dass Gudrun Althausen es schaffte, Menschen, die mit der Kirche nichts zu tun hatten, für die Vorbereitung des Weltgebetstags zu gewinnen. Im Falle des Ehepaars Esche war es sogar so, dass sie sich bereit erklärten, bei den beiden Ideenkonferenzen im Vorfeld des Weltgebetstags Lichtbildvorträge zu halten.

Auf dem Titelblatt des Informationsmaterials sehen wir übrigens eine der nachgezeichneten Landkarten, von denen Gudrun Althausen auch in ihrem oben abgedruckten Vortrag spricht.

Brief an Otto Esche:

13. 3. 1988

Sehr geehrter Herr Esche!
Mit großem Interesse habe ich Ihr Buch „Im Land der weißen Elefanten" gelesen. Dabei haben mir auch die ausgezeichneten Bilder besonders gut gefallen. So wage ich es, mich mit einer Bitte an Sie zu wenden, die für Sie vermutlich recht unerwartet kommt.
Alljährlich am ersten Freitag im März findet in christlichen Gemeinden in der ganzen Welt ein Gebetstag statt, dessen Anliegen jedes Jahr von Frauen aus einem anderen Land der Erde formuliert werden.
Seit 100 Jahren gibt es diese Gebetsbewegung, seit knapp 40 Jahren nehmen wir Christen in der DDR daran teil. 1977 wurde z. B. die Gebetsordnung von uns verfasst.
Um in den Gemeinden und vor allem in den Frauengruppen diesen Tag besser vorbereiten zu können, habe ich seit vielen Jahren im Auftrag des Weltgebetstag-Komitees in der DDR und also für den gesamten Bereich der Kirchen in der DDR

übernommen, folgende zwei Materialien zu erstellen:
– Studienmaterial über das jeweilige Land (politische, wirtschaftliche, religiöse Verhältnisse; Leben der Menschen, speziell der Frauen ...)
– Dia-Serie über dieses Land.
Die Gebetsordnung für den 3. März 1989 ist von burmesischen Frauen geschrieben worden. So ist es meine Aufgabe in diesem Jahr, Hintergrundmaterial über Burma zu erarbeiten.
Sie können sich meine Bitte nun schon fast denken: Wäre es möglich, dass Sie mir einige Bilder zum Kopieren zur Verfügung stellten? Vielleicht könnten wir auch wegen weiterer Informationen über das heutige Burma in Kontakt kommen? Ich wäre Ihnen jedenfalls sehr dankbar dafür. In früheren Jahren habe ich schon oft gute Unterstützung dieser unserer Arbeit gefunden, auch bei Reisen, die ich im Zusammenhang mit den Weltkonferenzen des Weltgebetstages in verschiedene Länder machen konnte.
In der Hoffnung auf eine positive Antwort grüße ich Sie.
Gudrun Althausen

Gudrun Althausen erhielt auch Fotos und Beschreibungen über das westdeutsche Weltgebetstagskomitee, was eine ausführliche Korrespondenz bedeutete. Wie dann weiter mit den Fotos verfahren wurde, haben wir im Beitrag von Maria Winkler auf S. 176 lesen können.

Zur Vorbereitung eines Weltgebetstags gehörte aber natürlich auch die Bearbeitung der Gebetsordnung – in diesem Fall aus Burma – für die Bedürfnisse und Gegebenheiten in der DDR. Am Ende sah die ostdeutsche Gebetsordnung so aus – 1989 immerhin schon mit Bildern versehen:

Gebetsordnung 1989, Umschlag außen ▲ und innen ▼

Eine: Wir danken dir, Gott, daß du unser Vertrauen in die Kraft des Gebetes neu gestärkt hast. Darum beten wir von Herzen um Frieden und Gerechtigkeit für die ganze Welt und sprechen in Jesu Namen: Dein Reich komme.
Lied: Sing, bet und geh auf Gottes Wegen ... EKG 298,7; GL 295,3

Dankopfer

Eine: Wie stets ist ein Teil unseres Dankopfers für die Aufrechterhaltung der gesamtkirchlichen Frauen-, Mütter- und Familienarbeit bestimmt.
Eine: Mit dem anderen Teil möchten wir helfen, Wunden zu heilen. Während des zweiten Weltkrieges wurden in Kalávryta in Griechenland von deutschen Soldaten sämtliche männlichen Einwohner als Geiseln erschossen. Das inzwischen gebaute Heim für die Witwen der Erschossenen soll zugleich eine ökumenische Begegnungsstätte werden. Wir können zur Innenausstattung des Hauses beitragen. Wir bitten Gott, daß er unsere Gaben zu einem Zeichen der Versöhnung werden lasse.
Eine: Jak 2,15–17
Eine: Der Jakobusbrief schärft uns ein, daß nur der Glaube lebendig ist, der uns zum Handeln treibt. Jede unserer Fürbitten ist ein Ruf an Gott um Hilfe und eine Aufforderung an uns zu handeln.
Lied: Nun jauchzt dem Herren, alle Welt ... EKG 187,1–2.4–7; GL 474,1–2.4–7
Eine: Vater, schenke uns den Frieden, den du allein geben kannst. Erfülle uns, deine Töchter und Söhne, mit deiner Weisheit und Kraft, damit wir wach werden für die Herausforderungen des Lebens und sie annehmen; damit wir im Gebet und Glauben mutig deinen Weg wagen.
Wir danken dir für unsere Schwestern und Brüder in Christus auf der ganzen Welt. Zusammen mit ihnen wollen wir die Gaben nutzen, die du uns geschenkt hast. Laß uns miteinander daran arbeiten, dein Reich auf dieser Erde zu bauen. In Jesu Namen beten wir:
Alle: Vater unser ...
Eine: O Gott, der du uns den Blick weitest, gib uns Kraft, nach deiner Wahrheit zu leben. Amen.
Eine: 4Mose (Numeri) 6,24–26
Lied:
1. Der Tag ist um, die Nacht kehrt wieder, auch sie, o Herr, ist deine Zeit.
   Dich priesen unsre Morgenlieder, dir sei die Stille nun geweiht.
2. Wie über Länder, über Meere der Morgen ewig weiterzieht,
   tönt stets ein Lied zu deiner Ehre, dein Lob, vor dem der Schatten flieht.
3. Kaum ist die Sonne uns entschwunden, weckt ferne Menschen schon ihr Lauf,
   und herrlich neu steigt alle Stunden die Kunde deiner Wunder auf.
4. So mögen Erdenreiche fallen, dein Reich, Herr, steht in Ewigkeit
   und wächst und wächst, bis endlich allen das Herz zu deinem Dienst bereit.

Melodie: Neue Lieder 48 oder nach EKG 219

ISBN 3-374-00760-0

Im Auftrag des Weltgebetstagskomitees in der DDR herausgegeben von der Zentrale der Evangelischen Frauenhilfe, Behlertstraße 1a – Potsdam 1560
Evangelische Verlagsanstalt GmbH. Berlin 1989. Lizenz 420. 205-65-89. LSV 6410. H 6037
Satz und Druck: Druckerei Märkische Volksstimme Potsdam. BT Hegelallee. 1/16/01 A 4217/88

Herr, lehre uns beten

Frauen laden ein zum Weltgebetstag – Freitag, 3. März 1989

Ruf zum Gebet

Lied: Herr Jesu Christ, dich zu uns wend ... EKG 126,1–2.4; GL 516,1–3
Eine: Heute lädt uns eine kleine, vom Glauben erfüllte Schar christlicher Frauen in Burma zum Gebet ein. Sie rufen uns aus dem Land der goldenen Pagoden, einem Land, das durchdrungen ist von alten religiösen Traditionen Ostasiens. Burma ist aber auch ein Land, das sich im Übergang befindet. Es ist bestrebt, das Schätzenswerte in seinen Gebräuchen zu bewahren, jedoch auch Wege zu finden, die zu Wachstum und zur Entwicklung des Landes führen. Burmesische Frauen rufen uns auf, in dieser Stunde neu zu entdecken, welche Kraft im Gebet liegt und wie dringlich und notwendig es für unser Leben ist.
Eine: Joh 4,23–24

Anrufung

Eine: Allmächtiger Gott, der du die Quelle des Lebens bist, wir kommen demütig zu dir, um dir zu danken, um deinen Namen zu preisen für deine Liebe, Fürsorge und Treue und für dein Erbarmen. Als Glieder deiner weltweiten Familie hier auf Erden haben wir uns versammelt. Wir bitten darum, daß du, o Gott, uns in diesem Gottesdienst anrührst. Leite uns mit deinem Geist, wenn wir uns gemeinsam mit unseren Schwestern aus Burma aufmachen, um die Kraft des Gebetes für unser Leben zu erfahren. Fülle unsere Herzen mit den Gaben deines Geistes, mit Mut, Weisheit und Glaubensstärke. Laß unser Vertrauen in die Kraft des Gebetes neu lebendig werden, so daß wir mit Zuversicht und verantwortlich für andere beten können. Mach uns wach für die Herausforderung, uns dir ganz auszuliefern, wenn wir beten.
Liedruf: (Lk 11,1)

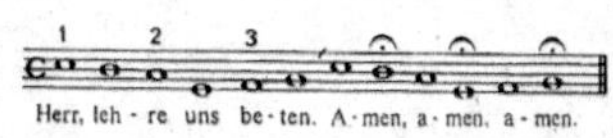

Kanon: Paul Ernst Ruppel 1960
Verlag Merseburger Berlin

Eine: Die geistliche Kraft des Lebens Jesu hat die Jünger zu ihm hingezogen. Sie teilten mit ihm den Alltag. Doch wenn er allein mit seinem Vater redete, ließ er sie zurück. Aus dem Einssein mit Gott schöpfte er Kraft und inneren Frieden. Er wurde für seinen Weg gestärkt; er hat die Not der Menschen angenommen. Auch die Jünger sehnten sich nach inniger Gemeinschaft mit Gott und baten Jesus: „Lehre uns beten."

Gebetsordnung 1989, Einlegeblatt außen ▲ und innen ▼

Alle: Auch wir stehen unter dem Druck der Anforderungen des täglichen Lebens; auch wir brauchen Kraft und inneren Frieden. Wir brauchen Stärkung auf unserem Weg. Wir müssen einfühlsamer für die Not anderer werden.
Auch wir bitten Jesus: „Herr, lehre uns beten."
Eine: Lk 11,1–4
Eine: Jesus sagt uns, was wir beten sollen. Aber wir brauchen Zeit, um richtig beten zu lernen und uns immer wieder darin einzuüben. Es mag sein, daß uns die Worte des Vaterunsers zu bekannt und zu sehr zur Gewohnheit geworden sind. Darum wollen wir sie neu hören und jetzt in der Stille bedenken.
Alle: Unser Vater im Himmel,
Eine: du bist gegenwärtig unter den Menschen in allen Lebensbereichen, in jedem Winkel der Erde. So viele Menschen leiden unter Hunger, Unterdrückung und Ungerechtigkeit. Doch du willst der liebende Vater für alle sein. Gott, wenn wir dich Vater nennen, werden wir daran erinnert, daß wir einander Schwester und Bruder sind.
Liedruf: Herr, lehre uns beten ...
Alle: Unser Vater, geheiligt werde dein Name.
Eine: Wir dürfen dich beim Namen nennen, Gott, wir dürfen dich anrufen: Aber dein Name wird mißbraucht, wenn Menschen in deinem Namen Böses und Zerstörerisches tun.
Eine: Gottes Name ist heilig. Durch seinen Namen ist er uns nahe, wie uns eine Nachbarin nicht mehr fremd ist, wenn wir sie mit ihrem Namen kennen.
Liedruf: Herr, lehre uns beten ...
Alle: Dein Reich komme, dein Wille geschehe wie im Himmel, so auf Erden.
Eine: Viele Formen von Herrschaft und Macht umgeben uns. Wir spüren den Kampf um die Macht:
– um die Macht überlegener Technologien,
– um die Macht überlegener wirtschaftlicher und politischer Systeme,
– um die Macht, die eine Nation nutzen könnte, um andere zu kontrollieren.

Eine: Darum sehnen wir uns, Gott, nach der Gerechtigkeit und der Geborgenheit deines Reiches, wie Jesus es unter uns gelebt hat. Gott, auf deine Herrschaft wollen wir bauen. Wir wollen den Bund mit Christus erneuern und deinen Willen tun. Dein Reich komme.
Liedruf: Herr, lehre uns beten ...
Alle: Unser tägliches Brot gib uns heute.
Eine: Alle guten Gaben dieser Erde kommen, Gott, aus deiner Hand. Doch diese Fülle wird unter uns ungleich verteilt. Die einen sind satt, die anderen sterben vor Hunger. Vor allem Frauen werden Opfer von Ausbeutung. In ihrer Verzweiflung wissen sie oft nicht, wie sie ihre Kinder ernähren und versorgen sollen. Wenn wir doch einsehen könnten, daß wir alle, Satte und Hungrige, füreinander beten müssen: Unser tägliches Brot gib uns heute.
Liedruf: Herr, lehre uns beten ...
Alle: Und vergib uns unsere Schuld, wie auch wir vergeben unseren Schuldigern.
Eine: Wir sind sündige Menschen und rufen wie der Zöllner im Evangelium: Gott, sei mir Sünder gnädig. So wie er angenommen wurde, erfahren auch wir Gottes Zuwendung und Liebe. Gott erbarmt sich unser und will, daß wir an seinem Geist der Vergebung teilhaben. Dann können wir die Härte unseres Herzens überwinden und denen vergeben, die uns Unrecht tun und uns verletzen.
Liedruf: Herr, lehre uns beten ...
Alle: Führe uns nicht in Versuchung, sondern erlöse uns von dem Bösen.
Eine: Immer wieder erfahren wir in unserem persönlichen Leben, wie schnell wir deinen Weg verlassen. Wir kennen die Versuchung, den leichteren Weg zu gehen, die unehrliche Abkürzung zu wählen, der Menge zu folgen.
Eine: Gott, stärke uns in unserer Entschlossenheit, dieser Versuchung standzuhalten. Laß uns deinen Willen tun, was immer es kosten mag. Laß uns in deiner Liebe bleiben.
Lied: Treib aus, o Licht ... EKG 336,3–4; GL 666,3–4
Eine: Auf das Gebet, das Jesus uns lehrte, folgt im Lukas-Evangelium eine Geschichte: Lk 11,5–8
Eine: Aus dieser Geschichte erfahren wir, welche Kraft im beharrlichen Gebet liegen kann. Doch wir haben auch dies erfahren, daß unsere Gebete nicht erhört wurden, obwohl wir beharrlich und angestrengt beteten.
Eine: Die Geschichte zeigt uns das Geheimnis und Wunder der Fürbitte. Beten kann den Lauf der Menschheitsgeschichte verändern. Im Beten liegt die Kraft, den Verlorenen Rettung und den Gefährdeten Befreiung zu bringen. Wenn wir beten, werden wir Jesus ähnlicher. Wenn wir beten, haben wir Teil an Jesu Auftrag, das Antlitz der Erde zu erneuern.
Ansprache zu Lk 11,5–8
Lied: Hilf, Herr meines Lebens ... Neue Lieder (Beiheft zum EKG) 73,1–4; GL 622,1.2.4.5

Fürbitte

Eine: Wir wollen still werden und für uns bedenken, wer unsere Fürbitte und Hilfe braucht. (Stille oder Gebetsgemeinschaft)
Eine: Überall in der Welt müssen Frauen mitansehen, wie ihre Kinder trotz aller Mühe und Arbeit unter Krankheit und Unterernährung leiden.
Eine: Gott, wir bitten darum, daß diese Frauen Fähigkeiten erwerben können, die ihnen helfen, ihre Lebensbedingungen zu verändern.
Alle: Gott, im Namen Jesu bitten wir dich für alle Frauen, die ihre Kinder nicht ausreichend ernähren und versorgen können.
Eine: Auf der ganzen Welt haben Menschen als einzelne, in Regierungen und Wirtschaftsunternehmen, Macht und Einfluß.
Eine: Gott, wir bitten darum, daß sie ihre Autorität zum Wohl der Menschen ausüben, damit alle menschenwürdig leben können.
Alle: Gott, im Namen Jesu bitten wir dich für die Verantwortlichen in den Regierungen und in der Wirtschaft, daß sie ihre Augen und Herzen für das Leiden anderer öffnen.
Eine: In vielen Ländern zerstört der Krieg das Leben der Menschen.
Eine: Gott, wir bitten dich für unsere Schwestern und Brüder, deren Familien zerrissen und deren Häuser verwüstet werden. Mach uns zu Werkzeugen des Friedens.
Alle: Gott, im Namen Jesu bitten wir für alle Menschen, die mitten in der erbarmungslosen Zerstörung des Krieges Frieden suchen.
Eine: Die Christen in Burma feiern das 75jährige Bestehen des Rates der Kirchen von Burma.
Eine: Gott, wir bitten darum, daß der starke, unerschütterliche und tiefe Glaube burmesischer Christen so weiterwirkt, daß von ihnen wie von der ersten Christengemeinde gesagt werden kann: „Seht, wie sie einander lieben."
Alle: Gott, im Namen Jesu bitten wir für den Rat der Kirchen und die Gemeinschaft der Christen in Burma.
Eine: Gott, wir bitten dich darum, daß wir recht beten können – daß wir mehr voneinander erfahren und informiert beten; daß wir nicht müde werden, für Gerechtigkeit einzutreten, und betend handeln; daß wir intensiver Mitleid empfinden und mutiger Barmherzigkeit üben. Laß uns immer tiefer erkennen, daß du, Gott, mit uns bist. Amen.
Alle: Wir beten mit den Jüngern: „Herr, lehre uns beten."

Gudrun Althausen führte selbstverständlich den Weltgebetstag am ersten Freitag im März auch selbst in einer Gemeinde durch und hielt oft die Predigt dabei. Sobald der erste Freitag im März vorbei war, begann schon die Materialsammlung und Fotobeschaffung für den Weltgebetstag des kommenden Jahres.
Mit dem Jahr 1989 endete diese langjährige Arbeit. Auch wenn erst 1994 ein gemeinsames Komitee für Ost- und Westdeutschland entstand, wurde doch schon ab 1990 das umfangreiche Material aus der westlichen Weltgebetstagsarbeit auch im Osten genutzt.

1987 in der Marienkirche

Interview mit Dr. Ute Minor am 18. März 2019

An dieser Stelle soll nun Dr. Ute Minor zu Wort kommen, die langjährige Vorsitzende des Weltgebetstagskomitees in der DDR.

Utpatel: Frau Dr. Minor, Sie waren viele Jahre Mitglied und später Vorsitzende des Nationalen Weltgebetstagskomitees in der DDR. Dort haben Sie auch Gudrun Althausen kennengelernt. Wann war das?

Minor: Ich kam 1976 ins Komitee. Da war Gudrun schon Mitglied. Sie war die Vertreterin der Evangelischen Kirche Berlin-Brandenburg. Ich kam als Vertreterin der Evangelisch-methodistischen Kirche ins Komitee. Es waren dort alle evangelischen Landeskirchen vertreten, dazu die Methodisten, die Baptisten, die Herrnhuter Brüdergemeine und die Altkatholiken. Später, mit einer gewissen Verzögerung und immer mit ein bisschen Zurückhaltung von Seiten der offiziellen Stellen, die katholischen Frauen.

Welche Aufgaben hatte Gudrun Althausen im Komitee?

Sie war erstens über die gesamte Zeit ihrer Mitgliedschaft die Verbindungsfrau zum internationalen Komitee. Dann war sie zweitens verantwortlich für das Erstellen des Informationsmaterials über das Land, aus dem die Gebetsordnung kam. Und sie war drittens zuständig für das Zusammentragen des Bildmaterials.

Erläutern Sie doch kurz, was diese einzelnen Aufgaben beinhalteten. Fangen wir mit dem Posten als Verbindungsfrau an.

Das hieß, dass sie zu den europäischen und den internationalen Konferenzen fuhr, meist in einer Delegation, und dort unsere Weltgebetstagsarbeit vertrat. Alle Informationen von dort und alle Anregungen brachte sie dann zurück und gab sie in unzähligen Vorträgen und natürlich auch an uns weiter. Die Konferenzen fanden alle 4 Jahre versetzt statt, so dass alle zwei Jahre eine Konferenz war. Zu den europäischen beantragten wir für 4 Teilnehmerinnen die Ausreise aus der DDR und für die internationalen für 2 Teilnehmerinnen. Außer Gudrun fuhren immer verschiedene Frauen mit. Ich selbst war auch einige Male dabei. Es war immer eine Zitterpartie, ob wir für alle die Genehmigung zur Ausreise aus der DDR bekommen würden. Meistens klappte es. Aber gerne spannten uns die Behörden auf die Folter und gaben uns erst kurz vor der Abreise das OK.

Das Erstellen von Informations- und Bildmaterial über das jeweilige Land der Gebetsordnung oblag federführend auch Gudrun Althausen?

Ja, da war sie sehr engagiert und arbeitete begeistert unter unseren doch recht schwierigen Bedingungen in der DDR. Sie sammelte sich jedes Jahr eine neue Gruppe von Frauen, die mit ihr gemeinsam die Informationen zusammentrugen. Die Endredaktion machte Gudrun. Dann wurden alle Seiten hektographiert. Ich erinnere mich, wie ich einmal bei Althausens in der Wohnung war. Auf dem großen Wohnzimmertisch lagen die Stapel mit den einzelnen vervielfältigten Seiten. Und dann mussten wir um den Tisch herumlaufen, je eine Seite nehmen und daraus ein Heft legen, das dann zusammengeklammert wurde. Es war eine Heidenarbeit.
Auch das Erstellen der Bildstreifen bedeutete viel Arbeit. Gudrun hat auf allen möglichen Wegen versucht, aussagekräftige Fotos zusammenzusammeln. Damit war sie immer schon das ganze Jahr beschäftigt.

Können Sie noch etwas zum Bearbeiten der eigentlichen Gebetsordnung und dem Druck erzählen?

Wir bekamen die englische Version vom Internationalen Komitee in New York.

Die ließen wir ins Deutsche übersetzen. Es begann ein intensiver Prozess in Auseinandersetzung mit der Gebetsordnung in der aus Mitgliedern des Komitees bestehenden Redaktionsgruppe, zu der auch Gudrun Althausen gehörte. Wir haben in diesem Prozess immer mindestens eine Sitzung gehabt, zu der eine Vertreterin der westdeutschen Redaktionsgruppe kam – mit dem von ihnen bearbeiteten Entwurf. Da die Einführung von Schriftgut aus dem westlichen Ausland in die DDR eine heikle Angelegenheit war und man nie wusste, ob es einem nicht an der Grenze abgenommen wurde, versteckten die Frauen die Seiten oft unter ihren Sachen. Auch wenn wir unter gänzlich anderen Bedingungen unsere Ordnung drucken konnten, versuchten wir uns jedes Jahr, mit dem westdeutschen Komitee abzustimmen. Uns stand ja nur ein gefaltetes DIN A4-Blatt für alles zur Verfügung, später noch ein Einlegeblatt (A5) für den Predigtvorschlag. Aber auf einem DIN A4-Blatt kann man nicht alle Lieder und alle Texte abdrucken. Das war für uns immer ein hartes Arbeiten. Dazu kamen noch die Gedanken: Werden wir eine Druckgenehmigung bekommen? Was wird dieses Mal eventuell beanstandet werden? Zum Beispiel verwendeten wir immer die Formulierung: „Mit den Frauen aus ... beten wir:" Damit sich unser sozialistischer Staat nicht angegriffen fühlte, weil es eventuell in unserem Land auch Dinge gab, für die man beten musste. Es war ein Gang auf dünnem Eis. Aber wir haben es jedes Jahr gemeistert.

Wie haben Sie Gudrun Althausen bei Ihren Zusammenkünften und den Reisen erlebt?

Sie war immer sehr engagiert, mit vielen Ideen und der nötigen Tatkraft, sie umzusetzen. Man konnte sehr gut mit ihr zusammenarbeiten. Gerade auf den internationalen Konferenzen waren ihre Aufgeschlossenheit und ihre Kontaktfreudigkeit auffallend. Sie hat sich immer ganz eingebracht – war vollkommen präsent. Wir hatten eine sehr unkomplizierte, selbstverständliche und herzliche Zusammenarbeit.

An welche besonderen Ereignisse aus Ihrer gemeinsamen Zeit beim Weltgebetstagskomitee können Sie sich noch erinnern?

Ein ganz großes Ereignis war die Europakonferenz 1988 in Hirschluch bei Berlin – von unserem Komitee organisiert. Noch nie hatte eine Konferenz in einem sozialistischen Land stattgefunden. Für viele Frauen war es das erste Mal, dass sie die Grenze hierher überschritten. Wir hatten uns unter anderem zu dieser Einladung entschieden, um den Frauen aus Osteuropa, die selten eine Ausreise zu den internationalen Konferenzen genehmigt bekamen und zu dieser Zeit auch kein eigenes nationales Komitee in ihren Ländern hatten, die Möglichkeit zu einer Begegnung mit den Frauen aus den westeuropäischen Ländern zu geben.

Unsere Kontakte nach Osteuropa pflegten wir sehr intensiv. Wir hatten bei unseren Sitzungen des Komitees regelmäßig Vertreterinnen aus der Tschechoslowakei, aus Polen und aus Ungarn dabei.
Die Europakonferenz in Hirschluch war für uns natürlich eine enorme Leistung in der Vorbereitung, und dann aber ein überwältigendes Erlebnis. Wir haben versucht, die kirchliche Arbeit, speziell die Frauenarbeit in der DDR sichtbar zu machen. Die Konferenz ging eine Woche lang. An einem Tag organisierten wir einen Begegnungstag in Berlin, zu dem Frauen aus der ganzen DDR eingeladen wurden, um auch ihnen das Zusammentreffen mit Frauen aus den anderen europäischen Ländern zu ermöglichen.
Unser Konzept ist aufgegangen. Wir haben die Verbundenheit der Weltgebetstagsfrauen in ganz Europa besonders 1989 während der politischen Umwälzungen in unserem Land gespürt: Wir bekamen so viele Reaktionen aus den verschiedensten westeuropäischen Ländern. Das war großartig.

Nach der Wiedervereinigung der beiden deutschen Staaten, beschlossen die beiden Weltgebetstagskomitees in Ost- und Westdeutschland sich zusammenzuschließen. Wie verlief diese Fusion?

Der Prozess lief über mehrere Jahre – bis 1994. Das war sehr schön, dass wir uns diese Zeit lassen konnten. Wir hatten einen Ausschuss mit Mitgliedern aus beiden Komitees, die nach und nach die Zusammenarbeit aushandelten. Unter anderem dauerte es auch so lange, weil ein Teil unserer Kollekte vom Weltgebetstag ja an die Frauenhilfe im Osten ging, da bei der Frauenhilfe die Geschäftsführung für den Weltgebetstag in der DDR gelegen hatte und an die Frauenarbeiten aller beteiligten Kirchen, die die Weltgebetstagsarbeit in der DDR trugen. Diese Gelder konnten wir jetzt nicht einfach kappen.
1994 gab es dann nur noch ein Komitee.
Interessant war für mich dabei folgende Beobachtung: In der DDR haderten wir oft damit, dass uns im Vergleich zu den Frauen in Westdeutschland so wenig oder gar kein Material zur Verfügung stand – alles mussten wir uns mühsam selbst zusammensuchen und auch ausdenken. Als nun nach der Wende die dicken Material- und Textmappen für die Frauen im Osten erhältlich waren, gab es sehr schnell nach der ersten Freude eine Ernüchterung. Mir wurde gesagt: „Ach, das ist ja jetzt alles viel zu viel. Wer soll das denn alles lesen? Und dann müssen wir noch auswählen, was denn jetzt zu uns passt. Wie war es doch schön mit unserem komprimierten und auf das Wesentliche reduzierten Material." Da waren wir in den ersten Jahren nach der Wende auch überfordert mit all den neuen Möglichkeiten. Aber es zeigte mir auch, dass wir in der DDR eine gute Weltgebetstagsarbeit geleistet haben.

Das Weltgebetstagskomitee in der DDR entschloss sich 1986, dem internationalen Komitee den Vorschlag zu machen, die turnusmäßige europäische Tagung 1988 in der DDR durchzuführen. Das war ein sehr besonderer Vorschlag, denn noch nie hatte solch eine Tagung in einem sozialistischen Land mit all seinen Beschränkungen stattgefunden. Der Grund, dass dadurch die osteuropäischen Frauen leichter an so einer Sitzung teilnehmen könnten, war für alle einleuchtend. Außerdem bestand für viele Frauen aus europäischen Ländern außerhalb des Ostblocks die Chance, auf diese Weise persönliche Kontakte in die DDR hinein zu knüpfen. Das Angebot, nach der offiziellen Tagung, noch Gemeinden im Land zu besuchen – wie es bei allen Tagungen üblich war – sollte auch in der DDR gemacht werden.
Die Vorbereitungen stellten die Komiteemitglieder vor große Herausforderungen, die sie mit Enthusiasmus und Freude angingen. Dabei konnten sie sich auf die Unterstützung des westdeutschen Komitees verlassen.
Es bildete sich schon 1986 eine kleine Vorbereitungsgruppe, die sich bis zur Tagung, die im Juni 1988 stattfand, regelmäßig in der Wohnung von Althausens traf. Aus den handschriftlichen Protokollen von Gudrun Althausen geht hervor, dass die Frage der inhaltlichen Arbeit schneller und unkomplizierter geklärt und vorbereitet werden konnte als die organisatorischen Dinge – von den Einreiseformalitäten über die Fragen, woher genug Übersetzerinnen kommen sollen, von den Problemen bei Unterbringung, Verpflegung und Transport bis hin zur Beschaffung von kleinen Geschenken für alle Teilnehmerinnen.
Als Thema wählten die Frauen „Einander gerecht werden“, wobei die Fragen „Wie werden wir innerhalb der Kirche einander gerecht?“ und „Wie werden wir in unseren Familien einander gerecht?“ eine Rolle spielen sollten. Im endgültigen Programm standen dann mehrere Bibelarbeiten und Referate, u. a. mit den Überschriften „Einander gerecht werden im Gebet“ und „Einander gerecht werden im Handeln“. Wie üblich auf diesen Tagungen hielten verschiedene Frauen oder Gruppen aus mehreren Ländern die thematischen Einheiten. Gudrun Althausen war neben aller organisatorischen Arbeit beteiligt an einer Bibelarbeit über den Text im Johannesevangelium über die Ehebrecherin. Diese Bibelarbeit und die sich daran anschließende Gruppenarbeit leiteten Pastorin Ilse Margreth Kulow aus Schwerin und Gudrun Althausen gemeinsam.
Es entstand ein wunderbares Programm, das auch einen Berlin-Tag enthielt sowie einen Ausflugstag in die brandenburgische Umgebung.
Bei all dem kann man gar nicht genug staunen, wie die vielen kleinen Hindernisse der Organisation bewerkstelligt wurden. Natürlich gab es viel Hilfe vom Sekretariat und den einzelnen Arbeitsstellen des Bundes der Evangelischen Kirchen in der DDR, vom Komitee aus der Bundesrepublik, von Gemeindegruppen und sogar von staatlichen Stellen in der DDR – aber letztendlich lag die Verantwortung bei dem kleinen nationalen Komitee.

Programm für die Europa-Konferenz des
Weltgebetstages vom 1. bis 9.6.1988
in Hirschluch (DDR) "Einander gerecht werden"

Zeit	Mittwoch, 1.6.1988	Donnerstag, 2.6.1988	Freitag, 3.6.1988	Samstag, 4.6.1988
8.00		Morgengebet	Morgengebet	Morgengebet
8.30		Frühstück	Frühstück	Frühstück
9.30-9.45		Informationen	Informationen	Informationen
9.45 - 12.00 (Pause vorgesehen)		Bibelarbeit Gen. 16 Renate Kirsch mit Gruppenarbeit	Referat "Einander gerecht werden im Beten" Eileen King mit Gruppenarbeit	Bibelarbeit Johannes 8,3-11 I.M. Kulow Gudrun Althausen mit Gruppenarbeit
12.30	Anreise	Mittagessen	Mittagessen	Mittagessen
		Pause	Pause	Pause/13.30 Grundsteinlegung "Haus der Stille
15.00		Kaffeetrinken	Kaffeetrinken	Kaffeetrinken
15.30		Gruppengespräche: "Was hat der Weltgebetstag in Bewegung gebracht?"	Berichte a) Exekutivkomitee b) Oek. Forum Christl. Frauen c) Frauendekade d) Weltunion Kath. Frauen	Interessengruppen → Kinder-WGT → Themen ab 1993 – 1996 → Materialgestaltung und Werbung → Gottesdienste 1989 ~~u.~~ ~~1990~~ – ~~Oek.~~ Frauendekade
17.15-18.15		Persönliches Kennenlernen - kleine Gruppen	Persönliches Kennenlernen - kleine Gruppen	
18.30	Abendessen	Abendessen	Abendessen	Abendessen
19.30	Eröffnungsabend "Ankommen"	Angebot: Fronleichnamsgottesdienst	Informationen über die DDR	20.00 Kammermusik in der Kapelle
22.00	Abendgebet		Abendgebet E. King	Abendgebet

Programm der Europakoferenz in Hirschluch

Zeit	Sonntag, 5.6.1988	Montag, 6.6.1988	Dienstag, 7.6.1988	Mittwoch, 8.6.1988	Donnersta[g] 9.6.198[8]
8.00		Morgengebet	Morgengebet		Morgengebe[t]
8.30	7.00/7.30 Frühstück	Frühstück	Frühstück	7.00 Frühstück	Frühstück
9.30-9.45	7.45/8.00 Busabfahrt	Informationen	Informationen	7.45 Bus-Abfahrt	Abreise
9.45-12.00 (Pause vorgesehen)	Ausflüge a) Burg - Spreewald b) Fürstenwalde Samariteranstalten c) Eisenhüttenstadt Neuzelle	Referat "Einander gerecht werden im Tun" Schweizer Team mit Gruppenarbeit	Bibelarbeit Lukas 1,46 ff Ofelia Ortega mit Gruppenarbeit	Tag der Begegnung in Berlin Stadtrundfahrt 11.00 Uhr Begrüßung 11.15 Vorstellungsrunde 11.30-12.30 Podiumsgespräch 12.30-14.00 Mittagessen/Gruppengespräche 14.00-15.00 Gruppengespräche 15.00-15.30 Abschluß im Plenum 15.30 Sendungswort Rückfahrt nach Hirschluch	
12.30	einschl. Gottesdienste	Mittagessen	Mittagessen		
	9.30 Messe (Fürstenwalde)	Pause	Pause		
15.00		Kaffeetrinken	Kaffeetrinken		
15.30-16.30	gegen 17.30 Uhr Rückkehr	Interessengruppen	CSSR stellt sich vor 15.30-17.00		
16.45-18.15		Berichte aus den Interessengruppen	17.15-18.15 Planung des Berlin-Tages - inhaltlich		
18.30	Abendessen	Abendessen (Grill)	Abendessen	(16.30 Pressegespräch) Abendessen	
19.30	Kirchen in der DDR	Abend der Nationen	19.30 Rückblick - Ausblick 20.00	Abschlußgespräche	
22.00	Abendgebet	Abendgebet	21.00 Abschlußgottesdienst	Abendgebet	

Nach der Tagung erschien in der Evangelischen Kirchenzeitung „Glaube und Heimat“ (26. Juni 1988) folgender Artikel, der den besonderen Charakter dieser Tagung hervorhob:

Wer füreinander betet, kann einander nicht feind sein

Die 4. Europakonferenz des Weltgebetstages der Frauen tagte vom 1. bis 9. Juni in Hirschluch/Storkow

„Das einzige, was von oben wirkt, soll der Heilige Geist sein.“

Daß rund 80 Frauen aus 23 Ländern zur Europakonferenz des Weltgebetstages nach Hirschluch gekommen waren, ließ sich anhand der Teilnehmerinnenliste leicht ausmachen. Schwierig wurde es allerdings festzustellen, wieviele Konfessionen und Denominationen durch welche Personen vertreten waren. Die sonst übliche Klammerbemerkung hinter dem Namen fehlte. Ganz offensichtlich schien das auch keine große Rolle zu spielen, denn die Aufzählung war stockend: Anglikanerinnen, Methodistinnen und Baptistinnen, griechisch-orthodoxe, römisch-katholische und evangelische Christinnen, wobei letztere evangelisch-lutherisch, reformiert, uniert oder hussitisch waren bzw. der Kirche der böhmischen Brüder angehörten. Und es kann gut sein, daß diese Liste gar nicht vollständig ist. Die Gemeinschaft war überzeugender als das Dogma.
Ein Zweites, das auffiel und sich im Arbeitsstil internationaler Konferenzen unterschied: Es gab kein Präsidium. Es war optisch nicht auszumachen, wer zum Stab gehörte und zur Leitung, wer welche Titel und Funktionen hatte, wer Amtsträgerin war oder wer zu den sogenannten Laien gehörte. Man saß im großen Kreis, mit dem Vor- und Nachnamen auf dem Anstecker. Und obgleich es natürlich Referate und Bibelarbeiten gab, wurde die Tagung nicht so sehr von einzelnen geprägt, sondern bekam ihr Gewicht durch das gemeinsame Gespräch. Auch im Abschlußgottesdienst dominierte keine Predigt, sondern das gemeinsame Beten und Singen. Und noch etwas Seltenes: Die Referentinnen waren von Anfang an und bis zum Schluß dabei.
Es gehört zum Wesen der Weltgebetstagsbewegung, daß sie nicht in einer Organisation erstarren will, sondern mit einem Minimum an Strukturen auskommt. In vielen der 170 Länder, in denen der Weltgebetstag an jedem ersten Freitag im März begangen wird, gibt es mittlerweile ein kleines Nationalkomitee mit ehrenamtlichen Mitarbeiterinnen. Bei uns existierte es seit 1970 zunächst unter der Verantwortung von Pastorin Hildegard Führ, jetzt unter der Leitung der Physikerin Dr. Ute Minor. Alle vier Jahre kommen die Ländervertreterinnen in den Regionen zusammen, wie Europa 1988 in der DDR. Im Wechsel dazu tagt im gleichen Abstand das Internationale Komitee mit neun Frauen, die die wichtigsten Regionen der Welt vertreten. Alice-Jean Finlay (Kanada), die Präsidentin ohne Präsidium, saß mit in der Runde von Hirschluch. Nur keine unnötigen Strukturen, und schon gar keine hierarchischen! „Das einzige, was von oben wirkt, soll der Heilige Geist sein“, sagte die westdeutsche Pfarrerin Helga Hiller,

die „Vorsitzende" des Europakomitees, die mittendrin sitzt.
Man sagt, daß die Frauen im allgemeinen mehr Lebensnähe haben, daß Theoretisieren und Theologisieren ihnen nicht so läge. Das wird schon stimmen und ist eine Chance. So können sie tun, was an Aufgaben vor den Füßen liegt. „Einander gerecht werden" hieß das Konferenzthema. Das so oft gebrauchte hehre Wort „Gerechtigkeit" ist ein sehr hoch angesiedelter Begriff, der mit dieser verbalen Wendung ins Leben geholt wurde. Einander gerecht werden im Beten und Handeln, im Gegensatz zu Sara und Hagar, die sich viel schuldig blieben. Vom anderen her denken und nicht die eigenen Maßstäbe an alles übrige anlegen, das sind Forderungen, die jetzt auch einsichtige Politiker erheben. Die Frauen des Weltgebetstages haben seit 100 Jahren versucht, sich jedes Jahr in ein anderes Land hineinzudenken, um die Probleme dort zu verstehen.
„Es ist schön gewesen, euch alle kennengelernt zu haben", hieß es am Ende der Konferenz. „Jetzt hat der Weltgebetstag Gesichter bekommen." Freundliche Gesten, kleine Geschenke und Fröhlichkeit überall. So wächst Solidarität untereinander. Das einzige Papier (nicht das einzige Ergebnis), das während der Konferenz entstand, ist ein Aufruf vor der Olympiade in Seoul. Darin heißt es u. a.: „Wir wissen, daß die Olympischen Spiele dazu beitragen werden, daß der Sextourismus noch mehr gefördert werden wird. ‚Wir versprechen Ihnen zusätzlich zur Mahlzeit eine angenehme Begleitung.' Wir kennen diese Art des Frauenhandels und wollen ihn in unseren Ländern und Kirchen zur Sprache bringen. Durch den Weltgebetstag sind wir mit Schwestern in Südkorea verbunden, die sich einsetzen, um diesen Frauen zu helfen und bessere Arbeitsplätze für sie zu finden und zu schaffen. Wir sind solidarisch mit ihnen und ihrem Kampf. Wir erwarten von den Zuschauern der Olympischen Spiele, die nach Korea reisen werden, die Sextourismus-Angebote zu boykottieren."
Am letzten Tag der Europakonferenz erweiterte sich der Teilnehmerinnenkreis um 200. Sie kamen nach Berlin, um den Frauen aus anderen Ländern und denen aus den Kirchen der DDR zu begegnen und sich gegenseitig zu fragen: Wie steht es bei euch mit dem Weltgebetstag? Sie haben sich gegenseitig Mut gemacht, den Weltgebetstag 1989 mit der Liturgie aus Burma noch ökumenischer, noch intensiver, noch einfallsreicher vorzubereiten.
Christine Lässig

Im Juli schrieb Eileen King, die Geschäftsführerin des Internationalen Weltgebetstagskomitee aus New York, die ebenfalls in Hirschluch dabei war, diesen Brief:

Weltgebetstagskomitee in der DDR
Behlertstr. 1, Potsdam
Deutsche Demokratische Republik 1560
Juli 29, 1988

Liebe Freunde!

Mein Dankesbrief kommt viele Wochen zu spät, weil ich erst einmal einige „große Steine“ beiseitelegen mußte, um genug Platz zu haben, einen Brief zu schreiben, der meinen Dank richtig ausdrücken kann, für alles, was Sie für mich getan haben, für die Frauen des WGTs in Europa und sicherlich auch für den Weltgebetstag außerhalb Ihres Kontinents. Um dies zu tun, möchte ich mich auf Mk 14,3–9 beziehen, die „Salbung in Bethanien“.

In diesem Abschnitt, denke ich, kann man leicht abgelenkt werden durch den Salbentopf und die unglaubliche Bestätigung übersehen, die Jesus gegeben hat für das, was eine namenlose Frau für ihn getan hat. „Sie hat getan, was in ihren Kräften stand zu tun ..., wo ... immer das Evangelium verkündet wird, wird auch gesagt werden, was sie getan hat im Andenken an sie.“

Auf meinen Reisen seit Hirschluch, und auch jetzt in New York, habe ich vielen Frauen das erzählt, was Sie getan haben. Die ganze Konferenz scheint mir wie ein saumloses Kleid, ein reich gewirktes Gewebe und ein starkes Netz, das fähig ist, ein tieferes Verständnis von dem festzuhalten, was einander gerecht werden von uns fordert.

Von dem Anfang mit Hagar und Sarah an sind wir offenbar auf dem richtigen Weg gewesen. Ich persönlich habe gespürt, daß sogar das Debakel über die buddhistische Meditationspraxis in meinem Beitrag eine authentische Gelegenheit war, um die Forderungen nach Gerechtigkeit real werden zu lassen und in den Beziehungen zueinander sehr konkret zu machen.

Während ich nur von meinen begrenzten Erfahrungen reden kann, möchte ich sagen, daß Sie das Beste getan haben, um mich und auch die anderen einzuführen in eine Kultur und Gesellschaft, die sehr verschieden ist von meiner eigenen. Ihre Vorbereitungen haben es uns ermöglicht, die Komplexität unserer Situation als Christen zu verstehen. Indem Sie mir gezeigt haben, wie Sie Ihre Verantwortung als Christen wahrnehmen, haben Sie einige meiner Vorurteile ins Wanken gebracht.

Und all dies konnte geschehen, weil Sie so gründlich vorbereitet haben. Wenn ich zurückdenke, so habe ich nicht den Eindruck von gequälten und ängstlichen ausgenutzten Frauen, sondern von starken, lebensfrohen und großzügigen Frauen.

Sie haben mir den Eindruck vermittelt, daß das Leben durchaus „machbar“ ist und ich weiß, daß es in Wirklichkeit nicht so leicht zu bewältigen ist, wie Sie den Eindruck vermittelt haben. Das führt mich zurück zu unserer Schwester in Bethanien. Durch alles, was Sie getan haben in dieser Konferenz, haben Sie ein kräftiges Zeugnis dafür abgelegt, was man im Stande sein kann zu tun, und Sie haben mich und uns herausgefordert, neu zu bedenken, was in meiner (unserer) Macht steht zu tun.

Noch einmal wurde mir die Kraft der Ameise nicht nur finanziell, sondern auch im Hinblick auf all die Begrenzungen, die Frauen gesetzt sind, deutlich. In meiner Situation ist viel mehr möglich, aber viel zu wenig ist erreicht. ...

Seien Sie dessen versichert, daß Ihre Anstrengungen weiterhin reifen werden zu einer reichen Ernte.
Mögen Sie die Früchte Ihrer Arbeit in Ihrer eigenen Situation, in Ihrem eigenen Leben sehen.
Mein Dank ist grenzenlos, und ich vermisse Sie sehr.
Aufrichtig.
Eileen King

Hildegund Magaard, Mitglied des westdeutschen Komitees und Teilnehmerin in Hirschluch, schrieb einen längeren Bericht über die Tagung, aus dem hier zitiert wird:
Und die Tagungsmappe! Sie kann vielleicht etwas davon erzählen, mit wie viel Liebe und Fantasie wir von den Schwestern aus der DDR empfangen wurden. Schön gestaltet mit dem Altarbild des Kirchleins von Hirschluch. Darin: Lageplan des Jugendheimes, der im Wald und am See unsere Wohn- und Tagungsplätze zeigt; extra vermerkt der Ort und die Gastgeberin, wohin die anschließende Besuchsreise gehen soll; Briefpapier und Postkarten – bis hin zu Sonderbriefmarken –, kleine Geschenke wie z. B. ein geklöppeltes Kreuz und eine Einladung nach Herrenhut usf., und alles liebevoll zurecht gemacht. Vielleicht zeigt es ein bißchen, mit wie viel Überlegung, Einsatz und Einfühlungsvermögen die Tagung dort vorbereitet wurde. Ein reicher Basar, für den WGT-Frauen aus der ganzen DDR ein Jahr lang gearbeitet hatten, ermöglichte, schöne Andenken mitzunehmen. Das ist dort ja alles nicht so einfach wie bei uns [...] Und dieses ist ja nur ein kleiner Teil all der Vorbereitungen, die da sonst noch nötig waren!
Schon der Empfang war warm und herzlich! Als wir die Kontrolle am Bahnhof Friedrichstraße hinter uns hatten, standen dort Frauen des WGT-Komitees mit großen WGT-Taschen, und gleich waren wir „Zuhause", wurden mit Tee bewirtet und von den Frauen nach Hirschluch gefahren. [...]
Am Sonntag wurden Ausflüge in die wunderschöne Umgebung veranstaltet. Wir besuchten diakonische Einrichtungen und Gottesdienste. So fuhr ich mit einer Gruppe nach Burg im Spreewald, wo wir einen Jugendgottesdienst miterlebten, an dem 2.000 junge Menschen teilnahmen. Ein großes Erlebnis! Danach genossen wir die Schönheit des Spreewaldes, unter anderem auch bei einer Kahnfahrt. Und immer wieder und immer auf andere Weise waren neue Begegnungen zwischen Frauen aus Ost und West, Nord und Süd – über politische und Glaubensgrenzen hinweg zu echter Schwesterlichkeit – oft auch zu Hilfe; ich habe es erlebt, als ich recht krank war und mir viel Hilfe und Liebe und trotzdem ein Mithineinnehmen in die Tagung geschenkt wurde.
Ein ganz besonderes Erlebnis war der „Berlintag" – mit viel Liebe und Fantasie von den DDR-Frauen, besonders von Johanne Martin, vorbereitet und gestaltet. 300 WGT-Frauen aus der ganzen DDR – vom Erzgebirge bis Greifswald – kamen dabei zusammen und erlebten so ein Stück von der Europakonferenz mit, erlebten auch Eileen King und Alice Finlay und Helga Hiller und konnten einander

treffen. Und mit einigen dieser Frauen fuhren die europäischen Gäste in deren Städte und Gemeinden in der DDR und konnten dort ein Stück von dem Erlebten weiterbringen und selbst neue, lebendige Weltgebetstagserfahrungen, einsammeln'."

Gudrun Althausen war bis 1990 Mitglied im Weltgebetstagskomitee, in den folgenden Jahren bis 1997 noch Mitglied im Redaktionsteam für die Bearbeitung der Gebetsordnung in Deutschland. Nach ihrem Ausscheiden aus dem Komitee schrieb sie einen Brief an die Vorsitzende Dr. Ulrike Bechmann, um auf einige Dinge hinzuweisen, die ihr sehr wichtig waren:

Gudrun Althausen
Schillerstr. 27
13158 Berlin
Tel/Fax: 030/9172839

Berlin, 6.3.1998

Frau Dr. Ulrike Bechmann
WGT-Komitee
Deutenbacher Str. 1
90547 Stein

Liebe Ulrike,
heute am Weltgebetstag denke ich natürlich besonders an Euch alle und an unsere gemeinsame Arbeit die vielen Jahre lang. Dieses Jahr werde ich in „unserer" Gemeinde, die ja auch die Gemeinde von Gudrun Lunkenheimer ist, zum Gottesdienst gehen – einfach so, als Gemeindeglied! Das ist in den vergangenen 28 Jahren wohl nur einmal so gewesen, als ich krankheitshalber die Predigt absagen mußte. Auch diesmal habe ich zwei Anfragen abgesagt, weil ich das Risiko winterlichen Wetters nicht eingehen wollte. Nun ist aber das Wetter gut und ich freue mich auf den von einer Gruppe von Gemeindefrauen gestalteten Gottesdienst. Ihr sitzt nächste Woche wieder mit dem Redaktionsteam zusammen. Bitte grüße alle sehr herzlich.
Du hast in Deinem Brief vom Dezember meinen „Realitätssinn" benannt. Darauf möchte ich zurückkommen, wenn ich der Dia-Serien-Gruppe noch ein paar ganz primitive, praktische Überlegungen übermitteln – wozu mir Helga Hiller Mut machte.

1. *Bitte findet auf jeden Fall an meiner Stelle eine Protestantin! Ich war ja in der Dia-Gruppe die einzige Evangelische und das macht sich doch bemerkbar! Man achtet mehr darauf, daß von der eigenen Konfession auch etwas erwähnt wird! (So wie Frau Knippenkötter in dem einem Jahr bemerkte: „Gibt es nicht in diesem Land auch sehr aktive katholische Orden?!")*

2. Das A und O der Dia-Reihe ist, daß man nie vergißt für wen und für welchen Zweck die Serie gemacht wird. Wir richten uns mit dem Bildern und mit dem erläuternden Text an die ganz normalen Gemeindefrauen, die die Bilder in den Projektor stecken und mit der Taschenlampe in der Hand den Text dazu verlesen!! Alle, die mehr wollen und können, können natürlich frei mit den Bildern umgehen, sich weitere Texte und Informationen dazu holen usw.

3. Darum ist manchmal weniger mehr. Nicht <u>zu</u> viele Zahlen und fremde Worte! Es muß erklärt werden, was man auf diesem Bild sieht; denn die Leute fragen: „Was ist denn <u>das</u>?!"

4. Am Ende müssen die Menschen das Gefühl haben, sie wüssten nun über dieses Land absolut Bescheid – und zwar im Zusammenhang mit dem WGT! Darum also: kirchliches Leben darstellen und mindestens am Schluß des Textes einen Bogen zur WGT-Ordnung schlagen – damit man nun Lust kriegt, am Gottesdienst teilzunehmen.

Entschuldige, daß ich das alles noch einmal aufgeschrieben habe. Ich weiß, daß Ihr das alles auch wißt und beachtet. Aber es liegt mir doch daran, daß die Bodenhaftung, d. h. die Gemeindebrauchbarkeit der Dia-Serien nicht verloren geht. Ich habe in der DDR-Zeit sehr viel Mühe auf die Texte verwandt, eben aus oben beschriebenen Gründen. Bilder zu ergattern war oft recht schwierig und auch ein bißchen abenteuerlich (nach heutigen Maßstäben fast kriminell!). Unter „westlichen" Bedingungen gibt es unglaublich viele Möglichkeiten, an sehr gute Bilder heranzukommen. Das darf aber nicht dazu verführen, die Texte immer mehr nur für Experten zu machen, weil man natürlich „sehr viel weiß" und auch einen bestimmten Standard halten will.
Ich habe in meiner Sorge sicher jetzt übertrieben, aber ich bin sicher, daß Du mich verstehst.
Bitte grüße das Dia-Team auch ganz herzlich von mir! Es hat mir wirklich enorm viel Spaß gemacht, nach der Wende noch ein paar Jahre unter so guten Bedingungen mitarbeiten zu dürfen. Die Dia-Serie (der Dia-Streifen, wie es bei uns hieß und auch war!) hat mir immer besonders am Herzen gelegen, weil ich weiß, welche große Wirkung sie hat und wie wichtig sie darum ist.
So wünsche ich allen weiterhin Beteiligten gute Ideen, viel Freude und damit auch „Erfolge"!
Hoffentlich hast Du deine Grippe überwunden und kannst fröhlich die nächsten Länder in den Blick nehmen.
Viele liebe Grüße Gudrun Althausen

5.2 VERBINDUNGSPERSON ZUM INTERNATIONALEN KOMITEE

Als Verbindungsperson des Nationalen Komitees in der DDR (diese Bezeichnung ist die Übersetzung des offiziellen Titels: Liaison Officer) zur internationalen Weltgebetstagsarbeit hatte Gudrun Althausen vielfältige Aufgaben, für die sie gute Voraussetzungen mitbrachte: Sie war erfahren in der Weltgebetstagsarbeit, liebte das Reisen, war kontaktfreudig und selbstbewusst genug, um sich auf internationales Parkett zu trauen. Ihre Englischkenntnisse frischte sie in eigens für diese Arbeit belegten Englischkursen auf.
Zu den europäischen und weltweiten Tagungen der Weltgebetstagsbewegung war sie in ihrer Funktion als Verbindungsperson eingeladen. Aber sie reiste nicht allein, sondern immer in einer kleinen Gruppe von zwei bis vier Frauen zu diesen Tagungen.
Dies ist eine Auflistung ihrer Tagungs- und Informationsbesuche in den Jahren ihrer Mitgliedschaft im Komitee. Die Reise 1993 nach Israel unternahm sie als Mitglied der Redaktionsgruppe des Nationalen Komitees und nicht mehr als Verbindungsperson zum internationalen Komitee.

- 1977: Wien (Europäische Konferenz)
- 1978: Sambia (Internationale Konferenz)
- 1980: Schottland/Irland (Europäische Konferenz)
- 1982: Bundesrepublik Deutschland (Internationale Konferenz)
- 1983: Schweden (Rundreise zum Kennenlernen, Schweden hat für 1984 die Gebetsordnung geschrieben)
- 1984: Schweden (Europäische Konferenz)
- 1986: USA (Internationale Konferenz)
- 1993: Israel/Palästina (Informationsreise, Christinnen aus Palästina haben für 1994 die Gebetsordnung geschrieben)

Der Besuch der Konferenzen war anstrengende Gremienarbeit, die aber meistens auch mit einem oder zwei Tagen zum Land-und-Leute-Kennenlernen einherging. Außerdem organisierten die jeweiligen nationalen Komitees für interessierte Gruppen an die Konferenzen anschließende Rundreisen durch ihre Länder zu Gemeinden, Frauengruppen oder anderen kirchlichen Einrichtungen. Auch dieses Herumreisen war vollgepackt mit Terminen, Gesprächen und Besuchen von Gottesdiensten – aber natürlich konnte auch etwas von den Sehenswürdigkeiten des jeweiligen Landes gesehen werden.
Die Ausreise aus der DDR zu bekommen, war nicht immer einfach. Es mussten Anträge gestellt werden, die oft erst kurzfristig genehmigt wurden. Den Einladenden in den jeweiligen Ländern machte Gudrun Althausen sehr detaillierte Anweisungen zur Formulierung der Einladungen, damit von den staatlichen Stellen der DDR so wenig wie möglich Anstoß daran genommen werden konnte.

Gudrun Althausen, Hildegard Führ, Maria Barutzky, Hildegard Zumach, Dr. Ilse Brinkhues, Helga Hiller auf dem europäischen Weltgebetstagstreffen in Wien 1977

Zur 1. Europäischen Tagung der Weltgebetstagsbewegung 1977 in Wien reiste Gudrun Althausen mit der damaligen Vorsitzenden des Komitees Hildegard Führ. Auf dieser Konferenz wurde die weitere europäische Zusammenarbeit beschlossen, die bis dahin nur sehr lose war. An den weiteren europäischen Konferenzen in Schottland, Schweden und 1988 in der DDR nahm Gudrun Althausen immer teil. 1980 schloss sich für sie nach der Tagung in Edinburgh eine einwöchige Informationsreise nach Irland an, die sie aufgrund einer Einladung des dortigen Komitees antreten konnte. In Schweden weilte sie schon 1983 – im Jahr vor der europäischen Konferenz – zu einer Rundreise. Dort lernte sie nicht nur Frauen kennen, die sich in der Weltgebetstagsarbeit engagierten, sondern besuchte auch Gemeinden und kirchliche soziale Einrichtungen. An die Konferenz 1984, die sie mit drei anderen Frauen aus der DDR besuchte, schlossen sich ebenfalls ein paar Tage an, an denen Gemeindegruppen besucht wurden. In Sigtuna in Schweden hielt Gudrun Althausen übrigens auch eine beachtete Bibelarbeit zum Thema „Teilen“ die im Kapitel 3 abgedruckt ist. Auch solche Aufgaben gehörten mit zur Konferenzteilnahme.

Die internationalen Tagungen waren für die Teilnehmerinnen aus den beiden deutschen Staaten eine Gelegenheit, gemeinsam als deutsche Vertreterinnen aufzutreten. Die damalige Verbindungsfrau des westdeutschen Komitees Dr. Helga Hiller erinnert sich an wunderbare Begegnungen und Auftritte.

1980, bei der Tagung in Edinburgh, trafen sich die Vertreterinnen beider Delegationen zu einem „informellen“ Treffen im „The Queen's Bedroom“ mit der damaligen Präsidentin des Internationalen Weltgebetstagskomitees Margaret Williams. Dazu erzählt Helga Hiller:

Die kleine Geschichte von Edinburgh 1980: Wir wohnen im Carberry Tower, einem alten Schloss außerhalb von Edinburgh. Abends haben Margaret Williams und ich noch eine Besprechung im Leitungsteam. Ich schlage Margaret vor, noch mit mir in „the Queen's Bedroom" vorbeizuschauen, wo die deutschen Frauen aus Ost und West abends noch feiern. Beim Öffnen der Tür sehen wir die vergnügte Runde auf dem Boden und den Betten sitzen. Margaret, selbst Methodistin, immer humorvoll und unsere gute Freundin: "I knew why I wrote in the invitation 'There are no alcoholic beverages served on the premises'. This way the Germans could take care of themself."[55] (In der Ökumene bildete in jener Zeit der offene Genuss von Alkohol immer noch eine Art Rubikon zwischen Ländern, die früher Prohibition hatten, und abstinenten Kirchen vor allem in der englischsprachigen Welt auf der einen und Zentral- und Südeuropa und der katholischen Welt, u. a. auch Irland, auf der anderen Seite.)

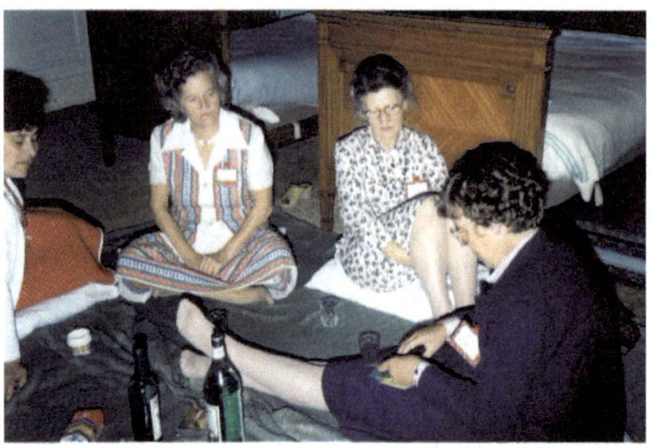

Von links:
Ute Minor (Ost),
Brigitte Grell (Ost),
Hildegard Führ (Ost),
Hildegard Zumach

Von links:
Adelheid von Guttenberg (West),
Gudrun Althausen (Ost),
Ute Minor (Ost)

Die erste weltweite Konferenz, die Gudrun Althausen besuchte, war 1978 in Sambia. In der Erinnerung von Helga Hiller trafen sich die ost- und die westdeutschen Delegierten auf dem Frankfurter Flughafen.

55 Übersetzung: „Ich wusste, warum ich in der Einladung schrieb: ‚Es werden keine alkoholischen Getränke auf dem Gelände serviert'. Auf diese Weise könnten die Deutschen für sich selbst sorgen."

Es war ein Fest! Wir haben im Flugzeug mit Sekt angestoßen und waren glücklich, zusammen reisen zu können. In Sambia selbst traten wir an einem Abend, als die einzelnen Delegationen kleine kulturelle Beiträge aus ihrem Land darbrachten, zusammen auf und sangen „Die Gedanken sind frei".

Die Zusammenarbeit der beiden Komitees aus Ost- und Westdeutschland war eng und herzlich und immer auch mehr als nur „Arbeit". Als Helga Hiller 2002 die Ehrendoktorwürde der Katholisch-Theologischen Fakultät der Universität Tübingen erhielt, schrieb Gudrun Althausen an sie:

... Außerdem hat der WGT immer wieder Freundschaften gestiftet – eben über Grenzen hinweg! So habe ich das bei uns empfunden, als wir damals zwei deutsche liaison persons waren! Dafür möchte ich Dir noch einmal besonders danken – Ihr wart damals doch vorwiegend die Gebenden. Jedenfalls habe ich enorm viel von Euch, von Dir gelernt – auch Selbstbewußtsein (was ich nötig hatte). So freue ich mich mit „Frau Dr. Helga Hiller", die diesen Titel wahrlich verdient hat!

An die Konferenz in Sambia 1978 schloss sich eine Rundreise durch das Land an, so dass Gudrun Althausen drei Wochen unterwegs war. Das wurde im Vorfeld von ihrer Umwelt doch auch kritisch gesehen. Sie selbst schreibt darüber:

Als ich 1978 zur internationalen Weltgebetstagskonferenz nach Sambia/Afrika fahren durfte und diese Reise auf vier Wochen ausgedehnt werden sollte (wir konnten dort Frauengruppen und Gemeinden besuchen), da wurde ich entsetzt gefragt, wie ich das wohl bewerkstelligen würde, da man doch so schlecht für vier Wochen vorkochen könne. Vater war sechs Jahre zuvor für neun Monate nach Genf in den Ökumenischen Rat gegangen. Ihm hat natürlich niemand diese Frage gestellt.[56]

Während dieser Reise hat sie Tagebuch geführt. An einigen Auszügen daraus lässt sich ablesen, wie viele Termine, Gespräche und Besuche in diesen drei Wochen stattfanden, aber auch, was sie alles interessierte.

22. 4. 1978
Ankunft auf dem Flugplatz. Photographieren verboten. Assistant oft the General Sectetary of NCCZ holt uns ab, löst uns aus. Alles geht ganz glatt und unbürokratisch.
23. 4. 1978
15 Uhr Gottesdienst in der Anglikanischen Cathedral
Wir fahren 14 Uhr ab. Vor der Kirche versammeln sich bereits mehrere Chöre

56 Gudrun Althausen, Meine liebe Tochter, in: Kinder, Kirche und Karriere. Von der berufstätigen Mutter im Dienst des Herrn. Erfahrungsberichte, Berlin 2000, S. 15.

Überwältigend waren die Lebendigkeit des Singens und die unendlich vielen Kinder auf den Rücken ihrer Mütter. Dadurch gab es zwar Unruhe – aber es ist eine erstaunlich intensive Verbindung zwischen Mutter und Kind!
26.4.1978
12:30 Uhr Lunch im State House
Fahrt ins Diplomatenviertel, vornehme Villen, Kontrolle am Tor, alles sehr gepflegt, Villa des englischen Gouverneurs. Empfang in einer Halle (alle sitzen), die Damen der Botschafter kommen – Gang in den Garten, wir treffen Frau Stein, Frau des DDR-Botschafters. Frau Kaunda[57] begrüßt alle einzeln im Garten. Wieder rein – alle setzen (wir singen ein Dankgebet) – zum Essen: ein wunderbares kaltes Buffett mit typischen zambischen Speisen, Saft, Wein, Nachtisch, Kaffee

Mrs B. Kaunda
requests the honour of the company of
Mrs. Althausen Gudrun
at a Buffet Luncheon in honour of the participants at the conference of the International Committee for World Day of Prayers
on Wednesday 26th April, 1978 at 12.30 hrs. for 13.00 hrs.
State House
An answer to the Social Secretary is requested

Die Konferenz fand vom 22. bis 28. April 1978 statt. Danach begann ein Reiseprogramm für Gudrun Althausen.

Sonnabend, 29.4.1978
Fahrt nach Mindolo, ca. 350 km von Lusaka.
Pause in Kabwe, dort Empfang durch die Frauengruppen, die uns eine Erfrischung bereitet haben. Vorher tanzend und singend und händeschüttelnd in die Kirche. Dort begrüßt uns das dortige Sub-Komitee von WDP ... Es muss alles übersetzt werden, da hier längst nicht alle englisch sprechen und verstehen.
Rührender Abschied.
Ankunft in Mindolo 15:30 Uhr. Seit 14 Uhr warten die Leute auf uns. Sie sind meistens schon seit Freitag unterwegs, vom ganzen Copperbelt[58]. Der Heilsarmee-Posaunenchor marschiert vor den Bussen. Die Frauen und Kinder rennen und drängeln neben uns her. Dann ab Eingang Mindolo langer Festzug bis zur Reception. Dort Begrüßung durch den Direktor (seit Freitag gibt es Trinkwasser in Mindolo). Erfrischung auf dem Rasen, ..., Verteilung der Zimmer.
20 Uhr auf dem Rasen großes Abendessen, das die Copperbelt-Frauen gekocht haben – ziemlich eigentümlich.
Danach Nsaka-Night mit Liedern der verschiedenen Gruppen (die die Frau des Direktors alle besucht hatte) und Vorstellung auch aller Delegierten mit Ländernamen.

---

57 Frau des sambischen Präsidenten Kenneth Kaunda.

58 Provinz in Sambia.

Am Montag früh reiste die Gruppe der Weltgebetstagsfrauen weiter und besuchte ein Farm-College, das von der United Church of Zambia betrieben wird. Dort gibt es eine Secondary School und eine weiterführende Ausbildung in Landwirtschaft. Gudrun Althausen schreibt sehr detailliert auf, welche Fächer von wem unterrichtet werden, wie viel die Lehrer verdienen – nämlich zu wenig, so dass sie alle noch einen zweiten Job haben –, welche Tiere gehalten werden und welche Früchte angebaut werden. Während der folgenden Tage besuchten sie auch Deutsche, die in dieser Gegend leben, z. B. eine Familie Zimmermann:

19 Uhr Besuch bei Familie Zimmermann – ziemlich deutsch alles. Gespräch über die Situation, Vergleich mit Malawi. Die Farm muß unbedingt wieder stärker auf Ochsengespanne umgestellt werden.
Plauderei am sambischen Kamin mit allerlei Schlangengeschichten.
Sie sind seit 1,5 Jahren hier (vorher 7 Jahre in Neuguinea), wir sind ihre ersten deutschen Gäste.

Am 6. Mai flog Gudrun Althausen zu einem kleinen touristischen Intermezzo nach Livingstone. Von dort aus besuchte sie die Victoriafälle und machte eine Kreuzfahrt auf dem Zambezi.
Am 11. Mai 1978 ging dann der Rückflug nach Hause.

Dort erwartete sie die ganze Familie im „Tränenpalast“[59] in Berlin-Friedrichstraße. In der Festschrift zu ihrem 60. Geburtstag steht eine sehr schöne kleine Geschichte speziell zu diesem Ankommen:

Heimkehrfreuden: Eine wahre Geschichte der weltreisenden Gudrun
April–Mai 1978. Erster großer Höhepunkt der WGT-Arbeit: Tagung des Internationalen Komitees in Lusaka/Zambia. Erfahrung internationaler Gemeinschaft von Christen und der Rolle christlicher Frauen in Afrika, aber nicht nur dort. Wer fühlt sich da nicht am Puls der Zeit? Die Reise öffnet Horizonte. Sie schenkt Freundschaften über Länder und Kontinente hinweg. An den Viktoria-Fällen der touristische Höhepunkt. Dann aber gilt es, den Heimweg anzutreten. Der Flug führt durch die Bundesrepublik. Am Bahnhof Friedrichstraße muss es dann aber sein: Wiedereintritt in die kleine, enge Welt. Muss man da wehmütig werden? Zu Hause wird inzwischen ein rauschender Empfang vorbereitet. Ein wenig hofft man das ja auch. Es war ja schließlich die erste große Reise. Nicht ohne Herzklopfen geht die Weitgereiste durch Kontrollen und „Schlupflöcher“. Und als sich die Mauer wieder hinter ihr schließt – da stehen sie, alle Kinder, um die Mutter feierlich zu empfangen. Große Freude. Wieder da! Endlich!

---

59 Abfertigungshalle am Grenzübergang Berlin-Friedrichstraße auf DDR-Seite. Wegen der vielen tränenreichen Abschiede bekam die Halle diesen Namen.

Aber dann der Schock: Da sind zwei zu viel! Alles Zählen nützt nichts. Aus vier sind sechs geworden. Und das ist wirklich wahr – und ist auch so geblieben. Nicht nur einer – beide Söhne stellen ihre künftige Frau vor. Jetzt hat mich der Familienalltag wieder – und das ganz. Diese Situation ist noch neuer als der ganze weltweite WGT.[60]

1986 fand die Internationale Weltgebetstagskonferenz in der Nähe von New York, in Stony Point statt. Dorthin fuhr Gudrun Althausen zusammen mit Johanne Martin aus der sächsischen Landeskirche. Die Tagung war wie immer gut gefüllt mit Vorträgen, Bibelarbeiten und Besprechungen organisatorischer Art für den Weltgebetstag in den folgenden Jahren. Ein besonderer Schwerpunkt lag auf der Vorbereitung des 100-jährigen Jubiläums des Weltgebetstages.
Nach der Konferenz reisten beide Frauen nach Kansas und Missouri (St. Louis) zu verschiedenen Frauen und Frauengruppen. In beiden Bundesstaaten besuchten Gudrun Althausen und Johanne Martin auch noch weitere ökumenische Versammlungen.
Während dieser Reise gab es häufiger die Gelegenheit, auch etwas von den jeweiligen Sehenswürdigkeiten zu sehen.
Hier nun einige Auszüge aus dem Reisetagebuch von Gudrun Althausen:

Freitag, 9. 5.
8 Uhr Abfahrt mit Städte-Express („Amtrak") von Washington
11 Uhr an New York, Ken Ziebell (Vertreter der United Church of Christ) holt uns ab mit Taxi in die Riverside, dort Treffen mit den Österreichern, (Herrlicher Blick von Büro v. Ken), Mittagessen in der Kantine des Hauses, 14 Uhr Andacht auf der Etage mit Grußwort von mir, 15 Uhr Abfahrt nach Stony Point

Montag, 19. 5.
12:45 Uhr Abflug nach St. Louis
15:20 Uhr Weiterflug nach Kansas City, („Interflug – was ist denn das? Aus welchem Land kommen Sie denn?")
16:20 Uhr Ankunft in Kansas City mit großem Empfangskomitee und vielen Photos mit „Welcome"
Fahrt mit Elvin Frantz (gehört zur „Church of the Brethren") nach Topeka, Hauptstadt von Kansas
Kansas: ganz agrarisch, produziert den meisten Weizen in USA, große Farmer schlucken die kleinen, weiter westlich immer trockener
Gutes Gespräch im Auto über DDR, Ehepaar Frantz wohnt in der countryside, ziemlich ab von der Stadt, Nach 20 Uhr Abfahrt mit den Frantzes nach Junction City, von dort mit Edith Stucky nach McPherson

---

60 Der Verfasser ist in der Festschrift nicht angegeben. Es wird einer der beiden Söhne von Gudrun Althausen gewesen sein.

Dienstag, 20. 5.
... 18:10 Uhr zum Abendessen mit Vertreterinnen von CWU (Church Women United) in McPherson + 2 Pfarrern, Bericht über Anlass der Reise, DDR, kirchl. Leben

Freitag, 23. 5.
7 Uhr Wecken, kurzes gutes Gespräch, Abholung durch Lucille Douglas, Frühstück in einem Restaurant – sehr hübsch, danach Treffen bei County Clothes – Verteilung von Kleidern an – vor allem Schulkinder – Menschen, die von Organisationen, Pfarrern, Schuldirektoren geschickt werden, einmal wöchentlich geöffnet mit ca. 12 ehrenamtlichen Frauen (aus verschiedenen Kirchen)
Anschließend in Episkopal Kirche Downtown: 1 Stunde Mithelfen beim Austeilen von Essen. Sie arbeiten zusammen mit Methodisten und Katholiken, die für Kleidung bzw. Unterkunft sorgen. Es kommen erstaunlich viele, mehr Männer, Schwarze und Weiße, erstaunlich viele jüngere, es ist eine Mischung aus Alkoholikern, Drogenabhängigen, „Landstreichern", Arbeitslosen, ...
Danach Lunch in einer baptistischen Kirche, sehr hübsch aufgemacht, schwarze Gegend, nicht so sicher für Frauen! „Diese" Frauen wohnen alle nicht dort.
Information über Church World Service und Kleiderausgabe
Shopping mit Virginia (Gastgeberin von Johanne), Barbeque bei ???, sehr edles Haus, hübscher Garten
Übernachtung bei Ruby Berg in Parkville, der Mann war mit Quäkern in Deutschland, Gespräch in wunderschönem Haus
Ich sehr müde.

In dieser Art vergehen die meisten Tage der Reise: fast jeden Tag andere Gastgeber, mehrere Gespräche und Besichtigungen. Es ist eigentlich erstaunlich, dass die letzte Bemerkung dieses Tages nicht viel häufiger im Tagebuch zu finden ist.

Wenn Gudrun Althausen wieder zu Hause in der DDR war, hielt sie in vielen Gruppen Vorträge über ihre Reisen und ihre Erkenntnisse und Beobachtungen. Ihre regelmäßige Teilnahme an den europäischen und den internationalen Tagungen verschafften ihr einen Blick über den DDR-Tellerrand und über den evangelischen Tellerrand hinaus, wie es nur wenigen Frauen und Männern in der DDR vergönnt war. Sie hat das sehr zu schätzen gewusst und so viele andere wie möglich daran teilhaben lassen. Vor allem aber hat sie sich getraut, diese Reisen und die damit verbundenen Verpflichtungen, Anstrengungen und Aufgaben zu übernehmen.

Die gesamte Weltgebetstagsarbeit, vor allem das Eingebunden-Sein in diese Gemeinschaft, hatten für Gudrun Althausen einen sehr hohen Stellenwert.
Wenige Tage vor ihrem Tod ließ sie sich auf der Intensivstation des Krankenhauses, in dem sie lag, einen Fernseher aufstellen. Sie wollte unbedingt die Übertragung des Weltgebetstagsgottesdienstes sehen. In diesem Jahr kam die Ord-

nung für den Gottesdienst aus Paraguay und stand unter dem Titel: „Unter Gottes Zelt vereint“. Es war vermutlich der letzte Gottesdienst, den Gudrun Althausen verfolgte, bevor sie am 13. März 2007 starb.

6. GESCHLECHTERGERECHTIGKEIT – NICHT TYPISCH MÄNNLICH ODER WEIBLICH, SONDERN MENSCHLICH

Gudrun Althausen interessierte und engagierte sich über mehrere Jahrzehnte für Geschlechtergerechtigkeit in der Institution Kirche. Dafür arbeitete sie ab Mitte der 80er Jahre bis 2003 in drei verschiedenen Gremien mit.

1. Mitte der 1980er Jahre trafen sich „inoffiziell" Frauen aus verschiedenen Kreisen der Kirche in Berlin, um Aktivitäten auf dem Gebiet der Gleichstellung von Frauen und Männern in der Kirche zu initiieren, zu organisieren und zu koordinieren. Zu dieser recht kleinen Gruppe gehörte Gudrun Althausen, u. a. mit Rosemarie Cynkiewiecz[61], Elisabeth Adler[62] und Annemarie Schönherr[63]. Als 1988 vom Ökumenischen Rat der Kirchen die Dekade „Solidarität der Kirchen mit den Frauen" ausgerufen wurde und auch der Bund der Evangelischen Kirchen in der DDR sich daran beteiligte, war es diese Gruppe, die einen Auftaktgottesdienst organisierte und eine 10-Jahres-Konzeption erarbeitete. 1990 wurde sie offiziell zur Koordinierungsgruppe für die Dekade, bestand bis 1993 und ging dann mit einigen Delegierten in den Koordinierungsausschuss der wiedervereinigten Evangelischen Kirche in Deutschland. Bis 1993 arbeitete Gudrun Althausen in dieser Gruppe mit.
   Als Folge der Dekadeaktivitäten wurde in der Berlin-Brandenburgischen Kirche eine Stelle der Frauenbeauftragten geschaffen. Außerdem gründete sich ein Frauenrat als beratendes Gremium für die Frauenbeauftragte. Als die Stelle 1997 wieder aufgrund von Sparmaßnahmen gestrichen wurde, löste sich auch der Frauenrat auf. Aber es konstituierte sich
2. der „Runde Tisch Geschlechtergerechtigkeit", dem Gudrun Althausen bis 2002 angehörte.
   1998 übernahm sie den ehrenamtlichen Posten der „Sachwalterin für Gleichstellungsfragen" in der Berlin-Brandenburgischen Kirche, der als Ersatz für die gestrichene Stelle der Frauenbeauftragten geschaffen worden war.

---

61 Oberkonsistorialrätin und Präses der Synode des Bundes der Evangelischen Kirchen in der DDR.

62 Leiterin der Evangelischen Akademie in Berlin (Ost).

63 Theologin und Pfarrerin, 1981–1991 Leiterin der Evangelischen Frauenarbeit in der DDR.

3. Parallel zu diesen Aktivitäten wurde Gudrun Althausen Vorsitzende einer Arbeitsgruppe der Kirchenleitung in Berlin-Brandenburg mit dem Titel: „Gemeinschaft von Frauen und Männern in der Kirche“.

Aber schon vor ihrer Mitarbeit in Gremien hat sie sich inhaltlich mit dem Thema „Geschlechtergerechtigkeit“ auseinandergesetzt.
Darum gibt es für dieses Kapitel einen „Vorspann“ – eine thematische Einheit aus der Arbeitshilfe 3/1981 unter dem Titel „Die Stärke des schwachen Geschlechts“, aus dem das Zitat in der Überschrift entnommen wurde.
Im Kapitel selbst wird es um die Arbeit Gudrun Althausens in den einzelnen oben genannten Gremien und als Sachwalterin gehen.

Die Stärke des schwachen Geschlechts

Von Stärke und Schwäche ist in diesem Thema die Rede. Fragen wir uns doch selbst einmal ganz ehrlich: ist Stärke für uns etwas Positives oder etwas Negatives? – und wie ist es mit der „Schwäche"?
Vielleicht sollten wir mit solch einer kleinen Gesprächsrunde in das Thema einsteigen. Eins steht fest: als das Wort vom „schwachen Geschlecht" geprägt wurde, war damit ein negatives Urteil verbunden. „Schwachheit, dein Nam' ist Weib" sagt Shakespeare. Stärke zeichnet die Männer aus, Stärke ist das Bessere. Der starke Mensch siegt. Stark zu werden, ist das Ziel der „schwachen" Kinder.

I) Was aber ist Stärke? Wen nennen wir „stark"?
Wir sollten uns für diese Überlegung ein wenig Zeit lassen. Die Antworten werden sicher verschieden ausfallen. Stärke ist wohl in erster Linie für uns die Beschreibung körperlicher Kraft. Aber wir reden auch von Stärke, wenn wir andere Leistungen im Blick haben: es gibt Schüler, die „stark" in Sprachen sind usw. Es gibt willensstarke Menschen und eine ausdrucksstarke Kunst. Stark ist man, wenn man von einer begehrten Sache viel hat. Stärke kann also eigentlich immer nur im Vergleich zu Schwäche definiert werden. Ich bin nur stark, weil ein anderer auf diesem Gebiet schwächer ist. Sobald ein Stärkerer auftritt, werde ich zum Schwachen. („Unter den Blinden ist der Einäugige König.")
Zu allen Zeiten ist „Stärke" von der Gruppe definiert worden, die die führende Rolle spielt. So ist es verständlich, daß die Eigenschaften, die Männer haben, als Stärken galten, ebenso wie Kinder sich allmählich die Stärken der Erwachsenen aneignen und Schwarze ihre „Schwächen" gegen die Stärken der Weißen eintauschen sollten.
Es werden Normen geschaffen und damit Menschen abgestempelt: Reden ist Silber, Schweigen ist Gold – Frauen sind schwatzhaft, Männer können verschwiegen sein. Der starke Mann kann einsam und unbeirrt seinen Weg gehen, er weint nicht, er klagt nicht, er geht in seinen Pflichten auf und zeigt keine schwachen Stellen. So konnte es in einem rabbinischen Wort heißen: „... das Geplauder mit

Kindern ... bringt den Menschen (sprich den Mann!) vom Weg ab." Frauen lassen sich vom Wege abbringen, auf sie ist kein Verlaß, sie müssen darum beschützt werden; sie sind verführbar, sie wollen abhängig sein, abhängig von anderen Menschen, vom Mann und von Kindern, sie wollen keine Verantwortung übernehmen – sie sind schwach.

II) Wie reagieren wir Frauen auf diese Beurteilung, auf solche Einteilung der Menschheit?
In kleinen „Murmelgruppen" (zu zweit oder zu dritt) sollten wir uns darüber austauschen. Dann tragen wir zusammen: es gibt verschiedene Möglichkeiten, mit der Behauptung, das „schwache" Geschlecht zu sein, umzugehen:
a) Frauen lachen sich eins ins Fäustchen, lassen die Männerwelt bei ihrem Glauben – und regieren doch! Das wäre die vielbesungene Weiberlist, mit der Frauen zu allen Zeiten ihre und andere Männer an der Nase herumgeführt haben. „Der Mann ist der Kopf, die Frau der Hals (der den Kopf dreht, wohin er ihn haben will)." „Ich bin der Herr im Haus, was meine Frau sagt, wird gemacht." Frauen spielen „Schwäche", um umso wirkungsvoller ihren Willen durchsetzen zu können. D. h. aber: Frauen nützen Männer aus.
b) Frauen lassen Männer weiter bei ihrem Glauben, weil sie genau wissen, daß Frauen in Wirklichkeit die Stärkeren sind. Sie haben schon immer den Haushalt, die Kinder und oft auch noch eine Arbeit außer Haus bewältigt. In mancherlei Kulturen tun sie die körperlich schwerere Feldarbeit, tragen die größeren Lasten und müssen den Mann bedienen. In Notzeiten sind Frauen für Männer eingesprungen in fast allen Positionen, sie waren nicht zu schwach für Anstrengungen und Verantwortungen. In der Mehrzahl der Familien wird auch heute noch die Doppellast von Beruf und Haushalt vorwiegend von den Frauen bewältigt.
Dieses Verhalten würde aber alles beim Alten belassen. Vielleicht sind Frauen tatsächlich „stärker", leistungsfähiger (sie haben ja auch eine durchschnittlich höhere Lebenserwartung?) als Männer und müssen keine Minderwertigkeitskomplexe bekommen!?
c) Durch einzelne „starke" Frauen, die Gleichberechtigung für sich selbst erkämpften, durch Frauenbewegungen und revolutionäre Ideen der Gleichberechtigung für alle Menschen sind gleiche Rechte und gleiche Chancen für Frauen wie für Männer erkämpft worden. Frauen haben jetzt das Recht auf die gleiche Stärke wie die Männer. „Emanzipation" hat in einem gewissen Stadium – und auch heute noch bei vielen Vertreterinnen – das Ziel: Frauen wollen das Recht haben, so zu werden wie Männer. Gleichberechtigung wirkt als Gleichmacherei. „Die Stärke des schwachen Geschlechts" heißt dann: die Stärke der Frauen, zu sein wie die Männer.
Wenn irgend möglich, sollte man zur Vorbereitung einiges aus dem Buch „Blitz aus heiterm Himmel" (Rostock 1975) lesen. Es handelt sich in diesem Buch um einzelne Erzählungen, wo Männer zu Frauen oder umgekehrt werden, also um Geschlechtertausch. Es werden dabei erstaunliche Erfahrungen gemacht. Offensichtlich löst der Wechsel des Geschlechtes nicht die Probleme des Zusammenlebens.

Frau-Sein und Mann-Sein ist beides nötig zum vollen Menschsein.
Wenn Frauen werden wollen wie Männer, dann bleibt weiterhin die „Stärke" des Mannes der Maßstab, ist der Mann das Ziel des Menschen überhaupt.
Die „Stärke des schwachen Geschlechts" könnte es vielmehr sein, die Welt davor zu bewahren, stark und männlich als wichtigstes Prinzip des Zusammenlebens gelten zu lassen. Durchsetzungsvermögen, unbeirrbare Willensstärke und ein Streben nach Macht und Herrschaft – das sind Stärken, die nicht nur Frauen schlecht anstehen.

III) Wir wollen nicht Vermännlichung sondern Vermenschlichung. Was können wir als Frauen dazu beitragen? Welche Stärken haben wir entwickelt? (Auch für diesen Gesprächsgang empfiehlt sich eine Überlegungszeit in kleinen Murmelgruppen dann wird wieder zusammengetragen.)
a) Frauen galten immer als für „Gefühle" zuständig, sie können nicht sachlich über die Dinge reden, sie entscheiden „nach Gefühl und Wellenschlag". Männer haben uns eingeredet, daß dies eine Schwäche sei. Heute wissen wir, daß die Menschheit ungeheuer verarmt und unser Zusammenleben unerträglich wird, wenn wir es nicht lernen, unsere Gefühle wahrzunehmen und auch davon zu reden. Nicht alle Frauen können das in guter Weise. Aber vielleicht können es Frauen im Durchschnitt besser als Männer, sie sollten es als eine Stärke anerkennen, bei ihren Kindern zulassen (auch Jungen dürfen weinen, Angst haben, sich küssen und streicheln) und sich selbst ihrer Gefühle nicht schämen.
b) Frauen hatten immer die Aufgabe zu erfüllen, andere Menschen, d. h. Kinder, in ihrer Entwicklung zu fördern. Sie haben darum die Fähigkeit in besonders hohem Maße entfaltet, sich in den anderen hineinzuversetzen, sich ihm anzupassen, ihn auch ohne Worte zu verstehen. Unzählige, ungenannte Frauen (s. Gedicht von Tucholsky) haben gelebt für die Kinder, für den Mann. Sie „dienten" im besten Sinne des Wortes anderen, nicht der eigenen Entwicklung. Die Güte dieser Frauen war ihre große Stärke. Ohne solche Güte, ohne Anpassung, Verstehen und Einfühlen, ohne Hintanstellung der eigenen Interessen – ohne „Opfer" – kann die Menschheit auch in Zukunft nicht leben. Lassen wir uns doch nicht einreden, das sei unsere Schwäche gewesen. Wichtiger wäre es, Männern auch zu der Erfahrung zu verhelfen, daß pflegen, bewahren und beschützen, daß wachsen-lassen und Hilfestellung-geben ein großes Glück bedeutet und für uns alle lebensnotwendig ist.
c) Frauen brauchten als das „schwache Geschlecht" nicht stark zu sein, sie durften leiden, sie konnten hilflos erscheinen, wenn sie hilflos waren. (Daß wir uns recht verstehen: Ich bin nicht der Meinung, daß Frauen immer alles richtig gemacht hätten – und nun also zum Maß für beiderlei Geschlecht werden sollten! Gerade letzteres haben Frauen oft schamlos ausgenützt und damit Männer gequält und in Atem gehalten. Trotzdem gilt: Als Menschen fühlen wir uns alle einmal – oder oft – hilflos, ängstlich, wir leiden. Es ist gut, wenn wir das äußern können, wenn wir nicht stark sein müssen. Dann ist nämlich nicht mehr der gesunde, leistungsfähige und kluge Mensch der allein wichtige. Menschsein kann gerade im Leiden, in der

Krankheit, im Altern, in aller Schwäche seine größte Stärke beweisen. Wir merken das wohl nur, wenn wir bereit sind, uns füreinander zu öffnen.
d) Frauen können nicht „sachlich" sein, sondern müssen immer alles auf sich und ihr Verhältnis zu anderen Menschen beziehen. Frauen seien mehr an den Menschen als an den Dingen interessiert. Darum lassen sich Frauen leichter ablenken, denken im Betrieb immerzu an das kranke Kind oder das schlechte Zeugnis des größeren Kindes. Sie überlegen, was sie auf dem Heimweg noch einkaufen wollen für die Familie – sie sind einfach nicht „bei der Sache". Glücklicherweise fangen Männer immer mehr auch damit an, neben der „Sache" auch mit ganzem Herzen und Denken bei den Menschen zu sein!

IV) Die Stärken der Frauen sind nur die Hälfte der Wirklichkeit. Wir streben nach den Stärken der Männer – und vergessen dabei manchmal, daß auch wir Stärken anzubieten haben. Helfen wir doch den Männern, dem starken Geschlecht, sich zu emanzipieren von dem Bild der Stärke, wie sie es oft noch heute vor sich sehen. Das Ziel könnte sein: stark und schwach, jeder er selbst, nicht „typisch" männlich oder weiblich, sondern menschlich.
Menschlich aber bedeutet: angewiesen auf Hilfen gegenseitig und gestärkt durch die Kraft Gottes. Ob Männer oder Frauen, ob stark oder schwach – ein Rühmen unserer jeweiligen Stärken bringt uns nicht weiter.
So bezeugt Paulus: „Darum will ich mich am allerliebsten rühmen meiner Schwachheit, auf daß die Kraft Christi bei mir wohne." denn Gott hatte ihn wissen lassen „... meine Kraft ist in den Schwachen mächtig." (2. Kor. 12,9) Wenn Frauen mithelfen können, die Kraft Christi – und das ist die Stärke der Liebe und des Geistes Gottes – weiterzutragen, dann könnten sie sich selbst, den Männern, ja allen Menschen, am besten helfen.

Gebet: Herr Gott, unser Vater, wir danken dir, daß du uns als Frauen und Männer geschaffen hast. Wir danken dir, daß wir von den Stärken der anderen Hilfen erwarten können. Wir danken dir, daß wir unsere Hilflosigkeit zugeben dürfen. Wir vertrauen auf deine Stärke, damit wir lernen, partnerschaftlich miteinander zu leben. Hilf uns bei unserem Bemühen, zu uns selbst zu finden, für andere dazusein und der nächsten Generation ein menschliches Leben vorzubereiten. Amen

Lied: Ich singe dir mit Herz und Mund ... EKG 230

Gudrun Althausen

6.1 DEKADE „KIRCHE IN SOLIDARITÄT MIT DEN FRAUEN“

Die Dekade war vom Ökumenischen Rat der Kirchen 1988 ausgerufen worden, und die Mitgliedskirchen des Rates verpflichteten sich, die Dekade in ihrem Gebiet bekanntzumachen und umzusetzen. So auch der Bund der Evangelischen Kirchen in der DDR.

In den 80er Jahren hatten an vielen Stellen innerhalb der Kirchen schon Frauen zusammen gefunden, um für ihre gerechte Teilhabe und ihre Mitverantwortung an der inhaltlichen Ausgestaltung und der Leitung der Kirchen zu streiten.

In den 80er Jahren gründete sich in Berlin eine Gruppe „Feministische und Frauenaktivitäten“, die sich 1989 mit Vorschlägen zur Gestaltung der Dekade und einem 10-Jahres-Aktionsplan an den Bund der Evangelischen Kirchen in der DDR wandte. In der Vorbemerkung steht:

Die Koordinierungsgruppe „Feministische und Frauenaktivitäten“ trifft sich seit einigen Jahren auf Einladung von Frau Rosemarie Cynkiewicz einmal jährlich zu Austausch und evtl. Koordinierung. Teilnehmerinnen kamen vom Sekretariat des Bundes, von der Theologischen Studienabteilung, von der Frauenarbeit, der Feministischen Werkstatt, der AG Feministische Theologie, der Diakonie. Der Facharbeitskreis[64] war meist durch mehrere Mitglieder vertreten. Die Koordinierungsgruppe ist eine Ad-hoc-Gruppe, offen und ohne Status. Darum wendet sie sich mit ihren Vorschlägen zur „Ökumenischen Dekade“ an ein Gremium mit Status, den Facharbeitskreis (FAK) „Zusammenarbeit von Frau und Mann“, und durch ihn an andere Bundesgremien.

Auf der Konferenz der Kirchleitungen am 29. und 30. Juni 1990 wird der Koordinierungsgruppe, die durch Mitglieder aus anderen Landeskirchen erweitert wurde, der Auftrag zur Koordinierung und Gestaltung der Veranstaltungen zur Dekade sowie für das Verbreiten von inhaltlichen Impulsen gegeben. Zu dieser Koordinierungsgruppe gehörte Gudrun Althausen von Anfang an.

Die ohnehin nicht einfache Aufgabe wurde durch die politischen und gesellschaftlichen Umwälzungen in Deutschland 1989/90 noch erschwert.

---

64 Der Facharbeitskreis „Frau und Mann in Kirche, Familie und Gesellschaft“ war angesiedelt beim Bund der Evangelischen Kirchen in der DDR.

Auf der Synode des Bundes im September 1990 gibt Gudrun Althausen einen Bericht über den derzeitigen Stand der Dekade-Aktivitäten, der im Folgenden in Auszügen zu lesen ist:

2. Tagung der VI. Synode des Bundes der Evangelischen Kirchen, 21. bis 25. September 1990 in Leipzig

Bericht über die ökumenische Dekade (1988–1998)
„Solidarität der Kirchen mit den Frauen"

Das Präsidium der Bundessynode hat mich gebeten, einen Sachstandsbericht mit Problemanzeigen und Impulsen zu der Dekade „Solidarität der Kirchen mit den Frauen" zu geben. Ich bin dieser Bitte gern nachgekommen, weil ich die Herausforderung, die in der Ausrufung der Dekade steckt, für ungeheuer wichtig halte, auch – oder gerade! – zum gegenwärtigen Zeitpunkt. Der Facharbeitskreis „Mann und Frau in Kirche, Familie und Gesellschaft" hat die Gliedkirchen und einige Werke angeschrieben, um Berichte als Grundlage für diese Information der Synode zu erhalten. Die gliedkirchlichen Frauenhilfen haben auf meine Bitte hin Zuarbeit geleistet.
Seit 1988 laufen die 10 Jahre „Solidarität der Kirchen mit den Frauen", zu denen der Ökumenische Rat der Kirchen die Kirchen aufgerufen hat und zu der sie sich verpflichtet haben.
Es ist also angemessen, wenn der Synode nach zwei Jahren ein Bericht gegeben wird, der zu weiterer Beschäftigung mit der Thematik, evtl. zu Beschlüssen, Anstoß geben soll.
Und doch gab und gibt es für mich ziemlich hohe Hürden und Probleme:
– Von den Gliedkirchen kamen spärliche, von den meisten gar keine, Rückmeldungen. Ist das Zeichen von Desinteresse oder von „kein Handlungsbedarf"?
– Vielen erscheint der Zeitpunkt mehr als ungeeignet, sich mit solch einem Randproblem wie der „Frauenfrage" zu beschäftigen. „Laßt uns erst einmal die Zukunft regeln dann können wir uns solche ‚Extras' vielleicht wieder leisten."
– Der „Name", die Benennung des Projektes macht manche Schwierigkeiten:
Es scheint nicht klar, wer eigentlich mit wem solidarisch sein sollte: die Kirche mit den Frauen? Ist das denn ein Gegenüber? Sind nicht Frauen auch (oder vielfach die) Kirche? Geht es um die „Gemeinschaft von Frauen und Männern in der Kirche", in der Gesellschaft – oder geht es um Solidarität der Kirchen mit Frauen und ihren Problemen bei uns und weit darüber hinaus in der ganzen Welt? Im ersten Hören empfinden Frauen oft die Benennung der Dekade als unangemessene Ausgrenzung aus „Der Kirche" und möchten dann Verantwortung zu Aktivitäten auch dieser überlassen.

Die Entstehung und Zielsetzung war eine andere und weltweit durchaus verstehbar. Ich möchte Ihnen hier die Wiederholung der Geschichte ersparen. Sie können

das in den einschlägigen, damals weit gestreuten Broschüren nachlesen. Ich möchte Ihnen nur die Anliegen der Dekade in Erinnerung rufen. Sie werden auch heute immer wieder von Frauen hoffnungsvoll zitiert, angemahnt und durch Aktionen in Gang gesetzt:
Die Ökumenische Dekade „Solidarität der Kirchen mit den Frauen" gibt sich folgende Ziele:

1) *Frauen zu befähigen, unterdrückende Strukturen in der Gesellschaft weltweit, in ihrem Land und in ihrer Kirche in Frage zu stellen.*
2) *Den wesentlichen Beitrag der Frauen in Gemeinde und Kirche anzuerkennen, sowohl durch gleiche Mitverantwortung und Entscheidungsgewalt als auch durch Mitgestaltung der Theologie und des geistigen Lebens.*
3) *Vorstellungen und Aktionen der Frauen im Einsatz und Ringen für Gerechtigkeit, Frieden und Bewahrung der Schöpfung bekannt zu machen.*
4) *Den Kirchen zu ermöglichen, sich selbst von Rassismus, Sexismus und Klassenstrukturen sowie von Lehren und Praktiken, die Frauen diskriminieren, zu befreien.*
5) *Kirchen zu ermutigen, frauensolidarische Aktionen zu unternehmen.*

Für mich ergibt sich aus dem Bemühen um die Verwirklichung dieser Ziele zur Zeit keineswegs ein Beiseitelegen, sondern eine besondere Dringlichkeit für das Thema „Solidarität der Kirchen mit den Frauen". Ich möchte das kurz begründen.

1) *Wir kommen aus einer DDR-Vergangenheit mit dem Anspruch, daß bei uns die Gleichstellung von Männern und Frauen gesetzlich voll erreicht sei, wir also eigentlich „Vorbild" für andere sein könnten. Viele bei uns – auch in den Kirchen – meinten, wir hätten ein besonderes Engagement für Frauen nicht mehr nötig und könnten uns voll bei der Ausgestaltung der „Gemeinschaft von Frauen und Männern …" einsetzen (oder ausruhen?). Wir entdecken jetzt, daß das eine Illusion war, daß auch diese Fassade fällt und dahinter eine oft recht kalte und von Machtkämpfen bestimmte Realität zutage kommt.*
2) *Wir gehen auf die Gemeinschaft der Kirchen in der EKiD[65] zu, die das Thema bereits sehr viel ausführlicher diskutiert und mit Beschlüssen vorangetrieben hat (6. Tagung der 7. Synode, November 1989).*

- *In vielen Kirchen in der EKiD gibt es inzwischen Frauenbeauftragte oder Teams, die diese Aufgabe wahrnehmen.*

Andere, aus den Beschlüssen von Bad Krozingen[66] resultierende Aktivitäten sind im Entstehen. (z. B. Frauenakademie …)

- *Eine ökumenische (mit den katholischen Frauenverbänden gemeinsame) Dekadenkonferenz hat sich im November 1989 in der BRD konstituiert. Sie hat verabredet, die Dekade kritisch innovativ zu begleiten, eigene Veranstaltungen an-*

---

65 Evangelische Kirche in Deutschland.

66 Die Synode tagte in Bad Krozingen.

zubieten, Texte zu erstellen und die Bewusstseinsbildung an der Basis und in kirchlichen Gremien immer weiter voranzutreiben.

– Bei der ersten bundesweiten Gleichberechtigungskonferenz am 23. April 1990 haben auch die Kirchen der BRD sich zu Wort gemeldet und Ergebnisse und Forderungen ihrerseits zur Kenntnis gegeben.

Wie bringen wir den Prozeß, der bei uns in Gang ist, in einen guten Konsens mit dem in der EKiD?

3) Wir können jetzt immer wieder hören, lesen und selbst erleben, daß in dem augenblicklichen politisch-gesellschaftlich-wirtschaftlichen Prozess Frauen diejenigen sind, die „draufzahlen" müssen, „hintenrunterfallen", die „Verschiebemasse" in der freien Marktwirtschaft bilden, kurz: besonders ungesichert, stärker sozial gefährdet – unserer Solidarität mehr denn je bedürftig sind.

Versuch eines Sachstandsberichts über Aktivitäten im Rahmen der Dekade „Solidarität der Kirchen mit den Frauen"

Auf Grund der mir zugeschickten Berichte aus allen acht gliedkirchlichen Frauenhilfen und den mir bekannten zentralen Aktivitäten möchte ich Ihnen nun einen kurzen Überblick geben, was und wie etwas im Sinne dieser Dekade in unseren Kirchen geschehen ist. Dies kann nur sehr auswahlweise erfolgen und erhebt nicht den Anspruch auf Vollständigkeit. Lebendige Prozesse lassen sich statistisch nicht erfassen!

1) Ostern 1988 wurde auch in der DDR der Beginn der Ökumenischen Dekade in Gottesdiensten gefeiert. Der FAK „Mann und Frau in Kirche, Familie und Gesellschaft" und die kirchlichen Frauenarbeiten riefen dazu auf, die Anliegen der Dekade überall in den Kirchen aufzunehmen. Im Auftrag der KKL[67] veranstaltete der FAK am 27./28. Oktober 1989 ein Hearing, in dem Frauen und Männer zur Rolle der Frauen in der Kirche angehört wurden und ein Katalog für Veränderungen und Aufgaben erstellt wurde.
Schon 1987 hatte sich eine Gruppe von Frauen zusammengetan, um Frauenaktivitäten, die an vielen Stellen in den Kirchen neue Formen anstrebten, zu begleiten und, wenn möglich, zu koordinieren. Seit 1988 beschäftigte diese Gruppe speziell die Erstellung einer Konzeption für die Dekade in den Kirchen des Bundes. Dies geschah von Anfang an in enger Zusammenarbeit mit dem FAK[68]. Inzwischen hat die KKL einen auf die Dekade ausgerichteten Sonderauftrag für die Arbeit dieser Gruppe bestätigt und ihre Zusammensetzung – leicht erweitert – beschlossen.

67 Konferenz der Kirchenleitungen.

68 Facharbeitskreis.

Eine „Konzeption für die weitere Gestaltung und Koordinierung der Ökumenischen Dekade (1988–1998) ‚Kirchen in Solidarität mit den Frauen'", die im Januar 1990 erarbeitet und die Grundlage für den heute zu gebenden Bericht sein sollte, ist in manchem bereits überholt – in manchen inhaltlichen Anliegen auch verschärft.

2) *Auf verschiedenen Ebenen geschieht und geschah Arbeit im Sinne der o.g. Ziele der Dekade seit eh und je.*
Arbeit mit und durch haupt- und ehrenamtliche Mitarbeiterinnen der Frauenhilfen, Frauenarbeiten, Frauenwerke, Frauendienste hat im Grunde dies auch immer gewollt. Bei Rüstzeiten, Weiterbildungen Ehrenamtlicher, auf Tagen für Verantwortliche und bei Angeboten für kirchliche Mitarbeiterinnen bemüht man sich um Stärkung, Ermutigung und Förderung von Frauen.
In der ökumenischen Zusammenarbeit des Weltgebetstages werden Frauen zu selbstständiger Gottesdienstgestaltung und zur Solidarität mit Frauen in anderen Ländern motiviert.
Sie könnten ganz gewiß alle Beispiele aus Ihrer direkten Umgebung berichten. Dabei war die biblische Begründung solchen Handelns immer deutlich: „Die Gemeinschaft von Frauen und Männern in der Kirche ist durch Gottes Handeln gegeben. Gott schuf den Menschen als Frau und Mann, beide in gleicher Weise als sein Ebenbild (1. Mose 1). In der urchristlichen Taufverkündigung wird Mann und Frau das Einssein in Christus als der Beginn und das Ziel einer neuen Gemeinschaft zugesagt" (aus dem Beschluss der EKiD-Synode Bad Krozingen 1989).

Trotzdem erleben auch Frauen gerade in der Kirche (und dort oft umso schmerzlicher!) Ungleichheit auf Grund ihres Frau-Seins mit allen seinen Konsequenzen.

Das hat das o. g. Hearing des Bundes sehr deutlich zu Tage und zum Ausdruck gebracht. Dabei unterstrich die schwache Besetzung mit „Hörern" aus der KKL für manche Frauen, daß ihre Anliegen nicht allzu ernst genommen werden. Die dort entstandene Liste mit 11 Vorschlägen (oder Forderungen?), was im Blick auf die Anliegen der Dekade in unserem Bereich dringlich weiterbedacht werden müßte, macht auf kritische Stellen aufmerksam und sollte nicht einfach zu den Akten genommen werden.

3) *So ist es gut und angemessen, dass in einigen Gliedkirchen auf Synodentagungen bzw. durch ad-hoc- oder Kirchenleitungsausschüsse Anliegen und Konsequenzen der Dekade weiter bedacht werden. Allerdings haben es diese Ausschüsse oft nicht leicht! Es kann gut passieren, dass mit der Installierung eines solchen Ausschusses der Punkt „Dekade" als Pflichtübung abgehakt und praktisch beiseitegelegt wird. Es wird an den Mitgliedern liegen, wie stark und oft und inhaltlich begründet sie sich in ihren Synoden und Kirchenleitungen immer wieder zu Wort melden.*

Zwei Beispiele:

- *Berlin-Brandenburg: Der von der Kirchenleitung in diesem Sinne beauftragte Ausschuß hat einen Beschlussantrag für die Synode erarbeitet, der für verschiedene Ebenen Quotenregelungen vorsieht. Die Synode hat dies, leicht verändert, nach heftiger Diskussion, als Auftrag für die neu zu erarbeitende Grundordnung beschlossen.*
- *Sachsen: Eine „Arbeitsgruppe zur Förderung von Frauen in der Kirche" ist 1990 neu gebildet worden. Sie soll auf den Vorarbeiten einer ähnlichen Gruppe aufbauen und wird ganz sicher erst einmal genauer ihre Konzeption finden müssen. Vielleicht läßt sich daraus ein Beirat entwickeln, der verpflichtet und berechtigt ist, in allen Fragen zum Thema Frauen und Kirche gehört und befragt zu werden. Das käme der Aufgabenstellung eines Frauenbeauftragten-Referates einer Kirche schon sehr nahe.*
- *In der Kirchenprovinz Sachsen wurde von verschiedenen Gruppen eine „Frauensynode" gefordert. Der Landeskirchenrat der Ev. Landeskirche Anhalts beabsichtigt, das Anliegen der Dekade auf der Frühjahrstagung 1991 der Landessynode zu thematisieren.*

Bei allen diesen landeskirchlichen Aktivitäten stehen Information und Bewusstseinsbildung im Vordergrund. Wenn dann aber konsequent weiter gedacht und theologische Erkenntnisse in „Ordnungen" (Barmen III!) gefaßt werden sollen, dann hat man ganz schnell die Frage nach einer festzuschreibenden Quotierung auf dem Tisch. Wir sind uns wohl einig, daß diese nicht unser Ziel, aber durchaus eine notwendige Hilfskonstruktion auf dem Weg sein kann, den die meisten von uns wollen.

[...]

Um Frauen eine ihrer Zahl und Kompetenz angemessene Beteiligung an der Verantwortung und damit an der Gestaltung der Zukunft zu sichern, ist eine Quotenfestlegung für eine Übergangszeit unbedingt zu befürworten. Die Erfahrung zeigt, daß es manchmal auch ohne solche Vorgabe „glückt", dann aber doch wieder in erschreckendem Maß Frauen direkt oder indirekt von der Verantwortung ausgeschlossen werden. Der ÖRK und die Synode EKiD haben nicht ohne Grund Quotierungsbeschlüsse gefaßt.

[...]

Im dritten Teil möchte ich nun einige Fragen und Herausforderungen benennen, die mir in verschiedenen Berichten und einigen zusätzlichen Briefen übermittelt worden sind und die die Synode des Bundes, solange sie das noch ist, zu schneller und möglichst hilfreicher Stellungnahme anregen sollten.

1) *Der Aufruf zu dieser Dekade [...] war ein Aufruf, der sich an die Mitgliedskirchen des ÖRK richtete, also eine Anfrage an die Konsistorien/Landeskirchenämter und an die Kirchenleitungen. Warum fragen „die Kirchen" daraufhin meist die Frauen bzw. Frauenwerke nach ihren Aktivitäten? Schieben sie damit eine*

lästige Frage an die angeblich „Zuständigen" weiter? Wie könnte sich von der Sicht der vorwiegend von Männern geleiteten Gremien der Kirchen etwas verändern in Richtung angemessenerer Partizipation aller Glieder am Leibe Christi?

2) *Wann und wie kann gewährleistet werden, daß wenigstens 40 % Frauen in allen Leitungsgremien vertreten sind, damit Einsatz und Mitdenken der Frauen in der Kirche zum Ausdruck kommen kann?*
3) *Die Zukunft der Frauen in unserer Gesellschaft fordert uns als Kirche zu neuer und dringlicher Solidarität heraus. Ich nenne einige Stichworte und zitiere dabei weitgehend aus dem Bericht aus Magdeburg.*

- *Frauen sind stärker von der Arbeitslosigkeit betroffen als Männer ...*
- *Die zunehmende Arbeitslosigkeit von Frauen und Männern verschärft das Problem des Alkoholismus. Es wird eine Zunahme der bereits vor der Wende vorhanden gewesenen Gewalt gegen Frauen und Kinder beobachtet.*
- *Für Frauen besteht die Gefahr, erneut in ökonomische Abhängigkeiten zu geraten. ...*
- *Das offene Angebot von Pornographie entwickelt ein abwertendes Bild der Frau.*
- *Die Frauengeneration über 70, die in ihrem Leben durch mehrere Krisenzeiten gehen mußten, dabei mehrfach benachteiligt wurden, könnten auch diesmal wieder zu den Unterprivilegierten gehören, weil die Verteuerung der Lebenshaltungskosten sehr viel schneller gehen wird als die Anhebung der ohnehin zu niedrigen Renten.*
- *Speziell im kirchlichen Bereich wird gefragt: Wie werden sich die unter Umständen notwendigen strukturellen Veränderungen innerhalb der Kirchen zu Gunsten oder zu Ungunsten von Frauen auswirken? Kirchliche Mitarbeiterinnen im Angestelltenverhältnis fragen, wieweit ihre kirchliche Ausbildung beim Anschluss an eine andere Vergütungsordnung angemessen eingestuft wird, wieweit kirchliche Aus- und Weiterbildungen und Qualifizierungen einiger Berufsgruppen anerkannt werden?*

4) *In der Debatte um den guten, hilfreichen Umgang mit der Forderung nach unbedingtem Schutz des Lebens sollten auch „die Frauen geschützt werden und Solidarität erfahren".*

...

5) *Frauen wünschen sich zusätzlich zu den guten und bewährten gemeindlichen Angeboten für Frauengruppen – vor allem in Großstädten – die Errichtung von kirchlichen Frauenzentren. Sie erhoffen sich dort Räume für Begegnung, Information, Beratung und einfach Zusammen-Sein-Können. Die Kirchen tun sich meist schwer mit der Solidarität an dieser Stelle. Es geht unendlich langsam voran mit den Projekten. ...*

Eine Fülle von Anstößen und Aufgaben, die vor uns liegen. Ich wünsche mir sehr, daß die Synode nicht einfach zur Tagesordnung übergeht, sondern Wege findet, damit notwendige Schritte unternommen werden können. Ich möchte schließen mit einem Segenswort, daß bei einem Frauenforum in Berlin im Frühsommer 1989 als Abschluss gesprochen wurde:

> *„Geht mit dem Segen Gottes in die Zeit, die vor euch liegt.*
> *Die Zeit ist euch gegeben zum Beten und zum Tun des Gerechten.*
> *Seid stark im Glauben und versetzt Berge.*
> *Seid stark in der Liebe und wendet euch einander zu.*
> *Seid stark in der Hoffnung, laßt euch nicht beirren.*
> *Gott segne euch und lasse euch zum Segen werden."*

Als Reaktion auf den Bericht beschließt die Synode am 25. September 1990:

Ausgelöst durch den Bericht über die Ökumenische Dekade (1988 bis 1998) „Solidarität der Kirchen mit den Frauen" hat sich die Synode ausführlich mit der Situation der Frauen beschäftigt. Sie bekräftigt die weltweite Solidarität mit den Frauen, vor allem denen, die unter ungerechten gesellschaftlichen Strukturen zu leiden haben. Der politisch-gesellschaftlich-wirtschaftliche Prozeß, der sich im Augenblick in unserem Lande vollzieht, hat Probleme von Frauen auch hier verschärft. ... Die Kirchen sind herausgefordert! Sie müssen sich an die Seite der Frauen stellen und sich ihrer Nöte annehmen. Zugleich müssen die Kirchen ihre eigenen Strukturen hinsichtlich der Benachteiligung von Frauen anfragen. Als einen Schritt in diese Richtung empfiehlt die Synode:

- Den Gliedkirchen des Bundes der Evangelischen Kirchen die Errichtung eines Frauenreferats (Frauenbeauftragte), wie es in mehreren Gliedkirchen der EKD bereits besteht. Die Frauenbeauftragten sind mit entsprechender Kompetenz zu versehen. [...]

Der Koordinierungsausschuss bestand bis 1993 und tagte fünf Mal im Jahr. Es waren Frauen aus verschiedenen ostdeutschen Landeskirchen in ihm vertreten. Eine der zentralen Aufgaben, die sich die Gruppe gestellt hatte, war die Organisation von Dekadekonferenzen in Hirschluch[69], die weitreichende Impulse in alle Landeskirchen sendete.

Gleichzeitig liefen – bedingt durch die Einheit Deutschlands 1990 und die damit auch einhergehenden Vereinigungsprozesse zwischen EKD (West) und Bund (Ost) – Verhandlungen für die Zusammenführung der in Ost – und Westdeutschland arbeitenden Gruppen in der Dekadearbeit. Im Dezember 1993 löste sich der Koordinierungsausschuss der östlichen Gliedkirchen auf. Die westliche ökumenische Arbeitsgruppe wurde durch drei Vertreterinnen aus dem Osten erweitert. Die einzelnen Mitglieder des Koordinierungsausschusses – so auch Gudrun Althausen – engagierten sich weiter in ihren jeweiligen Landeskirchen. In Berlin-Brandenburg tagte im Rahmen der Dekade 1996 die Synode zum Thema „Ge-

69 Ort in Brandenburg, in dem eine Tagungsstätte der Ev. Kirche in Berlin-Brandenburg war.

meinschaft von Frauen und Männern in der Kirche". Dazu schrieb Gudrun Althausen einen Zeitungsartikel in „Die Kirche"[70]. Im letzten Satz schreibt sie:
Wir Frauen wollen die Männer nicht länger das „feindliche" Leben allein bewältigen lassen, sondern mit ihnen in gerechter Dienstgemeinschaft die Fülle des Lebens gestalten, in der zweiten Reihe und in der ersten, sparsam und kreativ.
Freundlicher und positiver kann man wohl kaum den oft harten Kampf der Frauen um Teilhabe beschreiben.

Gerechtigkeit für die Frauen
Synode tagt zum Schwerpunktthema: „Gemeinschaft von Frauen und Männern"
Von Gudrun Althausen

Von Gerechtigkeit reden viele Menschen. Christen treten für sie im Auftrag Gottes ein und wissen sich dabei in der Nachfolge Jesu Christi. Denn Gerechtigkeit ist mehr als ein einklagbares Recht. Da ist Verstehensbereitschaft, Einfühlsamkeit, da ist Liebe gefordert. Gerechtigkeit heißt nicht einfach, halbe-halbe zu machen, sondern zu fragen, wie die anderen zu ihrem Recht kommen. Gerechtigkeit ist eine Vorbedingung für Gemeinschaft. Wir erleben zur Zeit an vielen Orten und in vielen Bereichen die verzweifelte Suche nach Gerechtigkeit – zwischen Ost und West, Alten und Jungen, zwischen Arbeitslosen, Arbeitnehmern und Arbeitgebern – und eben immer wieder zwischen Frauen und Männern.
Der Ökumenische Rat der Kirche hat 1988 zu einer Dekade der „Solidarität der Kirchen mit den Frauen" aufgerufen. Die Kirchen sollen sich selbst befragen, sich von Sexismus, Klassenstrukturen, sowie Lehren und Praktiken, die Frauen diskriminieren, befreien. Außerdem werden sie verpflichtet, Frauen mit ihren Fähigkei-

70 Wöchentlich erscheinende evangelische Kirchenzeitung in Berlin-Brandenburg und der schlesischen Oberlausitz (seit 2003), vorher Kirchenzeitung der berlin-brandenburgischen evangelischen Kirche.

ten zur Übernahme von Verantwortung zur Leitung, eigener Theologie, zur Gestaltung geistlichen Leben ernst zu nehmen und sie entsprechend zu beteiligen.
Aus der Erkenntnis, dass es hier wirklich viel nachzuholen und zu verändern gilt, haben die Mitgliedskirchen zugestimmt – und die Beschäftigung damit den Frauen in die Hand gedrückt. Als ich 1990 vor der Synode des Bundes der Evangelischen Kirchen in der DDR einen Bericht über den bisherigen Verlauf der Dekade geben sollte, fragte ich die Kirchen und erhielt keine Antwort. Von den Frauenarbeiten der Landeskirche bekam ich dann bewegende, frustrierte, aber auch hoffnungsvolle Berichte. Die Dekade war zu ihrer Sache geworden.
Den Frauen wird inzwischen viel Freundliches gesagt, allerdings fast immer mit dem Aufruf: Nun rührt euch mal, kämpft doch selbst um euer Recht, beweist, dass ihr wichtig und „kompetent" seid. Doch so sollte es nach dem Willen des ÖRK gerade nicht sein. Es ist falsch, wenn die, die mit offener oder verdeckter Benachteiligung zu leben haben, aufgefordert werden, sich doch anzustrengen, ihre Situation zu verändern.
Die Frauenarbeiten und Frauenhilfen haben die Themen oft benannt, haben zur Bewusstseinsbildung und vor allem zum Selbstbewusstsein von Frauen beigetragen. Nach langen, intensiven Bemühungen, wurde die Stelle einer Frauenbeauftragten für die Berlin-brandenburgische Kirche eingerichtet. Sie sorgt für Gleichstellung, etwa in Strukturen und in der Sprache, begleitet Randgruppen und ist Anlaufpunkt für haupt- und ehrenamtliche Mitarbeiterinnen der Kirche. Ein Frauenrat wurde gebildet, in den die Kirchenkreise je eine Vertreterin wählen und der die Verbindung von der „Basis" zur Frauenbeauftragten gewährleistet.
Nun muss sich die Synode Rechenschaft darüber abgeben, wie die Solidarität der Kirche mit den Frauen in Berlin-Brandenburg Form annimmt. Dass die Frauen keinen Antrag auf Festlegung von Quoten für alle Gremien stellen (was sich in anderen kirchlichen Zusammenhängen und Parteien durchaus bewährt hat), ist ein Zeichen dafür, dass sie die Hoffnung auf ein geschwisterliches Miteinander nicht aufgegeben haben.
Auf der Synodaltagung werden brisante „feminine" Themen anzusprechen sein, z. B. die Dienstbereitschaft, die feministische Theologie, die Gewalt, die Sprache, die Finanzen, die Statistik. Aber auch: die Männerarbeit, die Frauen- und Familienarbeit. Denn Frauenthemen müssen gerecht – beiderseitig einander zum Recht helfend – und gemeinschaftlich von Frauen und Männern gesehen und behandelt werden. Gerade in der Ostregion Deutschlands haben wir gelernt, dass ohne Gerechtigkeit kein Frieden sein und wachsen kann. Wir haben auch bitter erfahren, dass Gerechtigkeit ein sehr zerbrechliches Gut ist und Gleichstellung von Frauen und Männern schnell vergessen wird unter den harten Zwängen des Marktes.
Wir Frauen wollen die Männer nicht länger das „feindliche" Leben allein bewältigen lassen, sondern mit ihnen in gerechter Dienstgemeinschaft die Fülle des Lebens gestalten, in der zweiten Reihe und in der ersten, sparsam und kreativ.

Zum Abschluss der Dekade 1998 gab es eine Befragung von engagierten Frauen der letzten 10 Jahre über Verlauf und Ergebnisse der Dekade. Auch Gudrun Althausen beantwortete den Fragebogen:

Fragen zum Abschluss der Ökumenischen Dekade „Kirchen in Solidarität mit den Frauen" – Frauen verschiedener Konfessionen in Ost- und Westdeutschland

Antworten auf die Frauen zum Abschluß der ökumenischen Dekade „Solidarität der Kirchen mit den Frauen"
Von Gudrun Althausen, Berlin:

1. In welcher Kirche sind Sie Mitglied?

Evangelische Kirche in Berlin-Brandenburg (EKiBB)

2. Engagieren Sie sich hauptamtlich/ehrenamtlich in Ihrer Kirche?

Mehr als 20 Jahre hauptamtlicher Dienst in der Frauenarbeit unserer Kirche in Berlin-Ost; seit 1992 vielfacher ehrenamtlicher Dienst, z. B. Kirchenleitungsmitglied ...

3. Sind Sie Mitglied einer kirchlichen Frauenorganisation eines Frauenvereins Frauenwerks, Frauennetzwerkes oder einer Fraueninitiative? (Name)!

Mitglied der Ev. Frauenhilfe in Braunschweig; in den „östlichen" Kirchen gab und gibt es keine Mitgliedschaften in kirchlich/gemeindlichen Frauenverbänden.

4. Wann und wo haben Sie erstmals über die Inhalte und Ziele der Ökumenischen Dekade „Kirchen in Solidarität mit den Frauen" erfahren?

In den Kirchen des Bundes der Ev. Kirchen in der DDR gab es eine Gruppe engagierter Frauen der ich angehörte, die sich für „Frauenfragen" in der Kirche, für feministische Theologie u. a. m. einsetzte. Mit dieser Gruppe haben wir für Ostern 1988 einen Auftaktgottesdienst in der Berliner Sophienkirche (Berlin-Mitte) im Zusammenhang mit der Begegnungstagung der EFD in Berlin vorbereitet. Wir entwickelten ein Zehnjahresprogramm zur Durchsetzung der geforderten Inhalte und Ziele der Dekade in den Kirchen (evangelischen) in der DDR. Im Herbst 1989 fand ein entsprechendes Hearing mit Mitgliedern der Konferenz der Kirchenleitungen (KKL) statt, das allerdings in den Wirren der Wende unterging.
Fazit: Wir waren von Anfang an interessiert und beteiligt.

5. War es Ihnen möglich, diese in Ihrer Kirche bzw. in Ihrer kirchlichen Frauenarbeit bekannt zu machen und Menschen zur Mitarbeit zu ermutigen?

Vor allem in allen Bereichen der verschiedenen Formen von Frauenarbeit sind die Themen der Dekade – nicht erst seit 1988! – besprochen und bedacht worden. Es gab aber auch darüberhinaus Aktivitäten in den Kirchen und Synoden, so daß Beschlüsse bezüglich einer Quotierung usw. zustandekamen. Auch Synoden mit dem „Frauen"thema wurden ins Auge gefaßt – 1989 und in den folgenden Jahren waren aber erst einmal „wichtigere" Fragen dran!
Wir haben auf allen Ebenen damit gearbeitet; mein persönliches Engagement bezog sich vorwiegend auf die Ebene des Bundes der Ev. Kirchen in der DDR.
Der ökumenische Kontext blieb in der DDR fast vollständig ausgespart. So hat der „Bund" die unter 4. erwähnte Gruppe, etwas erweitert, in einen offiziellen Status erhoben und in seine Strukturen integriert – natürlich nur evangelisch besetzt und mit Auftrag für die Evangelischen Kirchen.

6. Wenn ja,
   - in welchen Zusammenhängen?
   - auf welchen Ebenen?
   - im ökumenischen Kontext?

Inhaltliche Schwerpunkte waren für mich besonders:
- *Die Einrichtung einer Stelle einer Frauenbeauftragten in der EKiBB (die mit dem 31.12.1997 wieder „abgewickelt" wurde);*
- *Die Auseinandersetzungen um den §218 (die offensichtlich jetzt neu entflammen werden!);*
- *Die Ermutigung von Frauen, sich doch am Risiko der Leitung zu beteiligen und nicht verantwortungsscheu im Hintergrund stehen zu bleiben.*

7. Gab es inhaltliche Schwerpunkte, für die Sie sich während der Ökumenischen Dekade besonders engagiert haben?
   - in Ihrer Kirche?
   - in Ihrer Frauenorganisation?

Ich meine zu beobachten, daß ein Bewußtsein gewachsen ist, daß man an den „Frauenfragen" nicht mehr vorbeikann. Inclusive Sprache wird z. B. wahrgenommen und angewandt – allerdings im „Osten" noch immer verhältnismäßig wenig und nur von den bewußt Redenden. Viele haben sie noch nicht wirklich verinnerlicht. Die Situation in den neuen Bundesländern (und auch in den Kirchen in diesem Bereich) hat für die Frauen besondere Probleme gebracht: Die „Wende", die 1989 viele Frauen auch politisch enorm engagiert und mutig auf die Straßen und in die Politik gebracht hatte, erwies sich sehr schnell als ausgesprochen frauenfeindlich. Das wirkte wie ein Schock auf die Frauen im Osten und lähmte sie mehr als zu erwarten war. Inzwischen sind die wenigen „Plätz" verteilt und die Frauen stehen mehr in der Ecke, als sie es sich hatten je – auch und vor allem in DDR-Zeiten – träumen lasse. Das gilt auch für die Kirche.

8. Können Sie zurückblickend sagen, daß sich für die Frauen in der Kirche aber auch im gesellschafts-politischen Bereich lokal und global während der Ökumenischen Dekade etwas positiv verändert hat? Wenn ja, nennen Sie Beispiele!

Nach wie vor müßten Frauen ermutigt werden, sich selbstverständlich und selbstbewußt einzubringen, zu kandidieren, Verantwortung zu übernehmen, Leitung auszuüben. Dazu bedarf es viel Überzeugungsarbeit, damit Selbstachtung wächst, Bereitschaft zum Risiko entsteht und – wenn nötig – auch Strukturen verändert werden. Auf keinen Fall darf die wirtschaftliche Situation – auch in der Kirche – dazu führen, daß Frauen bereitwillig zurückstehen oder frustriert aufgeben weil sie die jammervollen Klagen der Männer nicht mehr mit anhören können und wollen!

9. An welchen Inhalten und Zielen müßte nach Abschluß der Ökumenischen Dekade unbedingt weitergearbeitet werden?
10. Wo könnte diese „Weiterarbeit" verortet sein?

Ich sehe nach wie vor hierin eine Aufgabe für die Frauengruppen der Gemeinden. Sie müssen von sich reden machen, „Frauenfragen" öffentlich machen und dabei zeigen, daß deren Vernachlässigung Schaden für die Zukunft der Gesamtkirche bedeutet.

Berlin, 2.1.1998

Unter Punkt 7 und 8 beschreibt Gudrun Althausen kurz und präzise, welche enormen negativen Auswirkungen die politischen Umbrüche 1989/90 auf das Leben von sehr vielen Frauen hatten. Während der gesamten Dekadezeit versuchte sie, auf die schwierige Situation der Frauen auf dem Arbeitsmarkt hinzuweisen, die häufig ein Zurückziehen aus dem gesellschaftspolitischen Leben zur Folge hatte. Sie betonte, dass diese Prozesse auch innerhalb der Kirchen zu beobachten waren.

Unter Punkt 6 schreibt Gudrun Althausen von der Stelle der Frauenbeauftragten, die mit vielen Hoffnungen der Frauen von der Landessynode geschaffen und besetzt wurde, um dann 1997 wieder gestrichen zu werden.
Überhaupt fiel die Bilanz der Dekade in der Berlin-Brandenburgischen Landeskirche ernüchternd aus. Auf der Kirchenleitungstagung 1998 heißt es in der Tischvorlage, die Gudrun Althausen einbringt:

Tischvorlage *zu TOP 14*
KL am 12.06.1998

Am Ende der Dekade (1988–1998) der „Solidarität der Kirchen mit den Frauen" gibt sich die Kirchenleitung Rechenschaft darüber, was in diesen 10 Jahren in der EKiBB an Solidarität mit den Frauen geschehen ist. Sie bedenkt darüberhinaus, was als Aufgabe bleibt.
Grundlage des Gespräches ist. U. a. die Schlußerklärung der deutchen Dekadekonferenz vom 30.04.1998.

Die (fälschlicherweise) „Frauendekade" genannten 10 Jahre haben wenig im Verhältnis von Männern und Frauen in der Kirche (und darüberhinaus) verändert. Weltweit gesehen hat die Solidarität der Frauen untereinander zugenommen. Aber die Ziele der Dekade, die der ÖRK vorgegeben hatte, sind nicht annähernd erreicht worden. Viele Frauen – auch in unserer Kirche – sind darum traurig und wütend, resigniert und gleichgültig geworden. Sie erwarten nichts mehr von der Institution Kirche und machen sich auf, eigene Wege zu gehen. Der Abschluß der Dekade kann darum kein Schlußpunkt , sondern muß ein Doppelpunkt sein, wenn der KL weiterhin an einer wachsenden gerechten Gemeinschaft von Frauen und Männern in der Kirche gelegen ist.

Im einzelnen bedeutet das:

1) *Die Aufmerksamkeit für „Frauenfragen" ist in den vergangenen Jahren auch in der EKiBB trotz mancher Probleme wachgehalten worden.*
   So beschloß die Synode das Frauenförderungs- und Gleichstellungsgesetz am 05. 05. 1996. Allerdings droht es zu Makulatur zu verkommen, da seine Einhaltung von niemandem durchgesetzt wird (werden kann).
2) *Fünf Jahre lang konnten zwei (je eine halbe Stelle) Frauenbeauftragte die besonderen Themen der Gerechtigkeit für Frauen bearbeiten, einen Frauenrat aus allen Kirchenkreisen aufbauen, sich der besonderen Probleme einiger betroffener Gruppen annehmen und die statistische Erfassung der Verteilung von hauptamtlichen und ehrenamtlichen Aufgaben auf Männer und Frauen beobachten. Sie haben viele Frauen neu aktivieren können, sie selbstbewußt und sicher gemacht. Im Kontext der Frauenbeauftragten aus allen Gliedkirchen der EKD haben sie unsere besondere, auch besonders schwierige Situation in Berlin-Brandenburg einbringen können.*
   Daß die wichtige Arbeit der Frauenbeauftragten nicht weitergeführt werden konnte, bedauert die KL ausdrücklich. Sie ist sich bewußt, daß die Berufung einer ehrenamtlichen „Sachwalterin für Gleichstellungsfragen" (Beschluß der Synode vom 15.11.1997) nicht den bleibenden Aufgaben gerecht werden kann.
3) *Die KL begrüßt alle Aktivitäten, die von der Frauen- und Familienarbeit der EKiBB, von Kirchenkreisen und Gemeinden, vom Theologinnenkonvent und vielen anderen Fraueninitiativen ausgehen, um Fraueninteressen zu vernet-*

zen und Frauen zu ermutigen, z. B. Leitungsfunktionen anzustreben und zu übernehmen und für eine gerechte Teilhabe von Frauen und Männern an allen Diensten und Ämtern unserer Kirche einzutreten. Die KL wird nach Möglichkeit solche Aktivitäten ideell und finanziell unterstützen.
Die KL erwartet in diesem Zusammenhang von der „Sachwaltterin" in regelmäßigen Abständen Berichte.

4) *Die KL ist sich auch in Zukunft der Verantwortung bewußt, „gleichberechtigte Mitwirkung und Mitverantwortung von Frauen in Gremien und Ämtern" (Schlußerklärung der deutschen Dekadekonferenz) zu beachten und zu fördern, z. B. bei Aufstellung von Kandidatinnenlisten und bei Berufungen in Ausschüsse und Gremien. Sie stellt selbstkritisch fest, daß es bisher nicht gelungen ist, Frauen nach der Vorgabe von Quotenbeschlüssen auch unserer Synode in leitende Ämter o.ä. zu berufen bezw. zu wählen.*
5) *Die KL behält weiterhin auf ihrer Tagesordnung, über „frauengerechte Arbeitsformen und Organisationsstrukturen" (s. Schlußerklärung) nachzudenken – auch oder gerade in der derzeitigen schwierigen Umstrukturierung innerhalb der EKiBB. Es dürfen dabei nicht erneut besonders Frauen ausgegrenzt werden. Die „Frauenpolitischen Grundsätze zu Kostensenkungs- und Strukturmaßnahmen in Kirche und Diakonie" der EKD können dabei Richtschnur sein.*
6) *„Solidarität der Kirchen mit den Frauen" darf nicht an den Grenzen der Kirche zuende sein. So bleibt es für die KL Verpflichtung, die oft besonders schwierige Situation von Frauen zu beobachten und zu beachten und, soweit möglich, sich an Hilfen zu beteiligen.*
(Beispiele: Frauenhäuser, steigende Zahl von obdachlosen Frauen mit Kindern, „Kauf" und „Verkauf" der Ware Frau besonders an der Ostgrenze der BRD ...)
7) *Gerechte Partizipation von Frauen und Männern am Leben der Kirche auf allen Ebenen ist unser bleibendes Ziel, um als Leib Christi in der Welt wirken und wirklich „vollständig" sichtbar sein zu können. Die „Auseinandersetzung mit der Geschlechterdifferenz aus anthropologischer und theologischer Sicht" (s. Schlußerklärung) muß darum in Seminaren und anderen Formen der Bildungsarbeit verfolgt und gefördert werden.*
8) *Die KL verpflichtet sich, entsprechend der Forderung der Synode der EKiBB, in ihren Berichten vor der Synode die Situation der Frauen zu thematisieren und dadurch den Prozeß der Solidarität im Blick zu behalten.*

Gudrun Althausen *Berlin, 8. 6. 1998*

6.2 RUNDER TISCH GESCHLECHTERGERECHTIGKEIT

Im Anschluss an die Streichung der Stelle der Frauenbeauftragten und der Auflösung des Frauenrates, gründete sich 1997 der „Runde Tisch"[71]. Eine der ersten Handlungen war die Veröffentlichung eines Diskussionspapiers zum Ende der Dekade „Solidarität der Kirche mit den Frauen". Mitglieder des Gremiums waren aktive Frauen aus verschiedenen kirchlichen Arbeitsbereichen, die sich schon lange auf dem Gebiet der Gleichberechtigung von Frauen und Männern in der Kirche engagiert hatten. Ihre Analyse der Ergebnisse der Dekade fällt verheerend aus. Doch sie resignieren nicht, sondern beschließen mit viel Motivation eine Weiterarbeit mit neuen Ideen.

Runder Tisch: Frauen in der EKiBB

Gudrun Althausen – Heidrun Elliger – Dr. Käthe Gaede – Dr. Erika Godel – Adelheid Guthke – Dr. Gesine Hefft – Susanne Kahl-Passoth – Hildegard Kanstein – Ruth Leichsenring – Monika Matthias – Rosemarie von Orlikowski – Annemarie Rettig – Cornelia Schattat – Dörte Wernick – Petra Ziep

Geschäftsführung: Frauen- und Familienarbeit i.d. EKiBB
Weinbergstraße 18/19, 14469 Potsdam, Tel.: 0331-2777-451

Abschlußerklärung zur Ökumenischen Dekade „Solidarität der Kirchen mit den Frauen" in der Evangelischen Kirche in Berlin-Brandenburg – ein Diskussionspapier

1. Mit unterschiedlichen Vorstellungen, Ausgangsbedingungen und Hoffnungen sind Frauen in der 1988 noch getrennten Berlin-Brandenburgischen Landeskirche auf die ökumenische Dekade zugegangen. Während im ehemaligen West-Berlin sich die Landeskirche aus dem Dekadeprozeß fast völlig herausgehalten hat, alle Veranstaltungen allein auf Grund der Initiative von Frauen zustandegekommen sind, so hat sich in der ehemaligen DDR der Bund der Ev. Kirchen der Thematik angenommen.
2. Frauen in Ost und West sind sich durch die Dekade näher gekommen, die zu einer Auseinandersetzung mit der Situation von Frauen in der Kirche Mut gemacht hat. Nach der Wende mußten wir feststellen, daß uns vieles trennt, es nicht so einfach ist, zusammen zu finden und sich wirklich zu verstehen. Der Prozeß des Zusammenwachsens ist noch nicht abgeschlossen. Die schwierige wirtschaftliche Situation unserer Landeskirche und überhaupt in der Gesellschaft haben die Gespräche schwieriger gemacht.

---

71 An anderer Stelle in den Akten ist zu finden, dass der Runde Tisch schon vor 1997 von den beiden Frauenbeauftragten (die sich die Stelle teilten) initiiert worden war und 1997 dann wiederbelebt wurde. Darüber sind aber keine Protokolle im Nachlass Gudrun Althausens zu finden.

3. Fast alle Beschlüsse, die in unserer Landeskirche zu Beginn der Dekade gefaßt worden sind: Quotenregelungen, Gleichstellungsbeauftragte, Frauenrat, Gleichstellungsgesetz, Gesetz zur inklusive Sprache sind entweder nicht umgesetzt oder inzwischen wieder aufgehoben worden. Allein das Gesetz über die inklusive Sprache hat noch Gültigkeit und wird angewendet. Das Gleichstellungsgesetz ist Makulatur, denn es ist niemand da, der auf seine Einhaltung achtet und es durchsetzt.
4. Die Ziele der Dekade sind in unserer Landeskirche nicht annähernd erreicht worden. Wir stehen schlechter da als zu Beginn, denn entweder versucht Mann uns mit Gleichstellungsrethorik zu besänftigen oder schiebt uns an das Ende der Tagesordnung, denn Mann hat „Wichtigeres" zu tun. Es gab keine Solidarität der Kirche mit den Frauen, sondern ein Ringen der Frauen um die Solidarität ihrer Kirche mit ihnen.
5. Frauen sind sich mehrheitlich einig darüber, daß ihre Situation derzeit in unserer Kirche schwierig ist. Einige haben resigniert, andere sind auf der Suche nach neuen Wegen: Das Anliegen der Dekade wird weiter verfolgt!
6. Es geht für Frauen inzwischen um mehr als nur um eine gerechte Teilhabe in der Kirche. Frauen möchten eine andere Kirche, „eine Kirche, die von ihrer hierarchischen und lähmenden Institutionalisierung befreit wird, so daß sie ... zu einer Bewegung betroffener und engagierter Männer und Frauen wird, die sich um Dienste des Heilens und der Versöhnung bemühen". (1)
7. Frauen sind kein Sozialfall, keine Randgruppe in unserer Kirche. Wir sollten aufhören, darauf zu warten, daß irgendwelche Brosamen von der Herren Tische fallen. Wir können uns nicht darauf verlassen, daß Männer die Dinge für uns richten, denn sie haben an einer wirklichen Veränderung kein Interesse. Wir sollten nicht länger unsere Zeit und Kraft für das Aufstellen von Forderungen und deren Umsetzung verschwenden. Wir müssen aus der Rolle der ewigen Bittstellerinnen heraus, der Töchter, die um die Aufmerksamkeit ihrer Väter betteln. Mit der Einsicht der Männer, die bisher nicht in der Lage waren, uns richtig zuzuhören, ist nicht zu rechnen.
8. Es wird Zeit, daß wir uns selber wichtig nehmen, unsere eigenen Vorstellungen entwickeln und einbringen, nicht darauf warten, daß andere das für uns tun.
9. Wir müssen aufhören, uns zu Lückenbüßerinnen der Krise zu machen, indem wir den „Betrieb" aufrechterhalten, immer einspringen, wo es nach Meinung der Institution notwendig ist. Unsere Kräfte und unsere Zeit sollten wir nutzen, unsere Vorstellungen von Kirche umzusetzen, auszuprobieren.
10. Das kann uns nur gelingen, wenn wir uns gegenseitig unterstützen, ermutigen, nicht länger auf Beachtung, Wertschätzung durch die Institution schielen.

Verantwortlich: Susanne Kahl-Passoth. Rosemarie von Orlikowski

(1) Aruna Gnanadason, ÖRK, 30.04.98 in Bonn

Gudrun Althausen wird 1998 „Sachwalterin für Gleichstellungsfragen“ – eine ehrenamtliche Stelle, die von der Landessynode eingesetzt wird als Nachfolge für die gestrichene Stelle der Frauenbeauftragten. Gleichzeitig ist sie Mitglied beim „Runden Tisch“. Damit gerät sie immer mal wieder „zwischen die Fronten“. Der „Runde Tisch“ sieht sich vor allem als kritisches Gegenüber zu Kirchenleitung und Synode, die Sachwalterin arbeitet im Auftrag von Kirchenleitung und Synode. Außerdem ist Gudrun Althausen auch noch Vorsitzende der vom "Runden Tisch“ initiierten und von der Kirchenleitung befristet eingesetzten Arbeitsgruppe „Gemeinschaft von Frauen und Männern in der Evangelischen Kirche in Berlin-Brandenburg“. Sowohl zur Arbeitsgruppe als auch zum Thema „Sachwalterin“ wird später in diesem Kapitel noch ausführlicher berichtet werden. Aber schon jetzt ist zu erkennen, dass sie von 1997 bis 2003 intensiver als zuvor mit der Geschlechtergerechtigkeit in der Kirche an entscheidender Stelle – Kirchenleitung und Synode – beschäftigt war und versucht hat, Einfluss zu nehmen.

Der „Runde Tisch“ traf sich jahrelang alle zwei Monate zu Sitzungen, veranstaltete zwei Mal im Jahr einen „Frauentag“, der allen interessierten und engagierten Frauen offenstand zur Vernetzung von Aktivitäten und der thematischen Arbeit an bestimmten Themen.

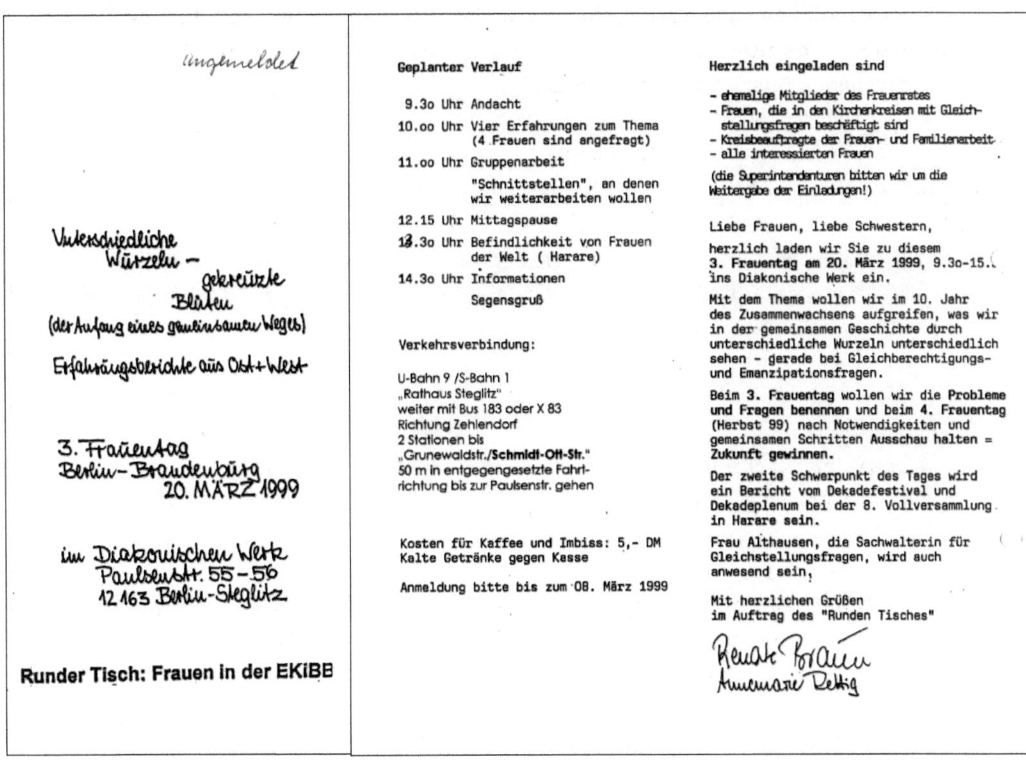

angemeldet

Unterschiedliche Würzeln – gekreüzte Blüten

(der Anfang eines gemeinsamen Weges)

Erfahrüngsberichte aüs Ost + West

3. Fraüentag Berlin-Brandenbürg 20. MÄRZ 1999

im Diakonischen Werk Paulsenstr. 55–56 12163 Berlin-Steglitz

Runder Tisch: Frauen in der EKiBB

Geplanter Verlauf

9.3o Uhr Andacht

10.oo Uhr Vier Erfahrungen zum Thema (4 Frauen sind angefragt)

11.oo Uhr Gruppenarbeit
"Schnittstellen", an denen wir weiterarbeiten wollen

12.15 Uhr Mittagspause

13.3o Uhr Befindlichkeit von Frauen der Welt (Harare)

14.3o Uhr Informationen
Segensgruß

Verkehrsverbindung:

U-Bahn 9 /S-Bahn 1
„Rathaus Steglitz“
weiter mit Bus 183 oder X 83
Richtung Zehlendorf
2 Stationen bis
„Grunewaldstr./**Schmidt-Ott-Str.**“
50 m in entgegengesetzte Fahrtrichtung bis zur Paulsenstr. gehen

Kosten für Kaffee und Imbiss: 5,- DM
Kalte Getränke gegen Kasse

Anmeldung bitte bis zum 08. März 1999

Herzlich eingeladen sind

- ehemalige Mitglieder des Frauenrates
- Frauen, die in den Kirchenkreisen mit Gleichstellungsfragen beschäftigt sind
- Kreisbeauftragte der Frauen- und Familienarbeit
- alle interessierten Frauen

(die Superintendenturen bitten wir um die Weitergabe der Einladungen!)

Liebe Frauen, liebe Schwestern,

herzlich laden wir Sie zu diesem **3. Frauentag am 20. März 1999**, 9.3o-15. ins Diakonische Werk ein.

Mit dem Thema wollen wir im 10. Jahr des Zusammenwachsens aufgreifen, was wir in der gemeinsamen Geschichte durch unterschiedliche Wurzeln unterschiedlich sehen – gerade bei Gleichberechtigungs- und Emanzipationsfragen.

Beim **3. Frauentag** wollen wir die **Probleme und Fragen benennen** und beim **4. Frauentag** (Herbst 99) nach Notwendigkeiten und gemeinsamen Schritten **Ausschau halten = Zukunft gewinnen.**

Der zweite Schwerpunkt des Tages wird ein Bericht vom Dekadefestival und Dekadeplenum bei der 8. Vollversammlung in Harare sein.

Frau Althausen, die Sachwalterin für Gleichstellungsfragen, wird auch anwesend sein,

Mit herzlichen Grüßen im Auftrag des "Runden Tisches"

Renate Braun
Annemarie Rettig

Einladung zum Frauentag 1999

Gudrun Althausen, Rosemarie von Orlikowski

Der „Runde Tisch" sah sich als Ansprechpartner für die Sachwalterin, wie aus einem Protokoll von 1998 hervorgeht, in dem die Aufgaben der neu geschaffenen Stelle der Sachwalterin aus Sicht des „Runden Tischs" benannt werden. Hier der entsprechende Auszug aus dem Protokoll:

Protokoll
Runder Tisch, Montag, 16. 02. 1998,15.00 Uhr, Berlin, Evas Arche.

Anwesend: Althausen, Ellinger, Dr. Hefft, Kahl-Passoth, Kanstein, Schattat, Ziep.
Es fehlten entschuldigt: Dr. Gaede, Dr. Godel, Gutke, Leichsenring, Mathias, Orlikowski, Rettig, Wernick.
Die Gesprächsleitung übernimmt Frau Eilinger

Tagesordnung:
1. Arbeitsplatzbeschreibung der Sachwalterin Gudrun Althausen
2. Frauendekade
3. Informationsaustausch

1. Frau Althausen verliest den Leserbrief von Frau Carola Enke-Langner, Königswusterhausen, der in der Kirchenzeitung am 15. 02. 1998 veröffentlicht wurde.
Es ist ein Privat-Lesebrief von Frau Enke-Langner.

Der Runde Tisch sieht Frau Althausens Aufgaben folgendermaßen:

a) Frau Althausen ist Sachwartin für Gleichstellungsfragen in der Kirchenleitung.
b) Frau Althausen ist die Klammer zwischen Rundem Tisch und Frauentagen und der Kirchenleitung.
c) Frau Althausen ist Anlaufadresse für Gleichstellungs-Frauenfragen.

Sie ist aber nicht ehrenamtlich tätige Gleichstellungsbeauftragte. Sie wird nicht dafür sorgen, daß die Ordnung für Gleichstellungsfragen umgeschrieben wird und der neuen Lage angepaßt wird.
Frau Althausen soll gemeinsam/ nach Rücksprache mit Frau Kaminski die Kirchenkreise über gleichstellungsrelevante Beschlüsse informieren, die z. Zt. bei Frau Hansen-Dix ankommen.
Frau Althausen soll sich in den Ephorenkonvent einladen lassen und ihre Aufgaben darstellen. Die Kirchenleitung ist ebenfalls zu informieren. Auf der Frauenseite sind Frau Althausens Ansprechpartner die Frauen des Runden Tisches und die Frauen der Frauentage.
Die 2× im Jahr geplanten Frauentage sollen vorbereitet werden von 2 Frauen des Runden Tisches und von Frauen der gastgebenden Gemeinde bzw. des gastgebenden Kirchenkreises.
Am 19. oder 26. Sept. 1998 wäre ein 2. Frauentag in der Martha-Gemeinde Berlin (Monika Matthias) möglich.
Frau Althausen bittet zu überlegen, ob zwei Frauentage nicht zuviel Arbeit erfordern.

Mit der Beendigung ihrer Arbeit als Sachwalterin Ende 2002, tritt Gudrun Althausen auch aus dem „Runden Tisch" aus. Auf der Sitzung am 17. März 2003 soll sie eigentlich verabschiedet werden, kann aber aus gesundheitlichen Gründen nicht daran teilnehmen und erhält eine Karte mit folgendem Wortlaut:

Liebe Frau Althausen, der Runde Tisch Frauen in der EKiBB dankt Ihnen herzlich für die geleistete Arbeit als Sachwalterin für Gleichstellung. In einer schwierigen Phase haben Sie sich beharrlich für die Sache der Frauen eingesetzt. Herzlichen Dank für die Unterstützung! ...

6.3 VORSITZENDE DER ARBEITSGRUPPE „Gemeinschaft von Frauen und Männern in der Kirche"

Die Arbeitsgruppe verfasste 2002 einen Abschlussbericht, in dem sehr ausführlich und trotzdem in aller Klarheit Entstehung, Zusammensetzung, Arbeitsweise und Ergebnisse der Arbeit dargestellt werden. Der Bericht beschreibt, wie viel Bemühen, Aufwand und Realitätssinn die Gruppe in ihrer dreijährigen Arbeit aufgewandt hat. Sie trafen sich monatlich (!) über die gesamte Zeit.

Abschlussbericht der Kirchenleitungsarbeitsgruppe „Gemeinschaft von Frauen und Männern in der Ev. Kirche Berlin-Brandenburg"

Inhalt

1. Präambel

Das gedeihliche Zusammenwirken von Männern und Frauen in der Kirche ist ein Gebot unserer Grundordnung. Eine aufmerksame Lektüre der Grundordnung lässt uns die Defizite in der Zeugnis- und Dienstgemeinschaft der EKiBB erkennen.

Der Kirche gehen wichtige Potenziale und Talente verloren, wenn nicht männliche und weibliche Kompetenzen in gleichem Maße auf allen Ebenen und in allen Bereichen entwickelt und genutzt werden.

Gott selbst bereitet sich aus denen, die auf sein Wort hören und die Sakramente empfangen, seine Gemeinde, die Kirche Jesu Christi auf Erden, indem er in ihnen durch den Heiligen Geit den Glauben weckt und sie zum Zeugnis für ihren Herrn und zu Dienst an ihrem Nächsten beruft. (Vorspruch der GO, II.1)

Hörbereitschaft und Verstockung des Herzens haben nichts mit dem Geschlecht eines Menschen zu tun und in Bezug auf die Berufung zu Zeugnis und Dienst ist es weder ein Vorteil noch ein Nachteil, Mann oder Frau zu sein.

Der Heilige Geist erbaut und leitet die Gemeinde durch vielfältige Gaben und Dienste. (Vorspruch, II.2)

Der eigentliche Grund für die Gleichstellung liegt in der Leitungstätigkeit des Heiligen Geistes, der bei der Verteilung der Gaben, Dienste und Ämter keine Monopole kennt.

Und nach diesem will ich meinen Geist ausgießen über alles Fleisch, und eure Söhne und Töchter sollen weissagen; eure Ältesten sollen Träume haben, und eure Jünglinge sollen Gesichte sehen. (Joel 3;1)

Eine deutliche Dominanz des einen Geschlechts über das andere bei bestimmten Diensten und Ämtern ist ein geistlich bedenklicher Zustand. Überlieferte Gewohnheiten und sogenannte objektive Umstände, die Menschen auf Grund ihres Geschlechts besonders geeignet oder ungeeignet für bestimmte Dienste und Ämter erscheinen lassen, sind Behinderungen der Leitungstätigkeit des Heiligen Geistes und müssen überwunden werden.

In der Kirche Jesu Christi werden alle, die ein Amt wahrnehmen, nach geistlichen Gesichtspunkten ausgewählt, geprüft und berufen. (II.5)

Die Kirche muss an der Vermeidung ungeistlicher Gesichtspunkte in ihrer Praxis und Ordnung arbeiten, denn sie schleichen sich ein und beanspruchen die Macht der Gewohnheit. Insofern muss dem ungeistlichen Gesichtspunkt „Geschlecht“ bei der Auswahl, Prüfung und Berufung der Amtsträger und Bewerber auch mit ungewöhnlichen Maßnahmen begegnet werden. Eine den Gaben entsprechende Besetzung von Leitungsämtern durch Frauen muss Normalität sein.

Kraft des Priestertums aller Gläubigen ist jedes Gemeindemitglied verpflichtet und berechtigt, nach dem Maß seiner Gaben, Kräfte und Möglichkeiten kirchliche Dienste wahrzunehmen. (II.3)

Der freiwillige oder durch die Macht der Gewohnheit erzwungene Verzicht auf einen Dienst oder ein Amt in der Kirche unter Hinnahme des ungeistlichen Gesichtspunkts „Geschlecht" ist nicht Demut, sondern zeigt die Macht der Tradition und die Unbeweglichkeit der Kirche.
Ein gerechtes Miteinander von Männern und Frauen ist nur gemeinsam zu erreichen.

2. Einleitung – Arbeitsweise

Auf Anregung des Runden Tisches „Frauen in der EKiBB" setzte die Kirchenleitung im Herbst 1999 eine heterogen zusammengesetzte Arbeitsgruppe ein, die folgende Arbeitsaufträge erhielt:

- zu prüfen, wie weit die Beschlüsse unserer Landessynode und der Synode der EKD zu dieser Frage umgesetzt sind;
- die Gründe zu analysieren, die einer gleichberechtigten Teilnahme von Männern und Frauen auch im Leben unserer Kirche entgegenstehen;
- Vorschläge zu entwickeln, wie dem Ziel eines gleichberechtigten Nebeneinanders von Frauen und Männern auf allen Ebenen kirchlicher Arbeit näherzukommen ist.

Der Arbeitsgruppe gehören an:

- Gudrun Althausen (Kirchenleitung, Sachwalterin für Gleichstellungsfragen)
- Felix Barckhausen (Vertreter der jungen Generation)
- Pfarrerin Susanne Kahl-Passoth (ehemals Leiterin der Frauen- und Familienarbeit Berlin/Brandenburg, Vertreterin des Runden Tisches Frauen)
- Karl Ketelhohn (Vertreter der Männerarbeit)
- Prof. Dr. Marianne Meinhold (Rektorin Evangelische Fachhochschule)
- Dr. Erika Reihlen (Vizepräsidentin Evangelische Akademie; Vorstand Frauenhaus Bora)
- Hans-Ulrich Schulz (Generalsuperintendent)
- Dr. Karl-Heinrich Lütcke (Propst) wurde ständig über den Lauf der Beratungen informiert und nahm an zwei Sitzungen teil.

Zehn Jahre nach der EKD-Synode in Krozingen (1989), die als Schwerpunktthema die „Gemeinschaft von Frauen und Männern in der Kirche" hatte, und neun Jahre nach der BEK-Synode in Leipzig (1990), die die Herausforderungen der Kirche im Blick auf die Situation von Frauen benannte und ein Jahr nach dem Ende der Ökumenischen Dekade „Solidarität der Kirchen mit den Frauen", musste unsere Kirche feststellen, dass sich im Verhältnis der Geschlechter zueinander zwar einiges geändert hat, dass wir von einer gleichberechtigten Teilhabe, von einer tatsächlichen Gleichstellung aber weit entfernt sind.
Die Kirchenleitung dokumentiert deshalb mit dem Einsetzen der Arbeitsgruppe, dass an der Umsetzung der Beschlüsse von Bad Krozingen und Leipzig und den

Dekadeforderungen weiter gearbeitet werden muss.
Ungelöste Fragen sind:
- das Verwiesenwerden auf bzw. Verharren in alten Rollenmustern
- das Unwichtigmachen von Gleichstellungsanliegen
- die erschwerte Vereinbarkeit von Beruf und Familie
- die nach wie vor meist innerfamiliär ausgeübte Gewalt gegen Frauen und Kinder
- die mangelnde Repräsentanz von Frauen in Leitungspositionen.

Die Arbeitsgruppe hat sich seit ihrer ersten Sitzung am 14. 9. 99 11mal – inklusive eines Klausurtages – getroffen. Wir haben versucht, jene Bereiche zu bearbeiten, die die EKiBB betreffen, und praktikable Empfehlungen zu entwerfen. Bei unseren Beratungen haben zum einen die Empfehlungen der bayrischen Landessynode zur Umsetzung des „Klaren Aktionsplanes" des LWB zur gerechten Gemeinschaft von Frauen und Männern eine Rolle gespielt (1998). Zum anderen hatten wir zu einer unserer Sitzungen eine der Gleichstellungsbeauftragten der Heinrich Böll Stiftung eingeladen, um uns über das Modell und die Handhabung von „Geschlechterdemokratie" zu informieren.

2.1 Vorgeschichte

Die Synode der EKiBB hat im Mai 1996 ein Frauenförderungs- und Gleichstellungsgesetz beschlossen. Dass es in vielen Passagen nicht umgesetzt wird, liegt nicht allein in der Tatsache begründet, dass die beiden halben Stellen der Frauenbeauftragten gestrichen worden sind und der Frauenrat als Folge seine Arbeit niedergelegt hat, sondern in der EKiBB auch an folgenden Gründen, die die Arbeitsgruppe zusammengetragen hat:
- Es gibt niemanden, der / die für Fragen der Gleichstellung zuständig ist, die die Einhaltung auf allen Ebenen überwacht, die Umsetzung einklagt. Die Sachwalterin für Gleichstellungsfragen arbeitet ehrenamtlich und hat hier nur eingeschränkte Möglichkeiten.
- In vielen Mitarbeitervertretungen – und nicht nur dort – fehlt ein Bewusstsein für dieses Thema.
- Es gibt in unserer Landeskirche nur eingeschränkt Personalplanung und kaum -förderung, was besonders nachteilige Folgen für Frauen hat.
- Immer wieder setzt sich auch das traditionelle Rollenbild durch. (So bestanden z. B. die Diakonissen im Lazarus und im Paul Gerhardt Stift auf einen Pfarrer als Leiter. In Zehlendorf äußerte ein Synodaler: „Frauen sind für Führungsaufgaben nicht geeignet.")
- Es fehlt die Einsicht in die Unterschiedlichkeit von männlichen und weiblichen Biografien und die Würdigung weiblicher Familien- und Erziehungserfahrungen.
- Das Thema ist keine Querschnittsaufgabe – d. h. es gibt kein gemeinsames Wollen, dass sich hier wirklich etwas ändert. Die Frage nach der Gerechtig-

keit zwischen den Geschlechtern wird als eine nicht so wichtige eingestuft. Sie wird als ein Problem begriffen, um das man sich in guten Zeiten kümmern kann, „wenn man nichts anderes zu tun hat".

- Auch die Ost-West-Frage spielt hier eine Rolle. So gab es in der ehemaligen DDR eine Förderung der Berufstätigkeit von Frauen gerade auch wenn Kinder da waren. In der ehemaligen BRD gab es die Frauenbewegung, eine kritische Auseinandersetzung mit dem Patriarchat. Der Prozess einer Bündelung unterschiedlicher Erfahrungen zu gemeinsamen Zielen wird durch Arbeitslosigkeit und andere Prioritäten erschwert.
- Diejenigen, die Stellen besetzen, sei es durch Wahlverfahren oder anders, sind sich der Geschlechterfrage oft nicht bewusst und geben anderen Kriterien den Vorrang.

Dennoch stellt die Arbeitsgruppe fest, dass die Aufmerksamkeit für „Frauenfragen" auch in unserer Landeskirche wachgehalten worden ist. Dazu haben vor allem engagierte Frauen selber beigetragen.

3. Ist-Situation der Gleichstellung in der EKiBB

3.1 Ein Blick in die Statistik

Es ist unübersehbar, dass die Zahl der Frauen in den kirchlichen Gremien in den letzten Jahren gestiegen ist. Das gilt insbesondere für die Gemeindekirchenräte. Im Sprengel Neuruppin sind insgesamt mehr Frauen als Männer in die GKRs gewählt worden – es haben auch mehr Frauen als Männer kandidiert. Letzteres galt auch für den Sprengel Cottbus. In den Kreiskirchenräten arbeiten in der Regel mehr Männer als Frauen mit. Die meisten Kreissynoden haben einen Mann als Präses. Obwohl mindestens die Hälfte aller Kreissynodalen in der EKiBB Frauen sind, stehen nur 7 Frauen an der Spitze der Kreissynoden und 33 Männer. Der Anteil der Frauen in der Landessynode ist bei der letzten Wahl zurückgegangen.

Es gibt im Konsistorium derzeit zwei Abteilungsleiterinnen von insgesamt sieben. Im Sprengel Berlin gibt es zwei Superintendentinnen, im Sprengel Cottbus zwei. Im Sprengel Neuruppin ist eine Frau mit der Wahrnehmung des Amtes beauftragt. Insgesamt gibt es 40 Superintendenturen. Bei ca. 25 % Pfarrerinnen in der EKiBB ist der Anteil von 15 % Superintendentinnen noch nicht entsprechend.

Der Anteil der Frauen im Pfarramt in der EKiBB beträgt – Stand 31. 12. 98 – 25 Prozent.

Ende Januar 2000 waren 91 Männer und 80 Frauen als Theologie-Studierende unserer Landeskirche gemeldet. In der Ausbildung zur Gemeindepädagogin/zum Gemeindepädagogen befanden sich im Juli 2000 14 Männer und 37 Frauen.

Auf der Warteliste nach dem 1. Theologischen Examen befinden sich je zur Hälfte (30) Frauen und Männer.

(An dieser Stelle kommen Diagramme über die Verteilung von Frauen und Männern in verschiedenen Gremien und Leitungsämtern der EKiBB, die hier nicht wiedergegeben werden.)

3.2 Zur Interpretation der Zahlen

Sicher ist die fast überall sichtbar werdende stärkere Beteiligung von Frauen in Gremien, die Wahl von Frauen in Leitungsämter als ein „Erfolg" des Engagements zugunsten von Frauen in der Kirche zu werten. Dennoch spielen auch andere Gründe eine Rolle, die hier genannt werden sollen.
Genaueres ließe sich nur nach einer speziellen Erhebung einschließlich Befragungen feststellen.

- Für die Wahlen in den Gemeindekirchenrat ist es oft schwer, Kandidaten zu finden. Da in der Regel mehr Frauen als Männer ehrenamtlich in einer Gemeinde arbeiten, lassen sich Frauen schließlich auch eher für eine Kandidatur ansprechen.
- Frauen sind nicht von vornherein die besseren Führungskräfte. Sie konkurrieren gegeneinander wie auch Männer gegeneinander konkurrieren. Erstaunlicherweise ist zu beobachten, dass Frauen in schwierigen Situationen eher eine Chance erhalten, sich zu bewähren und in besondere Ämter zu kommen (2.8. im Finanzbereich, CDU), selbst wenn Frauen auf der Klaviatur der Macht weniger erfolgreich spielen sollten.
- Es ist zu erwarten, dass entsprechend dem wachsenden Anteil von Pfarrerinnen in den jüngeren Jahrgängen auch vermehrt Superintendentinnen gewählt und andere Leitungsämter mit Frauen besetzt werden. Allerdings bedarf dies der Beobachtung und gezielten Förderung (s. 5.2/5.3).
- Auch stimmt es hoffnungsfroh, wenn zu erkennen ist, dass in mehreren Bereichen auf der sogenannten „zweiten" Leitungsebene zahlreiche qualifizierte Frauen zur Verfügung stehen, um im Bedarfsfall in die nächst höhere Ebene aufsteigen zu können, beispielsweise im juristischen Bereich im Konsistorium, in dem zur Zeit fünf Juristinnen (und vier Juristen) tätig sind oder in den Arbeitsstellen für Religionsunterricht und Berufsschularbeit, die in 12 von 18 Fällen von Frauen geleitet werden.

4. Allgemeine Empfehlungen

1. Die Weiterentwicklung zu einer gerechten Gemeinschaft von Männern und Frauen in der Kirche lässt sich nicht auf einem eindimensionalen Weg verfolgen. Sie betrifft vielmehr alle Bereiche, Institutionen, Gremien und Personen. Die Thematik einer gerechten Gemeinschaft ist in die Alltagsarbeit und Routinepolitik zu integrieren.
2. Alle Männer und Frauen in leitenden Positionen sollen in der Verwirklichung einer gerechten Gemeinschaft von Männern und Frauen eine <u>wichtige Leitungs-</u>

aufgabe erkennen, die nicht zu delegieren ist. Mit dem allgemeinen Ziel „Gleichstellung" wird die Erhöhung des Frauenanteils in Leitungspositionen auf allen Ebenen, z. B. in Pfarrstellen, Superintendentenstellen, Leitungen von Werken und Diensten und dem Konsistorium angestrebt. Desgleichen soll in konkreten Schritten eine Erhöhung des Frauenanteils in ehrenamtlichen Leitungsfunktionen geplant werden.

3. In den jährlichen Rechenschaftsberichten sollen die Vorsitzenden der Leitungsgremien der Landeskirche, Kirchenkreise und landeskirchlichen Werke erklären, in welcher Weise sie die Verantwortung zur gerechten Gemeinschaft von Männern und Frauen ernst genommen haben und welche Erfolge sich eingestellt haben. Dies soll überprüft werden, entweder durch die Gleichstellungsbeauftragte oder durch eine in der MAV für diese Fragen zuständige Person und soll in den KL-Bericht an die Landessynode einfließen.

4. Unterschiede sind eine Bereicherung und fördern kreative Problemlösungen. Deshalb empfehlen wir, bei der Zusammensetzung von Entscheidungsgremien und Leitungsorganen das Prinzip der produktiven Unterschiedlichkeit zu beachten. Desgleichen empfehlen wir eine konsequente Besetzung von Berufungskommissionen, Prüfungsausschüssen, Delegationen und Podien mit Männern und Frauen.

5. Alle Entscheidungen und Maßnahmen sind auf deren geschlechtsspezifische Auswirkungen zu überprüfen.

6. Eine Kultur der kontinuierlichen Fort- und Weiterbildung soll Männern und Frauen vom Anfang ihrer Berufstätigkeit an den Weg in die für sie geeigneten Arbeitsbereiche ebnen.
Eine solide Personalplanung und Maßnahmen zur Personalentwicklung sind vor allem in wirtschaftlich schwierigen Zeiten unverzichtbar (vgl. 5. 2).

7. Maßnahmen zur Förderung der Vereinbarkeit von Beruf und Familie sollen von der Erkenntnis geleitet werden, dass am Arbeitsplatz „Haushalt und Familie" vielfältige Kompetenzen für Leitungsfunktionen erworben werden. (vgl. 5.1)

8. Gesetzliche Grundlagen sowie Wahlordnungen sollen überprüft und dort verändert werden, wo sie eine gerechte Teilhabe von Frauen in Leitungsfunktionen und Gremien behindern. Solange das Wahlverhalten der Basis männliche vor weiblichen Bewerbern bevorzugt, ist zu überlegen, welche Strategien akzeptabel wären, um in demokratischen Verfahren dafür zu sorgen, dass Frauen in die anstehenden Ämter kommen können.

9. Eine Organisation, deren materielle und personelle Ausstattung sich verringert, sollte Leitungen und Mitarbeiter/innen auf allen Ebenen dazu ermutigen und befähigen, neue Ressourcen aufzuspüren und zu erwirtschaften.

5. Einige spezielle Empfehlungen

5.1 Vereinbarkeit von Beruf und Familie

1. Die Aufgabe einer Vereinbarkeit von Beruf und Familie stellt sich Familienmännern und -frauen gleichermaßen.

2. Die Bewältigung dieser Aufgabe erfordert sowohl passende Regelungen innerhalb der Familie als auch in der Berufswelt und in gesellschaftlichen Institutionen.

3. In der Berufswelt und in gesellschaftlichen Institutionen sind kirchenspezifische Vorschläge zu erarbeiten und Bedingungen zu schaffen, die eine ausgewogene Verteilung der Aufgaben innerhalb der Familie erleichtern. Denn durch die Familienaufgaben werden Eltern nicht nur Pflichten auferlegt, sondern auch neue Lernchancen und Freuden eröffnet. Beschäftigungsverhältnisse sollen so gestaltet werden, dass Elternschaft, Erziehung und andere sich aus Lebensgemeinschaften ergebende Verpflichtungen mit der Wahrnehmung der Dienstaufgaben zu vereinbaren sind.

4. Zur Familien-unterstützenden Organisation der Berufswelt gibt es mehrere alternative bzw. sich ergänzende Modelle. Bereits jetzt ließe sich der gesetzliche Anspruch von Vätern auf Erziehungsurlaub – bzw. „Elternzeit" – durch Anreize fördern. Zumindest soll daraufhin gewirkt werden, dass Männer „Elternzeit" verstärkt in Anspruch nehmen.

5. Männer und Frauen, die sich im Erziehungsurlaub befinden, werden dazu angeregt, an Fort- und Weiterbildungsveranstaltungen ihrer jeweiligen Arbeitsstellen teilzunehmen. Dabei werden sie dazu ermutigt, sich auf anspruchsvollere Arbeitsaufgaben vorzubereiten und zu bewerben.

6. Hausfrauen und Hausmänner sind ebenso wie Arbeitgeber/innen und die Medien darauf hinzuweisen, welche überfachlichen Kompetenzen am Arbeitsplatz „Haushalt und Familie" erworben werden können.

7. Schließlich ist zu überdenken, wieweit die Vereinbarkeit von beruflichen Aufgaben und Familienpflichten durch neue Arbeitszeitmodelle unterstützt werden kann.

8. Unter Beachtung der dienstlichen Belange und der geltenden Arbeitszeitrege-

lungen wird auf Antrag eine von der Regelarbeitszeit abweichende Gestaltung der Arbeitszeiten ermöglicht. Dem begründeten Wunsch von Beschäftigten auf Reduzierung der Arbeitszeit bzw. Beurlaubungen ist Rechnung zu tragen. Dabei ist allerdings im Einzelfall zu beachten, dass die Existenzsicherung und die berufliche Entwicklung der Teilzeitkraft nicht gefährdet wird.

9. Bei einer Teilung von Führungsaufgaben ist dafür Sorge zu tragen, dass den reduzierten Arbeitszeitanteilen eigenständige Funktionsbereiche zuzuordnen sind.

10. Gesellschaftliche Institutionen (Kindertagesstätten, Horte, Schulen) sind aufgefordert, verantwortungsvolle Formen der Kinderbetreuung bereitzuhalten, die es Eltern erlauben, die Anforderungen der Arbeitswelt zu bewältigen. Eine solide Fremdbetreuung von Kindern bietet allen Kindern und insbesondere auch Kindern aus sozial schwachen und erziehungsunsicheren Familien ausgleichende Lernchancen.

11. Dies alles gilt selbstverständlich auch im Raum der Kirche. Kirchliche Kindertagesstätten, Horte und Evangelische Schulen sollen beispielhafte Projekte entwickeln. Diese müssen veröffentlicht und prämiert werden (vgl. 5.5) Ein Beispiel hierfür ist der Kinderclub „Ichtys“ der Evangelischen Schule Steglitz, der eine verlässliche Halbtagsbetreuung von Schulkindern anbietet.

5.2 Personalplanung, Personalentwicklung, Personalauswahl

1. Instrumente der Personalplanung und -entwicklung eignen sich in besonderer Weise als Mittel zur persönlichen und beruflichen Förderung von Männern und Frauen. Sie tragen dazu bei, die Lebensfähigkeit einer Organisation langfristig zu sichern.

2. Personalplanung sollte nicht auf eine rein quantitative Personalbedarfsermittlung oder gar auf den Abbau von Personalüberhängen reduziert werden. In die Entwürfe zu den zukünftigen Entwicklungslinien der EKiBB ist eine qualitative Personalplanung einzubeziehen. Passend zu den strategischen Planungen der EKiBB sind Anforderungsprofile für Stellenbesetzungen zu beschreiben, aus denen sich der zukünftige Qualifikationsbedarf ablesen lässt. Bei jeder Personalplanung ist das Ziel einer ausgewogenen Geschlechterverteilung in allen Arbeitsbereichen und Hierarchieebenen zu verfolgen.

3. Bei der Erarbeitung von Anforderungsprofilen für Stellenbesetzungen ist zu beachten, dass bei den meisten gegenwärtigen und zukünftigen Arbeitsbereichen Familienkompetenzen nutzbringend einzusetzen sind.

4. Personalentwicklung in Form von Fort- und Weiterbildungen trägt dazu bei, den ermittelten Qualifikationsbedarf zu decken. Durch gezielte Maßnahmen – beispielsweise durch bevorzugte Gewährung von Fortbildungen – lässt sich eine ungleichgewichtige Geschlechterverteilung in bestimmten Arbeitsbereichen langfristig ausgleichen.

5. Die EKiBB sollte jene Mitarbeiter/innen, denen sie zur Zeit nur geringe Möglichkeiten bietet, durch Fortbildungen gezielt fördern, um deren berufliche Chancen außerhalb der EKiBB zu verbessern.

6. Stellenausschreibungen sollten erkennen lassen, dass erworbene Familienkompetenzen eine große Wertschätzung erfahren und dass die Vereinbarkeit von Familien- und Berufspflichten gefördert wird.

7. In allen Fortbildungen für Führungskräfte (z. B. Superintendenten/innen, Vorsitzende der Kreissynoden und andere Mitarbeiter/innen) ist die Geschlechterdimension zu berücksichtigen.

5.3 Orientierungsgespräche als Mittel zur Personalplanung und Frauenförderung

1. Personalplanung und -entwicklung beginnen mit den ersten orientierenden Mitarbeitergesprächen der Berufsanfänger/innen, in denen Wünsche, Ziele und persönliche Stärken und Schwächen zur Debatte stehen. Dazu braucht in der EKiBB kein neues Gremium geschaffen zu werden. In den Orientierungsgesprächen haben wir bereits den geeigneten Ort für das Geforderte:
In regelmäßigen Abständen führen die Superintendenten/innen mit allen Pfarrerinnen und Pfarrern Orientierungsgespräche. Analoges gilt für die Dienstvorgesetzten anderer Mitarbeiter/innen. Orientierungsgespräche unterscheiden sich bewusst von allen anderen Formen und Anlässen des Miteinander-Redens. Sie sind eindeutig Teil der Leitungsaufgabe des/r Superintendenten/in und somit eine wichtige, unverzichtbare (weil durch niemanden ersetzbare) Aufgabe. Wir können für solche Gespräche von den Erfahrungen aus anderen Bereichen, wo solcherart Orientierungsgespräche längst eine Institution sind, lernen. Darum erscheint es unerlässlich, dass die Superintendenten/innen in Weiterbildungen auf diese Aufgabe vorbereitet werden.

Orientierungsgespräche können gezielt zur Frauenförderung eingesetzt werden. Dabei ist dann möglich und dringend angezeigt, dass ein besonderer Schwerpunkt der Gespräche mit den Mitarbeiterinnen ist, deren besondere Wünsche, Kompetenzen, Erfahrungen, auch Probleme und Hinderungen zu erkennen und für die Zukunft zu bearbeiten. Wie kann gefördert, welche Verantwortlichkeiten müssten übertragen, welche Schwierigkeiten können beseitigt werden?

Mitarbeiter/innen mit Leitungsaufgaben machen Frauen auf Maßnahmen, die für das berufliche Fortkommen förderlich sind, aufmerksam und motivieren zur Teilnahme.

In Orientierungsgesprächen sollten Zielvereinbarungen getroffen und schriftlich festgehalten werden. Nur so können mögliche Maßnahmen eingefordert und „Ergebnisse" auch für die Zukunft festgehalten werden.

5.4 Kirchliche Bildungsarbeit

1. Gleichstellung und Frauenförderung sind Themen, die in den Bildungsangeboten präsent sein müssen. Da die kirchlichen Bildungsangebote in besonderer Weise für unsere Einrichtungen auf allen Ebenen bewußtseinsbildend sind, können schon wenige Jahre, in denen diese Themen vernachlässigt werden, tiefgreifende Folgen für das Problembewußtsein unserer Mitarbeiter/innen haben. Dies ist nicht nur für die kirchlichen Binnenstrukturen von Nachteil; es führt auch dazu, dass sich die Kirche insgesamt aus dem gesellschaftlichen Diskurs über die Gleichstellung der Geschlechter zurückzieht.

2. Die Kirche unterhält ein breites Angebot an Bildungs-, Fortbildungs- und Weiterbildungseinrichtungen. Diese Einrichtungen sind ebenso wie die Evangelischen Schulen und Hochschulen aufgerufen zu überprüfen, ob sie die Frage der Gleichstellung der Geschlechter in gebotenem Maße zum Inhalt ihrer Veranstaltungen, Fortbildungen, Seminare und Jahresprogramme machen. Kennzeichen kirchlicher Bildungsarbeit muss es sein, auch Themen aufzugreifen, die gerade nicht auf der Beliebtheitsskala im oberen Bereich rangieren. Dabei kommt, um die zur Zeit eingetretene Arbeitsmarktorientierung von Bildungsangeboten aufzugreifen, Angeboten zur Führungskräftequalifikation, die die Geschlechterproblematik aufgreifen, besondere Bedeutung zu.

3. Im Speziellen wünscht sich die Arbeitsgruppe, dass in der Kirche modellhaft die Durchführung von „gender trainings" konzipiert und erprobt werden.

5.5 Förderung guter Beispiele

1. Die Arbeitsgruppe hat verschiedentlich die Frage diskutiert, ob eine gelingende Frauenförderung und Gleichstellung nicht durch ein System von Sanktionen und „Prämien" flankiert werden müßte. Andererseits ist es auch denkbar, dass aus einem zentralen Fonds zusätzliche Mittel für Gemeinden und Kirchenkreise zur Verfügung gestellt werden, die das Ziel der Gleichstellung in besonderer Weise verfolgen.
2. Als eine erste Maßnahme empfehlen wir, regelmäßig einen Preis für gelungene Projekte und Beispiel gebende Vorhaben zur Förderung der Vereinbarkeit

von Beruf und Familie oder andere Vorhaben zur Förderung der Gleichstellung auszuloben. Die Kirchenleitung soll eine Jury einsetzen, der Männer und Frauen angehören sollen. Die prämierten „guten Beispiele" werden veröffentlicht.

6. Gesetzgeberische Massnahmen

6.1 Grundsätzliches

Die Arbeitsgruppe war sich des Umstands bewußt, dass gesetzgeberische Maßnahmen nicht im Vordergrund ihrer Empfehlungen zur Weiterarbeit an Gleichstellungsfragen in der Evangelischen Kirche in Berlin-Brandenburg stehen können. Gesetze und Verordnungen können nur dann wirksam Mittel zur Erreichung eines Ziels sein, wenn den potenziellen Rechtsanwender/innen ihre Bedeutung plausibel ist und ihnen ihre Handhabung tatsächlich ermöglicht wird. Vor diesem Hintergrund empfiehlt die Arbeitsgruppe eine Klärung der geltenden Rechtslage. Im Mittelpunkt steht dabei das Kirchengesetz zur Förderung der Chancengleichheit und der Gleichstellung von Frauen und Männern in der Evangelischen Kirche in Berlin-Brandenburg (Frauenförderungs- und Gleichstellungsgesetz – FfGG) vom 5. Mai 1996 (KABl. S. 110).

Hinsichtlich dieses Gesetzes hat die Arbeitsgruppe festgestellt, dass in weiten Bereichen unserer Kirche die Zielvorgaben und Bestimmungen des Gesetzes nicht beachtet werden. Dies liegt nach unserer Einschätzung nur zum Teil daran, dass Einzelne das Gesetz nicht beachten wollen. Vielmehr ist zu konstatieren, dass das FfGG in vielen Bereichen immer noch unbekannt ist und es dort, wo es bekannt ist, erhebliche Mühe macht, den Bestimmungen Folge zu leisten. Dies liegt nicht zuletzt daran, dass das Gesetz in seinen Ermessens- und Soll-Bestimmungen für juristische Laien nur schwer handhabbar ist und unsere Kirche kaum Beratungsangebote für den richtigen Umgang mit dem Gesetz geschaffen hat. So ist das Gesetz, im Hinblick auf sein anspruchsvolles Ziel, ein „zahnloser Tiger" geblieben.

6.2 Frauenförderungs- und Gleichstellungsgesetz (FfGG)

(1) Die Arbeitsgruppe hat die einzelnen Bestimmungen des FfGG einer Revision unterzogen. Dabei wurden die einleitend dargestellten Einschätzungen getroffen. Am Schluss der Bewertung steht die einhellige Auffassung unserer Arbeitsgruppe, dass sich, obwohl in vielen Bereichen nur unzulänglich umgesetzt, eine Abschaffung oder Einschränkung des FfGG verbietet. Statt dessen gilt es, das FfGG an einzelnen Stellen zu aktualisieren und für die Rechtsanwender/innen handhabbarer zu machen.
(2) Die Arbeitsgruppe empfiehlt, Leitlinien zum Umgang mit dem FfGG erarbeiten zu lassen. Zu diesem Zweck könnte eine Arbeitsgruppe eingesetzt werden. Dabei sollten u. a. folgende Fragen geklärt werden:

- Wer kontrolliert die Erstellung von Förderplänen? Hier sollte es Vorgaben und Muster für die Erstellung von Förderplänen geben.
- Wie werden die Bereiche ermittelt, in denen Frauen unterrepräsentiert sind? Frauen sind unterrepräsentiert, wenn in einer Besoldungs-, Vergütungs- oder Lohngruppe weniger Frauen als Männer beschäftigt sind, und zwar in Relation zum Anteil der für den betreffenden Bereich potenziell zur Verfügung stehenden weiblichen Bewerberinnen.
  Auch hier könnten Raster für die Erstellung der Statistiken die Arbeit erleichtern.
- Welche organisatorischen Maßnahmen unterstützen die Verwirklichung von Zielvorgaben aus Förderplänen?

Beispiele:
- Gremien, die sich mit Stellenbesetzungen befassen, sind mit Frauen und Männern zu besetzen
- In Bereichen, in denen Frauen unterrepräsentiert sind, sollen ebenso viele Bewerberinnen wie Bewerber zu einem Vorstellungsgespräch eingeladen werden, sofern sie die notwendige Qualifikation für die Stelle besitzen.
- In Bereichen, in denen Frauen unterrepräsentiert sind, werden Frauen mit gleichwertiger Qualifikation bei Einstellungen bevorzugt.
- In Stellenausschreibungen sind umfassende Aufgabenbeschreibungen und präzise Qualifikationsanforderungen aufzunehmen. Sie dürfen während des Verfahrens nicht geändert oder ergänzt werden.
- Die Qualifikation einer Bewerberin/ eines Bewerbers ist ausschließlich an den Anforderungen des Berufs der zu besetzenden Stelle zu bemessen. Spezifische, z. B. durch Familienarbeit, durch soziales Engagement oder durch ehrenamtliche Tätigkeit erworbene Erfahrungen und Fähigkeiten sind auch Teil der erforderlichen Qualifikation.
- Die Gleichstellungsbeauftragte ist an sämtlichen Stellenbesetzungen zu beteiligen. Sofern es in einem Bereich keine Gleichstellungsbeauftragte gibt, sollte eine Mitarbeiterin der MAV für diese Aufgaben zuständig sein.

(3) Schließlich empfiehlt die Arbeitsgruppe, im jährlichen Bericht der Kirchenleitung an die Landessynode die Gleichstellungsfragen deutlich zu akzentuieren. Zusammenfassende Ergebnisse statistischer Erfassungen, gegebenenfalls Erfahrungen mit Frauenförderplänen und die weitere Entwicklung auf dem Weg wachsender gerechter Gemeinschaft von Frauen und Männern in der EKiBB können so von allen Synodalen wahrgenommen und diskutiert werden. Die Kirchenkreise und der „Runde Tisch der Frauen in der EKiBB“ werden aufgefordert, entsprechendes Material an die Kirchenleitung zu geben.

6.3 Mitarbeitervertretungsrecht

Die Arbeitsgruppe war sich darin einig, dass es auch eine Aufgabe der beruflichen Mitarbeiterinnen und Mitarbeiter unserer Kirche und ihrer Personalvertretungen sein muss, auf Frauenförderung und Gleichstellung hinzuwirken und die Dienststellenleitungen in diesem Sinne zu unterstützen.
Es ist schon jetzt die Aufgabe und das Recht der MAVen, im Wege der eingeschränkten Mitbestimmung die Einhaltung von Rechtsvorschriften durch die Dienststellenleitungen zu kontrollieren (§§ 41 ff. MVG). Hierzu gehört auch das FfGG. Dieses Bewußtsein gilt es, unter den in den Mitarbeitervertretungen tätigen Mitarbeiterinnen und Mitarbeitern zu stärken.

7. Weitere Arbeitsgebiete

7. 1 Feministische Theologie und frauenbezogene theologische Forschung

1. Auch wenn bis heute Feministische Theologie immer noch auf Skepsis stößt, gehört sie inzwischen doch zum festen Bestandteil theologischer Auseinandersetzung und theologischen Arbeitens. In Folge der Feministischen Theologie hat sich ferner eine frauenbezogene Theologie entwickelt. Darum wird die Einrichtung einer Gastprofessur zum Bereich „Feministische Theologie“ an der Humboldt-Universität begrüßt. Eine Erweiterung in Richtung einer frauenbezogenen Theologie in allen Fachbereichen wäre ein nächster Schritt.
Allerdings müssten diese Möglichkeiten zu weiterer theologischer Auseinandersetzung und Bereicherung von den unterschiedlichen Bildungseinrichtungen der EKiBB in Zukunft mehr und bewußter genutzt werden, damit die Grundlagen feministischer Theologie, theologische Frauenforschung und Spiritualität in den Aus- und Fortbildungsstätten der EKiBB (z. B. dem Evangelischen Bildungswerk, der Akademie, der Fachhochschule, dem Pastoralkolleg) als selbstverständliches Angebot für Haupt- und Ehrenamtliche aufgenommen werden.

2. Wir empfehlen der Synode, in jedem Jahr einen Sonntag speziell zum Frauensonntag zu erklären mit der Auflage, dem Gottesdienst den thematischen Schwerpunkt „Gemeinsam auf dem Weg zu einer gerechten Gemeinschaft von Frauen und Männern in der Kirche“ zu geben. Dazu sollte eine Arbeitsgruppe beauftragt werden, die gemeinsam mit einigen Männern und Frauen jeweils Bausteine für einen solchen Gottesdienst vorlegt und allen Gemeinden anbietet. In fast allen Gemeinden wird der Weltgebetstag am ersten Freitag im März gefeiert. In jedem Jahr wird die Ordnung für den Gottesdienst von den Frauen eines anderen Landes erstellt. Der Frauensonntag sollte daher in der zweiten Hälfte des Jahres liegen und sich inhaltlich im Blick auf die Frage nach der Gerechtigkeit zwischen den Geschlechtern mit der Situation im eigenen Land befassen. Die in Bezug auf den Weltgebetstag tragfähige und bewährte ökumenische Zusammenarbeit kann auch hier praktiziert werden.

7.2 Gewalt gegen Mädchen und Frauen

„Gewalt gegen Frauen hindert die Kirche daran, eine wirkliche Gemeinschaft von Frauen und Männern zu sein"

„Wir sind aufgerufen als Frauen und Männer entsprechende Verantwortung zu übernehmen. Wir wollen das Schweigen der Gewalt gegen Frauen brechen in unserem Gebet, in unserem Predigen, in unserer Praxis, lasst uns die Geschichte der Frauen verkünden, die aus dem Schatten heraustreten." 1)

Nicht nur weil Gewalt auch innerhalb der Kirche geschieht, weil wir in Seelsorge, in der Pflege mit Erfahrungen von Mädchen und Frauen mit Gewalt konfrontiert werden, halten wir es für dringend geboten, dass unsere Kirche eine Auseinandersetzung mit der Thematik nicht nur in Beratungsstellen einzelnen engagierten Frauen überlässt. Wenn in jeder siebenten Beziehung Gewalt eine Rolle spielt, jede dritte Frau in Deutschland Missbrauchserfahrungen hat, Gewalt in der Pflege zunimmt, Berlin und Brandenburg aufgrund ihrer Lage und Funktion mit steigenden Zahlen im Frauenhandel zu tun haben, dann ist kirchliches Handeln überfällig. Wir schlagen daher folgendes vor:

- Die Evangelische Kirche in Berlin-Brandenburg wird im Sinne der Erklärung von Ballycastle an alle Synodalen, alle Einrichtungen und Werke, alle Kreiskirchen- und Gemeinderäte die 1999 erschienene, von der Konferenz Europäischer Kirchen herausgegebene Broschüre zum Thema „Gewalt gegen Frauen" verteilen und sie damit ausdrücklich zur Diskussion auffordern. Der Broschüre beigelegt wird eine Liste der in den letzten Jahren im kirchlichen Bereich erschienenen Materialien und Stellungnahmen zum Thema einschließlich einer von kompetenten Referentinnen.
- In diesem Zusammenhang wird besonders verwiesen auf den Bericht „Gewalt gegen Frauen als Thema der Kirche" (Gütersloh 2000), im Auftrag des Rates der EKD herausgegeben vom Kirchenamt der EKD.
- In allen Einrichtungen der EKiBB, die der Fort- und Weiterbildung von Haupt- und Ehrenamtlichen dienen, werden Angebote aufgenommen, die die Gewalt gegen Frauen und Mädchen zum Thema haben. Ziel dieser Angebote soll es sein, Frauen und Männer zu befähigen, sensibel und kompetent diejenigen zu begleiten, die Opfer von Gewalt geworden sind, gegebenenfalls Gewalt zu verhindern.
- Die Kirchenleitung wird für die Synode eine Beschlussvorlage zum Thema Gewalt gegen Mädchen und Frauen erarbeiten und diese der Synode zur Diskussion und Abstimmung vorlegen. In dieser Beschlussvorlage ist auch der Mädchen- und Frauenhandel einzubeziehen.
- Das Diakonische Werk Berlin-Brandenburg wird gebeten, einen Flyer zu erstellen, in dem Beratungsstellen, Zufluchtseinrichtungen u. a. in kirchlicher Trägerschaft für von Gewalt betroffene Frauen und Mädchen in Berlin und Brandenburg zusammengestellt sind. Dieser Flyer sollte in Kirchen und Gemeindehäusern ausgelegt werden.

- Die Kirchenleitung sollte einen Maßnahmenkatalog erstellen, wie in Fällen von sexuellem Mißbrauch, sexuellen Übergriffen innerhalb von Kirche zu verfahren ist. Hier lässt sich auf Erfahrungen anderer Landeskirchen zurückgreifen. Es sollten Ansprechpartnerinnen benannt werden, an die sich davon betroffene Mädchen und Frauen wenden können.
- Die EKiBB beteiligt sich an der vom ÖKR ausgerufenen Dekade zum Thema „Überwindung der Gewalt". Von der Thematik besonders betroffene Einrichtungen und Werke der EKiBB werden beauftragt, Aktionsprogramme zu erarbeiten.

1) Ballycastle-Erklärung (1994)

Unter Punkt 6.2. wird über das Frauenförderungs- und Gleichstellungsgesetz berichtet, das 1996 beschlossen wurde und nach fünf Jahren erneut auf einer Synode auf dem Prüfstand stehen sollte. Die Arbeitsgruppe stellt eindeutig fest, dass „... in weiten Bereichen unserer Kirche die Zielvorgaben und Bestimmungen des Gesetzes nicht beachtet werden."
Die sich daraus ergebenden Konsequenzen werden Gudrun Althausen als Sachwalterin (Kapitel 6.4) noch weiterhin beschäftigen.

Auf der Sitzung der Arbeitsgruppe vom 20. März 2002 beschließt sie ihre Auflösung, da sie ihren Auftrag als erfüllt ansieht. Der Kirchenleitung wird empfohlen, ein Gleichstellungsteam zu berufen, was diese auch tut. Als Sachwalterin ist Gudrun Althausen auch dort in der ersten Zeit Mitglied.

6.4 SACHWALTERIN FÜR GLEICHSTELLUNGSFRAGEN

Im vorherigen Text ist schon mehrfach über die Frauenbeauftragte (oder die beiden Frauenbeauftragten, die sich mit je 50 % die ganze Stelle teilten) in der Evangelischen Kirche in Berlin-Brandenburg berichtet worden. Als die Stelle 1997 nicht verlängert wurde, gab es auf der Landessynode eine Vorlage des „Ausschusses Gemeinde" den Abschlussbericht der beiden Frauenbeauftragten betreffend. Darin heißt es:

Die Landessynode nimmt den Abschlußbericht der Frauenbeauftragten dankbar zur Kenntnis. Sie erkennt, daß die Arbeit zu einem Zeitpunkt und an einer Stelle beendet wurde, an der der Wegfall der hauptamtlichen Arbeitsmöglichkeiten als besonders schmerzlich empfunden wird, weil die Defizite in den Gleichstellungsbemühungen deutlich sind. ...
Die Landessynode bittet die Kirchenleitung, eine „Sachwalterin für Gleichstellungsfragen" aus ihrer Mitte innerhalb der nächsten drei Monate zu benennen. Diese soll mit dem Vorstand des bisherigen Frauenrats Kontakt aufnehmen und mit Bezugspersonen in den Kirchenkreisen Verbindung halten. ...[72]

Die Kirchenleitung überträgt Gudrun Althausen dieses Amt. Sie übernimmt diese nicht einfache Aufgabe. Die engagierten Frauen der Dekade-Jahre, des Runden Tischs und des Frauenrats sind größtenteils enttäuscht und frustriert. Der Eindruck, dass die Frage der Gleichstellung der Geschlechter in der Kirche als Randthema von der Männer-dominierten Landessynode und der Kirchenleitung betrachtet wird und wirklicher Gestaltungswille fehlt, ist aus allen Abschlussberichten, Stellungnahmen und Synodenberichten herauszuhören.
Doch die Chance, die sich mit der ehrenamtlichen Stelle der Sachwalterin bietet, ergreift Gudrun Althausen trotzdem. Bevor in der Kirchenleitung das Thema vielleicht ganz unter den Tisch fällt, übernimmt sie es, diese Kompromiss-Stelle auszufüllen. Sie tut dies, wie bei all ihrer Arbeit, mit ganzem Einsatz.
Das ist bei einem Ehrenamt ohne eigenen Etat und ohne Büro schwierig gewesen. Doch sie schreibt dazu in einem Brief an eine Pastorin:

... so wichtig ist mir doch, daß wir vor allem positiv nach vorn denken, uns nicht resigniert zurückziehen, sondern uns gegenseitig stützen und fröhlich Gemeinde bauen.

---

72 Aus der Vorlage des Ausschusses „Gemeinde" an die Landessynode der Evangelischen Kirche in Berlin-Brandenburg, 11.–15. November 1997.

Landeskirchliche Beauftragte

Für Gleichstellung, Ökumene und Weltmission

Berlin (r. s.). Als „Sachwalterin für Gleichstellungsfragen" in der Evangelischen Kirche in Berlin-Brandenburg hat die Kirchenleitung aus ihrer Mitte Gudrun Althausen benannt Die Kirchenleitung kommt damit einer Bitte der Landessynode vom November dieses Jahres nach. Nach der aus finanziellen Gründen erfolgten Aufhebung der Stelle einer Frauenbeauftragten hatte die Landessynode erklärt, daß die Arbeit für die Gleichstellung von Frauen und Männern in der Berlin-Brandenburgischen Kirche keinesfalls abbrechen dürfe. Dafür seien, so beschloß die Synode, neue Strukturen aufzubauen oder fortzuentwickeln. Teil dieser Bestrebungen, die ebenso in den Kirchenkreisen, Gemeinden und kirchlichen Werken ihren Ausdruck finden, ist die Benennung der „Sachwalterin für Gleichstellungsfragen".

Außerdem bestellte die Kirchenleitung den Direktor des Diakonischen Werkes Berlin-Brandenburg, Eckhard Steinhaeuser, ab 1. Januar 1998 zum Beauftragten der Evangelischen Kirche in Berlin-Brandenburg für Fragen der Diakonie. Zugleich wurde der Direktor des Berliner Missionswerks, Hans Luther, ebenfalls ab 1. Januar 1998 zum Beauftragten der Landeskirche für Ökumene und Weltmission berufen. Beide werden den Titel „Kirchenrat" tragen. Die Arbeitsbereiche „Diakonie" sowie „Ökumene und Weltmission" im Konsistorium werden damit künftig in Personalunion von den Leitern der entsprechenden kirchlichen Werke wahrgenommen. Diese Regelung wurde aufgrund von Umstrukturierungen im Konsistorium im Zusammenhang mit einem erheblichen Stellenabbau erforderlich.

Gudrun Althausen Foto: Walter

Die Kirche, 4. Januar 1998

Jedes Jahr berichtete Gudrun Althausen der Synode über ihre Arbeit, die eng verbunden ist mit der Arbeitsgruppe „Gemeinschaft von Frauen und Männern in der EKiBB", deren Vorsitzende sie ist (siehe Kapitel 6.3) und der Arbeit des Runden Tischs „Gleichstellung" (siehe Kapitel 6.2), deren Mitglied sie ist.
Ihr letzter Bericht an die Synode zeigt, was sie erreicht hat in dieser Zeit, aber auch welche Aufgaben sie für die neue Sachwalterin sieht:

Teilbericht zum Bericht der Kirchenleitung an die Landessynode November 2002
Frauenförderung und Gleichstellung – Gleichstellungspreis

In den zurückliegenden Jahren hat es eine kontinuierliche Entwicklung der Beobachtung von Gleichstellungsfragen durch die Kirchenleitung gegeben. Wie den Kirchenleitungsberichten der Jahre 1998–2001 zu entnehmen war, hat die Kirchenleitung mehrere weiterführende Beschlüsse dazu gefaßt. So ist die Fragestellung, die keineswegs abschließend beantwortet werden konnte, offen und im Gespräch gehalten worden. Es gab dabei echte Fortschritte sowie auch enttäuschenden Stillstand.

Die von der Kirchenleitung 1999 eingesetzte Arbeitsgruppe hatte im März 2001 ihren Bericht vorgelegt auf Grund dessen die Kirchenleitung acht weiterführende Beschlüsse faßte. Die dabei geforderte „Handreichung"[73] wurde zwar erarbeitet, erwies sich aber nicht hilfreich für Gemeinden und größere Einrichtungen und ist darum über einen Entwurf nicht hinausgekommen. Die Kirchenleitungs-Arbeitsgruppe „Gemeinschaft von Frauen und Männern in der EKiBB" hat darum mit einem „Abschließendem Bericht" im März 2002 ihre Arbeit beendet. Zwei ihrer Vorschläge waren inzwischen realisiert:

1) *Die Kirchenleitung hat den ‚Gleichstellungspreis – Balance' ausgeschrieben und eine Jury berufen. Alle Gemeinden und diakonischen Einrichtungen erhielten den sehr ansprechenden Flyer und konnten dafür werben. Am 29. November wird die Preisverleihung durch Bischof Huber stattfinden.*
2) *Die Frauen- und Familienarbeit hat erstmalig Bausteine für einen ‚Frauensonntag' (ein anderer, dem Gedanken der Gleichstellung angemessener Name wird noch gesucht!) erarbeitet. Die Vorstellung und Erprobung stieß auf erfreulich große Resonanz, so daß zu hoffen ist, daß sich ein solcher Gottesdienst ‚Gemeinsam auf dem Weg zu einer gerechten Gemeinschaft von Frauen und Männern in der Kirche' auch in unserer Landeskirche dauerhaft einbürgern wird.*

Die Kirchenleitungs-Arbeitsgruppe hatte zur Fortsetzung der Arbeit vorgeschlagen, ein ehrenamtlich arbeitendes Gleichstellungsteam zu berufen, das mit der Sachwalterin für Gleichstellungsfragen zusammen arbeitet. Die Kirchenleitung hat dies beschlossen und im August 2002 die Personen berufen. Am 30. September 2002 haben die beteiligten Frauen und Männer erstmalig getagt. Neben der Sachwalterin und einem Juristen des Konsistoriums arbeitet aus jedem Sprengel unserer Landeskirche eine Person in diesem Team mit.
Ihre Aufgabe ist es, das Frauenförder- und -gleichstellungsgesetz, das bis 2004 verlängert wurde, zu überarbeiten und sich selbstverständlich für die Belange der Gleichstellung einzusetzen.
Vor allem auf dem Gebiet der Personalplanung und -förderung müssen dringend Überlegungen angestellt werden, wie die „gender"- (= „Geschlecht" im sozialen Sinn, im Unterschied zu „sex") Politik, die in wirtschaftlichen, internationalen Zusammenhängen (z. B. in der EU) längst überall geforderte und nachzuweisende Bedingung ist, auch in unserer Landeskirche klare Richtlinien erhält.
Die oder der Sachwalter/Sachwalterin der neuen Kirchenleitung wird zusammen mit dem Gleichstellungsteam weiterhin viel zu tun haben.
Berlin, 4.10.2002

Im vorliegenden Bericht wird der Gleichstellungspreis „Balance" angesprochen, für dessen Einrichtung sich Gudrun Althausen eingesetzt hat. Sie hielt auf der Preisverleihung auch die Eröffnungsrede.

---

73 Eine Handreichung zum Frauenförderungs- und Gleichstellungsgesetz von 1996 ist hiermit gemeint.

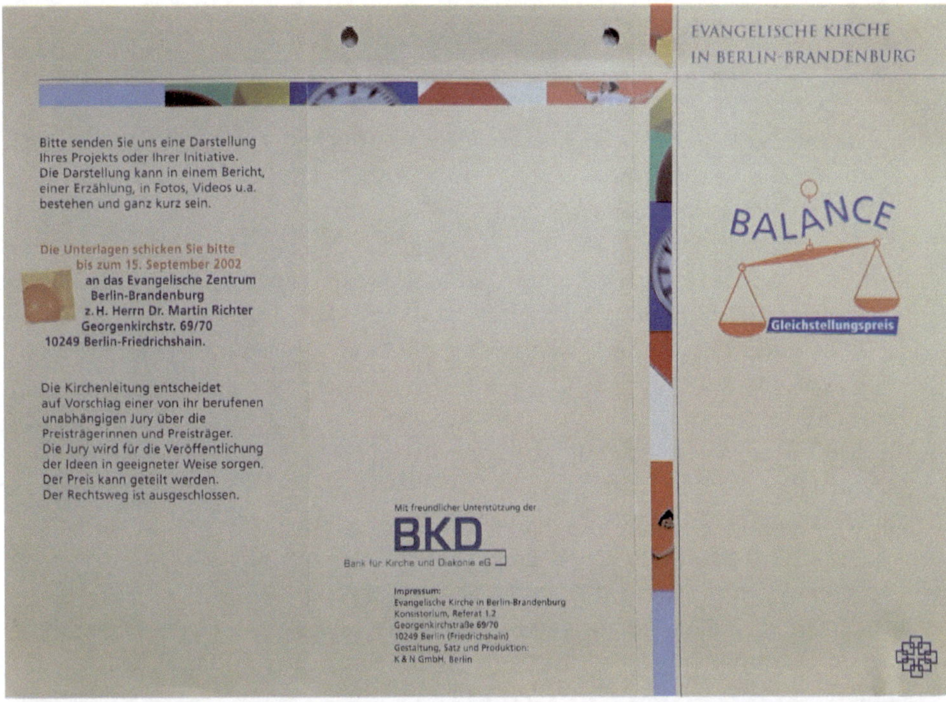

Bitte senden Sie uns eine Darstellung Ihres Projekts oder Ihrer Initiative. Die Darstellung kann in einem Bericht, einer Erzählung, in Fotos, Videos u.a. bestehen und ganz kurz sein.

Die Unterlagen schicken Sie bitte bis zum 15. September 2002 an das Evangelische Zentrum Berlin-Brandenburg z.H. Herrn Dr. Martin Richter Georgenkirchstr. 69/70 10249 Berlin-Friedrichshain.

Die Kirchenleitung entscheidet auf Vorschlag einer von ihr berufenen unabhängigen Jury über die Preisträgerinnen und Preisträger. Die Jury wird für die Veröffentlichung der Ideen in geeigneter Weise sorgen. Der Preis kann geteilt werden. Der Rechtsweg ist ausgeschlossen.

Mit freundlicher Unterstützung der BKD Bank für Kirche und Diakonie eG

Impressum:
Evangelische Kirche in Berlin-Brandenburg
Konsistorium, Referat 1.2
Georgenkirchstraße 69/70
10249 Berlin (Friedrichshain)
Gestaltung, Satz und Produktion:
K & N GmbH, Berlin

EVANGELISCHE KIRCHE IN BERLIN-BRANDENBURG

BALANCE Gleichstellungspreis

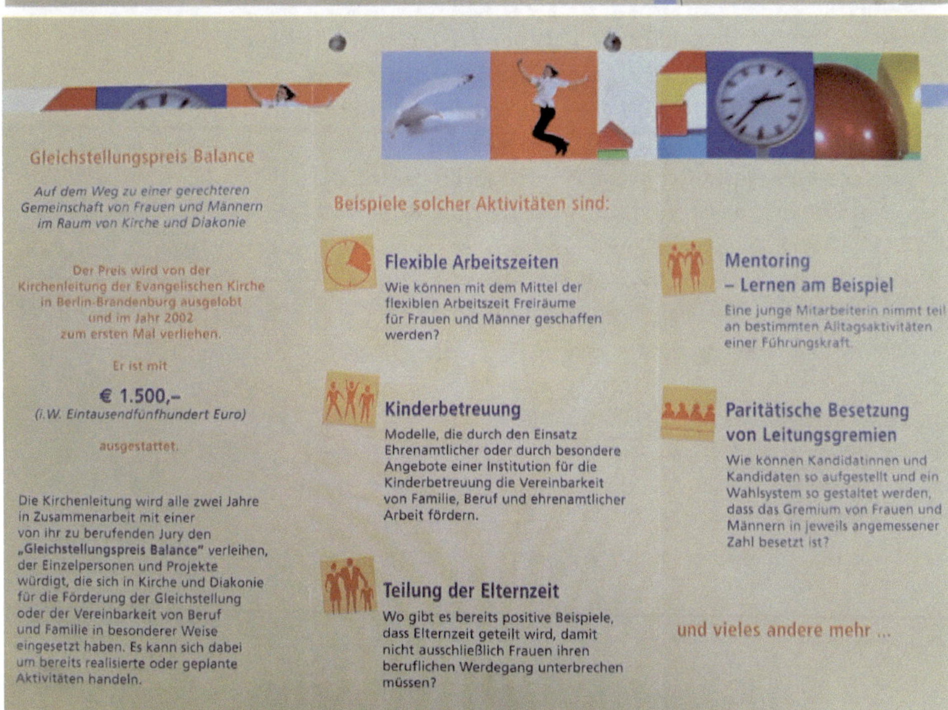

Gleichstellungspreis Balance

Auf dem Weg zu einer gerechteren Gemeinschaft von Frauen und Männern im Raum von Kirche und Diakonie

Der Preis wird von der Kirchenleitung der Evangelischen Kirche in Berlin-Brandenburg ausgelobt und im Jahr 2002 zum ersten Mal verliehen.

Er ist mit

€ 1.500,–

(i.W. Eintausendfünfhundert Euro)

ausgestattet.

Die Kirchenleitung wird alle zwei Jahre in Zusammenarbeit mit einer von ihr zu berufenden Jury den **„Gleichstellungspreis Balance"** verleihen, der Einzelpersonen und Projekte würdigt, die sich in Kirche und Diakonie für die Förderung der Gleichstellung oder der Vereinbarkeit von Beruf und Familie in besonderer Weise eingesetzt haben. Es kann sich dabei um bereits realisierte oder geplante Aktivitäten handeln.

Beispiele solcher Aktivitäten sind:

Flexible Arbeitszeiten
Wie können mit dem Mittel der flexiblen Arbeitszeit Freiräume für Frauen und Männer geschaffen werden?

Kinderbetreuung
Modelle, die durch den Einsatz Ehrenamtlicher oder durch besondere Angebote einer Institution für die Kinderbetreuung die Vereinbarkeit von Familie, Beruf und ehrenamtlicher Arbeit fördern.

Teilung der Elternzeit
Wo gibt es bereits positive Beispiele, dass Elternzeit geteilt wird, damit nicht ausschließlich Frauen ihren beruflichen Werdegang unterbrechen müssen?

Mentoring – Lernen am Beispiel
Eine junge Mitarbeiterin nimmt teil an bestimmten Alltagsaktivitäten einer Führungskraft.

Paritätische Besetzung von Leitungsgremien
Wie können Kandidatinnen und Kandidaten so aufgestellt und ein Wahlsystem so gestaltet werden, dass das Gremium von Frauen und Männern in jeweils angemessener Zahl besetzt ist?

und vieles andere mehr ...

Flyer für den Gleichstellungspreis „Balance" von 2002

Gleichstellungspreis „Balance"
Rede zur 1. Verleihung

Sehr geehrte Damen und Herren, (Grüße vom Bischof ...)
„Gott schuf den Menschen zu seinem Bilde, zum Bilde Gottes schuf er ihn, und schuf sie als Mann und Frau." (1. Mose, 1,27)

So steht es im ersten Kapitel der Bibel. Die Kirche hat jahrhundertelang solche schöpfungsgemäße Gleichwertigkeit unterdrückt, verdrängt. Es spielten sich Männer- und Frauenrollen ein, das Gleichgewicht, die Balance, ging verloren. Freilich gab es immer wieder einzelne herausragende Frauengestalten, die sich zu Wort meldeten aber die Normalität sah anders aus. Erst in den letzten ca. 150 Jahren haben allmählich Frauen auf solches Mißverhältnis hingewiesen und um ihre Rechte gekämpft.
Um Rechte geht es wohl – jedenfalls hier in unserer Region der Welt – nicht mehr in erster Linie. Trotzdem ist eine wirkliche „gerechte Gemeinschaft von Frauen und Männern" nicht erreicht. Es bedarf nach wie vor unser aller Aufmerksamkeit und Förderung. Frauen müssen ermutigt und unterstützt werden, sich etwas zuzutrauen, Verantwortung zu übernehmen, für sich und andere um Positionen zu kämpfen.
In fast allen Landeskirchen in Deutschland wurden darum Frauenbeauftragte installiert bzw. Gleichstellungsbüros eingerichtet. Auch in unserer Landeskirche. Leider fielen bei uns die Stellen 1997 den dramatischen Sparbeschlüssen zum Opfer. Seitdem versuchen wir, die Probleme und entsprechende Forderungen mit ehrenamtlichem Engagement wach und im Gespräch zu halten.
Die Kirchenleitung hat sich auch in den letzten 6 Jahren bereit und aufgeschlossen gezeigt, wenn auch die Initiative immer wieder von den Frauen ausgehen mußte. „Geschlechterdemokratie", gender-mainstreaming – das sind jetzt die Schlagworte – die Ziele: eine in den Leitungen gewollte und von da her in jeder Weise unterstützte gleiche Beteiligung beider Geschlechter an allen Entscheidungen unter Wahrnehmung und Berücksichtigung der für Frauen und Männer je unterschiedlichen Auswirkungen solcher Maßnahmen.
Bis zu einer wirklich „gerechten Gemeinschaft von Frauen und Männern" ist es wohl noch ein weiter Weg. Aber wir sind einzelne Schritte gegangen:

- *1999 hat die Kirchenleitung eine Arbeitsgruppe eingesetzt, die die Situation in unserer Landeskirche analysieren und Vorschläge zu Veränderungen machen sollte.*
- *Im März 2001 nahm die KL den ausführlichen Bericht dieser Arbeitsgruppe „mit Dank zur Kenntnis" und leitete 8 Einzelbeschlüsse daraus ab.*
  Einer dieser Beschlüsse ist die Verpflichtung, aller 2 Jahre einen Preis zu verleihen, „der Einzelpersonen und Projekte würdigt, die sich für die Förderung der Gleichstellung oder der Vereinbarkeit von Beruf und Familie in besonderer Weise eingesetzt haben."

– *Ein weiterer Beschluß hat zur Erarbeitung eines Gottesdienstentwurfs durch die Frauen- und Familienarbeit unserer Landeskirche geführt, der im Herbst in vielen Gemeinden und am Reformationstag im Fernsehen gefeiert wurde. „Wir loben dich mit tausend Namen" war er dieses Jahr überschrieben.*
– *Weitere Beschlüsse der KL haben übrigens im März 2002 zur Berufung eines Gleichstellungsteams geführt, in dem aus jeder Generalsuperintendentur eine Person mitarbeitet. In enger Zusammenarbeit mit dem Konsistorium soll das Frauenförderungs- und -gleichstellungsgesetz überarbeitet und auf neue Herausforderungen reagiert werden.*

Die Jury war sehr froh, als sie den Namen „Balance" für den Gleichstellungspreis gefunden hatte. Denn darum geht es: um eine gerechte Balance der Mitarbeit von Frauen und Männern.
Balance zu halten ist nicht einfach. Man muß sehr sicher das Gleich-Gewicht in die tragende Mitte verlagern, damit Balance gehalten wird. Gerechtigkeit wird mit dem Bild der Waage dargestellt. Justitia hält eine Waage in der Hand, sie tut das mit verbundenen Augen, um ihre Unbestechlichkeit zu zeigen. Wir knüpfen an dieses Symbol an, wollen aber mit offenen Augen für gerechtes Miteinander und ausbalancierte Gemeinschaft eintreten.

Ein Preis ist etwas Fröhliches und soll öffentlich machen, was andern Ansporn und Vorbild sein soll. Wer einen Preis erhält, darf sich freuen – darum ist dieser Preis auch mit etwas Geld verbunden!
Wir danken dem Verfügungsfonds des Bischofs, aus dem in diesem Jahr der Preis gespeist wurde.
Wir danken auch der Bank für Kirche und Diakonie, die uns geholfen hat, die Flyer entwickeln und drucken zu können und allen heute einen festlichen Rahmen zu bieten.

Diese Preisausschreibung war ein erster Versuch. Und weder KL noch Jury wußten, ob sich überhaupt jemand angesprochen fühlte.
Wir sind darum nun froh und auch ein bißchen stolz, daß sich etliche wichtige und für die Gleichstellung interessante Projekte um den Preis beworben haben.
Es ist uns schwer gefallen, Preisträger auszuwählen. „Verdient" hätten es alle, z. B. die beiden bereits gut etablierten größeren Projekte, die in ihrem Bereich seit Jahren Entscheidendes für Frauenförderung und Gleichstellung angeboten haben. In der Martha-Gemeinde in Berlin-Kreuzberg wird das Frauencafé in wenigen Monaten sein 25jähriges Jubiläum und der Bereich „Frau und Beruf" sein 20jähriges Jubiläum feiern.
Sehr viel ehrenamtliches Engagement und leidenschaftlicher Einsatz für eine Balance von Frauen und Männern, von Familie und Beruf, von spiritueller Erfahrung und ganz praktischer Hilfe hat uns beeindruckt und ist wichtig für unsere Kirche.

Aber auch Evas Arche im Ostteil der Stadt, nach der Wende als eine ökumenische Anlaufstelle für Frauen ins Leben gerufen, hat Enormes geleistet. Sie sind nicht mit Unterstützung verwöhnt worden, haben sich ihre Existenz tapfer erkämpfen müssen. Sie sind für viele Frauen Hilfe zum Überleben geworden. Auch sie wären eines Preises würdig.
Ich könnte fortfahren mit dem Kinderclub „Ichthys" in Steglitz, der Vorschulkindern eine ganztägige Betreuung und Förderung anbietet.
Wichtig sind uns aber nun heute vor allem die 3 Preisträger-Projekte. Jüngere Initiativen ohne lange Geschichte. Aber alle strahlen mit ihrer Botschaft aus in die Umwelt und können Vorbild für ähnliche Initiativen sein. Genau darum ging es uns. Wir hoffen und wünschen, daß die Idee von einer gerechten Gemeinschaft von Frauen und Männern gelebt wird und auf diese Weise sich ausbreitet.
So wird Balance erreicht, so wird letztlich dem Willen Gottes entsprochen, der Mann und Frau zu seinem Bild erschuf.

Preisträger:
3. Preis: Ehepaar Pfarrerin Antje Kruse-Michel und Pfarrer Jörg Michel
2. Preis: café contact – Jugend- und Arbeitslosen-Centrum des Kirchenkreises Brandenburg
1. Preis: KIKON – Flexible Kinderbetreuung für Alleinerziehende, Ein Projekt des Deutschen Evangelischen Frauenbundes, Ort- und Landesverband Berlin [74]

74 Im Nachlass sind nur die Urkunden mit den Namen der Preisträger vorhanden, aber keine weiteren Beschreibungen der Projekte.

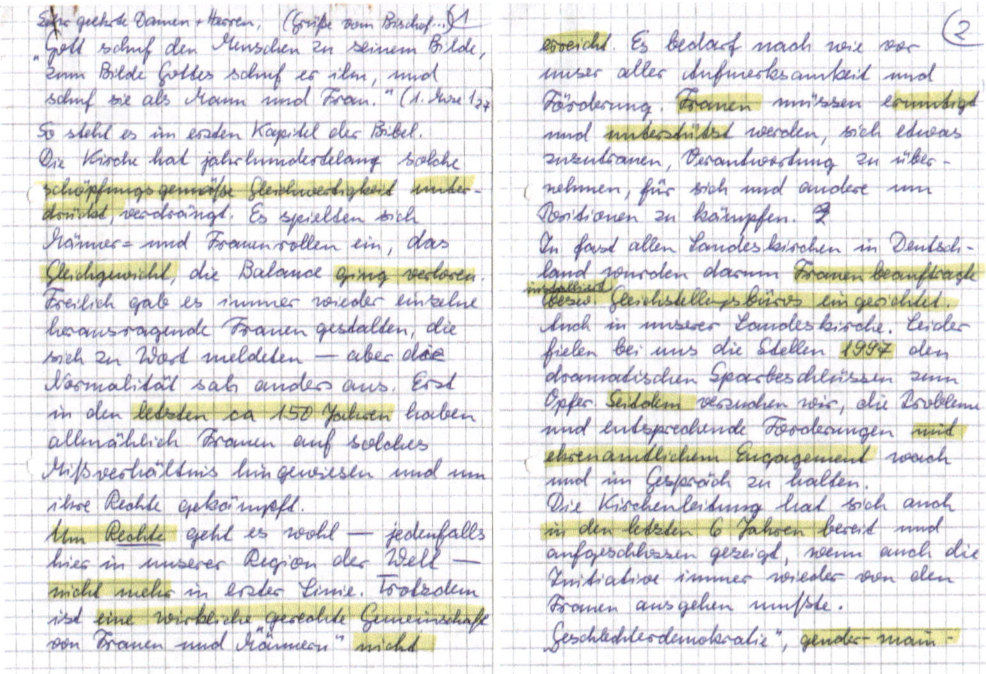

Sehr geehrte Damen + Herren, (Grüße vom Bischof …) 1
„Gott schuf den Menschen zu seinem Bilde, zum Bilde Gottes schuf er ihn, und schuf sie als Mann und Frau." (1. Mose 1,27)
So steht es im ersten Kapitel der Bibel.
Die Kirche hat jahrhundertelang solche schöpfungsgemäße Gleichwertigkeit unterdrückt, verdrängt. Es spielten sich Männer- und Frauenrollen ein, das Gleichgewicht, die Balance ging verloren. Freilich gab es immer wieder einzelne herausragende Frauengestalten, die sich zu Wort meldeten – aber die Normalität sah anders aus. Erst in den letzten ca 150 Jahren haben allmählich Frauen auf solches Mißverhältnis hingewiesen und um ihre Rechte gekämpft.
Um Rechte geht es wohl – jedenfalls hier in unserer Region der Welt – nicht mehr in erster Linie. Trotzdem ist eine wirklich gerechte Gemeinschaft von Frauen und Männern" nicht

2
erreicht. Es bedarf nach wie vor unser aller Aufmerksamkeit und Förderung. Frauen müssen ermutigt und unterstützt werden, sich etwas zuzutrauen, Verantwortung zu übernehmen, für sich und andere um Positionen zu kämpfen.
In fast allen Landeskirchen in Deutschland wurden darum Frauenbeauftragte installiert bzw. Gleichstellungsbüros eingerichtet. Auch in unserer Landeskirche. Leider fielen bei uns die Stellen 1997 den dramatischen Sparbeschlüssen zum Opfer. Seitdem versuchen wir, die Probleme und entsprechende Forderungen mit ehrenamtlichem Engagement wach und im Gespräch zu halten.
Die Kirchenleitung hat sich auch in den letzten 6 Jahren bereit und aufgeschlossen gezeigt, wenn auch die Initiative immer wieder von den Frauen ausgehen mußte.
„Geschlechterdemokratie", gender-main-

Die beiden ersten Seiten der handschriftlich vorliegenden Rede von Gudrun Althausen mit ihren Hervorhebungen für den Vortrag

Nach ihrer Zeit als Sachwalterin wurde sie vom Gleichstellungsteam noch einmal zu ihren Erfahrungen als Sachwalterin und ihren Erfahrungen mit dem bisherigen Gleichstellungsgesetz befragt. Im Protokoll vom 24. März 2003 wird festgehalten, dass sie recht unterschiedliche Reaktionen auf ihre Arbeit als Sachwalterin erfahren hat. In den sechs Jahren, in denen sie versucht hat, Gleichstellungsfragen in die Kirchenleitung und die Kirchenöffentlichkeit zu bringen, hätte es viel Gleichstellungsrhetorik und deutliche Absagen an die Durchsetzung des Gleichstellungsgesetzes gegeben.

Das Gleichstellungsgesetz, von dem hier die Rede ist, ist das auf den Prüfstand gestellte von 1996 und wurde als überarbeitetes Gesetz im November 2003 verabschiedet, 2004 noch einmal verändert und ist bis heute in der EKBO[75] gültig. Die Stelle der Sachwalterin gibt es heute nicht mehr, dafür einen Beauftragten für Gleichstellung und Diversity, der gleichzeitig Referent des Konsistorialpräsidenten ist.

75 Evangelische Kirche in Berlin-Brandenburg-schlesische Oberlausitz.

7. THEMA „ALTER“

Gudrun Althausen erkannte schon sehr früh die Bedeutung von qualifizierter Arbeit mit älteren Menschen in der Kirche. In ihrer Arbeitsstelle, der Evangelischen Frauen- und Familienarbeit in Berlin-Brandenburg, spielte die Arbeit mit älteren Frauen von jeher eine große Rolle. Allerdings war Gudrun Althausen zu der Erkenntnis gelangt, dass diese Arbeit qualitativ aufgewertet werden müsste. Sie ließ sich in den Gerontologischen Beirat der Landeskirche wählen und bemühte sich, auch über ihre eigene Dienststelle Angebote für Weiterbildungen von Mitarbeiter*innen für die Arbeit mit Älteren zu machen.
In diesem Kapitel wird gezeigt werden, wie sich Gudrun Althausen theologisch mit dem Thema „Alter“ auseinandersetzte, in welchen Gremien und bei welchen Aus- und Weiterbildungsangeboten sie leitend oder als Referentin mit dabei war und an welchen Veröffentlichungen sie beteiligt war.

Gudrun Althausen spricht in der offenen Seniorenbegegnungsstätte „Aufwind“ in Eberswalde, März 2006.

7.1 THEOLOGISCHE ARBEIT
Unser Leben hat ein Ziel. Unser Altwerden ist voller Hoffnung.

Das Überschrift-Zitat stammt aus einem Artikel, den Gudrun Althausen schon 1988 veröffentlichte.[76] Das optimistische Wort bezieht sich dabei auf den Psalm 71, in dem es heißt: „Auch im Alter, Gott, verlass mich nicht ..."
Der Artikel endet mit „Sieben Tugenden, die beim Altwerden helfen können". Da alle Tugenden mit „L" beginnen, nennt Gudrun Althausen sie in den darauffolgenden Jahren die „L-Tugenden" und wird immer wieder darauf zurückkommen. Sie entwirft mit diesen Tugenden ein modernes Bild des Alterns, des alten Menschen, und verkörpert selbst am besten diese Tugenden.
Auch das Gedicht „Stufen" von Hermann Hesse durchzieht ihre Vortrags- und Publikationstätigkeit zum Thema „Alter".
Ihr Fokus liegt bei der Beschäftigung mit der Altenarbeit und „dem Alter" auf der Verantwortung, die jede und jeder Einzelne für die Gestaltung seines Lebens hat. Selbst bei Einschränkungen durch Alter und Krankheit liegt die Entscheidung bei einem selbst. So schreibt sie in der zweiten hier abgedruckten Bibelarbeit: „Wir sollten auch im Alter ‚Subjekte' bleiben, uns nicht zu ‚Objekten' machen lassen, ...". Dass es dazu Begleitung und Unterstützung braucht, ist selbstverständlich, wird von ihr aber noch einmal neu bewertet, in dem sie auf die qualifizierte Unterstützung pocht, auf die ausreichende Begleitung.

Altwerden
„Jeder möchte alt werden, aber keiner will alt sein."
Das ist – wenn wir ganz ehrlich sind – wohl unser aller Gefühl. „Alter" ist für uns eine Zeit der Verluste. Die Gesundheit nimmt ab (Zähne, Augen, Ohren brauchen Hilfen!), die Vergeßlichkeit nimmt zu, der „Raum" wird enger, gleichaltrige Freunde sterben, wir werden einsamer. Wir empfinden: Altwerden ist schlimm.
Ich kenne fröhliche und „zufriedene" alte Menschen, die sagen: Wir werden nicht mehr gehetzt von Leistungsdruck und Verpflichtungen in vielen verschiedenen Bereichen; wir können unser Leben selber planen (in der Kindheit taten dies die Eltern für uns, in der „Mitte des Lebens" wurden wir von der Arbeit bestimmt); wir brauchen nicht mehr so viel Raum; mit der nächsten und übernächsten Generation begegnen uns ganz neue Horizonte, unser Leben wird immer reicher; für die Enkel haben wir viel mehr Zeit und Geduld als früher für die Kinder; wir fühlen uns Gott näher und können mit ihm reden über Vergangenes, das uns belastet, über Heutiges, das uns unverständlich ist, über Zukünftiges, das uns Angst macht; wir stehen nicht mehr mitten im Gedränge des Lebens, sondern können das Leben aus einer gewissen Distanz – und darum deutlicher – sehen. Diese Menschen sagen: Altwerden ist schön.

---

76 In: Frohe Botschaft. – 17.7.1988.

Mit „Alter" bezeichnen wir die dritte große Phase unseres Lebens. Wie verhält sie sich zu den anderen zwei Dritteln?
Ein junger Hase wollte gern wissen, wer der Mensch sei, vor dem man ihn gewarnt hatte. Ein alter, erfahrener Hase versprach ihm, das zu zeigen. Sie verbargen sich hinter einem Busch. Als ein Kind vorüberging, fragte der junge Hase, ob dies der Mensch sei. „Nein," antwortete ihm der alte Hase, „das wird erst ein Mensch".
Dann kam ein alter Mensch des Weges. „Ist das der Mensch?" fragte der junge Hase. „Nein", belehrte ihn der alte Hase, „das war ein Mensch." Erst, als der Jäger mit dem Gewehr über der Schulter vorüberging, flüsterte der alte, erfahrene Hase: „Das ist der Mensch."
Manchmal kommt es uns so vor, als ob diese Erfahrung des alten Hasen auch von unserer Umwelt geteilt wird. Alle Aufmerksamkeit richtet sich auf den werktätigen Menschen und seine Bedürfnisse. So ist es nicht verwunderlich, daß auch wir selbst uns „auf der Höhe des Lebens" fühlen, wenn wir am meisten und erfolgreichsten arbeiten. Aber ich bin ganz sicher, daß der dritte Abschnitt unseres Lebens ebenso wichtig ist wie die beiden vorangehenden. Es fehlt unserem Mensch-Sein die Vollendung, die Reifung, wenn wir nicht altwerden.
Wir altern ja von der Geburt an. Viele Jahre lang freuen wir uns daran.
Dann kommt mit einemmal das Erschrecken und die Ängste vor [...] Ja, wovor eigentlich?
„Mit dem Alter ist es wie mit anderen Dingen auch: Will man damit Erfolg haben, muß man jung anfangen."
Das Alter gehört zu unserem Leben. Darum können und dürfen wir es nicht ignorieren, sondern darum können und dürfen wir uns darauf vorbereiten – so wie wir uns auf den Beruf vorbereiten.
Im Psalm 71 lesen wir: „Gott, du hast mich von Jugend auf gelehrt, und noch jetzt verkündige ich deine Wunder. Auch im Alter, Gott, verlaß mich nicht, und wenn ich grau werde, bis ich deine Macht verkündige Kindeskindern und deine Kraft allen, die noch kommen sollen. Du lässest mich erfahren viele und große Angst und machst mich wieder lebendig und holst mich wieder herauf aus den Tiefen der Erde. Meine Lippen und meine Seele, die du erlöst hast, sollen fröhlich sein und dir lobsingen."
Unser Leben hat ein Ziel, unser Altwerden ist voller Hoffnung.

„... bereit zu Aufbruch ..."

Als ich 18 Jahre alt war, habe ich das Gedicht „Stufen" von Hermann Hesse sehr geliebt, weil für mich der Optimismus des Aufbruchs, des „Anfangs" darin so gut ausgesprochen schien, daß es meine damalige Stimmung voll wiedergab. Seitdem trage ich diese Worte immer bei mir. Und ich habe inzwischen erfahren, daß das hier Ausgesprochene auch weiterhin gilt, mir auch „hilft zu leben" im Altern.

Stufen

*Wie jede Blüte welkt und jede Jugend
Dem Alter weicht, blüht jede Lebensstufe,
Blüht jede Weisheit auch und jede Tugend
Zu ihrer Zeit und darf nicht ewig dauern.
Es muß das Herz bei jedem Lebensrufe
Bereit zum Abschied sein und Neubeginne,
Um sich in Tapferkeit und ohne Trauern
In neue, andre Bindungen zu geben.
Und jedem Anfang wohnt ein Zauber inne,
Der uns beschützt und der uns hilft, zu leben.*

*Wir sollen heiter Raum um Raum durchschreiten,
An keinem wie an einer Heimat hängen,
Der Weltgeist will nicht fesseln uns und engen.
Er will uns Stuf um Stufe heben, weiten.
Kaum sind wir heimisch einem Lebenskreise
Und traulich eingewohnt, so droht Erschlaffen,
Nur wer bereit zu Aufbruch ist und Reise,
Mag lähmender Gewöhnung sich entraffen.*

*Es wird vielleicht auch noch die Todesstunde
Uns neuen Räumen jung entgegen senden,
Des Lebens Ruf an uns wird niemals enden ...
Wohlan denn, Herz, nimm Abschied und gesunde!*

(Hermann Hesse)

Jede Lebensstufe „blüht" und verblüht. Sie hat ihre strahlende, lockende Seite; aber sie wird auch vergehen. Jede Lebensstufe braucht bestimmte Tugenden und eben auch Tapferkeit. Denn jede Lebensstufe ist schwierig zu bewältigen, bringt Unsicherheiten und Ängste mit sich.
Wichtig ist die Bereitschaft, aus einem Lebensraum wirklich in den nächsten zu gehen, nicht gehemmt auf der Schwelle stehen zu bleiben, nicht ständig auf das Vergangene sehnsüchtig zurückzublicken. Wer seine Jugend, wer dann auch seinen Beruf nicht loslassen kann, macht sich in den Augen der anderen lächerlich. Wenn es uns gelingt, uns auf das Neue einzustellen, können wir schöne, lockende Seiten, können wir Herausforderungen und Geborgenheit, können wir den „Zauber" jedes neuen Lebensraumes entdecken. Nur so werden wir reifen, uns unserem Lebens-Ziel annähern.
Das Gedicht ruft auf zu heiterer, gelassener Zukunftserwartung. Ich kann nur leben, wenn ich eine Perspektive habe; wir können nur gelassen und heiter alt werden, wenn wir eine Perspektive über den Tod hinaus haben. Wir wissen, daß auch in der Todesstunde „des Lebens Ruf" nicht enden wird, sondern daß wir in Gottes

ewiges Leben, in seine „neuen Räume" entsandt werden. Hoffnung über den Tod, Auferstehungsglauben – das ist es, was uns im Altwerden „beschützt und hilft zu leben".

Sieben Tugenden, die beim Altwerden helfen können

1. Lächeln

Du darfst über dich selbst lächeln und brauchst dich nicht zu ernst zu nehmen. Mit einem freundlichen Gesicht erhellst du deine Umgebung und erlebst selbst mehr Freude.

2. Laufen

Wer rastet, der rostet. Darum bewege dich! Das tut deinen Gliedern, aber auch deinem Geist und deiner Seele gut. Laß dich bewegen von den Problemen und Freuden anderer Menschen. Es ist besser, die Nachbarin zu besuchen, als auf ihren Besuch zu warten.

3. Lernen

„Altsein ist ein herrlich Ding, wenn man nicht verlernt hat, was anfangen heißt." (M. Buber) Darum halte dich offen für Neues, erwarte voller Neugier immer wieder Interessantes und gib nie auf, deinem Geist etwas zuzumuten.

4. Loslassen

Sammle weder zu viele alte Kartons noch rechthaberische Meinungen; klammere dich nicht an Kinder und Enkel. Lerne vielmehr – durch Üben, Üben! – „zu haben als hättest du nicht", dankbar den heutigen Tag zu genießen und ohne Verkrampfung Dinge und Menschen loslassen. Das ist die „Weisheit" des Alters, so entsteht Freiheit für das Wesentliche, für Gott.

5. Leiden

Du wirst nicht ohne Leiden durchs Leben kommen – du wärest sonst kein Mensch. Bleib verletzlich, damit du fähig zum Mit-Leiden bist. Lerne ohne Resignation erkennen und akzeptieren, daß dein Leben Stückwerk ist und dir Grenzen gesetzt sind. Gott will auch deine Tränen abwischen und deine Grenzen durchbrechen.

6. Lieben

So wie du nur aus der Vergebung leben kannst und auf Liebe angewiesen bist – so darfst du lieben wider besseres Wissen, auf Hoffnung. Die Liebe hört niemals auf – warte nicht auf Liebe, sondern liebe – und du wirst geliebt werden.

7. Loben

„Je älter man wird, um so mehr wächst in einem die Neigung, zu danken." (M. Buber)

Sprich täglich dem Psalmisten nach: „Lobe den Herrn, meine Seele, und vergiß nicht, was er dir Gutes getan hat: der dir alle deine Sünde vergibt und heilt alle deine Gebrechen, der dein Leben vom Verderben erlöst, der dich krönet mit Gnade und Barmherzigkeit ..." und du wirst erfahren, was es heißt: „In dir ist Freude in allem Leide ...".

Gudrun Althausen
13.3.1988
für „Frohe Botschaft"

Acht Jahre später beschäftigte sich Gudrun Althausen in einer Bibelarbeit über die Geschichte von Naomi und ihrer Schwiegertochter Ruth (Altes Testament, Das Buch Ruth) mit Aspekten des Alterns – vor allem mit der Gemeinschaft und der Solidarität untereinander. Diese Arbeit war für ein geplantes Buchprojekt mit dem Arbeitstitel: „Alte Frauen: Ein feministisches Praxisbuch für die Arbeit mit alten Frauen in der Kirche“[77] entstanden.
Ihre theologische Auseinandersetzung mit der Stellung von alten Frauen, ihre Spurensuche danach in der Bibel lässt sich an dieser Bibelarbeit gut erkennen. Und wie immer hat sie ihr „Publikum“ im Blick, die Zielgruppe.

Naomi organisiert ihr Alter – und wir?
oder: Alter in Gemeinschaft – Solidarität von Frauen

Vorbemerkung für die Leiterin
In der Regel wird die Gruppe bekannt sei. Für ein Gespräch, in dem sehr Persönliches bedacht und ausgesprochen werden soll, ist es aber besonders wichtig, folgendes vorher zu bedenken:
- *Wie ist die Altersstruktur in der Gruppe, welche geschichtlichen und womöglich persönlichen Erfahrungen haben die Frauen?*
- *Wenn wir miteinander sprechen wollen, ist die Sitzordnung wichtig. Alle sollten alle sehen und dadurch auch besser verstehen können. Da ältere Menschen lieber an einem Tisch als frei im Raum sitzen, sollten die Tische im Kreis gestellt werden.*
- *Wenn es sich um eine größere Gruppe handelt, müßte es möglich gemacht werden, wenigstens während einer Gesprächsphase in Kleingruppen auseinanderzugehen, damit jede Frau wirklich zu Wort kommen kann.*
- *Als Material sollte bereitliegen:*
  Bibeln (oder Buch Ruth in Kopien für alle); Papier und Stifte (für einen Brief s. u.); für die Collagen große Bögen und viele Zeitschriften mit Bildmaterial, Scheren, Kleber, Filzstifte, Tesakrepp (zum Aufhängen).

In sieben Schritten wird das Thema abgehandelt, wobei variiert oder auch einzelnes weggelassen werden kann, je nach vorhandener Zeit und Gesprächsbereitschaft der Gruppe.

1. Schritt
Vorstellungsrunde
Je zwei Teilnehmerinnen interviewen sich gegenseitig und stellen danach je die

77 Wahrscheinlich ist das Projekt (Hg.: Dr. Hildegard Mogge-Grotjahn und Ilona Klaus) nicht zustande gekommen, da diese Publikation in den Katalogen und Buchhandelsverzeichnissen nicht zu finden ist.

andere vor unter folgenden Fragestellungen (diese könnten schriftlich in die Hand gegeben werden):

- *Haben Sie schon immer in unserem Ort gewohnt, bezw. woher kommen Sie und warum zogen Sie um?*
- *Wie leben Sie zur Zeit: Allein, mit Mann, mit Kind/ern, mit Freundin/nen oder ...? War das schon immer so?*
- *Haben Sie Verwandte, Kinder, Geschwister, Enkel, Nichten, Neffen oder ... hier am Ort oder weiter weg?*

2. Schritt

Naomi stellt sich vor

Im Alten Testament findet man ein kleines Buch, eine dramatische Familiengeschichte über mehrere Generationen, eine Liebesgeschichte, eine Frauengeschichte. Ruth, nach der dieses Buch genannt ist, interessiert uns heute nicht so sehr. Sie ist in der Erzählung die junge Frau, die freilich für das weitere Geschehen eine wichtige Rolle spielt. Heute wollen wir uns vor allem mit Naomi, der Schwiegermutter von Ruth, beschäftigen. Ich will sie Ihnen vorstellen, wie wir uns gerade gegenseitig vorgestellt haben. So können wir sie kennenlernen und mit in unseren Kreis und in unser Gespräch einbeziehen.

Naomi ist eine Flüchtlingsfrau. Mit ihrem Mann und zwei Söhnen zog sie in das Nachbarland, weil zu Hause eine Hungersnot herrschte. Sie blieben in der Fremde. Die Söhne heirateten schließlich auch dort – Frauen aus diesem anderen Volk. Der Vater, Naomis Mann, starb und auch die Söhne, offensichtlich immer schon kränklich, starben und hinterließen ihre jungen Witwen kinderlos, d. h. unversorgt. Nach Jahren entschloß sich Naomi, wieder in die alte Heimat zurückzukehren, wo Dürre und Hungersnot vorbei waren. Die beiden Schwiegertöchter begleiteten sie bis an die Grenze. Dort legte Naomi ihnen nahe, doch zurückzukehren in ihre Familien, damit sie nach geltendem Recht wenigstens versorgt wären. Sie könne ihnen im „alten" Land, in dem die Schwiegertöchter ja Ausländerinnen wären, nichts bieten. Sie würde selbst auf Hilfe und Unterstützung der Nachbarn und evtl. entfernter Verwandter angewiesen sein. Die eine Schwiegertochter kehrt daraufhin um. Sie handelt vernünftig in ihrer Situation. Die andere, Ruth, will unbedingt bei der alten Frau bleiben. Sie sagt: „Wo du hingehst, da will ich auch hingehen; wo du bleibst, da bleibe ich auch. Dein Volk ist mein Volk, und dein Gott ist mein Gott." (Ruth 1,16) So blieben sie zusammen, die Alte und die Junge, unversorgt, kinderlos. Letzteres war in damaliger Zeit ein schlimmes Schicksal für eine Frau – für eine Witwe eine Katastrophe. So klagt die alte Naomi auch den Frauen des Ortes: „Nennt mich nicht Naomi (d. h. lieblich), sondern Mara (d. h. bitter), denn der Allmächtige hat mir viel Bitteres angetan. Voll zog ich aus, aber leer hat mich der Herr wieder heimgebracht." (1,20) Hungernd war sie ausgezogen – aber mit einer ganzen Familie, mit Mann und zwei Söhnen! Leer kehrt sie zurück, in ein Land, in dem nicht mehr gehungert wird, aber als Witwe und ohne Kinder. Sie hat nun auch noch die Verantwortung für eine junge Witwe am Hals; denn was wird in Zukunft aus Ruth?

3. Schritt

Gespräch in der Runde

Wir haben von Naomi gehört. Wie mag sie ihr Leben nun eingerichtet haben? Was würden wir von ihr erwarten?

Wie leben älterwerdende Frauen in unserer Umgebung? Wie leben wir selbst? Wie „gestalten" wir unser Alter? Müssen wir Alt-Sein nur erdulden oder wie „machen wir etwas daraus"?

Wenn wir die Chance erhielten, unser Leben im Alter ganz frei zu gestalten, was würden wir uns dann wünschen, was würden wir tun? Was wäre uns besonders wichtig?

4. Schritt

Was Naomi tat, überlegte, was ihr wichtig war.

Zuerst geht es ums Überleben der beiden Frauen. Naomi ist zu alt, um in irgendeiner Weise nach außen aktiv werden zu können. Es ist gut zu hören, daß die junge Ruth sich ganz selbstverständlich daran macht, Nahrung für die beiden heranzuschaffen. Zwei Frauen, zwei Generationen, die sich für ein gemeinsames Leben entschieden haben, die Freundinnen geworden sind – stehen einfach und klar füreinander ein; Ruth mit ihrer körperlichen Arbeit und Naomi mit ihrer Lebenserfahrung. Ruth geht Ährenlesen. Manche von uns werden das noch gut kennen aus den Jahren nach dem Krieg! Eine mühsame, schweißtreibende Arbeit! Ruth hat das Glück, auf ein Feld zu geraten, das einem Mann gehört, der, als er sie sieht, Gefallen an ihr findet. Sie wird bevorzugt, man läßt besonders viele Ähren für sie liegen. Die lebenserfahrene Schwiegermutter ahnt, daß sich hier eine Liebe und damit eine Versorgungsmöglichkeit für Ruth und natürlich auch für sie selbst anbahnt. Sie weiß zudem, daß ebendieser Mann ein entfernter Verwandter ihres Mannes ist und darum sowieso eine gewisse Verpflichtung zur Sorge für die Witwen hat. Sie heckt einen fast raffinierten Plan aus, um Boas (so heißt der Mann) zu seinem und der beiden Frauen Glück zu zwingen (nachzulesen in Kap. 3). Sie denkt für die Familie; denn das war damals das allerwichtigste. Ohne Sicherung von Nachkommen war und blieb das Schicksal von Witwen verzweifelt. Naomi gibt aber nicht auf. Sie hatte wohl die Schwiegertöchter freigegeben. Ruth, die ihr trotzdem gefolgt war, ist nun wie ein Teil von ihr, eingebunden in ihr eigenes Schicksal. Ruth weiß das wohl. Wahrscheinlich hat sie selbst auch Gefallen an Boas gefunden. Sie macht also mit beim gewagten Plan der Naomi – und hat Erfolg. Es kommt zur Heirat und ein Kind wird geboren. Damit kriegt auch das Leben der alten Frau wieder einen Sinn, ist sie nicht weiterhin aus der Volksgemeinschaft ausgeschlossen. Sie nimmt das Kind in den Arm und wird in Zukunft für den Knaben sorgen.

Wie können wir diese alte Frau Naomi beschreiben?
(Das Genannte auf großem Papierbogen sammeln.) z. B.:
- *immer aktiv, sehr realistisch, optimistisch ...*
- *klug, listig, raffiniert, einfallsreich, ...*
- *mutig, stark, gibt nicht auf ...*
- *mischt sich ein, fühlt sich verantwortlich, dirigiert ...*

5. Schritt
Da ist noch etwas an Naomi
Naomi lebte vor sehr langer Zeit. Vieles an ihrem Leben ist uns fremd (z. B. daß es ihr so sehr wichtig ist, daß ein Kind in ihrer Familie geboren wird ...), vieles an ihr berührt uns ganz vertraut. Sie könnte hier unter uns sitzen. Wir würden uns gut mit ihr verstehen. Aber dann würde sie vielleicht auch noch sagen: „Wichtig ist mir vor allem, daß ich mein Leben Gott anvertraut habe. Ich habe nicht dauernd davon geredet. Darum habt ihr auch noch nicht viel davon gehört. Aber man muß ja auch nicht immerzu darüber reden. Die Frauen aus der Nachbarschaft und Verwandtschaft haben es sehr wohl gemerkt. Und daß Ruth nicht nur aus praktischen Gründen und aus Liebe zu mir, sondern auch wegen meines Glaubens unbedingt mit mir in das ihr fremde Land gehen wollte, das hat mich besonders gefreut. Das hat uns auf Dauer fest verbunden."

Ist uns so etwas schon einmal passiert?

6. Schritt
Beispiele von uns und anderswo
Bei uns in Deutschland sind älterwerdende Frauen in der Regel nicht auf die direkte Versorgung durch Kinder oder Schwiegerkinder angewiesen. Freilich wissen wir, daß auch bei uns die nächste Generation für die Renten oder andere nötige Versorgung aufkommen muß. Das ist zur Zeit eine umstrittene Sache und macht vielen Angst. Aber dies soll heute nicht unser Thema sein.
Wir wissen alle, daß die finanzielle Versorgung – so wichtig sie ist – noch nicht die ganze Lebensqualität ausmacht. Um in „Würde" alt werden zu können und als alte Frauen „leben" zu können, bedarf es der Gemeinschaft, der Begegnung, der Solidarität mit anderen Menschen. Darum fragen wir uns: Was können wir tun, welche Ideen haben wir, die uns helfen können, im Alter zu „leben"?
Ich denke, Frauen fällt da eine Menge ein. Wir haben ein Leben lang gelernt, aus der gegebenen Situation etwas zu machen. Wir sollten auch im Alter „Subjekte" bleiben, uns nicht zu „Objekten" machen lassen, wie Naomi das Leben selbst in die Hand nehmen, uns mit anderen verbünden, sei es mit Menschen der nächsten Generation oder mit Frauen, mit Freundinnen aus der eigenen Altersstufe.
(Hier soll ein Gespräch folgen, in dem Ideen gesammelt und auf großem Papier in Stichworten festgehalten werden.)

Aus der Literatur und aus Berichten fallen mir folgende Beispiele ein:

1.) Bert Brecht: Die unwürdige Greisin
(aus: Das Inselbuch vom Alter, Frankfurt/M 1976, S. 172 ff; dort aus: Gesammelte Werke in 8 Bänden, Suhrkamp 1967)
In dieser köstlichen kleinen Geschichte schildert Brecht eine alte Frau, die nach dem Tod ihres Mannes ein völlig neues, ein zweites, ein eigenes Leben beginnt. Sie verhält sich nicht so, wie die Verwandten es erwarteten. Sie lebt nicht einsam und bescheiden, zieht nicht zu einem ihrer Kinder. Sie „verkehrt" bei einem armen, aber offensichtlich lustigen Schuster. Sie nimmt sich eines behinderten Mädchens an, mit der sie sogar Ausflüge macht. Sie geht ins Kino und ißt jeden zweiten Tag im Gasthof! Am Schluß heißt es von ihr: „Sie hatte die langen Jahre der Knechtschaft und die kurzen Jahre der Freiheit ausgekostet und das Brot des Lebens aufgezehrt bis auf den letzten Brosamen."

2.) Christine Brückner: Die letzte Strophe
(1989, Frankfurt/M – Berlin, Ullstein)
In diesem Roman stellt Christine Brückner eine Wohngemeinschaft alter Menschen vor. Sie haben sich entschlossen, gemeinsam zu leben und ihr Leben zu gestalten. Das erweist sich als nicht ganz einfach! Zwar ist die einzelne nicht mehr allein, aber sie muß auch die Besonderheiten der anderen ertragen. Alle werden auf diese Weise herausgefordert, alle haben etwas davon, alle „lernen" dabei.

3.) Gemeinsam statt einsam im Alter (aus: Ev. Frauenzeitung in Bayern, „efi" 11/96)
Die Nachricht in der Frauenzeitschrift lautete: „Acht alleinstehende Frauen bauen gemeinsames Ruhestandsnest." „Im Münchner Stadtteil Pasing wird in Kürze ein Wohnkomplex fertig, in dem die acht nicht nur Tür an Tür den Lebensabend verbringen, sondern auch in Nachbarschaft zu Familien und jungen Menschen wohnen können." Es ist ein Modellprojekt „Nachbarschaftlich leben für Frauen im Alter". Diese Frauen haben viele Jahre für ihre Idee gekämpft und geworben. Sie können nun nach ihren Vorgaben bauen. Das wird natürlich nicht an allen Orten möglich sein. Aber: Wie könnten wir uns ein solches gemeinsames Wohnen vorstellen? Welche Vorteile hätte das?

4.) Aus Holland ist mir eine Gruppe bekannt, die in sehr viel einfachere Weise tragende Gemeinschaft verwirklicht. Sie nennen sich schlicht „Freundinnen" und meinen, Freundschaft ist im tiefsten Grund etwas ganz Großes und Wichtiges, das verbinden und tragen kann wie eine gute Ehe. Vielleicht ist Freundschaft sogar weniger gefährdet als Ehe da sie aus mehr Personen besteht, die füreinander eintreten. Diese Gruppe wohnt nicht zusammen. Sie treffen sich regelmäßig und wollen auf diese Weise in Verbundenheit als Frauen ihr Alter gestalten.

5.) Naomi wurde von ihrem Glauben getragen. Sie lebte mit Ruth in der Gemeinschaft des Volkes, ihrer „Gemeinde". Das bedeutete für sie Sicherheit und Klarheit, Heimat und Zukunft. Vielleicht müssen wir gar keine neuen Projekte erfinden. Wir müßten deutlicher machen, daß wir von unserer Gemeinde mit Recht erwarten können, daß dort „familia dei", „Familie Gottes" gelebt wird. Dann haben alle, Einsame, Alte, Junge, Aktive, Kranke, Kinder, Frauen, Männer ... ihren Platz – wie in einer großen Familie. Jede hat dann auch ihre Aufgaben und hat eine unüberhörbare Stimme, d. h. sie hat etwas zu sagen.

Naomi wird am Ende der Geschichte Großmutter. Eine neue Familie erwächst, Leben geht weiter. Und die alte Frau hat darin einen festen und fröhlichen Platz. Ihre Freundinnen jubeln: „Gelobt sei Gott!"

7. Schritt
Wir melden uns zu Wort
Die Gruppe hält am Schluß noch einmal fest, was ihr im Gespräch und an der alten Frau Naomi wichtig wurde.
Ich schlage drei Alternativen vor:
1) *Wir schreiben einen Brief an die Kirchgemeinde, in dem wir als ältere Frauen unsere Wünsche, Vorstellungen und auch unsere Angebote (zur Mitarbeit, zum „Leben" in der „familia dei") festhalten.*
2) *Wir schreiben eine Empfehlung an jüngere Frauen, in der wir unsere Erfahrungen festhalten, die für ein „Alter in Würde" wichtig sind.*
   In einer Gruppe älterer Frauen während der 1. Europäischen Frauensynode, Juli 1996, wurde eine solche Empfehlung formuliert. Darin wird betont, daß fürs Alter vor allem wichtig ist, schon während der Familien/Berufsphase ein eigenes Leben aufzubauen, Freundschaften, Beziehungen (über die Familie hinaus), Interessen zu pflegen. Frauen müssen lernen loszulassen („ent-muttern"!), damit aus Gebundenheit Verbundenheit werden kann, die trägt.
3) *Wir gestalten in Kleingruppen eine Collage mit dem Thema „Unser Alter". Wenn die Zeit reicht und Lust dazu vorhanden ist, wäre es am aufschlußreichsten zwei Collagen zu gestalten mit den Themen: „Alter, wie wir es als Frauen erleben" und „Alter, wie wir als Frauen es uns wünschen".*

Berlin, September 1996 — *Gudrun Althausen*

7.2 PRAKTISCHE ARBEIT

7.2.1 In der Frauen- und Familienarbeit

In Gudrun Althausens Arbeitsstelle in der Frauen- und Familienarbeit gehörte der Bereich „Arbeit mit älteren und alten Frauen“ ganz selbstverständlich mit dazu, ohne dass er extra benannt werden musste. Durch ihr Interesse daran und ihre Mitarbeit in verschiedenen Arbeitsfeldern für die ganze Landeskirche, erhielt er aber noch einmal eine besondere Aufwertung und Beachtung.
Im Arbeitsbericht für den Berichtszeitraum 1984 bis 1986 schreibt Gudrun Althausen über drei Arbeitsfelder, die mit dem Thema „Alter“ zu tun haben: die Gerontologischen Weiterbildungen für Mitarbeiter*innen, die Rüstzeiten für Mitarbeiter*innen im Vorrentenalter und die Beteiligung an der B-Katechetenausbildung.

Meine Entsendung in den Beirat für die Gerontologie hat für unsere Arbeit natürlicherweise Folgen. Immer wieder werde ich speziell zu solchen Themen um Mitarbeit gebeten. Die Gerontologische Weiterbildung, die unser Werk für 1980 einmal begonnen hat, und die wir im Januar 1987 zum achten Mal durchführen werden, hat für viele Teilnehmerinnen einen festen Platz im Terminkalender, weil sie ihnen für ihre Arbeit mit den Kreisen alter Menschen in der Gemeinde oder bei Rüst- oder Erholungszeiten praktische und theoretische Hilfen bietet. Es stellt sich freilich jetzt die Frage, ob es nicht an der Zeit wäre, ein klares und sich dann auch nach einem festen Rhythmus wiederholendes Konzept dafür zu entwickeln. Bisher haben wir jeweils aus den Wünschen der Teilnehmer ein inhaltliches Programm für das nächste Jahr erstellt.

Wie sie den Kirchenzeitungen vielleicht entnommen haben, ist mir aus dem Beirat für Gerontologie ein weiteres Kind zugewachsen: Die Tage mit kirchlichen Mitarbeitern im Vorrentenalter. Ich tue das gern und sehe eine wichtige Aufgabe der Gesamtkirche in solchen Angeboten. Freilich ist das nicht direkt Aufgabe der „Frauen- und Familienarbeit". Da wir aber durch unsere sonstige Arbeit besondere Erfahrungen mit Kreisen älterer Menschen haben, ist dies wohl ein sinnvoller Einsatz für die Gesamtkirche. Wie die Synode Berlin-Brandenburg im April 1986 beschlossen hat, soll auch in Zukunft und mit einer erweiterten Aufgabenstellung der Beirat für Gerontologie und die Frauen- und Familienarbeit unserer Landeskirche zusammenarbeiten.

Im folgenden Bericht für die Zeit von 1986 bis 1988 schrieb Gudrun Althausen unter Punkt 2:

2. Arbeit mit älteren Menschen in der Gemeinde

- *Die „Gerontologische Weiterbildung" hat jetzt eine klare Strukturierung erhalten und wird ab 1989 zweimal jährlich angeboten werden.*
- *Das Gesprächsangebot für kirchliche Mitarbeiter im Vorrentenalter ("Chancen ab 55") findet eine gute Resonanz. Leider können nicht mehr als 25 kirchliche Mitarbeiter/innen teilnehmen, wenn nicht der Gesprächscharakter verloren gehen soll bzw. das Ganze eine Weiterung erfahren soll. Dazu aber fehlt mir Zeit und Kraft.*

Diese beiden wiederkehrenden Veranstaltungen, dazu die Mitarbeit bei der geriatrischen Fachkonferenz, Vorträge bei einer Woche der Diakonie und bei anderen Treffen im Bereich der Diakonie, Unterricht über Altenarbeit bei der B-Katechetenausbildung der Erziehungskammer sind letztlich aus der langjährigen Mitarbeit im Beirat für Gerontologie erwachsen. Dort konnte deutlich gemacht werden, daß der Anteil der Altenarbeit, der in Frauenkreisen der Gemeinden geschieht, von unübersehbarer Bedeutung ist und darum mindestens ebenso wichtig wie die Betreuung alter Menschen in Einrichtungen der Diakonie. Allerdings stellt diese Erkenntnis unser Werk auch vor große Aufgaben der Weiterbildung und Begleitung von ehren- und hauptamtlichen Mitarbeiter/innen in der Altenarbeit in den Gemeinden von Berlin-Brandenburg.

Aus diesen Berichten geht hervor, dass Gudrun Althausen nicht im luftleeren Raum agierte, sondern dass sie immer auch bedürfnisorientiert arbeitete und mit ihren Angeboten auf Resonanz traf. Dabei übersah sie nicht die zwei Seiten dieser Arbeit: Zum einen die Arbeit der kirchlichen Mitarbeiter*innen für ältere Menschen. Zum anderen aber auch die Arbeit für kirchliche Mitarbeiter*innen, wenn sie älter werden. Waren bei der ersten dieser Rüstzeiten „nur" 6 Teilnehmer*innen dabei, schrieb Gudrun Althausen im Arbeitsbericht über die Zeit von 1986–88, dass leider nicht mehr als 25 Teilnehmer*innen aufgenommen werden können.

Bericht über die Mitarbeiterrüste zum Thema Altern
(Tage des Gespräches zwischen Betroffenen und Fachleuten)
in Hermannswerder vom 17.–21. Februar 1984

Teilnehmer: Da eine Angemeldete unabgesagt nicht anreiste, waren nur 6 Teilnehmer (davon 1 Mann) anwesend; alle aus diakonischen Einrichtungen.
Ich war auch die ganze Zeit dabei wohnte auch mit im Geriatrieseminar.

Durchführung: es wurde trotzdem das geplante Programm durchgeführt:

Freitag, 17.2.84		*Anreise*
	18.00	*Abendbrot im Mutterhaus*
	19.00	*Vorstellung, Begrüßung, Planung*

Sonnabend, 18.2.84

7.45	*Gymnastik*
8.15	*Frühstück im Mutterhaus*
9.00	*Andacht (Althausen)*
10.00	*Dr. Goll: Medizinische Aspekte der Vorbereitung auf das Rentenalter*
11.45	*Mittagessen*
13.00	*Fortsetzung des Gesprächs mit Dr. Goll*
15.00	*Kaffeetrinken mit gemütlichem Gespräch zum Thema*
18.00	*Abendbrot*
19.00	*Bericht über Schweden (Althausen)*

Sonntag, 19.2.84

7.45	*Gymnastik*
8.15	*Frühstück*
9.30	*Gottesdienst auf der Insel*
11.45	*Mittagessen*
15.00	*Kaffeetrinken mit anschließendem gemütlichen Gespräch zum Thema*
17.30	*Abendbrot*
19.00	*Hans-Otto-Theater: „Guten Morgen, du Schöne"*

Montag, 20.2.84

7.45	*Gymnastik*
8.15	*Frühstück*
9.00	*Andacht (Althausen)*
9.30	*Herr Dahlke: rechtliche Aspekte der Vorbereitung auf das Rentenalter*
11.45	*Mittagessen*
15.00	*Kaffeetrinken mit anschließendem Gespräch zur Gesamt-Problematik (auch: Auswertung)*
18.00	*Abendbrot*
19.00	*Propst Dr. Winter: Was wir von „der Kirche" erwarten ... – und: Bericht zur Lage*

Einschätzung: Alle Teilnehmer waren von dieser Möglichkeit angetan und wollen in ihren Einrichtungen dafür werben. (In diesem Sinn bin ich auch danach noch von ihnen angesprochen worden.) Man meinte, daß dies ein wichtiges Angebot sei und unbedingt wiederholt werden müßte.
Für zukünftige Planung ist meiner Meinung nach zu bedenken: Da die Atmosphäre ein ganz wichtiger Faktor ist, sollte auf jeden Fall eine ständige Begleitperson dabei sein (das wurde auch ausgesprochen von den Teilnehmern). Man muß sich Gedanken um den „Rahmen" (Spiele!, Getränke, Blumen usw. usw.) in verstärktem Maße machen.

Weniger als 6 Teilnehmer halte ich nicht für möglich; vielleicht wäre 12–15 eine gute Zahl. Bei den sehr persönlichen Gesprächen, die sich ergeben, dürfen aber auch nicht zu viel Teilnehmer sein.
Obwohl das Ganze für mich eine erstaunliche und recht neue Erfahrung war, hat es mir Spaß gemacht und würde ich mich wieder zur Verfügung stellen. (Übrigens: für die Rechtsfragen wurde für die Zukunft ein breiterer Raum erwünscht. – Vom Besuch des Propstes fühlte man sich geehrt und war positiv überrascht über die „Natürlichkeit"!!)
Berlin, den 11.3.1984 *Gudrun Althausen*

7.2.2 Im Präsidium der Evangelischen Frauenhilfe

Als Vorsitzende der Evangelischen Frauenhilfe in Deutschland ab 1992 (im selben Jahr war sie Gründungsmitglied der Evangelischen Arbeitsgemeinschaft für Altenarbeit) brachte Sie das Thema „Alter" im Bezug zur Arbeit mit Frauen in der evangelischen Kirche aktiv mit ein. 1993 verabschiedete die Mitgliederversammlung auf ihrer Herbsttagung, nach einem Vortrag von Gudrun Althausen, sechs Thesen zum Verhältnis von „Altenarbeit und Frauenhilfe".

THESEN Anlage 2

(1)
Das Altwerden hat sich geändert.
Zunehmend entwickelt es sich als ein Prozeß, der aktiv gestaltet wird.

(2)
Die Situation altwerdender und älterer Frauen wird in der FH bewußt aufgenommen:
- Als Arbeitsbereich (Referat) im Dach
- durch Veranstaltungen, Programme und Arbeitsbereiche in Landesstellen/ Mitgliedsverbänden

(3)
Die 3. und 4. Generation (40–60; ab 60) mischen sich in der FH oder existieren nebeneinander.
Der Ansatz der FH besteht darin, die Frauen in ihrer Würde zu achten und ihre Erfahrungen fruchtbar zu machen.
Die FH hat keine Altersbegrenzung.

(4)
Die Mitarbeiterinnen, die mit älteren Frauen (in dem genannten Sinne) arbeiten, werden gezielt geschult und fortgebildet.

(5)

Eine Konzeption für Altenarbeit in der FH ist nötig:

- Frauen werden als Frauen alt.
- Sie müssen angemessene Formen ihrer Gemeinschaft finden (können!).
- Die aktive Gestaltung geschieht durch die „Betroffenen“ selbst.
- Ihre Autonomie ist wesentlich – und muß von anderen auf jeden Fall akzeptiert werden.
- Frauenemanzipation hört im Alter nicht auf. Die Frauenbiographie setzt sich fort.
- „Altersgrenzen“ sind fließend und subjektiv.

Diese Kriterienliste ist zu ergänzen!!!

(6)

FH versteht sich auch als Lobby gerade für Ältere, deren Lage viele Defizite aufweist.

Von hier ergeben sich politische Forderungen.

FH, die dies aufnimmt, verknüpft so die verschiedenen Generationen.

In ihrem Vortrag sagte Gudrun Althausen:

... Man rechnet für das Jahr 2030 damit, daß ein Drittel der Bevölkerung über 60 Jahre sein wird. [...] Diese Perspektive macht vielen Angst; den Jüngeren und den Alten. Es wird ein „Krieg der Generationen" befürchtet, [...] Auch für die Kirchen, die an sich auf eine lange Tradition von Altenarbeit zurückblicken können, bedeutet diese neue Situation eine neue Herausforderung. Es scheint plausibel für die Gesellschaft und auch für die Kirchenmitglieder zu sein, daß „Kirche sich um die Alten kümmern soll". Damit schwingt unterschwellig mit, daß Kirche recht gut zu den Alten und die Alten am besten zur Kirche passen (= an den Rand gehörend, unwirksam für gesellschaftliche und wirtschaftliche Belange ...). Dieses Bild spielt ebenfalls in der Frauenhilfe eine Rolle, stigmatisiert und ärgert uns zugleich. [...] Es ist uns darum wichtig, daß die Altenarbeit, die in nicht unerheblichem Maße in der Frauenarbeit geleistet wird, bewusst und gezielt geschieht und daß dafür angemessen aus- und weitergebildet wird. [...] Betont werden muß allerdings: Keine alte Frau ist jede alte Frau! Wir müssen uns auch in diesem Fall vor Verallgemeinerungen hüten. Die „Diakonisierung" einer ganzen Altersphase ist ein Unding! Aber ebenso unrichtig ist es, nur die „jungen", bildungsbeflissenen Alten im Auge zu haben. ...

7.2.3 In der Evangelischen Arbeitsgemeinschaft für Altenarbeit

1992 wurde die Evangelische Arbeitsgemeinschaft für Altenarbeit gegründet. Gudrun Althausen wurde ihre Vorsitzende. Im folgenden Interview erläutert sie, warum die EAfA gegründet wurde und welche Aufgaben sie für sich sieht:

Die Evangelische Arbeitsgemeinschaft für Altenarbeit in der EKD (EAfA)
Interview mit der EAfA-Vorsitzenden, Frau Kirchenrätin Gudrun Althausen (vorgestellt in „Bausteine Altenarbeit" Nr. 4/99, S. 39).

Bausteine Altenarbeit: Wer gründete die „Evangelische Arbeitsgemeinschaft für Altenarbeit in der EKD" (EAfA)?

Haupt- und ehrenamtliche Mitarbeiter und Mitarbeiterinnen in der gemeindlichen, offenen Altenarbeit hatten die Gründung einer Arbeitsgemeinschaft schon seit langem gefordert. Sie wünschten eine stärkere Beachtung ihrer besonderen Anliegen und Herausforderungen. So wurde nach Gesprächen und vorbereitenden Tagungen 1992 die EAfA gegründet. Motor und Organisator waren einzelne Menschen aus dem Kirchenamt der EKD. Ihnen gelang es, das Kirchenamt in Hannover als Sitz der Geschäftsführung zu gewinnen. Mitglieder wurden einzelne Gliedkirchen der EKD mit ihren Altenarbeiten, Werken und Verbänden. Zu den Werken und Verbänden gehören z. B. die Evangelische Frauenhilfe in Deutschland e.V., die Evangelische Frauenarbeit in Deutschland e.V., der Deutsche Evangelische Frauenbund, die Männerarbeit der EKD, der Kirchliche Dienst in der Arbeitswelt, die Bundesarbeitsgemeinschaft Evangelischer Familienbildungsstätten, die Deutsche Evangelische Arbeitsgemeinschaft für Erwachsenenbildung, der Zehlendorfer Verband, das Evangelische Seniorenwerk u. a. m.

Wie gelingt die Zusammenarbeit?

Sie gelingt so gut oder so schlecht, wie sie von den Organisationen selbst wahrgenommen wird. Die jährlichen Mitgliederversammlungen, die immer auch einen fachlichen Schwerpunkt durch ein interessantes Referat anbieten, dienen vor allem dem Austausch, dem Miteinander-Bekanntwerden und den Absprachen. In der Zwischenzeit helfen Rundbriefe der Geschäftsführung durch gegenseitige Information der Mitglieder zu einem gemeinsamen Wissensstand.

Was lässt sich koordinieren? Wo können die Anbieter von Altenarbeit kooperieren?

Zur Zeit wird die Arbeit der EAfA von einem ehrenamtlichen Vorstand und im Kirchenamt der EKD kommissarisch „nebenbei" verantwortet. Alle geben viel Zeit hinein, weil ihnen das Anliegen wichtig ist. Aber auf die Dauer ist die Koordination verschiedener Konzepte und Projekte nur mit einer zum Teil hauptamtlichen Person zu machen. Wir hoffen, dass das bald möglich sein wird. Dann könnte und müsste von solch einer Zentrale aus Kooperation angstoßen und begleitet werden. Das wäre hilfreich und würde sinnlose Dopplungen vermeiden.

Warum ist die Arbeitsgemeinschaft für Evangelische Altenarbeit Mitglied in der „Bundesarbeitsgemeinschaft für Seniorenarbeit" (BAGSO)?

In der BAGSO arbeiten wir mit einer Vielzahl von Seniorenorganisationen zusammen. Sie kommen aus ganz anderen Bereichen, z. B. aus den Parteien, dem Sport, Seniorentanz, Berufsverbänden, Volkssolidarität usw. Das ist nicht nur bereichernd – was wir bei den Deutschen Seniorentagen erleben, auf denen wir diesen Gruppierungen begegnen – es ist wichtig für alles seniorenpolitische Reden und Handeln. Nur in der Bündelung von Seniorenorganisationen kann mit Erfolg z. B. in Rentenfragen oder anderen, alle Älteren betreffenden Themen, mit den entsprechenden Ministerien verhandelt werden. Die BAGSO hat Fachausschüsse, in denen von uns Beauftragte mitarbeiten und in denen wir unsere spezielle Stimme einbringen können.

Unterstützt die EAfA die Ökumene?

Die EAfA ist eine evangelische Arbeitsgemeinschaft. Aber von Anfang an haben wir gut und problemlos mit dem Katholischen Altenwerk zusammengearbeitet. Dieses Altenwerk ist allerdings viel besser durchorganisiert und personell und finanziell ausgestattet als wir. Bei den Deutschen Seniorentagen wird stets ein ökumenisch vorbereiteter und durchgeführter Gottesdienst angeboten. Er findet regen Zuspruch. Die Vereinigung Evangelischer Freikirchen ist selbstverständlich Mitglied in der EAfA. Ihr Vertreter, Pastor Woock, wurde in den EAfA-Vorstand gewählt.

Wie gelangen die Empfehlungen und Hilfen der EAfA zu den Mitarbeitern in der Altenarbeit?

Die EAfA ist eine Dachorganisation auf Bundesebene. Sie erreicht nur die nächste Ebene, die Landeskirchen, Werke und Verbände. Es liegt an diesen, die Konzepte, Anregungen und Empfehlungen weiterzuvermitteln. Leider geschieht das oft nicht ausreichend. Die Mitarbeiter in der Altenarbeit sollten immer wieder danach fragen. Zur Zeit wird z. B. an einer speziellen Arbeitshilfe zur Christlichen Patientenverfügung gearbeitet. Sie bietet methodische Hilfen an, wie man in unterschiedlichen Gemeindekreisen über die Thematik Patientenverfügung bzw. „Tod" und „Sterben" in ein Gespräch kommen kann.

Können Mitarbeiter in der Altenarbeit mitbestimmen, was zum Nutzen Älterer geschieht?

Haupt- und ehrenamtliche Mitarbeiter und Mitarbeiterinnen haben es oft schwer, ihre besonderen Belange in die Mitarbeiterbesprechungen oder Ähnliches einzubringen. Sie sollten nicht mutlos werden. Die Zukunft gehört den Alten! Auf diese demografische Realität müssen sich alle einstellen. Darum ist es wichtig, mittel- und langfristige Pläne zu machen. Konvente (oder wie man sie nennen will) der in der Altenarbeit Tätigen sollten zusammenkommen, sich austauschen, für Weiterbildung sorgen (auch deren finanzielle Unterstützung fordern!) und sich gegenseitig stärken. Die Beteiligung der Mitarbeitenden kann nur von unten wachsen. Das allerdings muss sie!

Wie können betroffene Ältere die Altenarbeit mitbestimmen und mitverantworten?

Das Evangelische Seniorenwerk (ESW) hat sich genau dies zum Ziel gesetzt. Es bietet eine Plattform für „Frauen und Männer im Ruhestand", die selbst organisieren, inhaltlich ausgestalten und mitbestimmen wollen, was sie miteinander machen. Es ist gut und war sicher richtig, dass durch dieses Werk solches Anliegen öffentlich wurde. Gleiches lässt sich in jedem Kreis, in jeder Gruppe Älterer durchdrücken. Übrigens: Die meiste ehrenamtliche Arbeit in den Seniorenkreisen wird von Senioren geleistet! Wir Alten (ich bin selbst fast 70) sind durchaus in der Lage, mitzudenken und selbstbestimmt gemeinsames Leben zu gestalten. Die Gemeinden und Kommunen können auf unsere Erfahrungen nicht verzichten!

Welche Kompetenz hat der Deutsche Evangelische Verband für Altenarbeit (DEVA), und welche die Evang. Arbeitsgemeinschaft für Altenarbeit?

Die DEVA hieß bis vor einigen Jahren „Deutscher Evangelischer Verband für Altenhilfe". Das war angemessener. Denn sein Hauptarbeitsgebiet sind die stationären, teilstationären und ambulanten, vorwiegend pflegerischen Dienste. Auf diesem Gebiet gibt es ständig neue Gesetze und Verordnungen zu beachten. Es geht um viel Geld. Der Verband hat reichlich zu tun. In Zukunft wird die DEVA drei Sektionen haben, eine vertritt die Gemeinde- und gemeinwesenorientierte Altenarbeit. Dort werden sich die Gruppen und Kreise aufgehoben wissen, die im Bereich der jeweiligen Diakonischen Werke existieren. Regelmäßige Gespräche zwischen der Leitung des DEVA und der Leitung der EAfA dienen der Koordination. Sie fragen nach den speziellen Kompetenzen der EAfA in diesem Zusammenhang. Es ist eine Arbeitsgemeinschaft für Altenarbeit, die besonders die über 90 % älterer Menschen im Blick hat, die selbständig in ihren Wohnungen leben, ihr Leben selbst organisieren, bereit sind zum Mitdenken und zur Meinungsbildung, die die existentiellen Fragen nach Lebensdeutung und Lebenssinn aus dem christlichen Glauben heraus beantworten wollen, bzw. anderen zur Beantwortung helfen können.

Nicht alle Landeskirchen arbeiten in der EAfA mit?

Einige Landeskirchen haben Probleme mit der personellen Besetzung ihres Delegiertenplatzes für die Mitgliederversammlung. Andere meinen, dies sei finanziell nicht von ihnen zu bewältigen. Ich fürchte, dass einigen nicht klar ist, dass Altenarbeit ein nicht mehr zu vernachlässigendes Arbeitsgebiet der Kirchen ist. Sie meinen immer noch, dass Altenarbeit nebenher mitläuft, weil die Alten angeblich dankbar und nicht anspruchsvoll sind. Wir haben da noch viel Überzeugungsarbeit zu leisten! Aber ich bin froh, dass 16 Landeskirchen Mitglieder in der EAfA sind!

Was könnte mit der Hilfe der EAfA in der Altenarbeit besser werden?

Wir erreichen mit den alten Methoden nicht die „jungen Alten". Die haben höhere Ansprüche als Kaffee zu trinken und Geschichten zu lauschen. Sie sind durch ihr Berufsleben kompetent in mancher Weise und kritisch. Sie wollen und können mitreden (s.o.!). „Mit dem Alter kommt der Psalter" gilt nicht mehr. In den östlichen Bundesländern wissen viele Ältere wenig oder nichts vom Glauben, von der Bibel, von Jesus Christus. Das erfordert inhaltlich überlegte Angebote und Eingehen auf Fragestellungen, die besonders im Älterwerden aufbrechen. Die EAfA hat ein Heft erarbeitet („Ein neues Fenster öffnen"), in dem mit kurzen Geschichten Themen angerissen werden, die vor allem Ältere bewegen. Die Texte eignen sich als Einstieg in ein Gespräch der Gruppe, aber auch als Lektüre für Einzelne.
Darüber hinaus empfehlen wir dringend die wenigen Weiterbildungen für die Altenarbeit. Die EAfA kann keine eigenen Kurse anbieten. Darum verweisen wir auf die entsprechenden Bildungswerke, Erwachsenenbildungsstätten und ähnliche Einrichtungen (auch evangelische Akademien und Heimvolkshochschulen). Vor einigen Jahren lief ein ausgezeichnetes Funkkolleg zum Thema „Alter", dessen Materialien vielleicht noch zu haben sind. Auch der Fernunterricht der EKD, der in einigen Landeskirchen durchgeführt wird, ist ausgezeichnet und hilfreich für ehrenamtlich Mitarbeitende.

Die Fragen an Frau Kirchenrätin Gudrun Althausen stellte Dr. Friedrich Haarhaus.

Im November 1995 legte die EAfA erstmals ein inhaltliches Ergebnis ihrer Arbeit in Form einer Broschüre unter dem Titel „Älterwerden – Herausforderungen und Chancen kirchlicher Bildungsarbeit"[78] vor. Darin heißt es unter Punkt 3: „Bildungsziele und Inhalte":

---

78 Herausgegeben von der Evangelischen Arbeitsgemeinschaft für Altenarbeit in der EKD, 1995.

Das Alter gilt in der kirchlichen Bildungsarbeit als eigenständige und sinnvolle Lebensphase. Deshalb unterscheidet sie sich von den vielen Bildungsangeboten, in denen Betriebsamkeit, Stärke und Tüchtigkeit Priorität genießen. Kirchliche Bildung im Alter bietet in generationenübergreifenden und altersspezifischen Projekten lebenslauforientierte Begleitung und damit die Gelegenheit, Älterwerden und Altsein als Chance zu erfahren: Werden, Entwicklung ist nie abgeschlossen, bis ins Sterben hinein möglich. [...] Die Grundlage der kirchlichen Bildungsarbeit ist das biblische Menschenbild und Verständnis vom Alter.

a) Der Mensch ist Geschöpf und Ebenbild Gottes in jedem Alter, in Gesundheit, Krankheit und Siechtum. (Prediger 2)
b) Es kann keinen „Ruhestand" im Sinne von genereller Entpflichtung geben. Die ethisch-politische Verantwortung, der Auftrag zu bebauen und zu bewahren, gilt allen Lebensaltern – wie auch das Gebot der Ruhe, das Sabbatgebot für alle gültig ist. (Deuteronomium)
c) Der glaubende Mensch ist nach biblischem Verständnis unterwegs. Das erfordert auch im Alter die Bewältigung von Veränderungen und Aufbruchssituationen und die Suche nach vielfältigen neuen Lebensmöglichkeiten. (Abraham und Sara: Genesis 12 f.)
d) Im Älterwerden müssen Selbstbild und Gottesbild neu errungen werden. Das geht nicht ohne Verluste und Behinderung ab. (Jakobskampf, Genesis 32)
e) Der Mensch muß sich in seinem Leben immer wieder mit Schuld auseinandersetzen und ist auf Vergebung angewiesen. (Vaterunser Mt. 6)
f) Zum Älterwerden gehören auch die Erfahrungen von Leid, Verlusten und Grenzsituationen. (Hiob, Psalmen)
g) Älterwerden ist für den glaubenden Menschen auch verbunden mit der Erfahrung von „Jungsein", Blühen, Fruchtbringen, Neuwerden. (Psalm 92, Nikodemus: Joh. 3)
h) Alte Menschen, die an der Hoffnung festhalten, leben zukunftsgewandt. (Hanna und Simeon: Lukas 1)
i) „Alt und lebenssatt zu sterben." (Abraham: Gen. 25) ist nicht allen vergönnt. Auch ein Leben, das Fragment bleibt, das angestrebte Lebensziel nicht erreicht, wird von Gott angenommen. (Moses: Dt. 34)
j) Der alte Mensch lernt, loszulassen. (Barsillai: 2. Sam. 19, 32–41)
k) Der Tod ist eine Dimension des Lebens. (Gleichnis vom Weizenkorn: Joh. 12,24)

Deutlich sind in diesem Absatz die „7 L-Tugenden" herauszuhören, die Gudrun Althausen schon 1988 entwickelt hatte.

10 Jahre nach Gründung der EAfA zog Gudrun Althausen ein Resümee:

Zehn Jahre Evangelische Arbeitsgemeinschaft für Altenarbeit (EAfA) in der EKD

„Wenn alles im Umbruch ist, bleibt auch im Alter nicht ‚alles beim Alten'. Was ‚Alt-Sein' heißt, lässt sich heute nur sehr differenziert beschreiben." So beginnt der Text des ersten Faltblattes der EAfA. Und das war auch der wichtigste Impuls zur Gründung dieser Arbeitsgemeinschaft 1992. Dieses Datum war freilich Endpunkt eines Prozesses, der Jahre vorher begonnen und weite Kreise gezogen hatte.

Ende der 80er Jahre begann überall das Nachdenken über eine angemessene, hilfreiche Arbeit von, mit und für ältere(n) Menschen. 1987 und 1988 hatten die ersten deutschen Seniorentage stattgefunden. 1989 gründete sich die „Bundesarbeitsgemeinschaft der Senioren-Organisationen (BAGSO)", der damals 11 Vereinigungen aus der „freien Seniorenarbeit" in der BRD angehörten (heute sind es 76 bundesweite Verbände). Auch innerhalb der EKD wurden Fragen nach übergreifenden Kooperationsmöglichkeiten im Bereich der Altenarbeit immer lauter. Die Referentinnen und Referenten für offene Altenarbeit in den diakonischen Werken der Gliedkirchen der EKD und die Männerarbeit wandten sich mit Briefen (4.12.1987 und 5.7.1989) an die EKD mit der Bitte, eine Arbeitsgemeinschaft und eine EKD-Arbeitsstelle für evangelische Altenarbeit einzurichten.

Im Oktober 1990 lud Oberkirchenrätin Gudrun Diestel die evangelischen Einrichtungen, die „in der Arbeit mit der älteren Generation tätig sind", zu einer Konsultation nach Wennigsen ein. Das Ergebnis war eine ad-hoc Gruppe mit dem Auftrag, die Gründung einer Arbeitsgemeinschaft innerhalb von zwei Jahren vorzubereiten.

Inzwischen hatte OKRin Winkler-Vink die Verantwortung für dieserart Fragen im Kirchenamt der EKD übernommen. Ihr ist es zu verdanken, dass vom 20. bis 22. November 1992 in Fulda die Gründungstagung der EAfA statt fand. 18 Landeskirchen und 12 Werke und Verbände waren vertreten. Der ursprüngliche Satzungsentwurf zielte auf einen „Verein" mit eigener Geschäftsstelle. Die Erwartungen an eine solche Arbeitsgemeinschaft gingen weit auseinander. Schließlich einigte man sich auf eine „Vorläufige Ordnung" und die Wahl eines Gründungsvorstandes für zwei Jahre. Die Anbindung an die EKD wurde bejaht.

Am 12. Mai 1993 wurde das Evangelische Seniorenwerk (ESW) gegründet. Am 1. Juni 1993 wurde in der Hauptgeschäftsstelle des Diakonischen Werkes (Stuttgart) eine Referentenstelle für (offene) Altenarbeit besetzt. Dagegen nahm das Kirchenamt der EKD die bereits ausgeschriebene 50%ige Referentenstelle zur Geschäftsführung der EAfA wieder zurück. Die Geschäftsführung blieb mit 30% ihres Arbeitsauftrages bei Frau OKRin Winkler-Vink.

Im Kirchenamt der EKD wurden wir während der 10 Jahre der EAfA von vier Oberkirchenrätinnen (nacheinander!) begleitet: 1992–1997 OKRin Winkler-Vink, 12 Monate OKRin Fichtmüller, 12 Monate OKRin Häfner, 6 Monate OKRin Fichtmüller, seit April 2000 OKRin Dr. Bergmann. Der häufige Wechsel hat die Arbeit oft belastet, wenn auch alle vier Frauen höchst engagiert und mit jeweils neuen Ideen die Arbeit der EAfA vorangetrieben haben. Ihnen, wie auch allen Vorstandsmitgliedern, gilt Dank und Hochachtung.

Leider ist es bis heute nicht gelungen, alle Gliedkirchen der EKD zu der wichtigen Beteiligung an der Arbeit der EAfA zu bewegen.

Der Start und die Entwicklungen im ersten Jahr kennzeichnen alle Stärken und alle Probleme der EAfA, die sie durch die 10 Jahre ihres Bestehens begleitet haben:

- *EKD-weit bündelt und bearbeitet die EAfA Probleme, Themen und Forderungen der offenen, gemeindebezogenen Altenarbeit.*
- *Die EAfA vertritt bei Kirchentagen die evangelische offene Altenarbeit neben manchen, eher zufälligen Darstellungen kirchlicher Altenarbeit.*
- *Die EAfA ist die Vertreterin evangelischer Altenarbeit in der BAGSO, der sie regulär beitrat. Sie vertritt ihre Positionen auch auf den evangelischen Seniorentagen. Damit wird evangelische Altenarbeit auch im Konzert gesellschaftlicher Kräfte deutlich.*
- *Aus dem anfänglich unsicheren Verhältnis zum Diakonischen Werk der EKD und zum Deutschen Ev. Verband für Altenarbeit und ambulante pflegerische Dienste e.V. (DEVAP) ist eine projektorientierte Kooperation entstanden. Der DEVAP trat 1993 offiziell der EAfA bei. Gemeinsam mit dem DEVAP erarbeitete die EAfA 2000 eine Arbeitshilfe zur Christlichen Patientenverfügung, die in der gemeindlichen Altenarbeit weite Verbreitung gefunden hat. Gegenwärtig ist ein gemeinsames Projekt zur Sensibilisierung für Demenzkranke und ihre Angehörige in den Kirchengemeinden geplant.*
- *Die Zusammenarbeit mit dem Bundesforum Katholischen Seniorenarbeit (früher: Katholisches Altenwerk) ist Tradition bei den Deutschen Seniorentagen und soll beim Ökumenischen Kirchentag 2003 fortgeführt werden.*

Es ist erfreulich, dass trotz (fast) nur ehrenamtlichem Engagement im Vorstand der EAfA neben den durchaus zeit- und kräfteraubenden Vorbereitungen und Durchführungen der jährlichen Mitgliederversammlungen (mit jeweils einem thematischen Schwerpunkt) und der Mitwirkung bei den Kirchentagen (1995: Hamburg, 1997: Dresden, 2000: Nürnberg) laufend an Projekten gearbeitet wurde, die schließlich in hoher Stückzahl gedruckt, allen Landeskirchen, Werken und Verbänden zur Verfügung standen.

Seit Mai 1993 erscheinen „Rundbriefe" der EAfA, zusammengestellt und verantwortet von der Geschäftsführerin im Kirchenamt. Sie berichten aus den Mitgliedskirchen und -verbänden und informieren über allgemein interessierende Themen der Altenarbeit.

Im November 1995 erschien „Älterwerden – Herausforderungen und Chancen kirchlicher Bildungsarbeit". Wir wollten damit „das Bewusstsein für die Notwendigkeit ... geforderten Umdenkens" schärfen.

Beim Kirchentag 1995 in Hamburg wurde ein Fragebogen der EAfA ein Publikumsrenner: 500 ausgefüllte Fragebogen gaben Antworten auf Fragen nach „Alter – Glaube – Kirche". Sie wurden gesichtet und in einer ansprechenden Zusammenstellung gedruckt. Bis heute können daraus Impulse zu anregendem Nachdenken gewonnen werden.

Glaubensfragen im Alter beschäftigten uns über Jahre. Statt eines „Katechismus für Ältere" entstand ein kleines Büchlein, das „kurze, erlebte Momentaufnahmen, erlauschte Fragen und nur angedeutete Antworten, die zum Nachdenken locken und ein Gespräch anstoßen können" enthält („Ein neues Fenster öffnen", Perspektiven des Glaubens im Alter, Hannover 1999).

Vor uns liegt 2003 mit dem Ökumenischen Kirchentag in Berlin und einem nächsten Deutschen Seniorentag. Vor uns liegen viele Aufgaben und wichtige Themen, die bearbeitet werden sollen und müssen. Bereits in Arbeit sind Projekte zu Themen „Demenz in der offenen Altenarbeit" und „Gewalt im Alter", die in Zusammenarbeit mit Mitgliedsverbänden begonnen wurden. Aber auch die Entwürfe zu einem Bundesseniorengesetz oder Fragen nach der Alterssicherung künftiger Generationen beschäftigen die EAfA.

Wichtig ist bei allem, dass die EAfA ihr Profil als „evangelische Arbeitsgemeinschaft" deutlich machen kann. Auch dazu dienen die vorliegenden „Positionen der EAfA".

Berlin, April 2002 *Gudrun Althausen*

2002 beendete Gudrun Althausen ihre Mitarbeit in der EAfA. Doch es blieben ihr noch einige Ehrenämter erhalten:
Sie arbeitete im Vorstand der Stiftung Heiliger Geist und St. Georg, die hunderte Seniorenwohnungen betreute. Außerdem war sie Mitglied des Landesseniorenrats und leitete mit ihrem Mann einen Gemeindegesprächskreis. Im Rundbrief an Freunde und Verwandte vom Dezember 2003 schrieb sie dazu:

Im Vorstand der Stiftung Heiliger Geist und St. Georg (Seniorenwohnungen) stehen dramatische Entscheidungen (natürlich wegen zurückgehender Finanzen!) an; der Landesseniorenrat wird sich seiner politischen Verantwortung als Vertretung etwas eines Drittels der Bevölkerung endlich immer bewusster; der Gesprächskreis der Älteren in unserer Gemeinde hat sich anspruchsvolle Themen gewählt, für die ich Referenten finden muss.

Bis 2005 arbeitete Gudrun Althausen noch im Seniorenbeirat mit und erhielt die Ehrennadel der Stadt Berlin für ihr Engagement.

SCHLUSSBEMERKUNG

Ein Leben lang begleitete Gudrun Althausen das Gedicht „Stufen“ von Hermann Hesse.
Im Rundbrief des Ehepaars Althausen über das Jahr 2002 schrieb sie:

Bei einer der verschiedenen Verabschiedungen des Herbstes gab mir eine Kollegin das Gedicht „Stufen" von Hermann Hesse, das mich seit meiner Jugend immer wieder neu begleitet. 1949 habe ich die Rede der Abiturientinnen, die ich halten mußte, voller Begeisterung unter die Worte dieses Gedichts gestellt! Im Herbst 2001 besuchten wir das Hesse-Haus im Tessin und ich photographierte die Treppe, auf deren Stufen das Gedicht steht – von unten nach oben führend. Noch habe ich wohl nicht die oberste Stufe erreicht, aber es gilt: „... bereit zum Abschied sein und Neubeginne, um sich in Tapferkeit und ohne Trauern in andere, neue Bindungen zu geben. Und jedem Anfang wohnt ein Zauber inne, der uns beschützt und der uns hilft zu leben ... Des Lebens Ruf an uns wird niemals enden. Wohlan denn, Herz, nimm Abschied und gesunde!"

In diesem Sinne – verbunden mit ihrem christlichen Glauben, der Gewissheit, von Gott begleitet zu sein, ging sie in jede Veränderung ihres Lebens hinein, nahm sie jede Herausforderung an. Und der Herausforderungen gab es viele. Bei der Betrachtung der lebenslangen Arbeit Gudrun Althausens in und für die Kirche – und bei weitem nicht nur für die Frauen in der Kirche – ist deutlich zu erkennen, dass sie an vielen Entscheidungsprozessen ihrer Kirche beteiligt war und dass sie Verantwortung für diese Entscheidungen in leitender Position übernommen hat. Das hatte nichts mit einem strategischen Vorgehen zur Machtausübung zu tun. Sie brauchte dafür auch keine Werbung in eigener Sache und verhielt sich bei Berichten über sich selbst in den Medien zurückhaltend. Was ihr wichtig war: „Sie wollte, dass die Arbeit gelingt“, wie es Martin-Michael Passauer[79] treffend beschrieb. Und das tat sie zum allergrößten Teil ehrenamtlich: ohne Anstellung, Bezahlung, Rentenversicherung und Sekretariat. Das kann man natürlich als selbstlose Aufopferung betrachten, wie es evangelischen Frauen dieser Generation gerne nachgesagt wird. Bei Gudrun Althausen war es etwas anderes: die Einsicht in die Realität und die Notwendigkeit. Wenn es nun mal nur über das Ehrenamt möglich war, Einfluss zu nehmen, dann tat sie es auf diese Weise. Das heißt nicht, dass es so bleiben sollte, aber für diesen Moment war die Nutzung der vorhandenen Möglichkeiten besser, als gar nichts zu tun. Dieser Pragmatismus war sehr kennzeichnend für Gudrun Althausen.

Die Erkenntnis, dass einzelne Frauen trotz ihres Ausschlusses aus leitenden Positionen innerhalb der Kirche über viele Jahrhunderte hinweg es geschafft

79 Siehe Kapitel 2.

haben, Kirchengeschichte mitzuschreiben, ist relativ neu. Es wurde ihnen wenig Bedeutung zugestanden in der Geschichtsschreibung. Doch allmählich kommen auch die Frauen in den Fokus. Zum Beispiel wurde im April 2019 in Berlin mit einem Festgottesdienst ein besonderes Doppel-Jubiläum begangen: 70 Jahre Frauenordination und 45 Jahre Gleichberechtigung von Männern und Frauen im Pfarramt in der Evangelischen Kirche Berlin-Brandenburg-schlesische Oberlausitz. Aus diesem Anlass ist eine Ausstellung konzipiert worden unter dem Titel „Vorgängerinnen: Der Weg von Frauen in das geistliche Amt“. Auf 14 Tafeln werden Frauen vorgestellt, die in der Kirchengeschichte eine besondere Rolle gespielt haben. Auf Tafel 11 finden wir Gudrun Althausen. Eine „Vorgängerin“, eine Vorreiterin und ein Vorbild für Frauen, die zwar nicht mehr um ihre Ordination kämpfen müssen, aber immer noch unterrepräsentiert sind in den Leitungsfunktionen der kirchlichen Ebenen.

Gudrun Althausen hat ihr Leben mit einem Anspruch gelebt, den sie in dem Brief an ihre Tochter, der im Buch „Kinder, Kirche und Karriere“ abgedruckt ist, so formulierte:

Aber was ist eine „Karriere"? Wichtiger ist wohl, daß man selbst zu den Entscheidungen, die im Laufe des Lebens zu fällen sind, stehen kann, Spaß an den Anstrengungen findet, die doch nicht zu vermeiden sind, und sich nicht vorwerfen muß, faul beiseite gestanden zu haben. Dafür, daß mir Gott bisher die notwendigen Kräfte gegeben hat, bin ich dankbar.

PERSONENVERZEICHNIS

TEXT- UND BILDNACHWEISE

- S. 12, 13, 16–19, 24–27, 39, 40–43, 45–48, 51–63, 65–66, 68–74, 75–80, 81, 86–91, 92–96, 98, 102–104, 105–113, 114–118, 133–136, 137, 138, 140–141, 148, 155, 158, 159–161, 178–179, 188–192, 192–193, 196–201, 204–207, 208, 209–215, 218–220, 221–222, 223–224, 226–227, 228–243, 244, 245–246, 248–250, 258–263, 264–267, 267–268, 273, 274–276, 277, 278: Nachlass Gudrun Althausen – nach Drucklegung übergeben an das Evangelische Landeskirchliche Archiv in Berlin.

- S. 14, 15, 21–23, 26, 30, 50–51, 66, 197, 279: Gudrun Althausen: Meine liebe Tochter, in: Kinder, Kirche und Karriere. Von der berufstätigen Mutter im Dienst des Herrn. Erfahrungsberichte, Berlin 2000, S. 7–16.

- S. 20: Christine Bourbeck: www.frauen-und-reformation.de, Zugriff: 20. Februar 2019.

- S. 34–36: Martin-Michael Passauer: In Memoriam Gudrun Althausen.

- S. 37–38: Dagmar Paffenholz: „Ich habe es genossen". Ein Porträt von Gudrun Althausen, in: Die Kirche 1/1996.

- S. 81–86: Gudrun Althausen: Erfahrungen mit Phil 4, 4–7. Eine biblische Betrachtung, in: Bieritz, Karl-Heinz (Hg.): Schalom. Gedanken zum Frieden aus biblischer Sicht, Berlin 1989, S. 263–270.

- S. 96–97: Gudrun Althausen: Andacht zur Jahreslosung 1995, in: Frauen unterwegs, 1/1995, S. 3.

- S. 98–101: Gudrun Althausen: Andacht Rogate (5. Sonntag nach Ostern): Psalm 66, 20, in: Weigt-Blätgen, Angelika / Wegener, Hildburg (Hg.): Andachten für die Arbeit mit Frauen in der Gemeinde, Bd. 1, Gütersloh 1996, S. 105–107.

- S. 110: Dora Lent: Gott ist Paar, in: Moltmann-Wendel, Elisabeth (Hg.): Frau und Religion: Gotteserfahrung im Patriarchat, Frankfurt am Main 1989.

- S. 110: Margarethe Bader: Unser Vater-Mutter, in: Moltmann-Wendel, Elisabeth (Hg.): Frau und Religion: Gotteserfahrung im Patriarchat, S. 194, 201 © 1989, S. Fischer Verlag GmbH, Frankfurt am Main.

- S. 110–111: Elisabeth Schüßler-Fiorenza: Ehre sei Gott-Mit-Uns, in: Kahl-Passoth, Suanne (Hg.): Was meinst du dazu, Gott, Gütersloh 1984, S. 45.

- S. 111: Andrea Schwarz: Gebet. © Andrea Schwarz.

- S. 111–112: Elisabeth Moltmann-Wendel: Das Land, wo Milch und Honig fließt. Perspektiven einer feministischen Theologie, Gütersloh 1998, S. 101.

- S. 124–132: Gudrun Althausen: Geteilte Kirche – Herausforderung auch für die Frauenarbeit, in: Beuth, Kirsten / Plötz, Kirsten (Hg.): Was soll ich euch denn noch erklären? – Ein Austausch über Frauengeschichte(n) in zwei deutschen Staaten, Gelnhausen 1998, S. 117–130.

- S. 138–140: Gudrun Althausen: Wo gestritten wird, da ist Leben, in: Frauen unterwegs, 6/96, S. 8–9.

- S. 149–151: Interview mit Gudrun Althausen: Die christliche Botschaft ruft uns auf zur Parteinahme, in: Frauen unterwegs 6/94, S. 7–8.

- S. 151–154: Gudrun Althausen: Wort der Vorsitzenden der Evangelischen Frauenhilfe in Deutschland zum 8. Mai 1995, in: Frauen unterwegs, 5/1995, S. 10–12.

- S. 155–157: Gudrun Althausen: Für uns Frauen scheint der Platz enger zu werden, in: Mecklenburgische Kirchenzeitung, Nr. 37, 10. 9. 1995.

- S. 161–164: Bettina Röder: Der kostbare lange Atem. Gudrun Althausen erinnert sich.

- S. 164–167: Brunhilde Raiser: Gedenkrede für Gudrun Althausen.

- S. 170–176: Gudrun Althausen: Ökumenisches Lernen – praktiziert von Frauen. Erfahrungen mit der Vorbereitungsarbeit für Weltgebetstage, in: Busch, Christine (Hg.): 100 Jahre Evangelische Frauenhilfe in Deutschland: Einblicke in ihre Geschichte, Düsseldorf, 1999.

- S. 176: Bettina Dörfel: Der Weltgebetstag der Frauen. https://www.frauenarbeitsachsen.de/aufg/geschichte/1950.php, Zugriff: Mai 2019.

- S. 191, 195–197: Archivunterlagen von Dr. Helga Hiller.

- S. 216–217: Gudrun Althausen: Gerechtigkeit für die Frauen, in: Die Kirche, Nr. 18/1996, S. 1.

- S. 254–257: Gudrun Althausen: Altwerden, in: Frohe Botschaft, 17. 7. 1988.

- S. 256: „Stufen", aus: Hermann Hesse, Sämtliche Werke in 20 Bänden. Herausgegeben von Volker Michels. Band 10: Die Gedichte. © Suhrkamp Verlag Frankfurt am Main 2002. Alle Rechte bei und vorbehalten durch Suhrkamp Verlag Berlin.

- S. 269–272: Interview mit Gudrun Althausen, in: Bausteine Altenarbeit, 4/99, S. 39.

Editorische Notiz der Herausgeberin: Wir haben uns bemüht, sämtliche Rechtsfragen der im Privatarchiv aufgefundenen Dokumente zu klären. Sollten wir etwas übersehen haben, so bitten wir um Nachricht.

ABBILDUNGEN

- Umschlag, S. 37, 216, 226, 245: Rolf Walter / Robert-Havemann-Gesellschaft.

- S. 11, 12, 13, 15, 23, 30, 31, 45–48, 55, 59, 65, 66, 102, 122, 123, 142, 148, 158, 177, 178, 180, 181, 182, 187, 195, 196, 198, 208, 225, 247, 251, 253: Nachlass Gudrun Althausen.

- S. 96: KEM / Peter Jesse.

Christine Bergmann
Von Null auf Hundert
Stationen eines
politischen Lebens

ISBN 978-3-88981-337-4
9,00 Euro, 180 Seiten,
gebunden, zahlreiche
Abbildungen

„Von Null auf Hundert" ist die Lebensgeschichte einer Frau, die in der DDR aufwuchs und erst im vereinigten Deutschland ihre Talente nutzen konnte.
An einer Kirchenmauer der Gethsemane-Kirche im Prenzlauer Berg hatte Christine Bergmann einen Hinweis auf die neu gegründete SDP entdeckt, trat der Partei bei – trotz ihrer DDR-genährten Grundskepsis gegenüber Parteien – und war mittendrin. Und von einem Moment auf den anderen: ganz weit oben. Auf die promovierte Naturwissenschaftlerin und engagierte Protestantin gehen so nachhaltige Reformen wie die Einführung der Elternzeit und das Recht der Kinder auf gewaltfreie Erziehung zurück.

www.wichern.de